邓 云 乡 集

文化古城旧事

邓云乡 著

中華書局

图书在版编目(CIP)数据

文化古城旧事/邓云乡著. —北京:中华书局,2015.6(2023.11重印)

(邓云乡集)

ISBN 978-7-101-10774-6

Ⅰ.文… Ⅱ.邓… Ⅲ.北京市-地方史-史料 Ⅳ.K291

中国版本图书馆 CIP 数据核字(2015)第 039603 号

书　　名	文化古城旧事
著　　者	邓云乡
丛 书 名	邓云乡集
责任编辑	贾雪飞　詹庆莲
封面设计	毛　淳
责任印制	管　斌
出版发行	中华书局 (北京市丰台区太平桥西里 38 号　100073) http://www.zhbc.com.cn E-mail:zhbc@zhbc.com.cn
印　　刷	北京新华印刷有限公司
版　　次	2015 年 6 月第 1 版 2023 年 11 月第 2 次印刷
规　　格	开本/880×1230 毫米　1/32 印张 16½　插页 4　字数 370 千字
印　　数	6001-8000 册
国际书号	ISBN 978-7-101-10774-6
定　　价	69.00 元

小丁 绘

　　邓云乡，学名邓云骧，室名水流云在轩。一九二四年八月二十八日出生于山西灵丘东河南镇邓氏祖宅。一九三六年初随父母迁居北京。一九四七年毕业于北京大学中文系。做过中学教员、译电员。一九四九年后在燃料工业部工作，一九五六年调入上海动力学校（上海电力学院前身），直至一九九三年退休。一九九九年二月九日因病逝世。一生著述颇丰，主要有《燕京乡土记》、《红楼风俗谭》、《水流云在书话》等。

一九九一年邓云乡在新加坡国大汉学会上与柳存仁（前排左）、
饶宗颐（前排中）、赵令扬（后排左）、周颖南（后排右）合影

邓云乡藏王羽仪画《墨盒店》

出版说明

邓云乡(一九二四—一九九九),学名邓云骧。山西灵丘人。教授。作家,民俗学家,红学家。出生于书香世家,祖父和父亲都曾在清朝为官。幼时生活在山西灵丘东河南镇,一九三六年初随父母迁居北京,一九四七年毕业于北京大学中文系。做过中学教员、译电员。一九四九年后在燃料工业部工作,一九五六年调入上海动力学校(上海电力学院前身),直至退休。

邓云乡学识渊博,文史功底深厚。为文看似朴实,实则蕴藏着无穷的艺术魅力。其旁征博引,信手拈来。不论叙述民风民俗,描摹旧时胜迹,抑或是钩沉文人旧事,探寻一段史实,均娓娓道来,语颇隽永,耐人寻味。

此次中华书局整理出版的邓云乡作品集,参考了二○○四年版《邓云乡集》,并参校既出的其他单行本。编辑整理的基本原则是慎改,改必有据。具体来说,就是:

一、凡工作底本与参校本文字有异者,辨证是非,校订讹误。

二、凡引文有疑问之处,若作者注明文献版本情况,则复核该版本;若作者未能注明的,或者版本不易得的,则复核通行本。

三、作者早年著述中个别用字与当代通行规范不合者,俱从今例。

四、作者著述中某些错讹之处,未径改者加注说明。

五、本次整理对某些书稿做了适当增补,尽量减少遗珠之恨;有的则重新编排,以更加方便阅读。

邓云乡与中华书局渊源颇深，生前即在中华书局出版《红楼风俗谭》、《文化古城旧事》、《增补燕京乡土记》、《水流云在丛稿》等多部著作。此次再续前缘，我们有幸得到其家属的大力支持，不仅提供了邓云乡既出的各种单行本作为编辑工作的参考，并以其私藏印章、照片、手稿见示，以成图文并茂之功，在此谨致谢忱。

中华书局编辑部

二〇一四年十二月

目　录

"文化古城"简说 ………………………………………… 1

学府述略 ……………………………………………… 12

北大 ……………………………………………………… 15

清华 ……………………………………………………… 21

师大 ……………………………………………………… 29

北平大学 ………………………………………………… 36

交大 ……………………………………………………… 47

艺专及其他 ……………………………………………… 51

燕京大学 ………………………………………………… 55

协和 ……………………………………………………… 62

辅仁 ……………………………………………………… 67

中法 ……………………………………………………… 74

中国大学 ………………………………………………… 79

朝阳及其他 ……………………………………………… 84

私立中学 ………………………………………………… 89

教会中学 ………………………………………………… 100

公立中学 ………………………………………………… 106

小学、幼稚园 …………………………………………… 111

其他学校 ………………………………………………… 121

费用 ……………………………………………………… 126

种种考试 ……………………………………………… 139

教材与教法 ……………………………………………… 150

学生和教员 ……………………………………………… 164

课外及其他 ……………………………………………… 175

环境气氛 ……………………………………………… 186

国立图书馆 ……………………………………………… 190

其他图书馆 ……………………………………………… 197

学校图书馆 ……………………………………………… 199

书市、书铺、书摊 ……………………………………………… 204

文房四宝 ……………………………………………… 209

古玩 ……………………………………………… 211

书画鉴别 ……………………………………………… 215

裱褙 ……………………………………………… 219

《世界日报》 ……………………………………………… 223

中国营造学社 ……………………………………………… 231

展览 ……………………………………………… 236

《旧都文物略》 ……………………………………………… 241

燕京风俗画 ……………………………………………… 251

教授生活 ……………………………………………… 255

学人轶事 ……………………………………………… 261

任公词联 ……………………………………………… 261

王静安 ……………………………………………… 266

柯劭忞 ……………………………………………… 272

胡适之寿酒米粮库 ……………………………………………… 276

逛什刹海 ···································· 280

诗之战 ······································ 283

章孤桐 ······································ 288

《曲园课孙草》 ······················ 291

学人长寿 ·································· 294

叶遐庵 ······································ 298

刚主夫子 ·································· 303

《北平笺谱》 ··························· 310

版本学家 ·································· 312

金石文字学家 ························· 314

诗人之死 ·································· 320

凤凰因缘 ·································· 323

徽因教授 ·································· 325

颉刚先生 ·································· 328

八道湾老屋 ····························· 331

北大老学生 ····························· 335

《丛碧词》 ······························· 337

羡季先生 ·································· 339

巡捕厅邓氏 ····························· 343

汪教授日籍太太 ······················ 345

艺苑杂记 ······························· 352

南张北溥 ·································· 354

大千艺事 ·································· 360

刻瓷家 ······································ 366

芝木匠 ······································ 368

旧王孙 ·· 374

彡画师 ·· 376

胡子谈趣 ·· 377

雪涛先生 ·· 380

末代状元 ·· 382

"中旅保姆" ·· 384

"尚书客厅" ·· 391

唐若青 ·· 394

医院名医 ·· 396

记"协和" ·· 398

外科名医 ·· 402

息园老人 ·· 404

伤寒专家 ·· 409

太医院世医 ·· 411

校景情思 ·· 413

老北大 ·· 414

红楼 ·· 416

清华花事 ·· 418

清华校庆记趣 ······································ 420

燕园秋色 ·· 422

燕东园 ·· 424

未名湖冰 ·· 426

假期生活 ·· 428

看小说 ·· 428

考试前后 ……………………………………… 434

潇洒的暑假 ……………………………………… 442

买药 ……………………………………………… 445

渔阳鼙鼓 ……………………………………… 450

"七七"临近 ……………………………………… 450

"摆不下书桌" …………………………………… 456

一张号外 ………………………………………… 459

半张报纸 ………………………………………… 461

沧桑而后 ……………………………………… 465

战前经济生活 …………………………………… 465

沦陷期间略述 …………………………………… 486

后记 …………………………………………… 498

校后检讨 ……………………………………… 501

附录

原版代序 ……………………………………… 谭其骧 511

"文化古城"简说

　　"文化古城"这一词语，是一个特定的历史概念，是在一个历史时期中人们对北京的一种侧重称谓。其时间上限是一九二八年六月初，盘踞在北京的北洋政府最后一位实权者张作霖及其国务总理潘复逃出北京开始；其时间下限是一九三七年七月"七七事变"之后，宋哲元率其部属撤离，北平沦陷为止。中间十年时间，中国政府南迁南京，北京改名"北平"，这其间，中国的政治、经济、外交等中心均已移到江南，北京只剩下明、清两代五百多年的宫殿、陵墓和一大群教员、教授、文化人，以及一大群代表封建传统文化的老先生们，另外就是许多所大、中、小学，以及公园、图书馆、名胜古迹、琉璃厂的书肆、古玩铺等等，这些对中外人士、全国学子，还有强大的吸引力……凡此等等，这就是"文化古城"得名的特征。

　　这个时期，前后苟安了十年，约略可分作三个阶段：

　　第一阶段是前期，即由一九二八年六月到一九三一年"九一八"之前。北京自明代永乐年间到张作霖大元帅时，一直是全国的京城，政治、经济、文化，后来又加上外交，这些中心都在北京，绵延了五百多年。虽然不断改朝换帝，但聚拢了一大批为这些中心服务，赖以为生的人，政权一旦南移，北伐时，南方早已成立了国民政府，张作霖的国务总理潘复一跑，南军一进北京，这些大小衙门的人就没有人管了，一时惶惶如丧家之犬，出现大批的失业大军。《梁启超年谱长编》引民国十七年六月二十三日《与思顺书》道：

北京一万多灾官，连着家眷不下十万人，饭碗一齐打破，神号鬼哭，惨不忍闻。别人且不管，你们两位叔叔，两位舅舅，一位姑丈都陷在同一境遇之下……京、津间气象极不佳，四五十万党军屯聚畿辅（北京城圈内也有十万兵，这是向来所无的现象）。所谓新政府者，不名一钱，不知他们何以善其后。党人只有纷纷抢机关、抢饭碗（京、津每个机关都有四五伙人在接收）。新军阀各务扩张势力，满街满巷打旗招兵……

这是新旧交换，混乱时期的情况。六十多年前，我还很小，还未到北京，而信中所说的"新军阀"，主要指阎锡山、冯玉祥等人，打着小方白布旗，上写"招兵"二字的招兵者，虽乡间亦到处可见，亲戚长辈中任阎军官者甚多，这时期都驻扎北平。在此同时，文教界也在进行再分配的角逐。引两封《胡适来往书信选》中的资料，任鸿隽致胡适信中说：

静生先生的死去，的确是北方教育界的一个大损失……范先生死后，他的北京图书馆长一席不是"出缺"了吗？在这个"灾官"满地的北京，对于这个位置逐鹿者的众多，你可想而知了……

另一封卫聚贤写给胡适的信中云：

北京确下，第三集团已入驻北京。清华校长问题因之发生，生日昨与外交部某友人谈清华校长问题，他说外交部方面欲委查良钊（现河南教育厅长，前北京师大校长），生略

2

露先生长清适宜,他说先生向与西北军(冯)不接头……今日见钱端升先生,他说清华校长还无人提及讨论过……生云将来由何处委,他说由大学院委,不由外交部委……

举此"二斑",可见当时文教界人事上之争夺情况。清华校长,在北洋政府时期,历来归外交部委派。但北伐之后,南京在教育部外,又成立了以蔡元培为首的"大学院",想统管全国大学教育,各处成立大学区。后来李石曾北来,成立了"北平大学区",想连北大也统到大学区内,北大反对,为此停课一年,后来"大学院"形同虚设,只送文化名人一些干薪,如鲁迅在上海,有个时期,每月就收大学院薪水三百元。李石曾的"北平大学区",最后也取消了,只剩下一所组织起来的北平大学,各学院八九年间毕业了不少人,都领的是北平大学的文凭。

第二阶段是"九一八"之后。一九三一年九月十八日,日本蓄谋已久的占领东北的侵略战争,这日晚间在沈阳发动。王芸生《六十年来的中国与日本》一书此日记事云:"日军的枪炮声揭开了后来持续十五年的第二次世界大战之序幕。"从整个战略形势上来说,的确如此,但从战争的节奏来讲,中间还有间歇的时间,还未危急到文化古城,战火还未燃烧到北京。

当时南京政府的不抵抗政策,以及无力抵抗的形势,东北三省、后来又加上热河,实际四省沦陷了。《我的前半生》的作者溥仪由天津日租界张园匆匆跑到东北,在日本侵略者的扶持下建立了伪"满洲国",东北沦陷,自然给文化古城以极大震动。使从灾官满城、遑遑不可终日的状态刚刚安定下来的北平,又骚动沸腾起来。主要表现为两点:一是文教界、学生中抗日运动的高涨,到南京请愿,要求出兵收复失地,抵制日货等等。二是东北爱国人士大量入关,青年学生亦大批流亡到文化古城就读,连东北大学也内迁到北平。北平人口逐年增加:一九三二年增至一百四十七万三千多,一九三三年又增至一百五十万四千多,一九三四年增至一百五十四万八千多,至"七七事变"时,已增至一百五十五万六千多。

东北、热河逃亡来古城的人,也带了一定数量的资金,促使文化古城在政府南迁、市面萧条的情况下,开始稍有转机,市面上又稍微繁荣一些。而各个学校,也增加了不少东北籍的流亡学生。各个中学及私立大学中增加的更为明显,东北口音的同学到处可以遇到。

第三阶段是一九三三年《塘沽协定》之后。继东北沦陷之后,一九三三年二月日本侵略军进攻热河,热河很快沦陷。日本侵略军东北方面早到山海关,现正北方面又到了喜峰口,文化古城的形势更是危在旦夕了。不过究竟还没有打过来,还是中国主权,还是"北平特别市"。很快何应钦、黄郛北来,与日本梅津在塘沽达成了《塘沽协定》,自然是进一步丧权辱国,给日本以华北更多的利益了。但又取得了文化古城的暂时苟安。

一九三三年六月钱玄同写给胡适的信说:

> 我和劢西、子书三人定于六月九日(星期五)午十二时请您到广和饭庄吃一餐饭,名为饯行……我从热河沦陷以后,约有三个月光景,谢绝饮宴之事。我并非以国难不能吃饭为名高,实缘彼时想到火线上的兵士以血肉之躯当坦克之炮弹,浑噩的民众又惨遭飞机炸弹之厄,而今之东林党君子犹大倡应该牺牲糜烂之高调,大有"民众遭惨死事极小,国家失体面事极大"之主张。弟对此等惨现象与新宋儒,实

觉悲伤与愤慨，因此，对于有许多无谓之应酬，实不愿参与。盖一则无心谈宴，一则实不愿听此等"不仁的梁惠王"之高调也。自《塘沽协定》以后，至少河北民众及前线士兵总可以由少惨死许多乃至全不遭惨死，故现在不再坚持不饮宴之主张了。

这代表了一些好心人士的保守看法。但强敌当前，中华民族惟有抗战的一途，暂时的妥协，苟安于一时，是无济于事的，三年之后便是"七七事变"，全面的抗战，更大的牺牲开始了。

这其间文化古城的形势：一方面东北的流亡学生、各界人士仍因交通条件便利及生活水平较低，不断来到古城定居、上学；另一方面也有不少条件更好的人看到古城日渐危险，纷纷南迁，住到上海租界中去，托庇于英美势力，以求安全。

国难当头，学生爱国热情更加高涨。南京政府派宪兵三团驻在北京，加紧政治镇压，一时冤狱纷纷，知名人士有"民权保障同盟全国委员会"，北平则有"中国民权保障同盟北平分会"之设，靠这些人的声望，忙于营救一些冤狱中的无辜者。

但尽管如此，战火尚未烧到古城，这座文化古城还保持着相对的稳定，教书的还照常教书，学生还照常上学，研究学术的人还照常研究……自然，混混沌沌的人还照常混沌，玩乐的人还照常玩乐，芸芸众生则还是芸芸众生……《胡适来往书信选》载有一九三三年一月下旬榆关战事吃紧时单绍良写给胡适的信云：

　　十九日抵汉口，此间秩序虽称安宁，而社会早成凋散。文化方面除武汉大学外，殆无可言者。承介绍见王雪艇先生、周鲠生先生……各教授皆信报纸谣传北平各大学生逃尽，教授避难，榆关事件更不知演至何种地步，等语。生向彼等解释北平教授并无避难之事，学生虽有离校者，亦系寒假惯例，并不足怪，且平、津在种种关系上日人亦断难急攻，教育界为社会之表率，断无如此张皇之理……

这是当时南方谣传和古城实际情况不同之处。不过在此种形势下，任何个人都无力改变，"愧无半策匡时难"。对于掌权的人说来，那还可以求全责备，而对于一般善良的老百姓来说，既不能全部当大刀队上前线，那也还得照常生活，该干什么就干什么。这时政治中心、外交中心，已移到南京；经济中心，已移到上海；上海有租界地，环境特殊，文化斗争的前哨也已移到上海；北京剩下古城一座，故宫一院，琉璃厂一处，西山一脉，教授、文化人一伙，学生一群，学校多所……经费问题也得到一定程度的解决，每月截留天津海关银三十多万（当时全国外贸，上海占百分之五十，天津占百分之二十。但天津出口多于进口，是银行收进外汇的重点。海关税收也有保证）。另中基会基金二千万元，以一分利计，每月有二十万元。各教会拨给教会所办大、中、小学的经费，每月也在二三十万之间，尚有中法庚款基金等等。尚有地方收入的少量拨款，这些款项保证了古城中文化教育事业的经济命脉。自然比之于各路军阀所豢养军队所用的经费来，那是少得可怜了（当时军队每个列兵月饷七元半。每养一师兵，平时不打仗，每月经费也在二十万元左右。远远超过北京大学的经费了。只一个韩复榘，就有十几万人，等于十个师）。不过虽然不多，也还有保证，加以物价十分便宜，劳动力也十分便宜，一个知识分子，不要说月入二三百元，即使七八十元、百来元，家中有个三五口人，也还可以不愁生活，有余力买点书，请个保姆。

因而没有什么大野心的人,想读读书、做做学问的人,也就不想再到南京、上海这些地方去争名夺利,站在斗争的风浪口去拼搏,而在文化古城中静静地读书了。人际关系,虽然也有些利害争夺,但究竟较之政治、经济漩涡中要好得多。北大、清华、师大、燕京、辅仁等这些名牌大学,这几年中,校长都坐得很稳,没有哪种力量来故意制造风潮,赶他们下台,这便是明证。鲁迅一九三二年十一月北归时写给上海家中的信道:"我到此后,紫佩、静农、寄野、建功、兼士、幼渔,皆待我甚好,这种老朋友的态度,在上海势力之邦是看不见的……"又道:"旧友对我,亦甚好,殊不似上海之专以利害为目的,故倘我们移居这里,比上海是可以较为有趣的……"再有一九二九年八月顾颉刚要由广州回到北京时,写给胡适的信中说:"但广州的不能研究学问是极明显的。第一,此间书籍不够参考,商量学问又无其人……第三,广州房价太贵,要租一所房子把北京的书都搬来,非每月出百元的租金不可,怕这不能负担。而且广州为各派政治家注目的地方,政治的变动最快……第四,在北京,就是没有事情也可以挨住半年,因为生活程度低,而且熟人较多,有法通融……"总之,这一时期的文化古城,在历史环境上、在文献资料上、在经济条件上、在人情敦厚上、在生活程度上,都为各方面的学人准备了足够的条件,在无政治势力干扰的情况下,聚集了全国有世界名望的各方面的人才,在教育和学术上无形中形成了一种风气,灯火相传,造成了深远的世界性的影响,这是谈近现代中国教育、文化、科技史应该注意到的问题,值得深入研究。

我国自清代末年废科举、兴学校,旧的教育制度转变为新的教育制度,经过清末、民初的逐渐转变,似乎到了文化古城时期,才达到了相当的深、广度,即对传统文化既有深厚的继承,对西方近现代科学文化又有敏锐、广泛的吸收。自然这不是空口说白话，也不是决定于其个人的一个指示、一纸命令，而是经广大学人共同努力工作所造成的影响。《清华学校研究院同学录》载一九二七年夏周传儒、吴其昌《梁先生北海谈话记》中说：

> 反观现在的学校，多变成整套的机械作用，上课下课，闹得头昏眼花。进学校的人大多数除了以得毕业文凭为目的以外，更没有所谓意志，也没有机会做旁的事。有志的青年们，虽然不流于这种现象，也无从跳出圈套外。于是改造教育的要求，一天比一天迫切了，我这两年来清华学校当教授，当然有我的抱负而来的，我颇想在这新的机关之中，参合着旧的精神。吾所理想的也许太难，不容易实现。我要把中国儒家道术的修养来做底子，而在学校功课上把他体现出来。在已往的儒家各个不同的派别中，任便做哪一家都可以的，不过总要有这类的修养来打底子。自己把做人的基础先打定了，吾相信假定没有这类做人的基础，那末做学问的并非为自己做的。至于智识一方面，固然要用科学方法来研究；而我所希望的，是科学不但应用于求智识，还要用来做自己人格修养的工具……

梁任公这段话所说的意思，在客观存在上，无疑也是当时清华、北大这些著名学校的学风实际，也影响到中学、小学教育，在接受传统文化和吸收西方文化方面，都是比较踏实的。钱宾四在高龄八十八岁时所写的《师友杂忆》中回忆当时情况说：

> 诚使时局和平，北平人物荟萃，或可酝酿出一番新风气

来,为此下开一新局面,而惜乎抗战军兴,已迫不及待矣。
良可慨也。

又说:

　　要之,皆学有专长,意有专情。世局虽艰,而安和黾勉,
各自埋首,著述有成,趣味无倦。果使战祸不起,积之岁月,
中国学术界终必有一新风貌出现。

　　梁任公的话,可以作为文化古城时期学风肇始的影响;钱宾
四先生的话,可以作为文化古城时期学风实际的小结。再宾四
先生所说的"人物荟萃",是指文史哲方面的学人,如胡适、钱玄
同、孟森、傅斯年、顾颉刚、冯友兰、汤用彤、熊十力、蒙文通、林宰
平、梁漱溟、陈寅恪、吴雨僧、钱稻孙、贺麟、张荫麟、张孟劬、张东
荪、陈援庵、马叔平、吴承仕、萧公权、杨树达、闻一多、余嘉锡、容
希白、容肇祖、向觉民、赵万里等位。而另外还有自然科学、社会
科学的名学人,如建筑梁思成,物理萨本栋,数学张贻惠、冯汉
叔,图书馆学袁同礼,生物秦振黄,经济赵迺抟,生物秉志、郭毓
彬,语言黎锦熙,化学刘拓、赵学海,机械王季绪等等,再加中西
名医,名画家等等。虽因日本侵略战争的突然而来,学术研究及
学风未能使之延续发展,但在这十年当中所造就熏陶的人才,却
为数其多,遍及世界,在学术界造成很大的影响,即使至今天,文
化古城时期培养熏陶出来的人才,仍然有不少活跃于世界各地。
这不只是各种政治力量中的领导人才,高级官吏,以及像美籍华
人陈香梅女士那样的国际活动家,而且更多的是各个文化科学
领域的学术领导人,各种门类的专家。最近在香港《文汇报》附

送的七八六期《百花》周刊上读到美国黄文湘写的《美籍华人物理学家邓昌黎博士》一文中说："出生于一九二七年的邓昌黎博士,在十九岁来到美国,后来在美国落地生根,表现了与爱因斯坦和费米相同的信念:'哪里有自由,哪里就是我的祖国。'"出于政治原因,尽管可以这样说,但却无法改变他在文化古城的西城墙下巡捕厅长大,在北师附小读小学、育英中学读初中、志成中学读高中、辅仁大学读大学的事实,也无法改变其尊人芝园先生在文化古城时期在北平做寓公,经营模范牛奶厂为他创造的出国条件……这些都是任何原子加速器都无法改变的,因此认祖国也罢,不认祖国也罢,在文化古城中成长的历史事实和文化教育熏陶的影响,此生此世再也抹不掉了。因而他虽然是美国籍,其根原本还是在太平洋此岸的土地上的。只不过是"出洋入籍"而已,一个大活人又何能"落地生根"呢?自然他的第二代,就可以"落地生根"了。邓同杨振宁氏一样,都是意大利物理学家费米的学生,都成为世界著名物理学家,而杨也是文化古城时期清华附中、崇德中学的学生,后在昆明西南联大,由联大留美。其受文化古城时期的基础教育和学风影响和邓是一样的。因为早几年,可能所受影响更深些,似乎还没有听说他也说过类似的话。总之,也都是多少经文化古城学风吹沐过的人罢。或者也可悟到:越到后来,这种影响也就越淡泊,慢慢就是"渐行渐远渐无书,水宽鱼沉何处问",半个多世纪以来,也就消失殆尽了。正像钱宾四先生在《师友杂忆》之十《北京大学》中说的:"学术界则神耗气竭,光采无存。言念及之,真使人有不堪回首之感。"文化古城时期,已成为历史的过去了,这一时期的教授、教员,大多也都老成凋谢,硕果仅存者,也极为稀少了;这一时期受大学教育的,也都是八九十岁的老人,均已气息奄奄矣;这一时期受中、小学教育的,自然还多活跃者,但所受影响已远不如前者,年代久远,记忆都已褪色苍白了。因之其学风的影响,也就越来越淡,慢慢消失,彻底消失了。真有不堪回首之感了。此文所谈,只当作一个简单的回顾小结吧。

历史是延续的,又是阶段性的,至于未来呢,自然还会出现更恢宏的篇章,让更年轻的朋友们等待着吧。

学府述略

文化古城的内涵固然十分博大,有悠久的历史,浓郁的气氛,众多的古迹等等,但其中起着历史作用的,随着时代脉搏而跳动的,则是生活在这个时代、这个地方的,由四面八方聚拢来的,又向四面八方、天涯海角而散去的活人——说得更具体一点,也就是学生、学人……因而讲说"文化古城旧事",也必然先要由这些活人活动的场所学校说起。因而一上来先大略谈谈学校的情况,名之曰"学府述略"。

早在清代末年,废科举、立学校开始,北京就兴办了不少学校,但那时因为初办,大体规模未备。在辛亥之后北洋政府时代,学校规模,逐渐完善。五四运动的兴起,更促进了北京学校的发展,这个时期,已是各级学校十分齐备,办学的方面也十分广泛了。当时就学校层次讲,有大学、高等、专科、专修馆、传习所、讲习所、专门学校、师范、中学、高等小学、国民学校、蒙养等等。就办学方面说,也是多种多样的,有国立、地方立、私立、教会立等等,其总数不下三百多处。据一九二〇年有关资料记载,当时的"贫儿半日学校"每区都有三四处不等(当时区小,分中一,内左一、内左二、内左三、内左四,内右一、内右二、内右三、内右四,外左一、外左二、外左三、外左四、外左五,外右一、外右二、外右三、外右四、外右五,内外城除故宫外共十九个区),总计共五十三处。

政治中心南迁之后,北洋政府时代的学校,少数发生了一些变化,如军事性的学校,什么西直门内大街横桥的陆军大学校、清河镇的陆军预备学校等等,都没有了。另在南京立有新的军事学校。其他则大多存在,少数一些有的经过改组,换了名称。据一九三四年的资料记载,当时大约有以下一些学校。

大学有国立北京大学、清华大学、北平大学、平大医学院、平大农学院、平大法商学院、平大工学院、女子文理学院、师范大学、私立燕京大学、中法大学、辅仁大学、朝阳学院、中国学院、民国学院、华北学院(当时教育部规定:每三个系,立一个学院,每三个学院,即够上九个系才能叫大学。朝阳等四校,当时都不足九个学系,所以当时只叫"学院")。

专门学校有交通大学北平铁道管理学院、协和医学院、国立北平艺术专科学校、市立高级商科职业学校、私立财政商业专门学校、中国戏曲音乐学院戏曲学校、私立京华高级艺术职业学校、北平女子西洋画学校、北华美术专门学校、世界日报新闻专科学校、北平中法文艺学社、北平中央银行簿记学校、北平范吾银行簿记补习学校、北平智华英商学校、北平法律函授学校、北平国文专科学校、北平华英打字学校、中国古法书画传习所、林实馨诗文书画研究馆、新声英文日夜学校、尚武国术传习所等。

中学有市立第一、二、三、四、五中学,女一中,女二中,市立北平师范学校,国立师大男附中、女附中。私立文治、弘达、华北、大同、五三、盛新、孔教、崇实、大中、育华、四川职业、成城、惠中、东方、精业、翊教、东北、豫章、崇德、志成、协化、华光、慕贞、崇慈、笃志、贝满、万明职业、春明、燕冀、艺文、孔德、汇文、成达、北方、山东、河北十七中、清华附中、燕大附中、辅仁附中、民国附中、潞河、求实、首善、培根、平民、四存等。

小学有国立师大一附小、二附小,市立府学胡同,新鲜胡同,西什库,新开路,广安门大街,福绥境,三圣观,郎家胡同,东直门,北池子,光明殿,北长街,南冈子,大水车,化石桥,门头沟,香山四王府,朝外神路街,梁家园,牛街,东四十二条,新街口,永外花神庙,南郊育新,安外关厢,南郊启民,阜外八里庄,成府,私立文星,三基,惠我,普育,洁民,铸新,艺德,普励,成德,箴宜,培幼,作新,汇文,育英,艺文,孔德等。

特殊学校:香山慈幼院、各种简易小学、补习班,以及法国学校、美国学校等。

以上是三十年代前期北平大、中、小学的校名,首先是根据一九三六年《北平旅行指南》择录的,但该书并非官方文书,亦非专门教育史乘,因而它的记载关于学校的,并不完备,因就记忆所及,略加补充,自然也还有不少的遗漏,不过各个公私立学校中,比较有名的基本上都有了。只从以上所列学校名称,不能不说,也是洋洋大观了。

当时的北平,一九三二年人口为一百四十七万三千多;一九三三年为一百五十万四千多;到一九三六年二月当时公安局调查为一百五十五万六千三百六十四人。外侨一九三五年调查为一千零五十八户、三千一百一十三人。以人口数字与学校数字比例,可以看出当时的教育是十分普及的。

不过有一点现在的读者要注意到,即小学生来源,基本上都是家住北平的市民。而中学生来源,则不完全是本市市民,外地学生已占一定比例。至于大学,那更是大多来自全国各地了。再有这些学校,其学风及教学质量都是千差万别的,大、中、小三者之间,都有知名度高的,也有名声不好的,后面谈到具体各校时,再分别说明,这里就不一一赘述了。

北　大

　　我是一九四七年北京大学文学院毕业的。我常常想，这样说，实在感到惭愧，因为这几乎不能算是真正的北大，既不能比"七七事变"以前"老北大"的正规，又不能比院系调整之后"新北大"的光荣，只不过也算是北大毕业的而已。我仰慕前者的"正规"，但未敢攀比；我羡慕后者的"光荣"，也无法分沾。在此我介绍文化古城时期的北大，按道理说，实在也是没有资格的。但是，既然动笔写了，又不能避而不谈，也只能明知其不可为而为之了。好在我也总算在红楼上过课，在天字楼和西斋睡过觉，在沙滩、汉花园、松公府夹道出出入入过，走过不少前辈们走熟了的道路，听过不少前辈学人的教导，也听过不少白头工友们讲说的自京师大学堂以来，多多少少的轶闻……"欢笑情如旧，萧疏鬓已斑"，昔年的听人谈古，今日的供我思旧，参阅文献，抒发幽情，已足可以写一篇老北大的述略了。

　　详细地介绍北大，自可以写一本洋洋大观的书介绍它的历史，但我没有那个力量，只就文化古城时期的北大，约略谈谈，自然也先要谈到一点它的开创情况。从历史上说，最早李端棻于光绪二十二年奏请筹办未允；其后创议筹办，是光绪二十四年，孙家鼐任管学大臣，管理大学堂事务，经费由户部筹拨；其后不久，许景澄为总教习，丁韪良为西学总教习；光绪二十六年，许景澄升任管学大臣；及庚子之乱，辛丑（一九〇一年）许景澄被杀，那拉氏、光绪自西安回到北京，派张百熙为管学大臣，吴汝纶为总教习，将原属外务部专学外国文的同文馆也并入大学堂，制定了详细的规章、制度，创办了我国比较完善的第一所国立大学。

当然这时的京师大学堂自然无法和后来的北京大学相比,但这在当时毕竟是从无到有的新生事物,而且打下了一定的基础,后来的北京大学则是在此基础上发展起来的。后来人们很少提到张百熙对创建北京大学前身京师大学堂的作用及其影响,一九四七年九月十二日叶恭绰写给胡适的信中说了两件事,一是说大学堂时代在城外瓦窑地区买过二千亩地,为胡提供一信息。另一点则说:

> 北大之成年,自系蔡先生之功,惟创始之张冶秋先生惨淡经营,亦为不刊之事实(各校舍仍多系张手所办)。且张先生于开通风气,倡导教育,厥功甚巨,似宜于校内留一纪念,方合公道。关于此点,赞成者甚多,但迄未具体化,可否由公成就此事?

所说校舍,即既包括原有的马神庙和嘉公主府(俗称"四公主府",乾隆第四女),也包括北河沿译学馆、汉花园以及西斋、东斋等这些老北大最基本的校舍。如果北大还保留下这些校舍,随便在哪里给张百熙留一个小纪念室;或一块小石碑,似乎也不为过,但是后来北大校舍变化太大,这些旧事也就不必多说了。

不过如果严格说北京大学的校名,那自然要从蔡元培说起。所以信中首先说明"北大之成年,自系蔡先生之功"。因为是自他老先生长校时,"京师大学堂"才改名为"北京大学",同时开创了北大特有的学风。这对后来的北大以及整个中国文化思想界都极为重要,不过这些在各种专门著作中,介绍的都很多,在这篇短短的述略文章中,也就不再多说了。文化古城时期的北大,自然是继承了这一传统的。不过在这一时期的开初,却也并不太平,有两件事应该提一提:一是一九二七年八月东北军阀头子张作霖派刘哲改组北大,改名为"京师大学校";二是北伐之后,李石曾在当时已改称"北平"的北京,搞"北平大学区",要把北京大学的文理学院改称"北平大学文理学院",把北京大学法学院改称为"北平大学社会学院"。前一事,持续了八九个月,直到东北军阀势力退出北京,北京大学才恢复校名。后一件事,经北大学生团结一致反对,才保留住"北京大学"的校名,在此时期,名义上仍是蔡元培为校长,另以哲学系主任陈大齐代理校务,称"北京大学院长"。直到一九三○年末,北平大学区已取消了,南京派蒋梦麟来任北大校长,到一九三七年"七七事变"之后流亡到昆明,与清华、南开并作西南联大,这是文化古城时期北京大学相对稳定的时期。

北伐之后,政府迁到南京,北京改名为"北平",废弃了沿用已五百多年的地名,一下子回到大明永乐以前"北平府"的老名字,想想当时的统治者是很滑稽的,由于"京"改为"平",于是这也"平"、那也"平","京剧"改为"平剧","京话"改为"平话"……这中间惟有"北京大学"和"北京饭店"保存了原有的"京"字,前者是学生抗争的结果,后者则是因为洋人的关系了。

有人说:北京大学的鼎盛时期是一九二七年以前,上溯到"五四"前后,那个时代北京大学在蔡元培的领导下,人才济济,百家争鸣,自由研究的学术空气极浓,形成一代学风。自然这是有历史原因的,文化古城时期,历史条件发生了很大变化,北京大学情况自不可与鼎盛时期同日而语了。

其不同处,一是鼎盛时期的一些名教授,在前述几次动荡中,陆续离北大而它去,著名的文学院的沈尹默、沈士远、沈兼士、马衡,以及林公铎、朱希祖、刘叔雅、黄季刚、吴虞等名家都离开北京大学,或到外地,或到其他单位;法学院的王世杰、高一涵、皮宗石、燕树棠等位创建了武汉大学,也都南下了。著名地质系的教授翁文灏、朱家骅等位都到南京做官去了。这样文化古城时期的北京大学,在教授阵容上,则略逊于"五四"到一九二七年这个时期了。其不同处,二是在思想、学术的争论上,已大不同于前一时期,共产主义领导人物陈独秀已离京,李大钊已牺牲;代表封建旧文化的林琴南、辜鸿铭等人亦均已成为历史人物;新的对立面不明显。况政治中心南迁,不久又发生了"九一八事变",各种政治环境已迥不同于过去了。文化古城时期的北大,也正如当时流行的顺口溜所说:"北大老,师大穷,清华、燕京可通融。"似乎是已经"老"了,实际当时它也不过是"而立"之年已过罢了。

一九三〇年末,蒋梦麟以南京政府教育部长的资格来做北京大学校长,蒋梦麟早期就担任过北大教务长,而且代理过校务。他和蔡元培先生都是绍兴人,长期协助蔡孑民先生工作,一九二九年十二月三日蒋梦麟有致胡适信云:

> 我的用意,是把大事化小事,小事化无事。只要大事能化为小事,小事不至于变为大事,我虽受责备,亦当欣然承受。至于为人"捎末梢",我在北大九年,几乎年年有几桩的,也捎惯了。事到其间,也无可如何了。

这封信是答复胡适的。当时胡适在上海任中国公学校长,蒋梦麟任教育部长,而当时教育部给中国公学一"训令",说胡适"非唯思想没有进境,抑且以头脑之顽旧,迷惑青年,新近充任中国公学校长……实属行为反动,应将该胡适撤职惩处",并说"查胡适近年以来刊发言论,每多悖谬"等等,后面有部长某某。胡适为此写信给蒋梦麟,蒋便回了他这封短信。信中可见蒋的处世态度,也可见他与北大的多年老关系。在此后一年,他便来任北大校长,胡适做了两年中国公学校长之后,也回到北大来了。

蒋梦麟任北大校长时,初期尚有预科,最近接台湾居住之前辈贾维榘世叔信中说:"我于一九二七至一九三三年在北大六年,预科二年,本科四年读经济系……"他是资深"立委",今年已八十五岁,正是蒋梦麟长校时的学生。大概这是预科最后一届。其后即只有本科了。文、理、法三个学院,理学院在马神庙,俗称"二院";文学院在沙滩红楼,俗称"一院";法学院在东华门北河沿,简称"三院"。文学院院长胡适,理学院院长刘树杞,法学院院长周炳琳。这一时期前后在北大任教的名教授,如徐志摩、刘半农、马裕藻、钱穆、朱希祖、钱玄同、周作人、孟森、冯承钧、黄晦闻、丁文江、李四光、冯汉叔、汤用彤、梁实秋、杨钟健、章演群、罗常培、魏建功、郑天挺、饶毓泰、曾昭抡、张景钺、叶公超、莫泮芹、贺麟、吴大猷、朱汝华、钱思亮、王恒升、王烈……文、理、法各个学科的名家,简直数不胜数。还有著名的外籍教授葛利普(A.W.Grabau)在地质系,教梵文、印度古宗教史的钢和泰(A. Von Steäl Holstein),真可以说是人才济济,不过于今除一二位鲁殿灵光,硕果仅存者外,大部分已成为《录鬼簿》中人矣。

北大当时的经费,据一九三二年五月十三日胡适致《探讨与批判》社函中云:

> 北平国立各校的学、宿等费本来就是最轻微的,然而实际上能收到学、宿费的有几个学校呢?北京大学每年预算九十万,但全校学费(除了灾区、国难区免费之外)只有一万

二千元。只占千分之十三而已。

当时九十万元银元，可折合九千两黄金。其时全校人数不多，不过一千几百人，按人数比例，是相当充裕的。但是经费一遇到积欠，就比较困难了。"九一八事变"之后，北平学生闹学潮，南下请愿。南京政府忙于应付，经费不能按时汇来，蒋梦麟因学潮及经费问题，与周炳琳联袂离校，南下上海，在天津转津浦车时，写给胡适和傅斯年的信道：

> 我这回的离校，外面看来，似乎有些突如其来，其实不然。枚孙和我两人，商量了不知多少回才决定的。学校的致命伤在经费的积欠、教员的灰心。两位也知道好多教员，真是穷得没有饭吃。第一批学生南下的时候，我们两人已议决了把北大放弃不办。……一个学校要办好，至少要有四五年的计划。第一年的计划，不到三个月就破坏。现在简直今天计划不了明天，还有什么希望呢！学生的跋扈——背了爱国招牌更利害了——真使人难受。好好一个人，为什么要听群众无理的命令呢？

不过这次蒋梦麟南下之后，过了没有多久，又回到北大了。其后几年中，除正常办学之外，在基本建设上，还盖了图书馆新楼、学生宿舍楼、地质研究所新楼等。据《胡适来往书信选》下册附录所载《蒋梦麟致何东》函抄件中云："敝校初名京师大学堂，创设于前清光绪二十四年（一八九八）。民国成立改为北京大学，至今已有三十七年之历史，为全国创设最早之大学，设备之周，规模之巨，为全国人士所称许……惟是全校校舍虽有千数百间,大多岁月悠久,不能适用。○○就职以后,竭力筹划,先后落成图书馆、地质学馆两所,费用银二三十余万元。又学生宿舍一座,费银十余万元,尚在建筑中,正在计划犹未兴工者为:(一)课堂、(二)大礼堂、(三)或大礼堂兼体育馆,估计建筑费,课堂需银二十万元,大礼堂需银十万元,如兼体育馆须增加十万元,亦为二十万元……殊难筹措。无已惟有从事募捐……"我四十年代后期在北大读书时,这些建筑物都还很新,图书馆二楼楼梯转角处厕所门的玻璃扶手还雪亮,这都是蒋梦麟氏长校时所经营的了。但礼堂、体育馆等一直未盖起来。另著名的红楼,据《知堂回想录》记载,也是民国五年借比国仪品公司二十万建的。

文化古城时期北京大学的制度和学风,是继承了"五四"以来的传统,对学生是非常自由的。学校从来没有什么点名制度,无所谓什么"旷课"等等。学习全是靠自觉。自然考试十分重要,进来时靠考试成绩,顺利升级、毕业均靠考试成绩。如果不及格,留级、开除,那是谁也没有办法的。

文化古城时期的北大,相继去世了几位有世界名望的学人,那就是因飞机遇难的徐志摩,到内蒙调查得了传染病去世的刘半农,突然在湘南意外去世的丁文江,因脑溢血突然死在课堂上的马隅卿,这些就都不只是北大的损失,也是当时学术文化界的重大损失了。

短短的一篇文章,不可能把文化古城时期的北大介绍全、介绍细,只留下一个简略的影子吧。

清　华

清华,是文化古城学界中的"天之骄子"。在前文介绍北大时,我曾引用了当时流行着的几句话道:"北大老,师大穷,清华、燕京好通融。"这几句话前两句话好理解,后面是什么意思呢?是说一些名家闺秀们,各校女生中,在考虑终身大事,物色婚姻对象时,北大、师大毕业生均不在眼中,最好是欧美留学生,不然清华、燕大的毕业生还可"通融通融",也就是差强人意了。从这几句谚语中,可以看出当时清华的社会声誉,不过遗憾的是,记得这几句话,而且明白它意思的人,如今都已经老了。

庚子一仗,打垮了那拉氏的"大清",而倒霉的是全国老百姓,给八国赔款白银四亿五千万两。美国应分到三千二百多万两,合美金二千四百多万元,山姆大叔把这笔钱中的一部分分三十年"退还"中国,指定用于文化教育事业,当时正是张之洞以军机大臣兼领学部的时候,他是讲洋务的元老,于是外务部和学部合议,以此款选派人才留学美国,并在西郊清华园兴建校舍,筹办"留美预备学校",一九一一年春建成,因学校建在清华园,校名便叫"清华留美预备学校",分中等、高等两科,开始招生。考生名额按省分配。一九二一年停办中等科,一九二五年改为大学,一九二八年正式定名为"国立清华大学"。

清华大学的得名,是因为"清华园"。说到这点,我不禁想起一个笑话:近六十年前,我还在北国山村作顽童时,我当时已去世姑母的独子,我的表兄在北平河北十七中毕业后考上清华,消息传来,也震动了小小的山村,一位老学究在街头向村人讲说道:"什么叫清华呢?清就是大清,华就是华盛顿……"人们听他说的头头是道,十分佩服他的学问,若干年后,我明白了"清华"的意思,还常常想起这位老学究的形象,那样认真而古朴,也想到古语所谓以"法眼观之,是俗皆雅",细思是十分有情趣的,又何必辨其正确与否呢。

现在海内外都知道清华的校园景色是极为美丽的,都以"水木清华"四字来赞美它。这是引用东晋人谢混《游西池诗》中的句子,原诗是"水木湛清华",清华园是当得起这句诗的,这个优美的校址,可以说是神仙也欢喜的地方。北京西郊在自然环境上得天独厚,玉泉山一股水流至瓮山(即今万寿山)下一大片平原上,不但形成了一个粼粼碧波的昆明湖,而且形成了一个小小的水网地区,"丹凌沜"。早在明代,万历生母李太后的父亲武清侯李伟,就在这里修了一座大花园,因其有水有木,水木明瑟,便用谢混这句诗,名之为"清华园",从此在西郊留下了"清华园"的地名。到清代雍正、乾隆之际,以"万园之园"的圆明园为首,这片小小的水网地区,便出现了一个园林群,澄怀园、蔚秀园、承泽园、朗润园、近春园、熙春园等等,清华校址虽然是在地名清华园村庄的旁边,实际则是建筑在近春园、熙春园的旧址上,这里有乔木,有流水,有芳草,有弦歌,校园广阔,水木清华,于今整整七十多年了。

　　自从一九二八年政治中心南迁后,直到"七七事变",北平市面上全靠一些学校来点缀,其中以清华的钱最多,最可靠。三十年代中,有人写文章介绍说:单是厕所手纸一项,每年就要开销银元三千元(后改"法币"),如果住在北京饭店嫌水汀不够热,那就请到西郊清华来住,保险你在零下二十度的严寒时,在室中穿件羊毛衫就很舒服;如果你觉得北京饭店的冰激淋还不够可口,那你也请到清华来,南门外不远成府(村名)街上小铺中的三毛大洋一杯的冰激淋,包你满意。这据说是燕京司徒雷登都称赞过的……

　　清华的校舍在外观上虽然没有燕园未名湖畔的绿琉璃瓦、画栋雕梁的楼台漂亮,但是在实质上比燕京的好得多,在全国说来,当年是罕与伦比的。先说面积就有一千多亩。潘光旦先生在《清华初期的学生生活》中写道：

> 一所千把亩的王爷园子里住上起初只二百几十个学生，最多的时候也不过五六百人，居住与游息的条件是足够宽敞的。铁床、钢皮绷、厚草垫，四个人一大间，另有自修室……图书馆里的座位一直有富余。池边、林下、土山坡上的石磴，到处是读书游息的好去处。满园是花木，九秋的菊花，除园艺工人广泛地培植外，又有一位姓杨的搞斋务工作的职员出色当行地加以指导，尤为量多质美，据说极盛时一年曾培育到两百个品种。记得每年暑假回家，一到开学期近，就一心指望着返校，说明学校的吸引力实在很大。每年也有不少边远省区的同学留京度假，学校则把他们安排在西山的卧佛寺、大觉寺等处，也是十分幽胜的地方。……校园的西邻圆明园，当时虽早已成为狐兔的窟穴，而破碎的琉璃砖瓦，片段的白玉雕栏，纷纭狼藉，遍地都是，"寿山"还相当高，"福海"还相当深，乃至"大红门"还像个门，"西洋楼"还像座楼……成为课余假日闲步的一个最好去处。

至于说到那数不清的房子，自然是几十年中陆陆续续造起来的。如以"七七事变"作为一个期限，那最早建造的是工字厅，最后落成的是航空馆，在这些建筑物中，值得一提的是非常多的。

首先是体育馆，这在当年，不要说在北京，即在全国说，也可能是独一无二的。这是在马约翰老先生主持下兴建的，在大操场西面，坐西面东，正门前有一片台阶，门脸也不算高大，但是里面却极为讲究:进门后,门庭正面是室内篮球场,高级打蜡柚木地板,左手是健身室,有鞍马、吊环、单双杠等设备,更可贵的是左手进去的室内游泳池。当年北京室外游泳池,也只有中南海北门内、绒线胡同崇德中学、台基厂交民巷使馆俱乐部等三处,而这里却在室内,一年到头保持着温水,即使在三九天,燕山飞雪、滴水成冰的时候,这里也是温暖宜人,如果有豪兴,尽可脱去衣服,跳下去游个痛快好了。但说也奇怪,当年却很少有人进去游,同学中不少都不会游泳,因为我很少见到里面有许多人在游,看来"清华人"当年的功课确是太忙了。据传著名物理学家萨本栋氏,在清华读了八九年书,却从没有去过颐和园,有人笑他是书呆,有人却赞他是"不窥园"的苦学者,究竟谁说的对呢?人生似乎太矛盾了,但清华学生的苦学精神的确是惊人的。

游泳池人不多,图书馆人却很多。斜立在工字厅东北面的图书馆大楼,像一个伸开两臂的母亲,要把清华园的赤子全部抱在怀中一样。那意大利大理石的高台阶,年年月月,不知踏过多少脚印,而后来这些脚印又从这里出发,遍及世界各地了。

清华的校园,约略可以分作三个部分。由西门进来,顺着柏油马路走,到正门时,这是三个部分的中心,清华进城的校车,每天从早到晚几次停在这里,按钟点开进城去。进城之后,先是停在西单"亚北号"糖果点心号门前(在西单菜市南面一点),到西城各处的人都在这里下车。然后是到东城米市大街青年会门前,这是终点。返程仍由这里开,走东、西长安街再在"亚北号"门前停一下,等人上齐,再回清华正门前停下,大家下车,学生回宿舍,教职工回自己的家。由此往南,是南院,是教授、讲师、职工的生活区,往北进大门,是真正清华大学所在地。这又可分为两大部分:偏东面,以工字厅办公处、罗马式的圆顶礼堂、图书馆三处为中心,周围各个教室楼,各个工程馆,这是教学区;偏西面,以大操场、体育馆为中心,周围是各个宿舍楼、食堂等同学们的生活区。

清华园离西直门十八里地,当年西郊未修柏油路时,出西直门,经关厢、高亮桥、黄庄、海淀,再往前向东拐弯到清华,交通不算方便。所以不但学生全部住校,就是各位教授,也都住在学校中,有不少人城里有家,清华也有家,如俞平伯先生,城里东城老君堂有"古槐书屋",清华园教授住宅中又有"秋荔亭",即先生《秋荔亭记》中所说:"若秋荔亭,则清华南院之舍也。"南院之舍,就是南院教授宿舍,如今世界知名学者中,在这里卜居过的大有人在吧?

清华的学生宿舍,也是以"斋"为名,男生宿舍如"明斋"、"诚斋"及后来建的"新斋"等,女生宿舍叫"静斋"。这些"斋"都是红砖砌的三层楼,两个人一个房间,房中有壁橱,床都是小的可拆卸的钢丝床,冬天全部水汀,有一位名"任浩"的在旧时《宇宙风》上写文章介绍清华宿舍说:"整个冬天,从十一月到翌年三月,在清华室内都像是夏天,睡起来盖一条薄被就行了。"这话是一点也不假的。

在清华住宿,其好处还不完全是在物质上,更重要的是其情调好,风格好,先不说这些天南海北的莘莘学子们住在一起,终日弦歌之声,多么热情,多么爽朗,又多么用功! 就是站在三楼朝西的窗口上,朝着那四时变幻的西山望去满目秀色,就够你思念一辈子的了。平伯先生清华园诗云:"骀荡风回枯树林,疏烟微日隔遥岑。""遥岑"非"遥",能不思念清华乎?

文化古城时期的国立清华大学,每学年招生,报名数大约都有几千人左右,而录取只是四百名,不要看比例数不大,要知这几千名的报名者，都不是泛泛之辈，因清华录取标准较高，不自量力的人是很少的，而"强中更有强中手"，在这几千名角逐者中，能名登金榜可想是多么不容易了。三十年代初，是旧时清华角逐的鼎盛年代。当年以赋得《梦游清华园记》《我的衣服》等题目而名登金榜的人，现在都已是年近古稀了。

三十年代北京各大学，放暑假很早。一九三七年"七七事变"时，各个学校都已放暑假了，清华园中，学生大部分都已不在学校，外省的同学，都已回乡，工学院一部分同学，正在各处实习，如土木系三年级的人，正在山东济宁梁山泊边上作水利实习。还有一些北京有家的同学，都已进城，卢沟桥炮响，抗日开始，当时只说是短暂地离开清华园，暑假之后，便可回来重看西山秋色的人，此时伤心地失望了。清华大学师生们负笈南行，先是湖南长沙，又是云南蒙自，最后在昆明和北大、南开三校组成西南联大，直到抗战胜利复员。

"清华园"走不了，留在日本侵略者的铁蹄下，敌人一度把她作为伤兵医院，体育馆喂养战马，在明斋、新斋等处住伤兵。在那些年代里，工字厅前的春花，海棠含泪，丁香惹愁；静斋南边荷塘中，菡萏萎谢，翠盖凋零；礼堂的罗马式的圆顶默默地对着燕云；图书馆前白色意大利大理石台阶上，再没有夹着讲义的人站在那眺望西山落日；旧日的工友，不少都住在附近的成府街上，有些没有跟着流亡到昆明，真像圆明园大火之后的宫监一样，见到人就想说说昔日的繁华，成府街上的各种小铺、小饭馆、洗衣局、奶子房，怀念着熟识的主顾。成府街上，开始还有"燕京"的人，后来"燕京"的人也没有了，真是寂寞了。

沦陷期间，城里的人不再谈清华园，似乎把它忘了，没有这个地方了，但没有忘了清华，不但没有忘，而且时时在思念她。

只是"清华、燕京好通融"的话，此后真成为历史语言了。

文化古城时期的北大，蒋梦麟做校长，做了不少事，但后来专做官去了，胜利后未再回北大。而文化古城时期的清华，人们要思念它的校长梅贻琦氏。他本来是清华教务长，一度赴美任清华学生留美监督处监督。一九三一年归国任清华校长，直到一九三七年。在大动荡的局面下，为清华在教学、科研、学风、人才等方面创造了极为辉煌的成就。开创了"教授治校"的制度，最大限度发挥了教授的智慧和作用。他在就职演说中有句名言："所谓大学者，非谓有大楼之谓也，有大师之谓也。"迄今仍为人所称道。抗战胜利，"清华人"又回到了清华园。梅贻琦校长也回到了清华园。一别九年的清华园，又是水木明瑟，花柳宜人，闹闹嚷嚷，弦歌不辍。直到一九四八年十二月梅氏去了台湾，在新竹又办起了一所清华大学，有人喻之为"一水分流"，探本寻源，从一九一一年建校到今年已经是七十多岁了。

如果"清华"是个人，那当然已是年逾古稀的老者，但是她是一所学府，"水"涓涓而不息，"木"欣欣以向荣。正如二六级校友赠给母校那幅大匾上所书的四个大字"人文日新"，她是永远不会老的。长江后浪推前浪，一代新人换旧人，遥想现在清华园中欢蹦乱跳的小姑娘、小伙子们，如果同第一代"清华人"现在还健在者相比，那足可以作他们的曾祖父了吧。

清华的毕业生，估计应不少于五万人，可说遍及世界各地，最早的老前辈，如以年龄计算，都是九十多岁的人了。不知现在几位姗姗玉骨，犹驻人间？在此向他们寄以遥远的祝福吧！二十年代的"清华人"，现在都是八十岁的老人了，还有不少健在者，而且有的人还在那里工作呢。如陈岱孙老先生即其中之一。他一九二〇年毕业于清华，现任北大经济系主任，几年前，北大还为他举行了任教五十四周年和八十寿辰的庆祝会。此外，科学院副院长周培源，现任清华大学副校长赵访熊也都是二十年代的清华毕业生。

三十年代的清华人，那就更多了，算年龄，年纪大的，七十来岁，年纪小的，只有六十多岁，至于六十岁以下的人，那在清华校友中，还是小弟弟呢。说清华的校友中人才济济是当之无愧的。著名的学者、教授、科学家很多。科学家如竺可桢、段学复、叶企孙、萨本栋、钱三强、张子高、杨石先、梁思成、钱伟长、吴仲华等，文学家如洪深、闻一多、曹禺，语言学家王力等，都是大名鼎鼎，卓有成就的人物。此外，一些知名的学者如熊庆来、华罗庚、马寅初、朱自清、吴有训、陈寅恪、钱学森、美国的赵元任、李政道、杨振宁、林家翘、陈省身、任之恭也分别是清华各期学生或培养的公费生、资助生。清华的成就及其贡献之大，在中国各学府中，可说是无与伦比的。

水木清华七十余年中，文化古城时期曾是它的一段值得怀念的金色时期，这金色的旧梦，留在多少人的记忆中呢？荷塘的月色，西山的晚霞，工字厅前年年春天烂漫枝头的海棠和丁香，永远留在旧梦中吧。

师　大

"师大穷"，这是实际情况，不少师范大学的学生，都是寒家子弟，贪图师大不收学费、杂费、住宿费，而且还管饭，就是吃饭不要钱，伙食也还不坏。这样人们又给"师范大学"起了个诨名，叫"吃饭大学"。这些优惠条件，在穷学生看来，是十分重要的。

在文化古城时期，前一阶段，货币还用银元，社会上流通的钞票都能兑现。后一二年,因南京政府采用"白银政策",大都市都不再流通银元,但也基本上未影响物价。在整个文化古城时期,外省来北京读大学的学生,每年最少也要二百元,包括学费、伙食、宿费、书籍、衣着等,如江南各省,一年回一趟家,那还得再加上百元旅费。当时一个月伙食费六元,就吃的不错;如七元,标准就很高了。当时清华大学每月伙食七元。而旅行费用很贵,一张去上海三等车票二十二元八角五分,等于三四个月的伙食费。这样一般学校,如北大、北平大学等国立大学,一般节约一点的学生,一年也得用二百五十元左右(包括回家路费)。这点钱如在官僚地主、大资本家、高级工薪阶层,都不算什么;如一般工薪阶层,家就在北京,可以回家吃住,也无所谓。而在外地农村,或中小城市,一个家庭每年拿出二百多元现大洋,这就是一个十分庞大的数字。不要说贫苦农民、指身度日的工匠办不到,就是小地主、小生意人,薄有财产,拿这笔钱也不容易。当时南北各省,中小城市,五口之家,每月有固定二十元大洋收入,就能过很不错的日子,又如何能罄全家所有,供一个大学生上学呢?师范大学,管吃、管住、管读书,一个外地穷学生,考上师大,每个月连伙食带住宿最少可省十元钱,这样就省多了。而且毕业之后,保险可以当个中学教员。就可以赚百数块大洋的薪水,就家境贫寒的人说,这一辈子养家糊口,就不成问题了——自然,那时天真的穷学生们,不会想到十年、二十年后的战争、通货膨胀,教员变成"四大贱物"之一,所入不但不足以养老婆孩子,甚至连自己也养不起。不过这是沦陷若干年后的后话,暂时可以不表。回过头来还说文化古城时期的"师大穷"。

师大虽穷,但仍和北大、清华、燕京并列,说明它还是一个水平、一条线上的,即都相当难考,毕业后职业有保证。在文化古城时期,全国就业区域还十分广阔,还未到"毕业即失业"的惨境,国立大学毕业生,就职条件及起薪都有明文规定,基本上可以得到保证。燕京虽非国立,但因美国教会关系,就业更无问题。师大毕业生,遍布全国,各地的中学教员几乎是他们全包了,同学援引,势力也较大。所以"虽穷",考的人仍很多,不但成绩好的穷学生争着考,即使经济条件好的也是要考师大的。

师范教育就世界教育史讲,是一项特殊教育,说得简单些,就是为了培养各级师资,因而才兴办各种师范学校。北京师范大学的最早历史,可以上溯到"京师大学堂师范班",那是光绪二十八年(一九〇二)的事。一年之后,即一九〇三年,张之洞等厘订学堂章程,"师范班"按制脱离京师大学堂,设置"北京优级师范学堂",辛亥之后,改名为"北京高等师范学校",简称"北京高师",有国文、史地、英语、数理、理化、博物六个学部。当时中学四年,大学预科二年、本科四年,共六年。高师修业四年,毕业后只能教中学。高师另设研究科,如再入研究科两年,也就等于大学本科毕业了。其研究科先设教育、数学、化学,后来"学部"改称"学系",各系均有六年制,体制日渐充实。改为"北京师范大学",是一九三二年秋季,中学学制由"四二"制改为"三三"制而后改变的。中学"四二"制是日本式的,即中学四年,高等二年。"三三"制是美国式的,即初中三年、高中三年。我国旧制高等都归入大学预科,中学改为"三三"制,大学取消预科,"高师"也改为学制四年的大学本科。称作"北京师范大学",也就名正言顺了。

首任校长是湖南湘阴人范源濂氏,字静生,曾任北洋政府教育总长,是早期著名教育家,在美国考察后回来接任。亦因经费问题困难而辞职。后来福建人邓萃英(字芝园)氏也曾担任过一个时期校长。一进校门左手有罗马式廊柱的图书馆，就是邓萃英氏长校时修建的。其间易培基也担任过一届校长。

文化古城时期北平师范大学校址，一般说是在和平门外新华街右侧。这里其实在高师时期，还是很偏僻的。内城人要到这里来，必须出前门或出宣武门，由西河沿过来，再一转弯才能到。因为那时和平门还没有开，和平门是民国十四年（一九二五）段祺瑞时代开的。自此之后，师范大学门前四通八达，是通衢大道了。

校址最初建造，是在清代末年，这块空地，还是琉璃厂琉璃窑旧址，在康熙、乾隆年间，这一带面积广阔，所谓"东有五斗，西有方壶"，空地是很多的。后来琉璃厂、厂甸虽然成为著名的文化街、庙会区，但偏北面，空地仍很多，清末在这片空地东面盖了五城学堂，即后来的师大附中。在西面便盖了优级师范的校舍，直到一九五三年，北京师范大学尚未搬迁时，修建房屋开基取土时，还发现了不少琉璃砖瓦及磨制瓦浆之大古磨盘数座。但师大校址，在当时比起其他大学来，并不大，老实说来，还是有些"穷"相的。一进大门，北面传达室，南面警卫室，往前走，一个不大的广场，左首便是邓萃英做校长时建的图书馆，虽然有四根罗马式的柱子，但并不大，只不过是一个两层楼。既比不上清华八字形意大利大理石装修的图书馆，也比不上北大新建四个大阅览室的图书馆气派。藏书自然也是较少的，虽然离琉璃厂很近，而琉璃厂书铺的大学图书馆售书对象，则是北大、清华、燕京等校图书馆，师范大学是不大提起的。

穿过一进校门图书馆前的小广场，继续往西走，先是一排平房，中间穿堂门，再进去，是一个狭长条的大院子，四角有四座曲尺形的两层楼，是老式的十分高大、宽大的楼梯和走廊，这就是主要的教学楼了。教室、试验室都在这里。在这组建筑群的北面，偏东一组小灰砖楼及平房，是教学行政区，校长室、秘书、教务、庶务等处都在这里。正北平房院落，有小门进去，是女生宿舍。在西北隅，是饭厅、大厨房，饭厅南面、东面都有门，南面正门进去，迎面墙上挂一大红木镜框，里面是碗口大的正楷写着朱柏庐《治家格言》的句子："一粥一饭，当思来处不易；半丝半缕，恒念物力维艰"等句子。据一位京师大学堂师范班优级师范首届毕业生回忆，伙食早餐粥和面食，午晚两餐，每桌八人，六菜一汤，冬季四菜一火锅，荤腥俱全。提调舍监、事务科长、高级职员和学生一道吃，坐在主座，合乎古语的"大烹养士"的礼仪。文化古城时期，师大伙食基本仍然如此，每桌八人，但是四菜一汤，每周有两天菜特别丰盛，烧牛肉、炖肉、四喜丸子之类，平时则是肉丝、肉片类的荤菜。虽然够吃，并不富裕。八人一桌，座位也较挤，北大、清华一般都是六人一桌。因诨名"吃饭大学"，不免说到食堂，就把伙食多说两句。

　　中心教学楼的南面，西南一隅，有琴房、体育系，还有一个挂名的风雨操场，十分简陋，只是一个洋铁顶的仓库而已，不但无法与清华、燕京有打蜡地板的体育馆比，连教会中学汇文的风雨操场也比不上，倒真是符合"穷"的身份。师大有体育系，这个简陋的风雨操场，不但要供体育系同学鞍马、单、双杠等术科锻炼之用，而且还派大礼堂的用场。《鲁迅日记》一九三二年十一月二十七日记云："午后往师范大学讲演。"这次讲演就是在这个简陋的风雨操场中举行的，临时因人多，容纳不下，搬到外面操场上露天举行。不少有关文献中，都印有这次讲演的照片，虽经一再翻版，但仍清晰可见，听众人虽多些，但也并不是多得不得了，但那个风雨操场便容纳不了，也可见其不但简陋，而且很小了。

其实外面操场也并不大,不够标准场地(即四周四百米跑道,中间一个标准足球场)的面积。

操场东面,有几排平房,自成院落,那是体育系、音乐系、工艺系、地理系等学系男同学宿舍。在文化古城时期,师范大学在图书馆南面,临新华街,盖了一个学生宿舍楼,大房顶、青砖青瓦、三层、"丁"字形,是比较新式的,同清华的宿舍差不多,取名"丁字楼",有胡适题的匾,本色木纹,字填洋绿,十分古雅,和那青砖楼房十分协调。每室四人,有铁皮床、壁橱、纱窗、水汀,冬天十分舒服,但是夏天就苦了,那壁橱缝中全是臭虫,一点办法也没有,害得人整夜不能入睡。

文化古城时期的师范大学,校址建筑仅此而已,和北大、清华、燕京等等,是无法比拟的。在高师时期,还有一个"女高师",在石驸马大街。在一九三一年和"男高师"合并。所以在文化古城时期,就只有一个国立北平师范大学了。当时是三个学院:文学院,国文系、英文系、历史系;理学院,数学系、物理系、化学系、地理系;教育学院,教育系、体育系、音乐系、工艺系。共三学院、十一学系,符合当时大学制度的规定。

师范大学的教授阵容,相对说,没有清华、北大名人多,阵容强,但毕竟是国立大学,历史悠久,也相当可观。最早在优级师范时期,请过不少日本教师,后来当教育总长、师大校长的范源濂,当时是日本教师的助教、翻译。范氏是清末长沙时务学堂学生,留学日本,并在日本创设法政、师范诸科速成班,还带湖南女学生十二人留学东京,是最早的日本女留学生。范氏后来对师范教育影响甚大。在他任师大校长时,师大已有不少名教授,到了文化古城时期,有些早已离开师大,甚至离开北平,但也还有不少知名之士,如国文系的钱玄同、高阆仙、黎锦熙,历史系的李泰棻、王桐龄,物理系的文元模,音乐系的柯政和等位,都是很有名的专家。只是其中个别的后来做了汉奸,但这是后话,在文化古城时期,还只是名教授耳。

文化古城时期师大,担任校长时间最长的是李蒸。一九二八年北伐之后,李石曾想把持北平大学教育,组成北平大学区,但不到一年,北京大学便脱离了这组织,北平大学区便废止消失了。师范大学也恢复原来名称,独立成一大学,名义上由李石曾任校长,由李蒸代理。李石曾,国民党元老,河北高阳人,在法国多年,代表教育界北方势力。李蒸,河北滦县人,留法归来,年青有为,很得李石曾赏识,便代李石曾为实质上的师大校长。与南京上层关系,自然还靠李石曾力量。但在"九一八"之后,朱家骅任南京教育部长,师大学生呼吁抗日,掀起学潮,朱便部令停止招生,想停办师大。这样李蒸到南京,作政治活动,参加核心组织,负责回北平"整理师大校风",这样国立北平师范大学就完全由李蒸负责。李蒸担任校长,直到"七七事变"。李蒸在抗日战争胜利后,是北平三青团负责人,解放时,他是南京和谈代表之一。

文化古城时期的师范大学,为当时各地中学培养了大量教师,英文、国文、数学、理化、生物,以及音乐、体育、图画各方面都有。师范大学在毕业时,除去写论文之外,还要经过两个多月的试教,试教的地方,就是本校所属男、女附中、附小,都是北平教学质量最好的学校。师大毕业生在教育界的力量是很大的,不少著名中学,所有高、初中教员,几乎清一色都是师大毕业生。毕业生首要服务于教育界,这一要求,也是师范大学的规定。"饭"毕竟不是白吃的,有权利,也有义务,这本来也是公平合理的。

师范大学离著名的古老文化街极近,出校门往南走不上几十步，就是厂甸、琉璃厂，本来可以受到很好的影响，不过在文化古城时期，大学中也往往是新的影响大，古老的影响小，师范大学未能涌现出版本、目录、文物鉴赏、书画等名家，细想起来，也十分辜负这近水楼台了。

北平大学

在文化古城时期，北京地名改为"北平"，而且成立了一个北平大学。抗日战争胜利之后，北平大学没有了，消失了。半个多世纪过去了，现在人们了解北平大学的人已经不多，青年朋友看书遇到这些旧事时，又常常把北平大学和北京大学混淆起来，这是不对的。因而介绍文化古城时期大学概况，在谈完北大、清华、师大之后，接下来就应当把北平大学介绍一下。

要弄清北平大学，首先应该明确两个问题，即一要明白北平大学是一个组合体，而且是一个十分松散的组合体，原不是一个学校，也不在一个地方，是一个时期，隶属于一个校名的几个学院。二要明白当时的历史条件，学校制度。即大学体制，每个能称作"大学"的高等学校，必须要有三个学院，而每个学院，又必须有三个以上的学系。而"大学文凭"与"学院文凭"，对于一个毕业生说来，不只是名义上好听不好听，而且在正式薪金待遇规定上，也大不一样。因而把几个学院组合起来，共同戴一顶"大学"的桂冠，而且又是"国立"的，这对学生、教员、校长说来，也都是各有利弊的。对学生说来，利多些；对各校校长说来，就不免还有不便之处，因为各位院长之上，还有共同的婆婆。

北平大学是哪几个学院的组合体呢？即工学院、医学院、农学院、法商学院、女子文理学院，这五个学院，各有各的校址，各有各的历史。简述之,即工学院创建于清末光绪三十年,北洋政府初期叫"北京工业专门学校",后期叫"北京工业大学",校址在西北城祖家街端王府夹道,清末由农工商部直辖,民国后改隶教育部。医学院创建于民国元年十月,最早叫"国立北京医学专门学校",一九二四年改名为"国立北京医科大学",一九二七年改名国立京师大学校医科。校址在和平门外后孙公园。农学院创建于清末光绪三十一年一月,初名京师大学农科,后来改名为北京农业专门学校,后来又改名为北京农业大学,校址在阜成门外罗道庄。法商学院是由北京法政专门学校,后来改名北京法政大学,以及其他学校法科、商科等合并组织起来的。历史悠久的也创建于清末光绪三十一年,校址在国会街。女子文理学院原来是女子大学,校址在朝内大街北小街。另外后来北平大学在李阁老胡同还有本部,也有不少学生。因此可以看出所谓"北平大学"是庞然大物的多元复合体,但其组织又是松散的,矛盾也是很多的,在它由成立到结束的不到十年中,闹过许多学潮、新闻。要约略介绍其经过,还得要从历史背景的演变说起。先引一小段文献。一九三一年八月三十一日,刘半农先生写的《五年以来》一文中道:

> 那时国立九校还没有合并,北平有九个国立大学校校长。私立大学也比现在多到一倍。却因国立大学的经费积欠至数年之多,私立大学本无固定经费,以致北平的大学教育,整个儿的陷于不景气的状态之中,讲堂老是空着,即使有教员上课,听讲者也不过二三子而已。牌示处的教员请假条,却没一天不挤的水泄不通。现在的北平各大学,虽然还没有整顿到理想的境界,比到从前,已经大不相同了。

这一小段文字，概括地说明了文化古城时期前一阶段学校情况的变化。先说"那时"两字，是指什么呢？是指北洋政府的最后阶段，在武力上，皖系失败，直系疲敝，奉系较强，奉系军阀张作霖得势的时期，张学良为奉军第三军团长，张宗昌为奉军第二军团长，直系王怀庆为京师卫戍总司令，处决《京报》主笔邵飘萍、逮捕《世界日报》主笔成舍我，刘半农编副刊，为此也离家躲了起来……总之，这个"那时"是文化事业奄奄一息，十分恐怖的时期。那时的所谓"国立九校"，就是北京大学、师范大学、女子师范大学、工业大学、农业大学、法政大学、医科大学、女子大学、艺术专科学校。这九所学校都由教育部拨款，因而谓之"国立"。其时尚有以"庚款"为经费的清华、外交部办的俄文专修馆、交通部办的交通大学、财政部办的税务专门学校，这些学校各有专款，只叫"公立"或"部办"，而不叫"国立"了。清华也直到后来，才加"国立"二字。

　　张作霖一九二七年六月自称安国军大元帅，从北沟沿顺成王府设立大元帅府，来到中南海怀仁堂就职。俨然国家元首自居，因为他是想要做"大总统"的，先仿照孙中山先生的先例，称为"大元帅"。潘复在张宗昌、孙传芳推荐下组阁，任内阁总理，外交王荫泰、内务沈瑞麟、财政阎泽溥、教育刘哲……这时张作霖下了一条特殊命令，让刘哲执行，就是合并"国立九校"为京师大学校，以刘哲兼任校长，以胡仁源、张贻惠、毛邦伟、孙柳溪、林修竹等为各院院长。宣布了一系列的禁令：禁止使用白话文、禁止学生集会请愿、教员缺课要扣发薪金、处罚学生可用戒尺打手心等等……北京学界一时笼罩在武装力量压迫的阴云之下，著名学人纷纷离京南下，或出国考察，林语堂、鲁迅等人，早在一九二六年夏、秋间已先后离京，胡适也已出国，顾颉刚一九二七年

也已到了广州中山大学,四月二十八日写给胡适的信道:

> 从仰之处知道先生将于四月底到上海,此信到时,想来先生已归国了。我以十年来追随的资格,挚劝先生一句话:万勿回北京去。现在的北京内阁,先生的熟人甚多,在这国民革命的时候,他们为张作霖办事,明白是反革命。先生一到北京去,他们未必不拉拢,民众是不懂宽容的,或将因他们而累及先生。

从顾氏信中,可见当时北京学界的情况。张作霖做大元帅时,也正是北洋政府穷途末日,财政极端困难时期。他手下大将长腿将军张宗昌霸占山东、直隶(河北)两省,一九二七年不到一年,用去五千多万银元军饷,都是用公债,地亩捐,直鲁军用票从农村敲诈来的,只供他挥霍,而兵士们照样欠饷。张作霖的内阁只有八十万行政费,他的总理兼财政总长把财政部的人员裁撤的只剩下二十人,成为笑话奇谈,在行政费这样紧的情况下,"国立九校"不合并没有钱,合并了还是没有钱,经费名义上有,但无钱发,只是"欠"着,这就是刘半农信中所说的"国立大学经费积欠至数年之多"的实际情况。

经费问题,是一个十分重要的问题。北洋政府后期,因军阀连年混战,官僚贪污,钱都被打仗和贪污弄光了,教育经费,长期拖欠,丝毫没有保证。北伐胜利,军阀垮台,张作霖大元帅做不成了,匆匆离开北京,回东北老家,在皇姑屯被日本人炸死。南京派阎锡山军队接管京、津,宣布北伐成功,全国统一。在此新旧交替之际,北京各学校经费更无人来管。直到一九二八年七八月间,才把经费来源具体落实,即李石曾与宋子文谈判商定:

由天津海关和长芦盐务署按月拨三十万元,给北平各大学作为固定经费。这样直到"七七事变",北平几所国立大学的经费,得到较长时期的保证,但这是与北平大学的建立,有直接关系的。其远、近原因有如下述:

在北伐军在长江流域节节胜利时,国民党元老李石曾即筹划如何在军事胜利之后,取得北方教育大权,便与张静江、吴稚晖等仿效法国大学区的办法,在中国建立大学院、大学区。李石曾名煜瀛,石曾是字,是清代同治帝老师李鸿藻的第五个儿子,清末留学法国,加入了同盟会。在法国办过"勤工俭学会"、"里昂中法大学"等,在政治上、教育界,以及兴办各种事业上,均有一定声望。北伐时,已是国民党中央委员。南京政府成立之初,于一九二七年六月间,先设立了"大学院",以蔡元培为院长,请了一些只发干薪,不必上课、上班的教授,鲁迅先生就是其中之一。《鲁迅日记》一九二八年一月三十一日记云:"下午收大学院泉三百,本月份薪水。"

同年六月,李石曾与易培基提出建议,改北京大学为"中华大学",分设文、理、法、工、农、医六学院,北上接国立九校。后因北京大学师生坚决反对,通电抗争。李石曾又建议因北京已改称北平,便应改北京大学为北平大学。后又确定全国划四个大学区,北平、江苏、浙江、广州四区。以北平、天津、河北、热河为"北平大学区"范围。大学本部总管全局,管理各高校,各校合并统一称为"北平大学",下设学院,其计划合并之学校及新名称如下:

北京大学文学院、保定河北大学文科合并为"北平大学文学院",院长陈大齐;

北京大学理学院改为"北平大学理学院",院长王星拱;

北京大学法学院、北京法政大学、河北大学法科、天津法政专门学校合并为"北平大学法学院"，院长谢瀛洲；

北京工业大学改为"北平大学第一工学院"，院长俞同奎；

天津北洋大学、天津工业专门学校合并为"北平大学第二工学院"，院长石树德；

北京农业大学、河北大学农科合并为"北平大学农学院"，院长崔步瀛；

北京医科大学、河北大学医科合并为"北平大学医学院"，院长徐诵明；

北京师范大学改为"北平大学第一师范学院"，院长黎锦熙，后改张贻惠；

北京女子师范大学、北京女子大学合并为"北平大学第二师范学院"，院长徐炳昶；

北京艺术专门学校改称"北平大学艺术学院"，院长徐悲鸿。

另北京俄文专科学校改为"俄文专修馆"，北京大学预科改为"北平大学文理预科"，还有国学研究所，分别由段颎棠、刘复（半农）、沈兼士主持。

北平大学校长办公处在中南海怀仁堂西四所，校长李石曾，副校长李书华，先是萧瑜代理秘书长，后来由成舍我任秘书长，以上这些人选，不少都是留学法国的。

以上是最早北平大学的组织机构和人选。但这并未成为事实，因遭到强烈反对，不久就同"大学区"的实施失败一样，被迫取消了。后来"平大"即本文前面所说的各个学院了。

北京大学、师范大学护校成功，脱离北平大学自去恢复各自的老传统，这些情况，在前面已作过介绍，不再赘述。剩下其他一些学院，仍用北平大学的名称，但因各自原是独立的，自有其历史及人事基础,勉强合并在北平大学的名义下,是困难重重、矛盾百出的。其中有几件闹的比较严重的事,分别略作介绍。

一是女子文理学院和法学院争校舍案。

一九二五年五月间国立北京女子师范大学因反对校长杨荫榆,闹得不可开交。以章士钊为总长的教育部下令停办北京女子师范大学,并将改设女子大学,布告云:

> 查北京女子师范大学业经令行停办,派员接收到案,本部现将该校改设女子大学,筹备处正在积极进行……

在女子大学开办的同时,另一方面有教授和学生联合抗争,组织校务维持会,仍然继续女子师范大学的名称,一度在宗帽胡同租房子临时上课,后又回到石驸马大街原址,这时章士钊等人已下台。但女子大学一方面,又不肯让步,一些学生反抗女师大,两次呈请警察厅驱逐女师大,发表宣言要索回校址。这样在一九二六、一九二七年之间,北京就有两所女子高等学校:一是北京女子师范大学,一是北京女子大学。到了北平大学时代,女子师范大学后来并入师范大学去了。女子大学就成了问题了。经过请愿交涉,也是一次风潮,最后取得不拆校、不并校,保持原组织的胜利。周作人《知堂回想录》在《女子学院》一文中记这一段史实道:

> ……因为女子学院乃是后来改定的名称,它的前身实在即是章士钊、任可澄在女师大的废墟上办起来的那个女子大学。……北京旧有的学校也经过了一番改组……大学各学院长乃由李石曾派下的国民党新贵来担任。经利彬做

了理学院长，张凤举做了文学院长，但是他们却不能一帆风顺地到任，因为政府取消了北京大学的名义，北大出身的都很反对，而且有些人在国民党政府里颇有势力，所以这种气势是不可轻视的。因此北京男女师大以及农工各专科已经次第开学，北大的文理两院拒绝新院长去接收，一直僵持着，院长不能到院倒已罢了，中间却有第三者也吃了亏，这便是预备着归并到北大文理两院里去的旧女子大学学生了。因为当时有历史的关系，既然不能把她们并在女师大，只得将她们分为文理两组，并合到北大里边去，现在北大不能开学，所以她们也连带的搁了浅。新院长聘定刘半农为国文系主任，温源宁为英文系主任(余从略)，预备先办文学分院，给她们上课，校址设在西城根的众议院旧址。但是刘半农辞不肯就，张凤举和我商量，叫我代理半农的主任职务，安排功课，我就答应了。随后半农给我打电话来，说女子大学是我们所一向反对的，怎样给他们去当主任？责备我不应该去；我当即答复他，从前虽然是女子大学，可是现在改组了，我们去接收过来，为什么去不得？我还劝他自己去，可是他还是不同意，但是没得话说了。后来他究竟去做了女子学院的院长，可是并不固执原来的意见了。这个机关起头叫作文理分院，里边两个院主任，分治其事，随后在保存北京大学后，作为北平大学女子学院，又改为女子文理学院，但那时我却不在那里了。

文理学院的开设是在众议院旧址，那就是后来法学院的第一院，可能是一时借用的，可是法学院一再要求归还，因为难找到适宜地方，迁延下来到第二年春天，那即是民国十八年(一九二九)也就是"五四"的十年后了。法学院终于打了进来，武力接收了校址，教员们也连带的被拘了小半天，给我有写一篇愉快的散文的机会。而学校却因祸得福，将破烂的众议院换得了一座华丽的九爷府，本是前清的旧王府，后为杨宇霆所得，女子学院由杨家以廉价租来的，至今肖然在朝阳门大街的北边，是科学院的一所办公地址。担任过女子学院院长的有经利彬、刘半农、沈尹默，那是以北平大学校长兼任的，最后是许寿裳，随后这学校即就没有了。

当时法政大学武力接收女子学院占用的众议院，似乎收复失地一样，是十分热闹的一件新闻，周氏有一篇《在女子学院被囚记》专记此事，写的十分有趣，无冲淡风而有辛辣味，是苦雨斋另一种风格的文字，在此未便多引了。当时被拘的教员除周氏外，尚有沈士远、陈达、俞平伯、沈步洲、杨伯琴、胡浚济、王仁辅、溥侗，以及唐赵丽莲、郝高资二女士，这些人因被无理拘留，还特地去质问过北平大学副校长李书华，但无论怎样逼，也没有一句负责的话，如同泥塑木雕的菩萨，客人种种责难，主人还是必恭必敬地陪着，到深夜而无倦容，涵养功夫是十分了不起的……年代久远，早成历史，当时被拘的人，现在均凋谢殆尽，鲁殿灵光，只剩下一位俞平伯老先生了。

其二在女子文理学院被武力接收校址事件而外，尚有俄文专修馆一次波澜。这原是外交部办的一个学校，并入平大，开始仍叫原名，学生反对，要求升为学院，且反对李石曾派来的段懋棠接收，也闹罢课，天天派代表请愿，闹到深夜，最终获得解决，改称为"北平大学俄文法政学院"，后来也没有了，至一九三六、一九三七年之际，只有"北平大学法商学院"了。

另外的一些纠纷，也不必一一细述了。当时除"军阀"之外，还有"学阀"的名称，即凭借教育界的势力，掌握一些学校，操纵一些教员、学生，形成力量，兴风作浪，你争我斗，北平大学是几个不同学校的组合体，所以大小争斗的事件更多，一九三二年六月间钱玄同写给胡适的一封信，有几句道：

> 说也好笑，今午在一个地方吃饭，有人卒然问曰："北大闹学潮了吗？怎么忽然登《晨报》停止招生呢？"我闻而大惊，索《晨报》阅之，果见大学广告，因有某君先入之言，竟对于那么大的一个"平"字熟视而若无睹，以至急急忙忙地打电话问你，岂不可笑！实在也因为这两天我心乱急了，愤慨极了。常常想：平大要轰沈尹默，干师大底事！师大要易寅村等人做校长，又干平大底事！师大要易与平大驱沈，又干北大底事！而他们竟联合战线的那样闹，实在可恨之至……我只希望北大永保其不牵入此无聊之学潮中……

从钱、胡信中，亦可见当时北平大学之混乱情况了。这种情况到一九三四、一九三五年之后，相对稳定一些了。当时在国立各大学中，平大比较好考一些，在一九三五年时，其在校人数据资料记载，是这样的：

李阁老胡同北平大学本部学生一千六百余人，和平门外后孙公园医学院一百二十多人，阜外农学院二百二十多人，国会街法商学院五百一十多人，端王府夹道工学院二百八十多人，女子文理学院人数不详。

北平大学几年中还是培养了不少学生的。"七七"之后，内迁到西北，抗战胜利，未能复校。工、农、医三学院并入北京大学,国会街法商学院作为北京大学先修班,文化古城和北平大学均已成为历史名称了。

北平大学几个学院,实际是各自独立的几个学校,为了清楚,现把各院简史略述于后,作为本文附录。

法商学院:清末将太仆寺街进士馆,改为法政学堂。民国元年,合并法政、法律、财政三校为北京法政专门学校,邵章首任校长。民国十二年,改组为北京国立法政大学,江庸任校长。十四年拨顺城街虎坊桥参、众两议院旧址为校舍,太仆寺街原址设预科。民国十五年,解散中俄大学,收编该校学生为俄文政法系。民国十七年,北平大学成立,改为北平大学法学院,谢瀛洲任院长,设法律、政治、经济三系。民国二十三年合并商学院,改组为法商学院,白鹏飞任院长。

工学院:校址在北沟沿祖家街端王府。光绪二十九年筹建京师高等实业学堂,于神机营分所建校舍,绍英为监督,分机械、电气、矿学、化学四科,学生先补习二年,再转入正科三年毕业。民国元年,改为高等工业学校,校长洪镕,分机械、电气、化学三科,后又增机织科。民国十二年改组为工业大学,十三年开学,俞同奎任校长。民国十七年,北平大学成立,改为北平大学工学院,院长先为马君武,后为张贻惠。

医学院:最早为前清医学实业馆,地址在虎坊桥西北,正门在后孙公园,民国以后,汤尔和创办医学专门学校,后门在八角琉璃井。有解剖实验室、化学实习室、病理组织实习室、内科检查室、助产练习所。民国十三年改为医科大学,洪式闾为院长。民国十七年后改为北平大学医学院,徐诵明为院长。民国十八年拨背阴胡同审计院旧址筹办附属医院,是当时北平仅次于协和的一所设备较为完善的医院。徐任平大校长后,医学院院长吴祥凤继任。

农学院:前清宣统元年,学部奏拨望海楼附近罗道庄官地一段,办农科大学,民国元年,校舍落成。民国三年,改为农业专门学校。分农科、林科,有图书馆、林场。农科分农业经济学、农业化学、植产学、牧学四门,林科分林政学、造林学、利用学三门。民国十一年,购南口三岔峪等处土地一千一百亩,筹建第二林场。民国十二年改组为农科大学,制定组织大纲,设农艺、森林、畜牧、园艺、生物、病虫、农业、化学等系。十八年扩充现在是国宾馆的钓鱼台为院址。因为钓鱼台在辛亥后还是清朝宫廷内务府掌管的产业,溥仪未出宫前,把这里赏了陈宝琛,陈宝琛在此请过客,作过诗。一下子成了农学院院址,伪满溥仪又委托他的代理人要求收回,为此还闹过交涉。民国十九年农学院增加预算。时许璇任院长。后刘运筹继任。

女子文理学院是合并女子大学和女子高等师范而成,最初校址在石驸马大街原女高师旧址,后租朝内大街孚王府,俗称"九爷府"为院址。民国二十年改称北平大学女子文理学院。二年后确定办学规模五系二专修科。五系:哲学系、教育系、经济系、数理系、化学系。两专修科:音乐、体育。

交　大

小时候家住西皇城根,出门时,去南城,去东城,去中山公园,或去中央电影院看早场电影,府右街便是必经之路,府右街的南半段,实际也是皇城经过之处,但已不叫"皇城根"了。因在中南海"总统府"之右,所以也叫府右街。常常经过,左右两侧的房舍门户便留下了极为深刻的印象,这样南端李阁老胡同路口的高台阶洋式大门，便留下了十分清晰的印象，这便是交通大学北平铁道管理学院。

交通大学一般都知道它在上海，而文化古城这所交通大学的学院，又是怎么回事呢？不妨先看看叶恭绰氏一九三六年在《交通大学四十周年纪念会感想》中的几句话：

> 本校二十五周年纪念时，适交通大学改组成立，而余实主其事。迨三十周年纪念，本校易名为南洋大学，曾有征文集之刊行。余以前此筹组交大时，颇具详密之规划，与本校前途关系甚切，故为文以阐明旧日之方针，借作未来之参考。今沪、唐、平三校仍合为一校，而上海本部，且以四十周年纪念闻，复蒙征言及余……

可以看出，当时交通大学是包括上海交通大学本部和唐山工程学院和北平铁道管理学院的。其历史缘由，则要上溯到一九一九、一九二〇年之际，即叶恭绰氏担任北洋政府交通总长时期，当时《阁议创办交通大学提案文》道：

> 查本部关于交通教育，已经设立之学校，则有北京邮电学校、铁路管理学校，唐山专门工业学校，上海专门工业学校，已经筹具之经费，以八年度预算计之，约支出五十万元（内有东、西洋留学费九万元）。是交通人才教育之基础已立矣。但年来所造就之人才，究不敷用，且所学成之技术，亦渐有不能适用之点，其故在四校散处各处，不相联属，教授管理，各为风气，监督既不能周，纠正亦遂乏术。又四校并设，其中科目有彼此俱设者，亦有彼此俱缺者，有应增而

不增、可省而不省者,既嫌复杂,又病缺略,精神既涣,成绩难期。本部现为增进交通人才,改革交通教育起见,拟以上海、唐山、北京四校合并为交通大学,将已有之学生,量其已有之学科,划一增改,据其已达之程度,平均分配,使之继续授业……不必另筹巨款,不必大事更张,而交通教育,可收莫大之益,即使经费稍有不足,再就本部所辖机关,根据铁路会计则例,及电政预算,酌予开支,亦易集事。

这就是最早交通大学的成立缘起,原是包括北京的两所学校在内的。而且经费是归交通部开支,年度预算五十万元,当时是个不小的数目,而且是既充足又有保证的。后来不久,交通大学就办起来了,叶恭绰是校长。《胡适的日记》一九二一年九月十一日记道:

一点,到北京饭店,赴欢迎孟罗博士的宴会。范静生主持。第一次遇见叶誉虎(恭绰),他以交通大学校长的资格到会。

当时叶氏有"老虎总长"之誉,胡博士也是闻名已久,第一次见到,所以特书一笔。

同年九月二十六日又记道:

十二时半,赴交通大学欢迎孟罗先生的宴会,不料他病倒了。叶誉虎们大扫兴,饭后,参观交通博物馆。

由《日记》似乎可以看出,最初交通大学本部是在北京。

文化古城时期李阁老胡同口上北平铁道管理学院的校址,

就是交通大学成立之前，邮电学校、铁路管理学校的老校址，这还是宣统年间，邮传部办的老学校，最早名叫"交通传习所"，这个老掉牙的校名，现在当然更没有人知道了。在此不妨把它的简史介绍一下：

清末邮传部所办，辛亥前三年成立，学制一到三年。民国五年设铁道、邮电两班。民国十年和上海、唐山二校合并，名交通大学。民国十八年正式命名为交通大学铁道管理学院。

一九二五年前后，上海交通大学一度改名为"南洋大学"（当时天津有北洋大学），不久则又恢复了"交通大学"的校名。

交通大学北平铁道管理学院共有财务、公务、实业等系，学生不多，据一九三五年有关资料记载，校长是徐承煥，学生只有一百七十余人。记学校沿革云：创办于前清宣统元年五月，初名交通传习所，后改名铁路管理及邮电两专门学校。民九改称交通大学，民十七改隶铁道部，为上海总校分院。

北洋政府时期，没有铁道部，铁路归交通部管。叶恭绰是交通总长。南京政府时期，铁路单独成立铁道部，叶恭绰又担任过一个时期铁道部长。所以他始终与交通大学有着密切的关系。

我小时候住在皇城根陈尚书房子中时，同院还有一家邻居，主人在平绥铁路局工作，主人的弟弟正在铁道管理学院读书，虽然住校，但距离很近，常常到他哥哥家来，总由我家门口窗前经过。冬天穿蓝毛料西式制服，夏天穿白大丝布制服，中等身材，十分健壮，我看上去十分羡慕，当时并不知他的制服是公家发的，还是花钱买的。为写此文，翻阅当时资料，才知道每学年要交冬夏季制服费三十元，才知道他那漂亮的制服不是公家发，而是自己花钱买的了。当时三十元不是个小数字，算来也不便宜了。

这个学校其他费用也相当可观，如学费每学期二十元、宿费每学期十元,算来比清华、北大都贵。不过因为它是上海交通大学的分部,学风、教学质量也都是第一流的,而且更重要的是:职业绝对有保证,毕业后就可以到铁路上实习、工作,都是六十到八十大洋起薪,坐火车还有"免票",对没有特殊后台,没有多少野心,只想凭本事老老实实干事,找个饭碗的青年说来,当时在铁路上工作,虽不及有"金饭碗"之喻的海关、邮局等等,但也可以说是"银饭碗",因为它不大会裁员,工作比较有保证、有希望,老老实实干,不但不会失业,而且总有升迁加薪的希望,因而投考的人是很多的。

文化古城时期,还有一座私立铁道学院,校长是关赓麟。按,关字颖人,广东南海人。是交通系旧人,由清末即办铁路,与唐绍仪、梁士诒、叶恭绰、关冕钧并称"五鬼"。光绪三十三年冬,梁士诒拥全国筑路之权,叶、关等人助之。盛宣怀以庆亲王、李莲英为靠山,突然发动清查铁路总局,夺去梁之筑路权,盛号"七煞",报纸以"七煞除五鬼"为题报道之。校址在东城干面胡同,据记载学生也有二百五十多人,可是详细情况,就不知道了。在我记忆中,也没有这所学校的影子,在此附记一笔,聊存史实吧。

艺专及其他

还是我上小学的时候,作为尚书公后人的房客,住在西皇城根的后院中,常常到前面正院中去借打电话,电话在廊子上,隔着玻璃窗,一边打电话,一边可以看到房中墙上的一幅画,是白石老人的荷花,是一幅狭长的立轴,绫边作瓷青色,配上白墙,十分高雅。当时我什么也不懂,只是看了很爱,而且知道房间的主人,尚书公的女公子在艺专上学,是白石老人的学生,这幅画是老师画给学生的。当然女公子名门闺秀，经济富有，这幅画是送了老师钱的，并非白画（据传白石老人不论多熟的人，画完画，总要要钱，熟学生同老师开玩笑，故意不给钱，老人会拉着这人，用手掏他的口袋，翻他的皮夹子，是十分风趣的）。由于这幅画，使我混沌的顽童，懂得了羡慕画，知道了"艺专"的名字。后来我上了中学，下午放学，不坐车，与同学串胡同回家，不走北面新皮库胡同，而走南面京畿道，弯到舍饭寺出到大街上瞎逛，这样就常常经过国立北平艺术专门学校门前，有一次和一位高中同学一起走，他说他认识人，还带我们一两个小同学进去看了看。路西的大门，进去全是带走廊的大院子，只记得有三间东屋，房顶上把瓦和椽子都去掉了，改装上毛玻璃，还拉着白窗帘，有些像当时老式照像馆的摄影室，我看了感到十分好玩，同时想起当时北京的一句俗话："房顶上开窗户，六亲不认。"这样艺专的这间写生教室给我留下极为深刻的印象。

说完北平大学其他学院，还必须说一下"艺专"，因为它也包括在"国立九校"之中，原来想立为国立北平大学艺术学院的，它的前身是北京艺术专门学校，这也是一所老学校，早期著名的陈师曾、王梦白等艺术大师都曾在这里任教，三十年代就已成名的画家王雪涛、王友石、李苦禅等位，都是这个学校毕业的。北平大学区筹建之初，把它也并入到北平大学机构内，名为"艺术学院"，并定院长为徐悲鸿氏，当时南方艺术教育，刘海粟在上海，林风眠在杭州，徐悲鸿在南京，都是留学法国的大师，各有势力范围。徐不能到北平主持校务，便由汪申（汪慎生）代理。

北京艺术专门学校原拟并入北平大学改为艺术学院，其后北平大学区取消，大范围的北平大学组织也失败了，就改为小范围的北平大学，这样仍把艺术学院脱离北平大学，改组为北平艺术专门学校,学生不答应,掀起"艺术学院恢复运动",因北平大学校长办公处已无人负责,艺专学生直接到南京教育部请愿交涉,教育部答应恢复"艺术学院"名称。但这一许诺好像没有实现,或后来又有变化,总之在一九三五、一九三六年间,还是叫"专科学校",而不叫"学院",我与同学进去闲逛时,就是叫"艺专"的。后来演电影出了大名的张瑞芳,当时正在这个学校上学。

据有关资料记载:校址在前京畿道十八号,校长是严智开。并注明"二十三年一月奉部令筹备,七月成立。学生一百七十三人"。据注解看,好像是过去艺术学院停办后,这里又新办的,当时各种学校人事关系、历史背景均甚复杂,学潮此起彼伏,为什么停办? 为什么开办? 为什么不是一个传统? 这些都已说不清楚,也不必说清楚了。

艺专有国画系、西画系、雕塑系、音乐系等,当时北平不少名画家都在艺专教学,如齐白石、陈半丁、徐燕荪等位。不少美术界的著名人士都是留学法国的,有几位留学归来,不走海路走陆路,从遥远的西伯利亚大铁路归来,绕过当时已成满洲国的东北,来到北平,留在艺专教书,如后来献身敦煌艺术的常书鸿氏,一九三六年秋季回国后,即任艺专西画系教授、系主任,直到"七七事变",在他回忆录《铁马响叮当》中写道:

> 一九三七年七月七日卢沟桥事变那天,我照例和几个学生到北海公园画画,忽然听见了炮声。有人说,日本人向我们开火了。我赶忙收拾起画具往家里走。卢沟桥事变以后,几个画界的熟人碰在一起议论,大家都说,现在时局太乱,北平大概呆不住了,还是往南去吧……

北平艺专也向后方迁移了，先到江西庐山牯岭，后来又到湖南沅陵，和内迁的杭州艺专合并，组成"国立艺专"，留在北平的艺专部分人员，沦陷后敌伪也办起了艺专，校址迁到东单裱褙胡同，直到抗战胜利后徐悲鸿氏回来接收，又办起北平国立艺术专科学校。

文化古城时期，艺术教育除国立北平艺术专科学校而外，还有不少私立的艺术学校，一是张恨水办的北华美术专门学校，地址在东四十一条，校舍据说是清代裕禄的房子，十分精美。张氏在其《写作生涯回忆》中写道：

> 二十二年夏季，我又回到了北平。我四弟牧野，他是个画师，他曾邀集了一班志同道合的人，办了个美术学校。我不断的帮助一点经费，我是该校董事之一，后来大家索性选我作校长，我虽然能画几笔，幼稚的程度，是和小学生描红模高明无多。我虽担任了校长，我并不教画，只教几点钟国文，另外就是跑路筹款……不过学校对我有一个极优厚的待遇，就是划了一座院落作校长室。事实上是给我作写作室。这房子是前清名人裕禄的私邸，花木深深，美轮美奂，而我的校长室，又是最精华的一部分，把这屋子作书房，那是太好了，于是我就住在学校里，两三天才回家一次……多看一点书，每当教授们教画的时候，我站在一旁偷看，学习点写意的笔法。并直接向老画师许翔阶先生请教。

除此之外，还有著名的熊唐守一女士办的北平女子西洋画学校、方鼞云氏办的中国古法书画传习所，林实馨办的林实馨诗文书画研究馆，以及人数较多的私立京华高级艺术职业学校，这个学校和商务印书馆在虎坊桥办的京华印书馆有关系，培养了不少美术印刷专业人员。

在先农坛外，还有一所体育专科学校，是民国十七年在体育社、国术馆的基础上成立的，校长许霍厚。分必修科和选修科，三年毕业，民国二十三年立案，专门培养小学体育教师，倒毕业了不少学生。对当时体育教育很有贡献。

燕京大学

文化古城时期近十年中，是燕京大学的黄金时代，在此之前，尚属初创阶段；在此之后，受到战局影响，相对来说，也没有那个时代正规而神气了。

"清华、燕京好通融"，文化古城时期在摩登仕女的心目中，清华的男士是"天之骄子"，燕京更是"天之骄子"了。自然最好是欧美留学生，剑桥、牛津、哈佛、巴黎……这些学府中取得博士头衔的留学生，退而求其次，也要勉强找个清华、燕京的学生做意中人，"好通融"者，略有勉强之意也。

这时期燕京，有最充足的外汇经费，有世界名望的第一流的学人教授，有风景幽美、建筑华丽、湖光山色的校园，有语言到生活一切都美国化的环境，有极为昂贵的学杂费用……是最特殊的、最洋气的、最神气的——这里我不用"贵族化"一词，因为在我的师友中，包括最熟悉的朋友，不少都是燕京出身的，并不是"贵族化"的人，也没有贵族化的习气。

燕京大学名义上是私立的，但实际上它是由教会立的。教会是指天主教或基督教，而教会又分好多派别，每种派别又各有名称，如圣公会、长老会、美以美会等。这些都是基督教的教会。

燕京大学在名义上是由美以美会、北长老会、伦敦会等教会团体合办的。学校的经费是教会出的。基督教教会的根据地主要是美国和加拿大,以美国为主,在纽约有中国基督教大学董事会,在上海有中华基督教教育会,多的时候,支持着十六所大学,到一九四七年即抗日战争胜利之后,还保留几所。燕京大学是其中之一,也是规模最大、办的最好的一所,毕业的人也多,在政治上、国际文化上影响是最大的。

燕京大学创建于一九一九年,由船板胡同汇文大学校、灯市口佟府夹道协和女子大学校、通县协和大学校合并改组而成。这些学校所属教会不一样,如汇文是美以美会的学校,协和是公理会的学校,因而燕京后来就不是专属于一个教会,而是几个教会共同支持的了。

基督教办的学校,要宣传宗教,因而燕京大学开办之初就合并了美以美会的汇文大学神学馆(即汇文神科大学)和公理会的华北协和道学院而建立了燕京大学的神科,后来随着文科、理科改称文学院、理学院,神科也改为宗教学院。

司徒雷登是以办燕京大学起家,后来做了驻华大使,因《别了,司徒雷登》一文而大大出名。老实说:这位出生在中国杭州的美国牧师的儿子,对于办燕京大学是花了一番大气力的。《胡适的日记》一九二二年三月四日记道:

> 十时半,燕京大学校长司徒雷登与刘廷芳来,启明来。燕京大学想改良国文部,去年他们想请我去,我没有去,推荐周启明去(启明在北大,用违所长,很可惜的,故我想他出去独当一面)。启明答应了,但不久他就病倒了。此事搁置了一年,今年他们又申前议,今天我替他们介绍。他们谈的很满意。

只此一点,亦可见燕大草创时期想法延聘一流人才的简况了。此事周作人在《知堂回想录》中记载道:

> 一九二二年三月四日,我应了适之的邀约,到了他的住处,和燕京大学校长司徒雷登和刘廷芳相见,说定从下学年起担任该校新文学系主任事……学校里派毕业生许地山来帮忙做助教……每星期分出四个下午来,到燕大去上课。我原来只是兼任,不料要我做主任,职位是副教授,月薪二百元。

当时他还是北大教授,又兼了燕大副教授。这时燕大校舍还在崇文门内盔甲厂。盔甲厂在北京内城的东南角,同西南角太平湖一样,在城墙没有拆除时,这里是死角,过路人不会走到这里来,是很安静的。但是真要来时,那就要由东单往南穿胡同进来,或走苏州胡同,或进船板胡同,走到沟沿头,再往东南走,就是盔甲厂了。今天这是北京火车站广场的东南角,是最热闹的地方,可是七十年前,谁会想到这里会成为火车站呢?早期燕京盔甲厂的校址,是十分简陋的。虽然说:"大学者,有大师之谓也,非有大楼之谓也。"简陋的校舍,有了大师,照样能办好学,教育出人才,但究竟不如既有大师、也有宽敞幽美的校园为好,不是可以相得益彰吗?也许是机遇吧,司徒雷登一下子找到了西郊篓斗桥明代米万钟家勺园的旧址,这样几年之后,使燕京大学拥有当时北京最美的校园了。

勺园在清华园的西南面,在海淀的北面,在圆明园废址的正南面,东面是成府村。地址极好,交通较清华园更好,为去颐和园必经之路。不过当时虽说是旧家名园,但年代久远,早已荒芜,木石无存,只有进门后一座石桥,是勺园旧物。司徒雷登看中了这里,但这却是有主的,是当时陕西督军陈树藩的私产,原是为其父退居林下,颐养天年之用的。司徒雷登为此去了一趟西安,因西安教会圣公会西安中学校长董健吾的介绍,找陈树藩,想以三十万两银子的代价购买此园。因在易俗社听秦腔,认识了两位老人,一位就是陈树藩父亲,婉转说明此意,陈父未置可否。不久陈树藩请客,慷慨秉承父意,将勺园送给燕大,不过有两个条件,就是在校园内为陈父立块纪念碑,另外将陈树藩创办的存德中学作为燕京大学的附中,每年可以保送五十名学生上燕大。如此司徒雷登大喜过望,双方欣然达成协议。

燕大有了校址,便积极由美国著名设计师设计营建,完全用宫殿式建筑,不几年,在未名湖畔,一所美轮美奂的新学舍便建成了。全校共占地七百七十余亩,其中勺园旧址占三百余亩,另外尚买进了徐世昌的镜春园、张学良的蔚秀园、载涛的朗润园。全部建筑费用,一共用了三百六十多万银元,建成六十六幢建筑物。一时燕大校舍、协和医院、北平图书馆先后建成,成为鼎足而三的宫殿式建筑群的样板,不但誉满全国,而且引起世界建筑界的注意。

在文化古城时期,燕京校园和清华校园成为全国最美丽的大学校园。钱宾四先生《师友杂忆》记燕园、清华园道:

> 燕京大学一切建筑本皆以美国捐款人姓名标榜,如"M"楼、"S"楼、贝公楼,今虽以中文翻译(按即穆楼、适楼),论其实,则仍是西方精神……天津南开大学哲学系教授冯柳漪,一日来访,告余:"燕大建筑皆仿中国宫殿式,楼角四面翘起,屋脊亦高耸,望之巍然,在世界建筑中,洵不失

为一特色。然中国宫殿,其殿基必高峙地上,始为相称。今燕大诸建筑,殿基皆平铺地面,如人峨冠高冕,而两足只穿薄底鞋,不穿厚底靴,望之有失体统。"余叹为行家之名言。

屋舍宏伟堪与燕大相伯仲者,首推其毗邻之清华。高楼矗立,皆西式洋楼。然游燕大校园中者,路上一砖一石,道旁一花一树,皆派人每日整修清理,一尘不染,秩然有序。显似一外国公园,即路旁电灯,月光上即灭,无月光始亮,又显然寓有一种经济企业之节约精神。若游清华,一水一木,均见自然胜于人工,有幽茜深邃之致,依稀乃一中国园林。即就此两校园言,中国人虽尽力模仿西方,而终不掩其中国之情调。西方人虽亦刻意模仿中国,而仍亦涵有西方之色彩。余每漫步两校之校园,终自叹其文不灭质,双方各有其心向往之而不能至之限止,此又一无奈何之事也。

这段文字,情景历历,读后不但能见清华、燕京校景之幽美与不同,亦颇足以启发人的思维,深入理解中西方文化之比较。

司徒雷登弄到了历史名园作校址,又从美国捐了不少钱来,盖起了华美的校舍,在燕东园、燕南园、朗润园修了不少教授宿舍,然后就大量延聘著名学者来讲学了。燕京教授中外国人不少,不少既是著名学者,又是教会里的名人;中国名教授自然更多,其间也有与教会有关系的,如刘廷芳、洪煨莲、李荣芳、赵紫宸、简又文、许地山、陈垣、吴雷川等位,都既是名学者,又是教友、教会中的名人。北伐之后,燕大又来了不少名家,如顾颉刚、邓之诚、容庚、钱穆、郭绍虞、吴其昌、吴文藻等位,都是名实兼备、又肯实干的专家。因而在文化古城时期的燕大,在办学经费、办学环境条件、师资力量三个方面,都是第一流的,有世界水平的。著名的美国人斯诺三十年代中期就在燕大。

燕大和美国学术界的关系极为密切,燕京法学院和普林斯顿大学有协作关系,得到经济援助,可以互换教师。以文学院为主与哈佛大学有协约,得到经济上的大力支持。其他如和纽约协和神学院、哥伦比亚大学等美国名大学都有关系。因而它的学术交流、人才交流,更重要的是经济支持,都是多方面的,世界性的。

文化古城时期燕大,本科有三个学院、十八个学系。文学院有国文学系、英文学系、欧洲文学系、历史学系、哲学系、社会学系、新闻学系、音乐学系,理学院有化学系、生物学系、物理学系、地质学系、心理学系、家事学系,法学院有法律学系、政治学系、经济学系。另有宗教学院、研究院,以及制革专修科,属化学系;幼稚师范,属教育系。

燕京大学是教会学校,其宗教活动及气氛,是靠宗教学院贯彻和维持的。它不同于文、理学院是教学机构,而是一个研究机构,它不招高中毕业生,而是招收文、理学院的大学毕业生为学生的,人数很少。宗教学院的教授,同时也是其他学院中各系教授,另外又是燕大基督教团契里的主要负责人员,做司教、讲道、办宗教学习班,这个组织就是燕京大学内部的教会,给要求参加基督教的师生员工举行洗礼仪式、举行礼拜、设圣餐会、宣讲福音,总之一切基督教的宗教活动在燕大都由宗教学院代办了。这样使燕大整个学校,也像其他教会学校一样,全校弥漫着一种基督教气氛。

在此附带要说一下教会学校的立案问题。早在清代道光十年(一八三○),英、美等国传教士就在我国擅自兴办学校,据《中国基督教教育事业》一书所载,到一九二二年时,大、中、小学已发展到七千三百余所,学生有二十一万多人。在北洋政府时代,舆论界即要求政府收回教育权。这样就出现了教会学校必须向中国政府各级教育机关立案,和教会学校的宗教课问题。北洋政府在一九二五年十一月颁布了《外人捐资设立学校认可办法》,同时不久广东国民政府教育行政委员会于一九二六年十月也颁布了《私立学校规程》,这样就把教会学校的立案问题明确了。大学要在教育部立案,同时规定如有董事会,中国董事应该过半数,外国人不能担任校长。燕京大学很快向北洋政府请准立案,原校长司徒雷登改任校务长,请在燕大国文系兼课的讲师,实际是当时教育部次长的吴雷川氏任校长。一九三五年陆志韦又继吴氏任燕大校长。自然主要大权及向美国募捐经费等,还是司徒雷登一手包办。"校长"虽不完全是名誉职,实际也只是一个向中国政府出面的"代理人"罢了。

燕京大学虽然十八个系,可是学生并不多,办学规模只是八百人,有的系四个年级加起来,也不过二三十个人。但是它的水平和质量是保证的。燕京学费、宿费、杂费,一学期一百五六十元,在当时是个十分庞大的数字,但一些"书香门第"、"高门大户"的子弟是不在乎的,一些海内外巨商的子弟也是无所谓的,但有些普通人家子弟,往往就担负不起这样昂贵的学费、生活费,但如果真考进燕大,努力再争取到好成绩,那还是有办法读的,它有名堂众多的奖学金。能获得一个奖学金名额,便可解决问题了。自然,更为贫寒的青年,或是要赚钱养家的人,要在燕大读书,那就困难。自然,家中再有钱有势,而功课不好,中英文不过关,智力低下,那也是考不上燕大的。当年汉花园、清华园、燕园,这"三园"的入学考试都不是好闯的关,是不讲情面的。

燕京大学在一九三七年"七七事变"之后,因系美国教会学校,司徒雷登又当了校长,对付日本人,学校未受影响,又维持了几年,直到一九四一年十二月八日太平洋战争爆发,日本兵在这天一大早就把燕大全部封了门,这虽然是文化古城时期以后的事,但和前面还是延续着的。等到抗日胜利之后复校,那已是沦丧而后了。

协　和

如果说在文化古城时期,燕京大学是一所比较特殊化的教会学校,那么协和医学院就更是一所特殊化的学校了。先不说别的,就说它的毕业文凭吧,就既不是中国政府教育部发的,也不是学院自己发的,而是美利坚合众国纽约州大学发的羊皮烫金文凭,上面自然没有一个中国字,而全是英文了。

钱宾四先生在其《师友杂忆》中,曾记初到燕京时,所住宿舍水电费之通知单,均为英文,应按月缴纳,而他"遂置不理",拖了一年多,提出"何以在中国办学校必发英文通知"的问题。这些问题在协和医学院,就不成问题了,因为协和医学院一进大门,一切都是用英文了,由书面文字到课堂讲课。除去国文课而外,其他都是用英文教材、英语讲课。

在社会上面,一说"协和",一般人都知道是协和医院,很少有人注意到协和医学院。岂不知协和医院是协和医学院的教学医院,是附属于后者的。

早在一九〇六年,即光绪三十二年,英国教会伦敦会在北京创办了一所协和医学校,规模很小,不久,又有美国教会长老会、美以美会、内地会,和英国伦敦教会医学会、英格兰教会参加合办,成为一所由英美医务人员合办的学校。得到慈禧太后和一些高级官吏的支持,在清政府立了案。在当时对医疗事业,发挥了不少作用。一九一〇年东北鼠疫流行,协和医学校师生去东北参加防疫,有两名高年级学生在工作中牺牲了生命。辛亥革命时期，这所学校有三十多人参加了红十字会救护工作。

但这时协和医学校同后来的协和，却不是一个体系。因为从一九一五年起，美国罗氏驻华医社接办，担负起这所学校的一切费用。一九一六年二月二十四日纽约大学管理部发给这个新学校办理医学教育的凭证，即毕业生可拿到纽约大学的毕业证书。并从纽约罗氏医学研究所调来了马克麟（Francis C.Mclean）医师担任校长，并兼任内科主任教授。

在此要把罗氏驻华医社这个组织略作介绍。罗氏即美国著名的煤油大王（Rockefeller）家族，现在译作"洛克菲勒"。这个庞大的财团有一个"罗氏基金社"，在二三十年代时，它就拥有二亿四千万美元的基金，当时三十美元一盎司黄金，如按现在美金价值计算，一般要加十五倍。这是一个十分庞大的数字。这个基金社不仅向美国的医学事业投资，也向远东、近东的医学事业投资，它在纽约市办有规模很大的罗氏医学研究所，而且在中国设立了驻华医社，截至三四十年代，前后向中国医学事业，投资在四千万美金以上。按通货膨胀指数计算，在今天它的数目自然更大了。

罗氏基金社自一九〇八年起，几次派芝加哥大学、哈佛大学的校长、教授组成代表团来中国作详细调查，决定成立罗氏基金社的驻华支社罗氏支社，并接办旧协和医学校。一九〇六年教会创建的协和医学校在东单三条东口外，一九〇八年开，到一九一四年共毕业学生三十八名，有外国教员十四人，房地产投资只十三万美元，年开支不足五万美元。接办以后的协和医学校，则其办校规模和要求，大大超过了老的协和医学校。

首先它买下了老的豫王府兴建校舍，从一九一七年开工，到一九二一年建成，前后用了四年时间，花了五百万美元（可折合十七万两黄金)的代价,盖成了包括五十五幢建筑物的宫殿式建筑群,成为当时远东最考究的医学院校舍。罗氏驻华医社又为学校从英国、美国、加拿大及中国国内聘请了一百五十多名高级教学及行政人员,这些人的工资都是以美金计算的。一般是供给宿舍,年俸在一千五百元美金,合四千五百银元,而当时一枚银元足可买一百枚鸡蛋。这些人的经济收入在当时不但成百倍地高出于中国工人、农民,比之于一般资本家、地主也高出几倍。他们一年工资足可抵得一个中等商人的全部资产。

在新校舍建成之后,于一九二一年九月十九日,协和医学院举行了盛大的开幕典礼,据协和四期毕业生胡传揆教授《北京协和医学校的创办概况》一文记载:

> 来宾中有欧、美、亚洲(日本、菲律宾、印度尼西亚)各国的大学校长或教授、团体负责人(美国医学会会长、国际卫生组织和教会的代表等)、罗氏驻华医社代表、罗氏基金社社长、中国的著名医学科学家及中国政府的代表(总统、内政部、教育部),和罗氏之子(John D.Rockefeller,Jr.)。后者既代表他的父亲,而又是以罗氏基金社董事长的名义来讲话的。除中国政府官员外,教育和科学界的贵宾共有五十名。另外,还收到了罗氏本人和欧美与国内的贺电。

这次盛会,胡适也参加了,《胡适的日记》这天记道:

> 九时,到教育部口试各省的留学生。三时,到协和医学校,代表北大,参与正式开幕典礼。是日典礼极严肃,颇似欧美大学行毕业式时,是日着学位制服参加列队者,约有一百余

人,大多数皆博士服,欧洲各大学之博士服更浓丽壮观,自有北京以来,不曾有这样一个庄严仪式(古代朝服上朝,不知视此如何)。

行礼时,颜惠庆代表徐世昌演说,尚可听;齐耀珊(内务)、马邻翼(教育)就不成话了。顾临(R.S.Greene)代表罗克菲洛医社演说,最后罗克菲洛(Rockefeller,J.D.Jr)演说。罗氏演说甚好。

从以上记载中,可见协和正式开幕时情况。早在开始建新校舍时,即一九一七年,即开办了预科,到一九一九年,共有预科学生三十四名,一年级二十一名、二年级八名、三年级五名,到一九二〇年,本科开始,学生七名,本科生即逐渐进行临床教学。预科四年,主要是英文、生物、理化及解剖、药学等医学基础知识。本科学各科医学及临床,也是四年,共八年。另又开办学制四年的高级护士学校。

协和医学院的办学规模很大,但人数很少,最早每年只二十五名,最多每年计划招五十人,要求质量是极高的。不但入校考试很难,而且考进之后,每学年考试淘汰率甚高,本科以七十分为及格标准,不及格便留级,进一步便退、转学,一般读完八年,到毕业时,原来预科一年级进校的学生,已所剩无几了。由开办截止到一九四九年,协和全部毕业生也只有六十几名。

在文化古城时期,正是协和医学校建校十年前后之际,头几届毕业生都已经成为北平的著名专家,如内科刘世豪、肺科王大同、外科关颂涛、妇科林巧稚等位,都已是临床主任教授了。这时当年的协和医学校已经历了"协和医科大学"为校名的阶段,于一九三〇年在南京政府教育部立案之后,正式改名为"北平协和医学院"了。校长已不是美国人胡恒德（Henry S.Houghton），而是留美的医学博士中国人刘瑞恒教授了。据一九三五年资料记载，当时它有学生一百十三人，每个学生每年学杂费要五百元，是当时学费最高的。

协和有一个董事会，十三名董事，六名是老协和所属的六个教会，各派一名代表，其余七名，都是罗氏基金社从国内外聘任的。总之早期由董事到校长、院长、预科主任、护士学校校长、总务长、医务长等全是外国人，其中自然美国人最多。在文化古城时期，中国人才逐渐多起来。

协和的办学方针，很明显是培养有国际声望高水平的专家的。因而它除了严格的教学工作而外，还必然十分重视学术研究，如著名的周口店古生物学研究工程，"北京人"的发现，都是协和教授参加，提供大量经费完成的。

罗氏驻华医社除去负责协和，为之提供经费而外，也为其他综合性教会大学提供经济援助，加强物理、化学、生物方面的办学条件，使之为协和输送更高水平的学生。因为协和自己早期办预科，后来预科办法改变，向燕京大学、齐鲁大学等教会综合性大学，招收这些学校生物系、化学系的学生改读医预系，然后直接入协和本科。这样等于把预科教育分到其他大学，使这些学生，能升入协和更好，不能升入，还可以在这些学校顺利毕业。这样协和既省去办预科的麻烦，又能更好保证新生的质量，也避免一些因成绩不合协和高水准而走投无路学生的尴尬处境。所以协和后来把预科教育全放在其他教会学校中了。罗氏驻华医社，为此向各校提供相当数目的经费。在文化古城时期，燕京大学此项经费每年也能获得六七万元美金。

协和医学院自始至终，努力保持了它的高标准、高质量，对我国医学事业的影响是很大的,抛开它帝国主义本质的一方面,而在严格办学、教育计划、教学方法、科学研究和学术空气等等,以及欧、美第一流专家轮流任教方面,都是应予肯定的。在整个文化古城时期,协和医学院在文化古城中,声誉是极高的。

"七七事变"之后,因为协和是美国人办的学校,所以未撤退,继续在办着。但到了太平洋战争爆发,它也被日本人封了门,好多美国教授都进了集中营,在混乱中,珍贵的"北京人"就下落不明——成了一个谜了。

辅 仁

说到辅仁大学,不妨先做文抄公,引一点名家的文献。刘半农氏在《辅仁大学的现在和将来》中说:

> 辅大在北平各大学中,是比较最年青的学校,算到现在还只有三岁。北平的国立学校,如北大已有三十年的历史;私立的如燕大、汇文等,也已有一二十年的历史,辅大虽然这样的年轻,近来说出名字来,社会上也有人知道了。它虽然没有很大的名声,但不在坏的学校中间,总在水平线上面。这是本校将来发展的立脚点。

这是一九三〇年四月刘氏对辅仁大学学生谈话的开头一段,这里明确了几点。其一,它是新成立的学校,往前数三年,正是一九二七、一九二八年之交,也正是北伐战争的年代,待它成立之后,政治中心就南迁了。因而可以说,辅仁大学正是在文化古城时茁壮成长起来的学校。第二,"在水平线上面",这说明它建校之初,就以此为立脚点,想要办成一个比较好的学校。因为当时北平正如刘氏所说,是有一些"坏的学校"的。但要把学校办好,也是不容易的,刘氏这篇谈话是由学生记录的,他在收入《半农杂文二集》中时,又在文后加了按语道:

> 辅仁大学是美国本笃会创办的学校,自开办以后,即由陈援庵先生主持校政。民国十八年夏,校中发生风潮,情势严重,教育部派员查看,认为校务有改良之余地,并明令学校应改为学院,俟办理完善,经呈部派员查明后,始许复称大学。于是创办人大恐,挽沈兼士先生请余帮忙。余于是年七月就教务长职,即向教育部陈诉该校已往情形,及以后办法,请仍准用大学名义试办,免称学院,此节居然办到,乃着手于校务之整顿,希望于短时期中完成立案手续。到二十年秋,辅仁大学奉到教部准予立案之命令。其时余已心力交瘁……因即辞去教务长职,归政于陈援庵先生。

本笃会是美国天主教会,当时北平教会学校,基督教的多,天主教的极少,大学更没有,陈援庵(垣)先生曾是天主教信仰者,与教会有关系,又是北京各大学有声望的教授、历史专家,当时正在燕京大学哈佛燕京学社所属的国学研究所担任所长,辞了职专门来办辅仁。另外秘书长是英千里,是中国近代教育家英敛之先生长子,英是辅仁大学创办人之一,去世后,其时英千里由英国伦敦大学毕业回国不久,精研哲学、逻辑,精通英、法、西班牙、拉丁四种文字,即协助陈垣先生办辅仁,起了很大作用。辅仁大学自开办到太平洋战争爆发,经费前期由美国本笃会负担。后来辅仁经费改由罗马教皇派美国、德国圣言会接管。"七七事变"后,罗马教皇驻华代表是德国人，一九三六年辅仁由德国人雷冕任校务长，因而在八年沦陷期间，辅仁大学一直能存在于沦陷后的北平，继续办学，没有受到更大的影响，在太平洋战争后，也未像燕京那样，被封门。

在刘半农氏按语中，说到开始时，学校闹学潮，不稳定，南京教育部不予立案，而且命令改称学院，陈援庵托沈兼士请他帮忙，出任教务长，才起到作用，保留了"大学"名称，而且把学校稳定下来。这是什么原因呢？原因之一，陈援庵、沈兼士、刘半农都是北京大学旧人，沈、刘关系更深，沈先到辅仁任文学院长，因之托沈请刘。刘到了辅仁，还兼着北大教授，保留着北大的阵地。原因之二，当时南京教育部长先是蒋梦麟，后是朱家骅，都是北大一派，而当时华北、北平教育大权是掌握在李石曾、李书华等人手中，这些人都是留学法国的，而刘半农也是留学法国的，同这些人关系很深，这个时期，他同时又担任了北平大学女子学院院长的位置。因而他在高教系统中，力量是很大的，他担任了辅仁大学教务长，很快把辅仁立案问题解决了。既保住了辅仁大学的名称，又整顿了辅仁大学的教育秩序，对于辅仁后来越办越好，成为一个比较有名的大学，是起到关键作用的。接其任的是英千里先生。

辅仁大学校址在定阜大街，都是购买几座王公贝勒的府邸改建的，最早是涛贝勒府，地址在龙头井，这是光绪弟弟、溥仪叔叔载涛的府第。后来买了定府大街庆王府东边的一部分，盖起了新大楼。"定府"大街后改名为"定阜"大街。庆王是清末最有权势的奕劻，与其子载振又勾结袁世凯把持清末政治，辛亥革命后，其父子都躲到天津租界中去居住了，偌大的王府，东面卖给天主教会，盖了辅仁大学，西面后来是航空署、卫戍司令部等机关。后来又买了什刹海西的恭王府办了辅仁女院。恭王即咸丰弟弟奕䜣，这房子原是乾隆后期和珅的府邸,现在这里因据传是大观园,大大出名了。

刘半农文章中说:"正在建筑中的新校舍,系一座四方形的大楼,今年九月便可完工。"据此可以知道辅仁教学楼的建筑年代。这是一座约一百多米长宽的正方形圈楼,临街,两层外加地下室。南面一排临街房子,只一面有教室,另一面是对着左右院子的宽大走廊。东、西、北三面,都是两面有房子,中间一条楼道,四周可以顺楼道走廊兜一圈。在我的感觉中,这所教学楼与其说是学校,似乎更像一所医院。不知在辅仁读过书的朋友,是否有此感觉。

大门在前面一排房子的正中,三间,而在中轴上,则另有一座三层楼建筑,南连大门进门处大厅,北面连大楼北面房子,又有门通向后面,中间这座建筑,正把大楼一分为二,成为一个"Ⅲ"字。从门外看,整个大楼中间三层,两翼两层,十分气派。进了大门高台阶大门,一个不算大的大厅,直对一座大扶梯,走上去就是礼堂正门。扶梯下面两侧是办公用房,左侧就是教务处,礼堂下面是图书馆,原来中轴线这座建筑,是包括礼堂、图书馆和办公用房的。由中间底层直穿到北面出去,那是通后面花园的门,俗称"神父花园",里面老树葱郁、花木扶疏,极为幽雅,可是学生不能随便进去。我想象这里面大概就是当年庆王府的花园。

辅仁有三个学院,文学院有中国文学、史学、英文、社会学、哲学五系,理学院有数学、物理、化学、医预四系,教育学院有教育、心理二系,因为要有三个系才够一个完整的学院,后来教育学院又添了美术系。

学校主要靠教师,大学必须要有一些名实相符,又热心教育的教授,以各方面专家的资格,领导起学校。辅仁除校长陈援庵先生是史学专家,文学院长沈兼士是章太炎弟子、精研小学的国学家,另外秘书长兼西语系主任英千里,历史系张星烺,中文系余嘉锡、顾随,社会系董洗凡,物理系萨本铁、萨本栋,化学系袁翰青,美术系溥伒、溥伒等,还有教育学院院长张怀、教授徐侍峰、欧阳湘等位,这些都是十分著名的专家。刘半农氏文章中,谈到教授时曾说:

> 我们想竭力罗致名教授,虽然不能使全国的名教授都到我们的学校来,但总竭力设法去敦请。外国教授方面,据说今年美国又有十位专家,签名愿来本校……只须打电报去就可以来。

辅仁一直有不少位外籍教授,虽不如燕京、协和多,但也是不少的。其中不只美国人,如后来做教务主任的胡鲁士,是荷兰人,校务长雷冕是德国人,后来丰浮露也是德国人。

辅仁理学院物理、化学、生物三系的各项实验室,是十分完备的。如化学系的"液体空气机",在当时北平各大学的试验室中,也是独一无二、十分著名的。

在文化古城时期,各公、私立大学中,辅仁是后起之秀,但一时难和几所国立大学及燕京大学并驾齐驱,只能在一般私立大学中争一日之长,它有几点优越条件:第一,一般私立大学,经费比较困难,它则在经济上有教会的保障;二是它有几位在北京大学有声望、有影响与实力的名教授热心支持;三是它招生严格,取分标准高,可以保证教育质量;四是教育导向较切实,能言中利弊,引导学生如何学习。这四点保证了辅仁在文化古城时期,以一个历史短暂的新学校,逐步成长为一所有一定成绩的大学。这四点刘半农文章中均有论述,前两点不多说了,后面两点可略引一些刘文的原文。如谈到招生云：

> 要提高程度，不得不选程度较好的学生。本校录取新生的标准，今天以前，不见得很高。但这也是比较的，比国立学校亦许差一点，比某某等私立大学，已高的多了。现在我举一件事实来证明（说是有一个学生考辅仁国文系一年级，刘氏认为他程度不够，把他编入附中高二，这人不肯，考另外一所私立大学，这个学生却被取在国文系第一名，故事如此，原文略）。……但从下学期起还要提高，要提高考试题目和阅卷标准，总要渐渐的做到和著名国立大学一样。

在指导学习方面，辅仁当时有高中部、本科，刘氏分别指导说：

> 高中的功课，可以叫做高等的普通学，其意义有二：一、为进大学的预备，凡进大学的学生，必须有良好的基础和研究专门学问的工具，高中功课的目的，就是预备这基础和工具。二、为不能进大学的学生，使他于高中毕业后，服务社会，有高等的知识，应付一切，不至太形粗陋。因此，本校高中最注重的功课是国文、英文、算学。这三者之中，以国文为最注重。二十年来，国文一科太形退步了，甚至大学毕业的学生，连普通信札也写不通。所谓"通"，有两种说法："大通"和"小通"。大通是博通一切，自非易易。小通是文从字顺，是人人应有的能力。……高小毕业，中文应该就通。乃至初中，高中，甚至大学毕业，尚未能通，这岂不是笑话吗？本校欲力矫此弊，所以最注重国文。……本校也重英文的，可是会英文的目的，和社会上一般人的目的，大大不同。一般人念英文的目的，我们

可拿上海商人的心理,来做代表:他们的子弟,自小就送到工部局办的华童小学里去念英文,大了以后又送到圣约翰大学,所希望的只是学了英文,在洋行里混一个事情,吃洋饭,发洋财罢了。我们的目的不是这样,我们以为时至今日,学术已有了世界化的趋势,无论学文学、学科学,倘不能直接看外国书,只凭翻译本子,那终是隔靴搔痒,倘使能直接看外国书,就可以增加许多知识的源流和做学问的门径。……算学是一剂整理脑筋的良药,无论研究哪一种学问,都应该先受过它的洗礼。我们学算学,不仅仅为学习算学的本身,并且为养成科学的头脑。国、英、算三字联在一起,人家听了,多以为陈旧的很,腐败得很。但于陈旧、腐败中,我们却另有很新的、很实在的意义。

关于本科功课的话,却很简单了。本科的学生,是应用在高中时所预备的工具,作专门的研究。……我们要明白受初等教育时,全赖教员灌注;到了受高等教育时,就全靠自己用功,教授不过指导你们门径罢了。所以我切望诸位多往图书馆和实验室里去做工夫。这样十年八年以后,本校的学生,对于学术有所探得,贡献社会,这才是辅大真正的光荣。

刘氏指导教育的这些话,对于辅仁后来办学,是起到作用的。同时,这些话,直到今天,对于中、高等教育,也还是十分有价值的。

文化古城时期的辅仁,打下了结实的基础,在沦陷时期,它因德国教会的特殊关系,不但存在了下去,而且因北大、清华内迁昆明,后来燕京被封门,内迁成都华西坝,这样沦陷区的学生,有条件的不少人都考了辅仁,我是一九四二年考上辅仁的,但因经济困难，只交了十元钱的保留学籍费，保留了一年学籍，后来也未再去，一晃几十年过去了，回首前景，真如梦寐。

中　法

对于中法大学，从我未进入中学时，就是不陌生的。但我却没有进过中法大学的大门。

那时，我有四家邻居，同中法大学有密切关系，两家是教授，一家是讲师，还有一家是学生。前院住的陈绵博士，字伯早，是法国巴黎大学艺术博士，当时既是中国旅行剧团的导演，又是中法大学文学院教授，是名望最大的。后院住的鲍文蔚先生，是与大诗人艾青同船回国的，后来曾翻译过古典名著《巨人传》，那时也是中法大学的教授，以上二位都是北京大学毕业后，又留学法国的。前院住的法国人胡木兰女士，她的中国丈夫把她遗弃了，她在北京教了一辈子法文，当时正在中法大学教法文，可能是讲师吧。另外有陈橘孙和他弟弟二人，前者是留学法国学法律的，当时也在中法大学任教，至于教什么，或者职务是什么，就不知道了。这人后来在伪教育总署任秘书，也还兼课教教法文。他弟弟当时正在中法大学读书，什么名字我忘记了，只记得他每天下午三四点钟放学回来，总是大声唱着外国歌曲，"啊哈哈"地经过我家走廊窗下，回到他自己房间去。当时我的父亲正在养病，常常下午的睡眠被他吵醒，因而为之慨叹。这位中法大学的学生，在北平沦陷后的第二年，就去法国留学去了，以后再也没有回来过，算来是七十多岁的老人了，向他致以遥远的祝福吧。另外前面说到的各位，大多均已成为古人了，只有鲍文蔚老先生还婆娑人间，前年在上海遇到，已八十六七岁，说北京外国语学院已分到房子,不久要回北京去,并意味深长地对我说:"我要天天看西山……"其襟怀可以想见了。

在文化古城期间,中法大学的学生,按照规定,在国内读两年,成绩合格,即放洋留学,到法国去读后两年。这一点是十分吸引人的。但是它的人数也并不太多,据一九三五年资料记载:

> 私立中法大学,校长李麟玉,创办于民国九年,由预科改办,学生人数二百余人,学杂各费每学期十五元,校址东皇城根八棵槐,电话东局一八二。

学生只有二百余人,可见其少了。这是为什么呢? 当然,办学规模有一定限制,这是原因之一。另一原因,就是它外国文考法文,当时北平,只有孔德学校的外国语是法文,可以为它输送学生。其他中学外语一般都是英文,投考中法大学,有一定困难。其他城市中学,专学法文的也很少。因而报考中法大学的学生,数量是有限的。

前引简介上说"由预科改办",这是什么意思呢? 还必要从这所学校的创办历史说起。第一次世界大战后,中国在巴黎和会里失败,在北京,爆发了五四运动,这时候在法国的李石曾、蔡元培、吴玉章等人,创办了一个"留法勤工俭学会",以"勤于作工、俭以求学"的宗旨,号召一些中国青年到法国留学。但这个留法勤工俭学会组织中国青年去法国的实际工作却为李石曾把持的华法教育会所垄断,在此基础上,他办起了里昂中法大学,后来华法教育会的另一发起人吴稚晖也到了巴黎,不久,华法教育会会长蔡元培也到了巴黎,其间闹了很多风潮、斗争……这些都不必细说,但法国里昂的里昂中法大学是办起来了。接着,在北京也成立了中法大学,北京的作为"预科",招学生学法文,为到法国里昂中法大学读书作准备,所有经费,是根据一九二一年华盛顿会议法国代表白里安(当时法国总理)向中国代表表示退还庚子赔款。一部分作为整理中国实业银行的借款基金,一部分拨作中国教育经费,具体数字,是每年退回赔款一百万金法郎,作为兴办中法教育之用,共二十三年,计二千三百万金法郎。里昂中法大学、北平中法大学,所有预算经费,都由这笔款子中拨付。

中法大学有一个董事会,董事长孙宝琦,副董事长熊希龄,董事有张弧、范源濂及法国公使玛特路等人。第一任校长蔡元培,第二任李石曾,第三任李书华。前引资料所记校长李麟玉,又在李书华之后了。

中法大学的学院不以文理法命名,而以法国历史文化名人命名,如哲学名"孔德学院",是以十九世纪法国著名实证主义(前期社会学)哲学家孔德(Auguste Comte,一七九八～一八五七)命名的,数、理、化等自然科学名"居里学院",自然是以居里夫人命名的。法国文学系叫"服尔德学院"、生物叫"陆谟克学院",服尔德是法国十九世纪著名文学家,陆谟克是法国十九世纪著名生物家。中法大学校部在东皇城根(沦陷时期这里一度改作伪北京大学法学院)。而在文化古城时期,它的孔德学院在阜城门外,贾植芳教授在《忆诗人覃子豪》一文中写道:

一九三二年夏天,我随哥哥贾芝从山西家乡到北平考学校,他进入坐落在阜城门外护城河边的中法大学孔德学院高中部(预科)……孔德学院是一个世外桃源式的生活和学习环境,高楼深院,花木茏葱,一派肃穆幽静的学院风光,

他们生活在这个似乎远离尘世,而又饱受西方文化熏陶的
小天地里,结社写诗,各自抒写着自己对人生的感受和追
求……

话虽然不多,却把当时这种学校的文化气氛写的非常生动。

中法大学的成立小史及校舍情况大体是这样的,民国六年,
留法勤工俭学,在西山碧云寺成立法文预备学校,设文、理两科,
后改称中法大学,民国十年,法国成立里昂学院,北京中法大学
学生出国有了固定据点。民国十三年,阜成门外设孔德学院,即
社会科学院。民国十四年,移文科于东皇城根,改称服尔德学
院,理科称居里学院,生物研究所改称陆谟克学院,民国十八年,
药学专科成立。民国十九年,在南京教育部备案、立案。民国二
十年,成立镭学研究所,成立医学院。同时改服尔德学院为文学
院,改居里学院为理学院,陆谟克学院为医学院。孔德学院为社
会科学院。二十三年社科并入文学院。

刘半农氏在中法大学担任过中国文学系主任,与他同时留
法同学汪申伯担任法国文学系主任,后来汪又出任北平市工务
局长,政绩很好,这是东北系周大文当市长时的事,不久周大文
下台,一朝天子一朝臣,汪申伯的局长也不稳了。清代百姓挽留
好的地方官,常在其离任时,把他的靴子脱下来,意思是不许他
走。刘氏便也为汪写了《为汪局长脱靴》一文,文章内容与中法
大学有些关系,择录几段于后:

我们俩虽然同是法国留学生,在法国时,只是见过面而
已……后来回了国,虽然同在中法大学做过几年事,只是开
教务会议的时候见见面,平时很少往来。在开教务会议时,

我们俩往往拍桌子吵架,因为他是法国文学系主任,我是中国文学系主任,亦许有一个学生,法文好而中文不好,他说可以升级,而我说不能,或另有一个学生,情形与此适相反背,均足以叫我们俩抬起杠来。但结果总是雍容大雅的李圣章先生(李书华字圣章)提出个办法来。再加之以春风满面的范濂清先生说几句好话,我们俩彼此掏出支烟卷敬一敬,也许不再面红耳热而从长计议了。

从这段文字中,可以看出一些中法大学教学比较认真的情况,以及几位主要教授和负责人的关系。再看另一段:

有一时我对申伯很不敬,因为他在服尔德学院的院子里造了一座灯台,是个瘦而小的白石亭子。我说:"糟糕!这是什么东西?是纸扎铺里做的望乡台!"这话我当时没有好意思同他当面说,后来老老实实的说了,他并没有提出抗议。

这小段文字,记了服尔德学院,就是中法大学文学院。汪好像比刘负责,因为还管基建。再看另一段:

两年前,他替中法大学建造大礼堂,所花只是七万五千块大洋,可是大礼堂有了,两个大客堂也有了,图书馆也有了,书库也有了,里面是电灯自来水,汽炉,以至于一冲百里的洋茅房也有了。观瞻也好,又合实用,而且省钱。这真叫我大吃一惊!天下竟有这样的便宜货;于是乎我对汪申伯不得不刮目相看。

从这段文字，可以知道现在还存在的原中法大学大礼堂等建筑是汪申伯以极少的代价造的，说明中法大学当年是有人才的。至于他作为北平工务局长的政绩，不在本文范围之内，就不必多引了。

中国大学

在文化古城时期，除国立、公立的学校外，其他学校，大多冠以"私立"二字，以示区别，而私立学校，都要在政府教育机构立案，才承认其资格，文凭才有效。大学要在南京教育部立案，中学、小学要在市教育局立案。中国大学据一九二九年《教育年鉴》记载，还只有文、法两科，不具备"三个学院才能成立大学"的条件，因而当时只叫"中国学院"，直到三十年代中后期，才逐步办起理科，这样才具备了"三个学院"的条件，立案称为大学。因为据一九三五年资料记载，还是叫"私立中国学院"，校长王正廷，校址西单二龙坑。于此亦可见，当时对大学的法定要求还是比较严格的。

再有同样是私立学校，又有两种不同情况，一种是外国教会办的，社会上习惯叫作"教会学校"；一种是中国名人自己办的，是真正私人办的私立学校，因而虽然同叫"私立"，却大不相同。即前者经费有来源，所属教会每年会拨专款给学校。有钱便可建校舍，请好教员，不滥招学生，能保证质量，学校就越办越好。后者无固定经费，盖不起校舍，买不起好仪器，请不起名教授，学校只靠学生的学费来维持。刘半农氏在《辅仁大学的现在和将来》一文中曾经说到这种情况道：

平市有几个私立大学，并无固定经费，办学人希望多多益善，因为学生的学费，关系学校的生命。辅大则不然，每学期所收全体学生的学费，不过学校开支的十分之一。

中国大学就是这样无固定经费的学校，其简单历史是：创办于民国元年冬季，租前门外一清末停办之学校为校址，初名"国民大学"，宋教仁、黄兴先后任校长；民国四年，与上海吴淞中国公学合并，称中国公学大学部，民国五年改名中国大学；民国十年，校长姚憾辞职，王正廷继任；十一年设募集基金委员会；十四年购得郑王府为新校址；十八年呈准国民政府，按月辅助万元，王正廷更向中比庚款委员会及各界募款，扩充校舍，建理化大楼及图书馆，计款十五万元。

刘氏的简短的话，正说明辅仁大学和中国大学虽然同样是私立学校，却是有原则差别的，前者有教会经费，可以"赔"，而且准备"赔"，所以能保证学生质量。后者却不然，"希望多多益善"，就是越多越好，人多钱多，这样录取学生的标准就很低了，多收一个学生，就多一份学费，学生多一些，经费足些，好歹还像个学校。中国大学的政治经济系，人数多的班级，有二三百人一班，在王府的大殿中上课，是当时文化古城中最大的课堂。用现在的说法，这就叫"上大课"。不过它有"大"无小，不分班，一直到底。这还算好的，因为还能招得进这些学生，另外当时还有几所招不进多少学生的私立大学，那就更惨。甚至可以随时报名，随时交费入学，入学考试也不必举行，考也是走走形式，这就是专门收学费、卖文凭的"学店"了。

学生来源，本来是高中毕业生，但有不少高中毕不了业的学生，有北平当地的，也有不少外地来的，而家里有钱，还想混张大学文凭,如果是名门闺秀呢,有张大学文凭作"嫁妆",结婚时面子也好看些。也还有乡下土财主家的子弟,弄个"大学生"的身份,骗家长的钱,在北平花天酒地过都市生活,混日子……各种各样的学生,比国立大学、教会大学,就更要复杂多了。

文化古城时期,校长名义上是王正廷,但人在南方,校务由副校长周龙光、教务长方宗鳌负责。其时中国学院只有文、法两院,有中文系、哲学系,法学院有法律系、政治经济系,后来又陆续增设了商学系,又添设了物理、数学、化学、生物等系,不过这已是沦陷之后了。

我在志成中学读初一时,每天上学都要经过中国学院大门口,那三大间高高的王府正门,正中在梁上挂着白地黑字大匾,"中国大学",署款"王正廷",是很规矩挺拔的欧阳率更的字体。门口还有"请愿警"站着("请愿警"是一个专名词,现在已很少人明白它的意思了。就是他的编制是警察局的警察名额,而其工资则由担任警卫的单位开支。这样警察分局把他的月饷就入了局长的私囊了,只是发给他制服而已。本人在学校门前站岗守卫,比在马路上站岗清闲,而且薪水还可多两元,校长、教授、阔学生逢年过节还给门房、警卫室一些赏钱。收入较局中一般警察为多。当时各大学、著名中学,甚至阔人住宅门口,都可以向所在分局申请派"请愿警"来站岗),十分气派。在校门口西面,路旁有个大土堆,实际是煤球灰、垃圾等堆成的,比围墙还高,里面正是操场,我和其他小同学们,放学回来,经过此处,总爱走到土堆上,向里面眺望,有时遇到赛球,便在上面看赛球,其他路人也走来立观,这样这里便成为一个"土堆看台"了。我们总是看的十分起劲,除去球赛而外,还看到里面的房舍,东面一大排、一大排的绿色琉璃瓦的宫殿建筑,隔开操场,还有亭子、一角假山、回廊,西北角上还有一座没有完工的红砖西式三层楼……在印象中,觉得站在这个土堆上看这所学校,真大! 后来,有一次,跟着所在中学高中部的篮球队进去,我和另一个小同学,没有看球赛,却在里面乱转起来,把这个学院跑了个遍,一直跑到这个停了工的西式三层楼上,放眼一望,才似乎得到了最大的满足。

当时只知道中国学院的校舍是清代的"郑王府",而对于这个著名王府的知识,却是后来才知道的。清末王闿运《湘绮楼日记》同治十年(一八七一)三月六日记云:

> 六日……同车入城,至二龙坑劈柴胡同,见豫庭二儿,一曰征善,出继故郑王端华;二曰承善,年十八,甚英发。园亭荒芜,竹树犹茂,台倾池平,为之怅然。

这则日记中"豫庭"说的是谁呢? 那真是提起此人,大大有名,就是咸丰临死时,托附八个顾命大臣之一、后来被那拉氏杀头的肃顺。他哥哥郑王端华是被赐死的,也是顾命大臣之一。中国学院校址就是买的端华的府邸。端华是郑亲王乌尔恭阿的儿子,袭爵,肃顺是第六子,本字"雨亭",从"风调雨顺"的"顺"字起的,日记写作"豫庭",本可谐音,也似有忌讳意。郑王府在当时是名府,花园特别出名,在钱泳《履园丛话》中就记载道:

> 惠园在京师宣武门内西单牌楼郑亲王府,引池叠石,饶有幽致,相传是园为国初李笠翁手笔。园后为雏凤楼,楼前有一池水甚清洌,碧梧垂柳掩映于新花老树之间,其后即内宫门也。嘉庆己未三月,主人尝招法时帆祭酒、王铁夫国博

与余同游,楼后有瀑布一条,高丈余,其声琅然,尤妙。

惠园很著名,在当年远比后来的恭王府花园名气大,不过在百年之前已荒芜,到了中国学院时代,什么"引池叠石"等,只剩下一点残迹,大面积园林,都已改作大操场了。

文化古城时期,同学方绍慈的父亲方宗鳌氏在中国学院做教务长,他的母亲方政英氏在学院教日文。方氏广东人,其夫人则日本籍,住在宣武门外方壶斋。当时学院中著名教授并不多,但在几所中国私人办的大学中,还是比较著名的。

一九九〇年二期《燕都》载有赵乃基先生《郑王府与中国大学》一文,详记向郑王后人绍勋买王府的事。其契约云:

立和解契约人:天主堂
　　　　　绍　勋
　　　中国大学

今因绍勋欠天主堂债款本利十九万余元,前因追诉执行,兹由中人调停,将坐落二龙坑郑王府,由绍勋卖与中国大学,以现洋十五万五千元,抵偿绍勋欠天主堂债款全额,当日交清,从此天主堂与绍勋债务清结。该府第有任何纠葛,以及审判厅大理院等等,均不与天主堂相干。所有双方诉讼费用,各自负担。同中将绍勋作押房契交出。关于绍勋借券,尚在法庭,俟领出再行交付。恐口无凭,立字为证。

做个文抄公,录下这份文书,用存掌故吧。

"七七事变",北平沦陷后,除一些教会学校外,其他私立大学都办不成了。而中国学院却继续办了下来,而且不再叫"学院",直接叫"大学"了。西北军时代曾一度担任过北平市长的何其巩氏担任校长。原教务长方宗鳌氏出任日伪教育总署署长(按,日伪编制,"总署"最高长官名督办,相当于部长,副职为署长,有二,相当于次长,一为方宗鳌氏,另一为张心沛)。这样中国大学在何其巩氏主持之下,靠学生学费维持,因为人多,虽然困难,但也维持下去了。有不少不愿到日伪学校任教,又一时去不了抗战大后方的名教授都到中国大学来任教了。俞平伯先生原在清华,沦陷时,担任了中国大学中文系主任。待一九四一年底太平洋战争爆发后,燕京大学被封门,有些名教授也到了中国大学,如著名的张东荪先生、历史家齐思和先生,还有邓以蛰先生(著名原子物理学家邓稼先之父)、孙人和先生等位,一时都往来于二龙坑路上了。

尚有一件小事,值得一提,校门斜对着,一家在后墙上开门的小饭馆"有缘居",专门做中国大学学生的生意,黄公酒垆,今天还能引起谁的回忆呢?

朝阳及其他

北京在文化古城时期,私立大学除教会办的燕京、辅仁及纯属私人办的中国学院而外,还有几所,虽然没有前面几所那样有成绩、有名气,或者人多。但在那个时期,这几所学校也一直在维持着,年年招生开学,社会上也均以"大学"呼之,有的也有其特色。这几所学校,就是朝阳学院、民国学院、华北学院。

对于这几所学校,在我的记忆中,感性的东西太少,自不能作详细的介绍,不过想来似乎也无此必要,因而将它们并在一篇,分别略作介绍,以存史迹。

朝阳学院有些年代里,叫作朝阳大学,但在文化古城时期,因为只有法科,按条例不能称"大学",因而只叫学院。它的法律系最有名,毕业的人也多,在各地各级法院中供职,包括县政府的承审员、法院中的推事,以及一些开业的律师,不少都是朝阳法律系毕业的,在司法界中形成一个体系,互相都有照应。好像天津南开大学经济系的毕业生,在各个银行中形成一个体系一样,各届校友,互相援引,找起工作来——俗语叫"饭碗子",是比较可靠的。因而朝阳学院虽然不算是名牌大学,而它在司法界中有影响,有实力,因而不但存在的住,而且考的人也不少。在私立大学中,也还是有可取的。

据一九三五年有关资料记载:私立朝阳学院,校址在东北城北小街海运仓北新仓。校长江庸,创办于民国二年九月。其建校沿革云:民国二年经汪有龄、江庸等创办,三年五月经前教育部(指北洋政府教育部)立案。十九年十二月复经国府(指国民党政府)教育部立案。学生人数:一千三百四十七人。学杂各费每年约需七十五元。分法科、商科两科。另外停办了预科,改立朝阳高中。

这里所记人数,有整有零,是比较真实的,按人数说,都超过当时北大和清华等国立大学的人数,也远远超过燕京、辅仁等教会大学,不过略少于私立大学中人数最多的中国学院。以人数乘年学杂费,则可得十万元。在当时各校开支,除去假期三个月,以九个月计,每月一万一千元,亦可勉强维持。自然比起北京大学每年九十万经费,那就差的很远了。

朝阳学校"七七事变"后,就没有了,到了大后方,不知流亡在哪里,抗战胜利之后,又复校了,但学生不多,影响不大,不几年后,朝阳便已成为历史名词了。有位名中大荣者,在一篇《记

北平新学联》的文章中,回忆"七七事变"时情形,曾约略提到朝阳,其文云:

> 七月七日的夜间,忠社的一批理事正在朝阳大学刘东民的公寓里集会,会后打麻将,就听到炮声。向外打电话去问,哪里也打不通……

"忠社"是当时反动组织,"新学联"是这些反动组织的综合团体,全名"北平学生联合会"。当时朝阳学院学生多,进步学生与反动学生都各有组织,都很活跃。从这一小段回忆中,也可看出点滴"朝阳"学生的情况,不少已不是什么专门读书的学生了。

在朝阳学院简介中,创办人和校长,都提到江庸氏,的确如此,朝阳学院自始至终,和江庸氏是有密切关系的。江庸字翊云,是著名学术前辈江瀚先生的儿子,原籍福建长汀,但江瀚清末任四川和江苏藩司,宦游成都和苏州,因而江庸氏少时是在成都和苏州度过的。光绪末年,留学日本,在早稻田大学学法律,成绩优异。光绪三十二年(一九〇六)归国,三十四年应清政府留学生考试(即所谓的考"洋进士"),题为"巫臣使吴,教吴乘车战阵,遂通吴于上国"。其文大为严几道所赏识,名列优等。其后即服务司法界,后以法律专家身份,编纂《六法全书》。北洋政府前期,出任司法总长。朝阳大学就是他任司法总长时创办的,其后一直担任这所学校的校长,为司法界培养了不少人才。手头恰有一本一九三四年九月朝阳学院出版部出版的《趋庭随笔》,是他的笔记,前面序言道:

> 余生五十有七年,自垂髫迄今,盖无一二年离吾父母之

侧,斯卷涉及经史,多习闻庭训,退而自记,经吾父所涂改者。人生年近六十,犹获依父母膝下,并世已罕见其人,矧父之于余,则父而师也……

江氏父子,并享大年,江翊云先生又是诗人、词人。手头另一本镇江吴眉生氏词集《寒芋阁集》,一九五七年后油印本,正是江氏题签,可见其当时尚健在,以年纪之,已八十余高龄矣。不过这些,和朝阳学院本身没有什么关系,不必多说了。

朝阳而外,尚有民国学院,社会上也习惯叫"民国大学",最早成立于民国五年,先在湖广会馆筹办,后迁储库营四川会馆,有文、法、商三科,九年因风潮,还请蔡元培兼任校长。民国十二年租赁醇王府为校舍,民国十三年雷殷任校长,十六年张学良兼校长,自然挂名。而在当时,也因规模不够条件,只能叫"学院"。立案事曾被取消,后又恢复,逐渐巩固。这所学院地址在西城西南角太平湖,其校址是清代著名的王府,是光绪帝载湉出生的地方。清代是出生过皇帝的王府,就不能再住王公亲贵,或闲置起来,或改作他用。雍和宫便是。这里自从载湉作了光绪帝之后,他父亲醇贤亲王奕谭就另建了什刹海的府邸。可是这学校后来办的成绩不好,虽然一直延续到三十年代,直到"七七事变",但并无特色,学生质量很差,即在私立学校,其名气还远不如中国学院、朝阳学院。文化古城时期,它也只有文、法两科,校长是鲁荡平。

同时还有一个华北学院,社会上随口也叫"华北大学"。一九三五年资料记载:

私立华北学院,校长马邻翼,成立于民国十一年十月。学生三百九十二人。校址西城羊皮市一号。

但是资料记载的校址,后来有了变化,就是这个学校的董事会不知从哪里弄来一笔钱,买了西安门南面西皇城根的礼王府作为校址。我少年时在西皇城根住家,出门向北走,必然经过它大门口,挂着牌子,门房中也有人,但很少有人出入。从三间大红门望进去,里面的房屋还很整齐。沿着它整齐的围墙往北走,走到北头,少说也有二百公尺长,转弯往西,望上去一条长巷,还是府墙,单调而幽深,这时已经到了西安门了,那高大的五间宫殿式大门,右转可以去北海,左转可以去西四,这条路,前后十几年中,我真不知走了多少遍,可始终没有进入这所"大学"去观光一下。熟人中,也没有和这所学院有过关系的人。现在回想,也未免感到失之交臂,真有些怅然了。看资料它全校只有三百九十多人,也不过中国大学政经系一个班的人数,在私立大学中,未免太可怜了。据说,最早还是蔡元培先生创建的,并曾自己担任过校长呢。

在整个文化古城时期,北平的各种高等学校,基本上有如前面各篇所述。但也还有一些例外,如东北大学。东北大学原在沈阳,但在"九一八事变"后,东北大学就流亡在关内,一部分到了北平,占用了西直门内大街原北洋政府陆军大学的地方,直到"七七事变",又流亡到大后方,到了四川三台县办起了东北大学。台湾著名作家柏杨就是这所大学毕业的。

甘石桥灵境胡同口上,有一所孔教大学,那是民国初年陈焕章办孔教会时办的,但在文化古城时期,早已不是"大学",甚至连小学生也没有多少,只剩下门口那四个大字了。

北洋政府时期,还有教会办的汇文大学。在文化古城时期,汇文大学早已并入燕京,汇文只剩下中学了,不过是有名的教会中学,留待谈中学时再说,在此不多谈了。北洋政府时期,还有人办过一所畿辅大学,而在文化古城时期,也早已没有,改作私立的铁路学院了。

这些有关大学的历史陈迹,在此约略一提,使读者偶然想到:啊,原来当年还有这么一个学校呢!试想,当其成立之初,也是有头有脸的名人活跃于一时,也有英俊少年作为学生跳跳蹦蹦地走进教室……这些而今又安在呢? 历史也好,文化也好,原是数不清的活人生命的延续,半个多世纪过去了,已很少人想到这些;如果再过半个世纪,又有谁去想它呢? 如再想到英国牛津、剑桥等名校几百年的老传统,就更值得我们深思了。

私立中学

文化古城时期,北平的中学,按人口比例说,恐怕是全国比例最多的了。自然无力一一介绍清楚,说来似乎也无一一介绍的必要。如果分分类,大约可分为私立、教会、公立三种,我是私立中学毕业的,不妨先从私立中学说起。

最早的私立中学,是什么时候出现的,这里一下子很难说出精确的年代,但我粗略估计,早在本世纪初,北京就有私人办的中学出现了。先父汉英公是光绪三十一二年间到北京的,那时他在家乡私塾中已经读完"四书"、"五经",并且已开笔作文了。其时清政府停了科举,他没有赶上考秀才,便到北京来上新式学堂,读的就是地安门外后鼓楼院的求实中学,这是一所私立中学,说明在一九〇四年左右,北京已有了私人办的中学。似乎还不只这一所,还有正志中学、畿辅中学,都是很老的学校。

求实中学不但成立的早,而且延续的时间长,在文化古城时期,这所学校还存在,每年暑假,都刊登招生广告。我由乡下出来,到北平考学校时,要来不少招生简章,其中就有求实中学的。但这所学校,虽然很老,却影响和名气都不大,现在说来,知道的人当然更少了。

我读的中学,校名"志成中学",当时男女分校,男校在二龙坑内小口袋胡同,女校在丰盛胡同。创办于一九二四年左右,这所学校在文化古城时期,是一所比较出名的私立中学。其出名原因之一,是学生多,在一九三四、一九三五年鼎盛时期,学生总人数到过二千七百多人。这在当时公私立学校中,就人数而言,是相当可观了。不是第一,也是第二,据说东北同乡办的北方中学,人数到过三千多,因此也曾出过名。志成似乎比不了它。

其出名原因之二,是因了一桩桃色案件,这似乎并不光彩,但却因之轰动九城,在报纸的大量新闻中,志成中学的校名与这个案子连在一起,不但当时因之大大地出了名,直到若干年后,人们也常常谈起此事。就是刘景桂打死志成中学女校体育教员滕爽案。

刘景桂是宣化女师学生,曾出席全国运动会,其未婚夫逯明,在师大体育系作助教。逯明在北平又与志成女校体育教员滕爽谈恋爱。刘景桂认为滕爽夺其所爱,便决心除掉这一情敌。由宣化专程来北平,一天去志成女校找滕爽,先在门房间询问,这时滕爽正在操场上课,刘便在门房稍候,滕爽下课后,听说有人找,便到门房来看,身上还穿着上课的球衣和球裤,走进门房,二人并不认识,刘问滕:"你就是滕爽吗?"问清之后,当即从手提包中取出手枪,对滕开了二三枪,滕应声倒地,这时正在二三节课之间,同学大多在教室外院中,听到枪声,都跑到号房来围观,号门内及校门洞乱成一团。刘则手持手枪,出校门往东,走到丰盛胡同路口,向一站交通的警察交枪自首。——同学姐姐,比我们高四个年级,正好是滕爽班上的学生,当时是围观同学中的一个,目睹此事,曾多次向我说起。可惜这位学姐潘咏梅女士,几年前因心脏病去世了。如果活到现在,也不过七十岁吧。刘景桂打死滕爽事件,使志成中学的知名度,又提高了不少。连知堂氏在《情书的写法》一文中,也引用了这一新闻,可见其在社会上多么引起人们的注意了。这一妙文收在《苦竹杂记》一书中,在此不多引了。

其出名原因之三,是这个学校某些班级的学生,学习质量的确不差。不但年年有相当数量的毕业生,可以考上一些名牌国立大学、教会大学,而且也出过几位著名学者,如有"中国原子弹之父"称号的邓稼先氏,远在美国、载誉世界的原子物理学家邓昌黎氏,便都是这个中学的毕业生。后来分别考入西南联大和辅仁大学,又留学新大陆深造,成为著名科学家,可惜邓稼先氏不幸于数年前病逝了。

当时人们对一些私立学校,收很多学生,收很多学费,形同做生意,是很不以为然的,社会上有一个很难听的称号,叫作"学店"。意思是以办学为手段,以营利为目的的商店,而不是办教育、培育人才。因为大家都知道,办教育是要赔钱的。而私立学校,赚得起,赔不起,因为中国私人经济力十分有限,是无钱可赔的。这样办学,广招学生,就不能保证新生质量;入学之后,人多教师少,试验设备差,又不能保证教学质量,因而这种学校如何能培养出优秀学生呢?表面上看是比较困难的,但实际上也不是绝对不可能。志成中学有它的窍门,在此约略介绍一下:

文化古城时期,志成办学已经有一定基础,在私立中学群中,有些名气了。它年年广招学生,初中一般男女生要招四百来名,高中二百来名,学生越多,投考的人也越多。说的简单一点,就是它用大部分学生作为经费来源,少部分学生作为给它制造声誉的工具。它从高中一年级开始,有一次分班考试,即按成绩分班。成绩最好分一班,成绩次好、或较差都分在不同班级里。在人数上,则最好的那个班级人最少,一般不超过五十人。其他班级则人很多。可到七十多人。这样就是用人多班级收下的学费,弥补人少班级的开支,因为人少班级不但人数少,学费收的少,而且六名免全费、免半费的学生也在这个班。实际这个人少的班,交费的学生也只有四十二三个人。再有这个人少的班级,任课教师和使用教材也不同,教师都是师大附中的同级教师来兼课的。教材和教学要求进度,基本上和附中一样,这样就充分保证了这个班级的优异成绩,到了考大学时,一般也能像附中学生一样,考上著名大学。志成中学校长在给学生讲话时,向社会宣传时,也常常以此来夸耀,造成很大影响。而那人数多的班级的毕业生,极少有能考上国立大学的。实际上就是用他们的学费来培养尖子学生了。

私立中学一般都有集团,有背景,志成中学是由冀东籍的师范大学毕业同学为核心创办的。所有教师有多数都是师大毕业生,而且大多是冀东人、河北人,其他省的人是很少的。它有一个董事会,董事长是作过师大校长的邓萃英氏,师大教授李泰棻、王桐龄等人也都是董事。在文化古城时期,它的校长是吴鉴,字葆三,冀东滦县人,师大数学系毕业,他是当时师大校长李蒸的舅舅,有亲戚、同学、同乡的多层密切关系,而李蒸又是留法的、是河北籍元老李石曾支持的人物。吴鉴是志成中学校长,又在师范大学数学系兼课,又是师大女附中的数学教师。他与师大和师大附中关系极为密切,因而在聘请优秀教师上,他有十分有利的条件。他有一个得力办学助手,就是他数学系的同学赵昆山,作训育主任,成年住在学校中,替他管学生、抓教学质量。此人一年到头布鞋、学生服、光头,每天一大早站在校门口,看学生进校门,谁要迟到,在校门口罚站,他也一起站着讲话,直到第一节课下来,才一同进来,晚间,还要查住宿生的夜自修。他还要给高三人少那班毕业生开一门课"数学演题",专门解各种类型的数学难题。把所有精力全花在办学上。

　　一般私立中学的校舍都是很简陋的,志成中学自然也不例外,校门口开在小口袋胡同里面路南,这真是个"口袋",东面一个出口通西皮库、二龙坑,其狭窄处,也只能过一辆小汽车吧,卡车是很难开过的。西面两个出口,都是弯弯曲曲的小巷通向沟沿,那就更窄了,两个自行车也难对面通过。其教室是从蚕业讲习所分过来的一个西式四合院,办公室是一所西式小院,看得出也是蚕业讲习所的房子。蚕业讲习所是清末官办的,有一片桑园,还有织机,大门是西式砖雕大门,很气派,开办时可能是很风光的,可是后来似乎无人管了,大片房地产不知以什么条件割让给志成中学了。志成中学惟一自己盖的房子是一排南北两面开门窗的实验室,包括物理、化学、生物都在内。操场也是分开的、不规则形的,用文字几乎无法介绍清楚,自然也无此必要,总之一切都是很简陋的。自然这点房舍,容纳不了这么些学生,它又在学校对面,租了一大片民房,包括一所据说是"京师著名凶宅"的房子在内,还有一座灰砖绿窗的楼房,全部把这些房舍的围墙打通开门连在一起,就是这所人数众多的私立中学的全部校舍了。就是这样的破破烂烂的中学,也出过有很大世界声望的科学家。可见教学质量的好坏也不完全靠校舍了。

　　文化古城时的北平,各种学校也真多,离志成不远,出小口袋胡同东口往北一转弯,便是二龙坑,马路一下展宽了,路北便有一所学校,整齐的围墙、校门,望见里面的操场、教室,还有一座洋楼,这便是以东北籍贯人为主办的弘达中学,就校舍而言,比志成中学气派多了,可是"生意"不如志成。虽然在当时也还是一所比较出名的私立学校。据一九三五年资料记载:

北平弘达中学,校长吴宝谦,民国十二年一月成立,初设三三制初中普通科,后奉部令改为四二制,十九年添设高中普通科,二十一年租月坛为二院。学生一千二百人。学费初中二十余元,高中三十二元。校址新皮库胡同十三号(连着二龙坑的南北胡同)。

弘达和志成,可以说是近邻,但人数差着一半多。但也已一千多人,实在不少了。因为当时一般公、私立中学都只有几百人,如高初中六个年级,每个年级两个班,每个班五十人,这样全校也只有六百人,人数也不算少了。一些著名的中学,大都五六百人。像这种千人以上,甚至二千几百人的私立中学,简言之,还是为了多收学费,办学条件和教学力量实际都是很有限的。

私立中学也有一些是以其特色来号召的。如府右街的四存中学,便是以提倡旧学、提倡文言文、提倡读经而出名的。比方在一般私立中学的国文课中,常常是初一作白话文、初二作文言文、高一作白话文、高二作文言文。要求学生既会写语体文,又会写文言文。因为考大学时,像北平北大、清华这类的学校,大都出白话文题目,而南方上海交大、南京中央大学等,则都出文言文题目,高中毕业生必须学会写两种文体的文章,但四存不然,它反对白话,提倡文言。学生初高中,一律作文言文。

这是河北冀中人办的中学,标榜的是清初博野颜习斋、李恕谷二位思想家的"四存"学说,即"存性、存学、存治、存人"。北洋政府徐世昌做大总统时,提倡"颜李"学说,办起了四存学会,又办起了四存中学,开始是徐世昌做董事长,后来张璧做董事长,张在徐做大总统时,曾做过警察总监。校长是做过内务次长的河北蠡县人齐振林。

在我考初中时,同院有一位小朋友正好在四存读书,后来我弟弟也上了这所中学,不过那已沧桑之后了。这个学校在班级人数、全校人数上都不如志成多,大体像公立中学一样,一班只四十来人,校风虽然古板,但对学生的管理还是比较严格,教学质量是有保证的。毕业的学生,最低也能规规矩矩写篇较为通顺的文言文,成绩相对整齐,不像志成中学那样毕业生成绩相差过分悬殊,少数一些拔尖的,而大量成绩甚差,甚或不及格的。四存中学办学方法是不同于一般私立中学,而自有其特色的。就是说传统的东西更多一些。

四存和志成,都是河北籍贯的师范大学毕业生为核心办的学校,虽然前者多冀中人,后者多冀东人,但两校的教师和学生还是时有交流的。志成一位教动植物的兼任老师,就是四存的专任教员,是一位具有明显河北农村朴素外形的先生,他儿子张云峰,初中在四存、高中在志成,和我同班,可惜这位教师的名字我一时想不起来了。志成的国文教员李子痴,后来专门在四存任教;四存的图画教师陈小溪,也曾来志成兼课。

四存的校址在府右街东侧,实际就是中南海的红墙外面,东西窄、南北长的一长条,红砖两层楼房为主的校舍,包括小学和中学两部分,外观很整齐,但是里面并不大,由我家去厂甸、去中山公园、西长安街等处,必然要经过它门口,我因为从陈小溪老师学过画,也进去过不少次。比起志成中学七零八落、因陋就简的校舍来,四存中学阔气多了。西城私立中学以特色著称的,除四存之外,尚有艺文中学,校址是南长街南口西侧,校门开在长安街红墙上,这是一所试验实行"导生制"的学校,也较出名。

在东城有特色的私立中学,首推孔德中学,它正好同四存相反。四存是标榜中国古老的思想家"颜李学派",把读"四书"、"五经"列为必修课,完全是老派的。而孔德则是以法国实证主义哲学家"孔德"命名的,是纯粹西洋的。但它又是中国人办的私立学校,包括小学和中学。四存重视国文课,但只许写文言文,不能写白话文。而孔德也同样重视国文,却提倡写白话文。从某种角度讲:孔德学校几乎是北大文学院的附属中学,北大名教授不少人都在孔德教过课,北大名教授的小孩,大多都是在孔德毕业或在孔德上过学的。最著名的如美籍华人陈香梅,她父亲就是北京大学名教授。至于其他名教授的子女,在孔德读书的,那就更多了。著名科学家钱三强、戏剧家吴祖光都是孔德毕业。

孔德学校是北大名教授马隅卿氏等位创办的。《知堂回想录》忆马隅卿氏文中写道:

> 我与隅卿相识大约在民国十年左右,但直到十四年,我担任了孔德学校中学部的两班功课,我们才时常见面。当时系与玄同、尹默包办国文功课,我任作文、读书,曾给学生讲过一部《孟子》、《颜氏家训》和几本东坡尺牍。隅卿则是总务长的地位,整天坐在他的办公室里,又正在替孔德图书馆买书,周围堆满了旧书本头,常在和书贾交涉谈判。……隅卿多年办孔德学校,费了许多的心血,也吃了许多苦……孔德学校的教育方针,向来是比较地解放的、向前的,在现今的风潮中似乎是难以适应,这是一个难问题,不过隅卿早一点去了世,不及看见他亲手苦心经营的学校里,要从新分

了班读经做古文,使他比在章士钊、刘哲时代更为难过,那或者可以说是不幸中之大幸了吧。

这段文章是一九三五年夏天写的,既谈了孔德学校的情况,也了解了中学男女分校的时代背景。

孔德学校的校址在东华门大街路北,北池子南口往东一转弯进去就是,那是清代的宗人府旧址,宗人府是清代皇家第一个单位,在《清史稿》中列《职官志》之首,掌管皇族属籍、修玉牒诸事,长官照例是王公,所以衙门就在东华门外,地点冲要,房舍很多,作为一个学校的校舍,自是很宽裕的。孔德很重视美育,有绘画、音乐、刺绣等各种活动班,很受同学欢迎。出校门往东不远,就是北河沿,转弯是北大三院,当年这一带,风景还好,刘半农氏在《北大河》一文中曾赞美道:

> 在十年前……河水永远满满的、亮晶晶的,反映着岸上的人物草木房屋,觉得分外玲珑,分外明净……

孔德的校歌在第一首中歌颂"孔德"的主义,在第二首中便赞美这条小河。歌词道:"啊,我们可爱的孔德,啊,我们的北河沿。你永是青春的花园,你永是智慧的来源。饮我们幸福的甘泉,给我们生命的……"这校歌的作者可能就是刘半农氏。

孔德在名誉上一直是蔡元培氏任校长,可实际长期是马隅卿负责。在经费上它受到中法庚款的支持,所以有买书的经费,在办学经费上也较其他私立学校有保证,这是孔德能够办得好的另一原因。它原来只有小学、初中,外国语读法文,毕业之后考中法大学孔德学院预科。后来才添了高中。

在文化古城时期,南京教育部规定,小学、大学男女同校,中学男女生分校。所以志成中学有男生部、女生部。师大附中、辅仁附中,都分男附中、女附中。另外也有不少专招女生的私立中学,如翊教女中、华光女中、春明女中、协化女中、惠中女中等。其中"翊教"在西单北堂子胡同、"华光"在西单北前英子胡同,"春明"在宣外大街,"协化"在当时市党部街、"惠中"在东城炒豆胡同。这些都是中国人私人办的女子中学,各有董事会,其经费都靠学生的学费。校址大多在西城,因几所著名的教会女中,都在东城。中学还是就近上学的多,所以一些私立女中都集中西城住宅区了。这里不妨举一所略作详细介绍。据一九三五年资料介绍翊教女中云:

北平翊教女子中学,校长陈仲益,民国十五年九月成立。成立时因地而名,二十年迁今址。学生人数三百余人。学杂费高中三十五元、初中二十六元。校址堂子胡同。

这是一所高、初中完备的女子中学,有一个著名的外籍学生日本人山口淑子女士,中国名字李香兰。日伪时期是著名影星,一九三四年她到北京寄住在后来做了汉奸的潘毓桂家中,以"潘淑华"的名字和潘家另外两位女儿在翊教女中读书,直到毕业。山口淑子在其所著《我的前半生——李香兰传》中记这时学习情况道:

我从东北来投亲,作为一个中国人,潘家的干女儿上了翊教女子学校,名叫潘淑华……上学时三人同路,放学时有时只剩我一个人。那时候,我常顺路去北海公园,在无人的小岛上练习汉语发音或查字典,也曾去过远处的太庙。

不知因为学校里富家子弟太多,还是因为那时中国的校园的气氛,学生们的举止令我吃惊。有的学生一上课就讲话,有的则站在桌子边上喧哗,根本不听教师讲课。哪里像个"退三尺不踩教师身影"的国度。其中还有学生嘲笑老师。地理老师头发稀疏,一脸贫相,大家都戏谑他为"三毛儿"。当时"三毛儿"是上海最流行的漫画主人公。我由于不知道这个漫画,不知其中的奥妙,只是傻乎乎地瞪眼看。

但学生们也不是总闹腾,标致的英语老师就很受同学们欢迎。这位老师给我们上课,使我爱上了英语这门课。原来她们是拒绝无才的老师和强权的老师上课。

这段回忆文字把当时私立女中上课的气氛写的很形象。不过所说"三毛儿",那是记错了。因为上海张乐平的"三毛",是四十年代才创造出来的漫画形象。当时的"三毛",则是北平实报半月刊所登的漫画"毛三爷",当时各私立中学给头发稀疏的教师起"毛三爷"外号的很多。所以这位地理老师的绰号也应是"毛三爷",而非"三毛儿"。

私立中学还有几所是地域性的,如山东人办的山东中学,河南人办的豫章中学,四川人办的四川中学等,这些学校在经费上多少能得到一些同乡会的资助,在教师和学生中,是其本省籍的当然要受到一些优待。其中和平门里顺城街的山东中学办的最兴旺。画家王友石,雅号"王铁树",因其画铁树最出名,山东籍,一口山东土话,长期在山东中学任教。好像有个时期还担任行政职务,长期住在学校中。艺专毕业的潘渊若老先生长期在山东中学教国文。自然在文化古城时期,这些人还都是青年人。

这些地域性的中学,创办倒是很早的,如河南人办的豫章中学,据资料记载,是清代光绪二十九年创办的,原名"初等豫章学堂"，民国元年改称豫章中学。

私立中学的教师大都是师范大学毕业的，叫作"师大派"。但也有专门由北大毕业生办的中学，那就是东城外交部街的北平大同中学，一九二三年创办，校长贺翊新。再有南长街南口路西的北平华北中学，也是同时由北京大学一派的人创办的，首任校长还是蔡元培氏兼任呢。

私立中学的校舍，大多因陋就简，或借用，或租用，大多是平房，有几间二层楼就不错了。自己买地皮盖校舍的不能说绝无，恐怕也真是极少极少的。北沟沿的平民中学是例外，在中央医院后面，一幢在当时看来不算小的四层灰色楼房，真有鹤立鸡群之势，徐志摩诗人曾在这所中学作过讲演，在鲁迅文章中也提到过这个学校。不过在文化古城时期，它似乎已经"式微"了。

文化古城时期私立中学，大体就介绍这些吧，不能再一一详细举例了。

教会中学

在谈私立中学时，我曾谈到成立最早的中学，说到求实中学，后来又谈到成立于光绪二十九年的河南人办的豫章中学，其实说起来，这些学校的历史都不算最长。历史最长，成立最早的，还要数一些教会学校，这里先不妨据一九三五年资料列举两个例子：

北平崇实中学，校长罗遇唐，成立于清同治四年，民国十二年改行学制，学生人数三百五十人。学杂费高中三十五元，初中三十元，校址在安定门内大三条。

慕贞女子中学，校长郑乃清，成立于清同治十一年，成立已六十四年,民国二十年呈准立案,二十四年设附属小学,学生人数四百余人,校址崇内孝顺胡同。

同治四年是一八六五年,同治十一年是一八七二年,分别比豫章中学的成立早三十八和三十一年。同治四年是李鸿章在上海办江南制造局的一年,也是中国第一次借外债——借英款一百四十三万镑,分二年六次还清——的一年,这年英国商人还在宣武门外修了一里多长的一条铁路,试行小火车,不久即被拆毁。到了一八七二年清同治十一年慕贞女校成立时,清政府第一次派三十名学童去美国留学,著名的詹天佑就是其中的一名。这些事联系在一起,也说明西方的影响又深入一些了。算来这已是一百二十多年前的事了,岁月不能说不悠久。在此后七八十年中,教会学校大中小学遍布于全中国,如果详考教会学校的历史,据缪秋笙氏《教会学校立案运动中的见闻》所记,还要上推到道光十年,即一八三○年,那就又拉前了三十五年。这漫长的岁月中,众多的教会学校,对现代中国的艰难的历史步履,究竟发生过哪些好、坏两方面的作用,不是也很值得客观地回顾和研究一下吗?

在前引慕贞女子中学的资料中,有一句道"民国二十年呈准立案",这一句话现在人看来无所谓,实际在历史上也是一句十分重要的话,是关系到中国政府的教育主权的。教会学校在一九二二年据中国基督教教育视察团统计,当时全国共有:

大学十六所,学生二千零一十七人;法学院一所,学生二十七人;医学院十所,学生五百六十三人;师范学校四十八所,学生六百一十二人。中学二百九十一所,学生一万五千二百一十三人。小学二千六百九十九所,学生十八万四千四百八十一人。幼儿园一百三十九所,学生四千二百四十四人。护士学校一百零六所,学生一千三百八十人。盲童学校二十九所,学生七百九十四人。聋哑学校五所,学生六十人。孤儿院二十五所,学生一千七百三十三人。圣经学校一百所,学生二千六百五十九人。神学院十三所,学生三百九十一人。各种学校总数七千三百八十二所,学生总共二十一万四千一百七十四人。

根据以上数字,教会所办学校,种类又齐全,数目又庞大,学生数也很多。几乎等同于中国公私立学校的总数,其目的就是为了"传道"。清政府及北洋政府前期,对此自成系统的教会学校,一贯采取放任政策。五四运动、"五卅"运动之后,北洋政府于一九二五年十一月才颁布了《外人捐资设立学校认可办法》,主要内容是:

学校名称应冠以"私立"字样。校长必须为中国人。学校董事会中国人应占名额之过半数。学校不得以传布宗教为宗旨。课程应遵照教育部所定标准,不得以宗教科目列入必修科。

一九二六年十月广东国民政府也发布了《私立学校规程》,其主要内容基本上与前一《办法》相同,就是多了一条"私立学校如有宗教仪式,不得强迫学生参加"。

教会办学校,其目的在于"布道传教",以上两个条例,对其主要目的都作了严格限制,因而引起教会的不安,谋取对策。当时教会学校,有一个总的组织机构,名叫"中华基督教教育会",下设三个参事会,即高等教育参事会、中小学教育参事会、宗教教育参事会。原来以外国人为主,后来适应形势,增加不少中国人,都是教育界知名之士,又都是教友,这样缓和了矛盾,使教会学校的立案事,经过若干年的周折,逐步顺利解决。到了文化古城时期,北京十多所教会男女中学,已经完全在中国教育行政部门立过案了。所以在慕贞女中的简介中,特别注明"立案"二字。

因为这关系很重要,未经立案的学校,毕业文凭教育行政部门不给盖钢印,不能考高一级学校,这对每个学生都是有密切关系的。

教会学校的关键性问题,就是"传教",立案之后,不能开设宗教课,也不能强迫学生参加宗教仪式,如做礼拜等等。在一些教会中学中,就采取各自的对策来解决。各校并不一样。如当时最大的教会中学,灯市口育英,对于宗教性的活动,似乎不存在,校内也感觉不到任何宗教气氛。相反在绒线胡同的崇德,宗教气氛就很浓,一进校门,面对着就是一座小小的礼拜堂,尖尖的屋顶上,一个十字架指向蓝天。学校中有女牧师,类似辅导员一样,在低年级班中,向小同学劝说,礼拜天来作礼拜,来听讲福音,参加查经班,如果表现好,可以得奖学金、可以免费,老师给补习功课,将来可以考燕京、协和等名牌教会大学,小同学们在这样的劝说和引诱之下,不少人就认真地去作礼拜,甚至接受洗礼,成了基督徒。不过话又说回来了,中国知识分子大多不会成为虔诚的宗教信仰者,教会学校的学生纵然有些也去装模作样地去作礼拜,听福音,受洗礼,但到了后来,除去靠教吃饭的外,大多不能持久,过去就算了。谁还能相信上帝一辈子呢? 所以教会学校真正能达到其传教目的的并不多。

文化古城时期,北平的十几所教会中学,有些附属有小学,有两个共同的特点:第一个特点,就是有教会的固定经费,办学经济上有保证。另外虽然各校都有教会拨的经费,而学生的学杂费同样也很贵,在相当程度上,是"贵族化"学校。由于经费较为充足,所以它在规模上,一般都符合教学条件的要求。即不像一些人多为善的私立学校,不设超过四五十人的大班,一般都是四十来人一班,任课教师有能力照顾,可以保证教学质量。第二个特点,就是教学质量、学生成绩一般都较普通私立中学为好,学校规矩较严。更突出的是英文或少数法文的外语教学较好,因为有不少是外国传教士直接教的。这样他既教书,又传了教。如缪秋笙氏《教会学校立案运动中的见闻》中引中华基督教教育会代理总干事加拿大人吴哲夫的话说:

> 我记得,有一位后我数年来华的少年朋友(按,都是加拿大人),在来华前发誓说:我无论如何,决不至于放弃传道工作而到学校里去教书,这是违反传道目的,也是违反我立志传道的原来意志。但他到华一年之后,就有人请他当教师,自此以后,他并不曾离开教育工作。他现在是一个热心传道的校长,以充分机会,在他学生中传布福音,领人归主。

当时,北平各个教会中学中,以牧师又兼教师的外国人很多,几所著名的教会学校中都有。

与前举简介崇实、慕贞两校历史悠久而外,还有汇文,也是有悠久历史的。美国美以美会传教士贾腓力,一八八一年来中国,就在北京汇文大学任理科教员。这还在清代光绪初年。后来此人做了中华基督教教育会总干事。二十年代燕京大学成立,汇文大学并入燕京。船板胡同汇文旧址,改办中学。文化古城时期,教会学校中汇文中学,一直是校舍及各项设备最好的中学。惟一有室内体育场的学校就是汇文。它的近邻就是慕贞女中,一男中、一女中,代表了教会中学的老学校。相对灯市口的育英中学,全部男生,近邻贝满女中,也是一"男"一"女",则代表了北平教会中学中后起之秀,文化古城时期,这两所学校,是教会中学中最活跃的。

育英中学鼎盛时期,人数最多,校址有四处,一处灯市口西口路北,另一处灯市口东口路北原盐务学校旧址,还有一处在骑河楼,再有一处在一个小胡同中。当时育英有一个广播电台,也是文化古城独一无二的中学电台。不过育英的几处校舍,都是老式房屋,而且尽管几处,教室还不够用。据说它的校长亲自排课,每年暑假开学前的两个星期,校长躲在一个僻静的地方,概不会客,专门排课表,把体育课、音乐课、童子军课等不占用教室的课程穿插开来,这样就能把十个教室排十二三个班级的课了。育英中学像志成中学一样,是文化古城当时人数最多的中学。

育英隔壁是基督教公理会设立的贝满女中,人数在女子中学中,也不少,有五百六十多人。一进门也是礼拜堂,顶端十字架,也显示出浓郁的宗教气氛,每年"弥赛亚"大合唱,总是以贝满女中的学生为主的。校长管叶羽女士,是当时文化古城有名的女教育家。手头有资料记载它的创办年限是一八六四年,如何追溯到这样早,原始情况如何?我就说不清楚了。

安内大三条的崇实中学,前引简介说明,是老学校。另外在它附近,安内下二条还有崇慈女子中学,和它是一个教会系统的,人数也不少。是东北城著名的两所老教会中学。而绒线胡同崇德,也是按"崇"字排行的教会男中,却没有相应的教会女中和它作伴,显得有些孤零零的了。不过崇德的校舍是很好的。在绒线胡同六部口南口西侧路北,进门不远小礼拜堂,往西一转,大操场,一座相当大的三层灰砖教学楼,面对操场,阳光充足,十分气派。更值得一提的是它在礼堂后面,还有一个二十米的小游泳池,这在文化古城的中学中,也是独一无二的。再有崇德的英文教师凌贤扬,也是当时的著名外语中教专家。据传杨振宁博士就在崇德读过书。崇德毕业的学生中,还有不少名人,如著名演员黄宗江、孙道临等位。

西城还有一所中华圣公会办的笃志女子中学,校址在前王公厂,人数不太多,在一些教会中学中,它是比较小的了。

以上介绍,都是基督教会办的中学。天主教会办的比较少,最出名的是辅仁男附中和辅仁女附中,前者在什刹海西街,即旧涛贝勒府,后者女校在太平仓。这两个学校都很正规,毕业生大多考入辅仁大学。另外在宣武门顺城街天主堂也有一所中学,名首善中学,这个学校办的就不太好,似有似无;在当时知道的人就不多,现在则知道的人就更少了。

公立中学

文化古城时期,北平的中学,私立的最多,教会立的次之,公立的最少。公立中学又分国立、省立、市立三种。经费来源及领导关系各有所属,不容混淆。但总之是公款办的,所以我以"公立"二字概括之。实际当时并无公立的说法。

说起公立中学,首先想到的就是师范大学附属男中和师范大学附属女中,简称"男附中"、"女附中"。前者在和平门外新华街,后者在辟才胡同。

说起师大男附中,那名气是很大的。在三十年代中,是全国最好的中学之一,与江苏扬州中学、天津南开中学、上海南洋模范中学等校,是全国中学中的特优学校,每年的毕业生,除特殊情况外,基本上都能考上著名国立大学。这些中学,也是全国各地中学的学习榜样。

师大男附中,自沦陷后期,在和平门外新华街操场边墙上开了门,这样大门临通衢大道,比较气派,而在文化古城时期,它的校门,还在电话南局的那条胡同中,要走过师大和附小的门,再往南,往东一拐,才能找到附中的门。不但大街上看不到,即使到那个胡同口上,也看不到,还要往东、往北才是它的正门。而且在胡同口上,只有电话局的牌子,也没有附中的牌子,是很隐蔽的。

师大男附中的房子,建筑的很早,是清末福建人陈璧作顺天府尹筹建"五城学堂"时建的。是最早的一种有点西式样子的平房,中间一条走道,两面分开一排排的房子,或者可以说,有点像军营。我曾经考上过附中,在我一九三七年考试时,及后来又和同学们进去玩耍,在我的记忆中,这所著名的学校是没有一所楼房的。倒不如师大附小,临新华街一座老式二层楼,现在还在。我近年每次回京,经过此处,总不免抬头望望,回想我乡下初出来时,转学五年级考试,就在这个楼上,口试时的教室,还记得清清楚楚,真像昨天的事一样,谁知一晃已过了五十四五年呢?后来我转学附中,考上了,可惜没有去,因为考试在沦陷前,开学已在古城沦陷之后,和平门有插着刺刀的持枪日寇士兵站岗,中国人出入要鞠躬,这样就不敢再去了。相反,有原来家住内城,又在和平门外附中上学的同学,却转学到城里的学校。同学张中和(沈从文先生内弟)当时家住二龙坑,就转学到志成,和我做了同学,直到毕业,后来读清华土木系,迄今也是白头专家了。还保持着童年的友谊。

附中的毕业生,后来成了名人的不知有多少,其中出了两位演员,其中一位就是有电影皇帝之称的石挥,不但会演戏,而且文章写得也很好,他大概只在附中上到初三毕业罢,可是那中英文基础是非常扎实的。

附中是师范大学毕业生的实习中学,师大每年各系毕业生毕业时,除写论文之外,还有教学实习,其分数由附中任课教师随堂听讲后评定。附中教师可以说都是清一色师大毕业生,而且是从优秀毕业生中遴选的。数学教师申介人、萧佩苏二位,是附中专任教师,又在志成兼课。二位都教过我,申先生教我初中平面几何,高中解析几何,上课从来不带粉笔大圆规,而一挥手在黑板上便能画出外切圆来,真是绝活。萧先生教高三解析几何,从来不带书,一本《二氏几何》已教了十几遍,每页每道题目都能背下来,所以不用带书了。附中其他教师,都类似这二位,都有各自看家本领,而且都非常认真教学,现在这样好的教师说来是十分稀少了。

师大女附中在辟才胡同西头路南,当时都是师范大学的教学实习中学。但是这所学校的系统,在历史上与男附中是两样。因为在北洋政府后期,北京除男师大之外,尚有女师大,就是著名杨荫榆事件的那个学校。女师大有一所附属中学,就是后来的师大女附中。此校在文化古城初期,因归属问题,也曾闹过一次小小的风潮,就是为了所欠经费是由大学办公处领,还是由女师大领,为此在会议室中大打出手,刘半农有一篇题为《北平大学校长办公处不幸事件目证录》的文章专记此事,编入《半农杂文二集》中,前面有《附记》道:

> 国立北平大学女子师范学院和女子附属中学间的纠纷,闹到民国十九年六月二十一日而有女附中教职员殴打女师院长徐炳昶先生的怪事,可算是生了疮出脓了。其时我以女子学院院长轮任北平大学校务会议主席,曾目睹怪剧之经过。事后双方涉讼法庭,我即将当时经过事实,写送法院,以供参考,但法院也没有适当的办法,终于是以不了

了之。其中谁是谁非，我们局外人更无从推断了。二十一年九月二十二日附记。

后来女师院并入男师院，成为国立北平师范大学，女子附属中学就成为国立北平师范大学女子附属中学，简称"师大女附中"了。其教学质量在当时文化古城中，也是女子中学里首屈一指的。同男附中一样，成为全国著名好学校。

公立中学中，市立的比国立的多，不过也没有几所。男中有安内郎家胡同的市立第一中学、东四南内务部街的市立第二中学、北沟沿祖家街的市立第三中学、西什库市立第四中学、北新桥方家胡同的市立第五中学，女中有北长街南口路西的市立第一女子中学，简称女一中，还有市立第二女子中学，简称女二中，地址在市党部街，即教育部街。由北平市政府教育局拨经费的中学，只有以上这七所。而其中男五中是新设立的，建校于一九二八年，其他则都是由北洋政府以来的老学校了。

市立中学中，最出名的是第四中学。一九三五年的有关资料记这所学校道：

市立第四中学，校长齐树芸，建立于民国十九年，学校沿革，原清光绪三十二年创办，原名顺天中学，十九年始改今名（按，这一说法不对，因为一九二〇年的记载中，就名市立第四中学了）。学生人数四百二十人，学费十元、宿费七元、体育费二元、制服费五元、杂费三元、膳费约五元（按，这些费用所记并不科学，未说清是一年呢，还是一学期，抑或一月。以当时物价标准，前数项是指一学期，其中制服费，是指一学年，而膳费则系指一个月）。校址在西什库后库四号,电话西局二〇九四、西局一二八。

　　四中的校舍很好,在幽僻的西什库,门前极为安静,在文化古城时期,它的门前,除学生而外,是很少有人经过的,南面是西什库天主堂,北面却是一片法国神甫的墓地,四周既无人家,更无商店,在皇城没有拆除的时候,这里真正是个皇城内的"死角"。它的教室同师大男附中差不多,也有一个很大的操场。这所中学,除去教学质量高,学生功课好而外,体育项目也很好,开运动会时,常常能得名次。所以当时考中学,考不进师大附中,能考上四中也是好的。毕业之后升名牌大学,基本上有保证。

　　除四中而外,其他一、二、三中,教学质量基本上都能保证,比一些私立中学,那学生的成绩要整齐的多,但比起四中来,总差着一筹。市立第五中学,原名"京都市立中学",僻处东北城,学生三四百人,知道的人较少。但是这所中学有一点特别好处,免收学、杂费,只收少量体育费,高中四元,初中二元。但虽然有这样的好处,而因其地点太偏,专门为此好处去读的人还是不多的。

　　市立中学女中以南长街的女一中成绩最好,和师大女附中在伯仲之间,比一般私立女中、教会女中成绩都好,而且学费便宜,当年考这所学校也是不容易的。学校地址又好,在中南海东门外,中山公园后门不远,文化古城时期,中南海名义上是公园,而里面又是机关、又是住家,一般学生出入,根本不用买票。西城的学生,进府右街中南海运料门,由怀仁堂前过去,进里面往南、往东,过一宽木桥,再往北,出东门到学校,不少家住西城骑车上学的女一中学生,都是习惯穿中南海而过去上学的。这些都是当年文化古城中一些学生的特殊享受,早晚的风景,四季的感受，那真是说不尽道不完，白首天涯，偶有旧梦，也是无限甜美的。至于女二中，那在各方面都比女一中差远了。

由教育局拨经费的市立中等学校，有一所北平市立师范，简称"北师"，在北沟沿祖家街，那是老舍的母校，也是很有名的。师范学校一般都是免费而且管饭的，条件是毕业之后，不能考大学，必须先做两年小学教师，这是"义务"。但并不十分严格，有人照样毕业之后就考了大学，也有人一边当小学教师，一边读大学，这种情况在当时也是常见的。

公立中学中还有一所河北省立的。全名是"河北省立第十七高级中学"，简称"十七中"，校址在后门外住东路北，三间大门，校址好像是旧的贝勒府改的，还是清代什么衙门改的，一时说不清楚了。总之校舍是老式大房子，十分气派。这是一所特殊的学校，只有高中，没有初中，成绩很好，十分有名，很难考。毕业生考国立大学基本上也不成问题。至于为什么河北省的学校长期办在北平，这就不得而知了。但在北平办学条件好，这学校河北籍的学生可能在收费上有些优待吧。我表兄是这所学校一九三一年毕业的，后来考上清华土木系。可惜我未详细问过他，现在知道这个学校的人是很少的了。

小学、幼稚园

文化古城时期，北平一共有多少所小学，是很难回答的。自然，当时教育局有公、私立已经立案的小学的数字，不过，我不知道，不能乱说，我只能说很多吧。其多的程度以我家居住的地址——西皇城根来说，在它的四面八方几乎成放射状，都有小学：往东南去，府右街有四存小学；往东去，有光明殿小学；往北去,过了西安门,有皇城根小学;往西去,过大街,进红庙(胡同名),有北师附小,往西南,在甘石桥大街上,有孔教小学、洁民小学;再往南走,过了西单,由同懋祥南纸店过去,往西一勾,进东铁匠胡同,那便是著名的师大第二附小了;而东面呢,走完府右街,过马路顺着新华街走,一出和平门,便是师大第一附小了。试看:就是我家的周围,就有多少所小学呢?何况全市。所以我虽然不知准确数字,说个"很多",准是没有错的。

小学中也分公立、私立、教会立三种,与中学稍有不同的则是公立的更多些,而私立和教会的则相对要少得多。原因是什么呢?自然也很多。但最明显的则是小学的学费少,教师大多一般师范毕业生,学生都是本市居住的等等。小学纵然收费,也只是几块钱一学期,无利可图。不比中学,可收三二十元学费,能招五百人,每学期便可收一万五千元学费,这在当年是一个不小的数字,除开支外,办学人有利可图。第二,小学教师大多中等师范毕业,而中学教师,多是师范大学毕业,他们活动能力大,办中学有影响,降格以求办小学就没有意思了。"家有五斗粮,不当孩子王",谁愿意以挺好的资格、花很大精力去哄孩子呢?所以当时办私立中学的人多,而办私立小学的却很少。第三,小学生都是北平本市人,而中学生一大部分是外地人,要住宿舍、住公寓。本市学生人数有限,一些公立小学,已足可容纳,办私立小学,就没有学生来源了。因而私人办小学的很少。

当年小学中,名气最大、办的最好的要数师范大学的两所附属小学了。附中叫"男附中"、"女附中",而附小则叫"第一附小"和"第二附小"。但是它的历史也还是分"男"、"女"的。就是第一附小在校史上历来属于男高师,第二附小在历史上历来属于女高师。不过在文化古城时期,因杨荫榆事件而名闻遐迩的女高师早已成为过去，合并到和平门外师范大学，因而它的附中、附小也都成为师范大学的附属学校了。师大一附小、二附小在文化古城时期，虽然同属于一所大学，同为"国立"，但却也有不少明显的差别。

师大一附小在和平门外新华街路东，师大二附小在西单南东铁匠胡同西口路北，二校的校舍就截然不同。前者是高坡西式铁栅栏门，里面有一个小小的礼堂，穿过去，有一个操场，右手有一排东西向的二层楼，是单面楼房，东面开窗是教室，西面是走廊，而且有几株高大的树，正好挡住西晒。校门正对师范大学，十分气派。后者二附小，则完全不同，老式大红门校门，校舍全是中式大四合院，一个院子连着一个院子，后面有一片操场，低低的院墙，一点也不显眼。而学生穿戴也完全不同，当时小学和初中，一般都是童子军制服，师大一附小全是童子军制服，米黄色咔叽布缝制的，夏天男生短裤、女生裙子，冬天则是灯笼裤，十分精神。师大二附小则是自己学校规定的怪制服，夏天男女生都是月白色的，白色的软沿帽子，既不像军帽，又不像呢帽。而且在帽子边上、领口上还要沿两条很细的红色边。记得这两条红细边还有什么意义。可是社会上一般人既不知道，也不注意，只觉得师大二附小的制服有些怪，好像中山公园茶座上茶房的号衣，小学生穿"号衣"，不免有些滑稽相。师大一附小、二附小有以上两点明显的不同，但也有相同的地方，就是两所学校的学生都不少，都有六七百人之多。小学校没有学生人数过千的，六七百人就已经很不少了。再有一个相同点，就是上学、放学有自己家中的自用车或者包车接送的人，这是现在人们很难想象的。原因之一是师大一附小、二附小是全市著名的学校，东西南北城的学生都想来此上学，路近的，如住在琉璃厂、西河沿和内半壁街一带的小学生,可以步行上学,路途都在一华里左右,七八岁的小孩有大人送,十来岁的小孩自己走,都可以。路程超过两三华里,甚至更远,小学生步行上学就困难了。公共汽车当时没有,只有电车,通的路线很少,小学也难利用。这样就必须坐洋车,师大一附小、二附小坐洋车上学的学生,最少要占二分之一。一到放学的时候,校门口都排满了。如下午三四点钟出和平门,会遇到不少钉着某宅自用铜牌子、拉着"小少爷"、"几小姐"的自用车鱼贯而过。当然也有不少是比较旧的营业车,拉着一个或两个小孩,这都是父母亲为孩子讲好熟车每天按时接送的。如住在南北池子一带,小孩在和外一附小读书,找个熟车,每天接送,按月付钱,大概三元钱足够,洋车可送两个小孩,坐车时,一个小孩跪在垫子上,脸向后,一个坐在垫子上,脸向前,这样拉的人好拉。自然,坐自用车上学的是大宅门、阔人家的孩子,而能有熟车每天按时接送的,也必然是中产阶层的知识分子家庭,其家长不管是有事做的,或者是赋闲的,反正家中每月可以开销百数十元的挑费。如果家中只能过几十元的日子,那年月虽然也可过小康生活,不缺吃穿,但毕竟要打算打算,孩子上学,就找附近的小学。无力让孩子天天坐车到一附小、二附小去上学了。

除了师大两所附小,在甘石桥西斜街里面红庙的北师附小,也是一所很好的小学,办的相当有特色。一九三〇年地质学家赵亚曾随丁文江到云南调查,在昭通被土匪杀害,丁氏将其子接到北平,写信给胡适道:"我已经把赵的长子弄到北平来了,他今年十四岁,似乎很聪明,现在已考取了红庙附属高小的二年级,明年大约可以进南开。"说的就是这所学校。现在美国的原子物理学家邓昌黎氏兄弟,都是这所学校毕业的。北平市立师范学校,在公立中学篇中曾提到过,它每年都有毕业生,充实到市立各小学中去做老师,毕业时也要"试教",先观摩有经验的老教师上课,然后自己上课。"试教"的学校,就在它自己办的附属小学进行。这所小学地址也好,附近是密集的住宅区,是中产阶层家庭集中的地方,因而这所学校的学生也很多。

当时各个小学也都很注意自己学校的特色,如师大一附小,就很重视学生劳作课,有劳作教室,劳作成绩以制作的实物来记分,当作成绩展览。每天各班轮流派人在校门前值日,检查卫生,进入校门的同学指甲剪了没有,衣着是否整齐,带没有带手绢,口袋里是否有零食。而北师附小为了培养学生自立能力,在学校中成立"拂晓市",由同学选举五、六年级中品学兼优、又有工作能力,愿为大家服务的人当市长。老同学张中和,曾经当选做过一任这样的"市长",据他说每天下午下课后,就到"市长办公室"办公,什么大同学欺侮小同学呀,什么乱丢废纸呀等等类似事件,都要到他那里听候处理——这位当年的"市长",现在是白头发的下水道专家,仍为各处市政而忙乱,可惜他迄今为止还没有做过真的市长。

市立小学中,历史悠久的名校也很不少。如虎坊桥附近的梁家园小学。一九三五年有关资料记载:

梁家园小学校,校长郭庆云。成立于清道光癸巳年四月。清乾隆辛亥创始,设义学,中间迭经更改,民国二十三年一月改今名。学生五百十五人。学费初级一元,高级二元。校址梁家园,电话南局一二三七。

道光癸巳是一八三三年,尚在林则徐禁烟之前,乾隆辛亥是一七九一年,那就更早了。当年梁家园一带,还有流水林木之胜。在此办个"义学",使无力读书的孩子能在此就学,近二百年中，弦歌不辍，就古老的中华民族京师讲，原是应该有的事，可是在北京这样旧式义学连新式学校的例子并不多，在文化古城时期，梁家园小学办的较好，是虎坊桥、骡马市大街以及南横街一带的重点学校，当时这一带外地会馆多，客居的外省老住户多，这所学校给这些住户的孩子们上学提供了不少方便。

小学校址有著名历史遗迹的，还有交道口府学胡同小学，那是文丞相祠，文天祥当年被囚写《指南录》的地方，有一株枝杈南指的老树，名"指南槐"，据说是文丞相被囚时的遗物。不过这虽然代表民族正气，却并非和学校有直接关系，而是学校没有校舍，借用这里作校舍罢了。当时不少小学、中学，都是占用破庙的房子兴办的。中国新式教育，从开始就似乎是在残缺不全、因陋就简的条件下凑合起来的。文化古城时期，中小学除少数教会学校有新建的校舍外，其他公私立中小学，大部分都是借用的各式各样的旧房子，校舍像点样的实在不多。

清代末年，兴办学校之初，办了不少旗人的小学，使这些"吃皇粮"的子弟能有地方读书，自然也是一些八旗的特权，虽然比为亲贵子弟办的"贵胄学堂"差一些。但也不是被统治的汉人老百姓所能企盼的。不过辛亥之后，这些学校都变成普通小学校，到了文化古城时期，不少正规市立小学校，都还是在这种学校的基础上延续改变过来的。如东城南小街新鲜胡同小学，成立于光绪二十六年，原为八旗官学。在文化古城时期，已发展为六百二十多人的正规小学。东单新开路小学，也是创建于光绪十七年的八旗官学。西城福绥境小学，原为清光绪七年创建的八旗第三小学。新街口小学，原为创建于清光绪三十一年的右翼八旗第七初等小学，类似这样的学校还有不少所，不一一举例了。

私立小学中，在甘石桥南面路东的洁民小学校，因为地点适中,学校办的也不错,所以学生很多,是一所包括幼稚园(相当于现在的幼儿园)、初级小学、高级小学在内的规模齐备的学校。历史也比较长,创建于清光绪三十年,初为幼稚园,并设师范班,及高初小学校,后来取消师范班。学费每学期六元,在小学学费中,除教会学校而外,它是比较高的。校长章淑南,是北洋政府著名人物章宗祥的女儿。我的弟妹及邻居家小孩,不少都在这个小学读书。后来当了小学教师的妹妹和她小时候的洁民老师成了忘年的朋友,度过了多少艰辛的岁月,是白发的患难之交了。

私立小学中孔德小学是有特色的,不过在介绍孔德中学时已作过介绍,在此不多说了。

由教会办的小学,大多是教会中学的兄弟学校,如育英中学而外,有育英小学,汇文中学而外,有汇文小学,崇实中学、崇德中学也都有小学班。这些教会办的小学都不错。著名的给儿童讲故事的孙敬修老人,原来就是汇文小学的教师,他在回忆沦陷时苦难生活的《苦难的八年》开头写道:

> "七七事变"之前,我在汇文一小(现在的丁香胡同小学)教书。当时学校里有一部分住宿生,星期六没有晚自习,他们在宿舍里有的想家哭泣,有的打架吵闹,我看到这种情况,就吹哨把他们叫到礼堂,给他们讲故事,让他们从故事中得到快乐,懂得应当友爱……

当时一般小学没有寄宿生,汇文是著名教会学校,学校的校舍又好,居然有寄宿生,这段回忆文字,不但留下了汇文小学的校史情况,也留下一点小学寄宿生的资料,也是很有意思的。

在王府井北面八面槽,那里有一个天主堂,高高的尖顶十字架,很远就能望见,那时这里有一所天主教办的小学,名"惠我小学",学校不大,也很不错,但现在知道它的人很少了。

小学中还有几所比较特殊的,有中国人办的,也有外国人办的。其中名气最大的要数湖南凤凰人熊希龄氏办的香山慈幼院了。

一九一七年,河北省闹水灾,难民遍野,孤儿不少,北京办起了慈幼局,收容孤儿三四百名。慈幼局局长是天主教徒英敛之,他的上司是曾经做过国务总理的顺直(顺天即北京,直隶即河北)水利督办熊希龄。他因不满意对这些孤儿宣传天主教,便以他的影响,和早已退位的清室商量,借用香山风景秀丽的静宜园,将慈幼局孤儿迁来,办起香山慈幼院,除水灾孤儿外,还收容香山附近满清八旗后裔的贫困儿童,收容六百人。熊氏募捐基金,盖了不少房屋,又与他做国务总理时的下属,当时的财政总长张弧商谈,请得每月八千银元的补助,后来逐年增加,每月补助一万二千元。

香山慈幼院收容儿童,由出生到十五六岁。其组织为:

婴儿教保园,收容出生至四岁儿童。

幼稚园,五岁到六岁儿童。

小学,和完全小学一样,初小、高小齐备。所不同者,学生全部住校。半天上课,半天学习各种手工艺,晚上有晚自习。

中学及幼稚师范,原来有初中、男师、女师,后停办,后全部改为幼稚师范,但也有初中班。幼师班培养幼儿园教师,初中班毕业可升学、可就业。学校教育好,学习环境好,学生成绩好,毕业生升学的很多,不少都获得各种奖学金。而升学费用都归慈幼院担负,后来升入清华、北大、燕大、协和的大有人在。这些人不少还在世，可以回忆起美丽的静宜园中的童年生活。

工艺学习作坊，有铁工、木工、织染、刺绣、挑花、养蚕、制陶、制革等工种，小学时一面读书，一面学手艺，毕业时，除文化知识之外，还学会一种技能。

职工学校，小学毕业生不读初中和幼稚师范的，可以直接升入这一学校，学习高级木工、土工。

慈幼院除管儿童的全部衣、食、住外，还按月发给儿童一定数量零用钱，便于他们随意买点小文具。院内还有银行和商店，也是儿童学习商业和银行业务的场所，孩子们也可把节余的钱存入银行。

慈幼院管理很严，保教人员十分尽责，把儿童按十人一组，不同年龄、性别编在一起，互称兄弟姊妹，一位女管理员，儿童称她作"妈妈"，使这些孤儿，都能感到家庭温暖，学会家庭生活，这一生活管理办法，称为"家庭部"。

它的校歌道：

> 好好读书，好好劳动，好好图自立。
> 大哉本院，香山之下，规模本无比。
> 重职业，自食其力，进取莫荒戏。
> 好兄弟、好姊妹，大家须爱惜。

从校歌中，可以看出它比较实际的、有益于社会的宗旨。

香山慈幼院开始时，都是孤儿，但一进入这所家庭式的学院，生活待遇便不但有了保证，而且水平很高，婴儿可以吃到奶粉、果汁、鱼肝油，还有医生给检查身体，这个水平是远远超过于当时一般劳动人民的婴儿的。由于它是高标准的教育慈善机构,社会上的人很羡慕,希望自己的孩子也能到这里来,后来院里就收了不少自费生。在文化古城时期,自费生已经占相当比例了。但也要通过关系,提出申请,经认可后,才能进去。截至一九三五年为止,香山慈幼院累计收容毕业了四千五百五十八人。熊氏自我欣赏自己的事业,曾有诗道:

> 万树桃花手自栽,病中犹为看花来。
> 儿童日与花俱长,各自拈花笑一回。

从诗中可以想见其风度。当时名人参观香山慈幼院的很多。《胡适的日记》一九二一年十月二十九日记道:

> 到香山,今天中美协进社开会欢迎美公使,熊秉三先生为主人,请他一家吃饭。恰好有旧金山商会游历团男女四十余人昨日过北京,美使馆参赞安立德君邀他们加入。饭后,他们参观慈幼院。我与经农在香山住了一晚。今日游碧云寺,甚乐。香山秋色此时最好,山上有红叶,但不甚多。最好是白果树,树叶嫩黄,其美无比……

咏诗的人,参观的人,这些人都成了古人了。回顾文化古城时期及其以前,中国不知有多少军阀、官僚,说起来,似乎比蟑螂、苍蝇还多,而这些人在杀完人、刮完地皮,下野之后,忙的是搞阴谋诡计,图谋东山再起;忙的是拉一派,打一派,混水摸鱼;忙的是娶姨太太、睡大烟床;忙的是把刮来的民脂民膏,弄到外国去,好去做寓公……各人有各人所忙的。而熊氏做国务总理之后,却忙着办了一个香山慈幼院,前后把五六千苦孩子培养成一个个自食其力的人。却有人骂他以"慈善起家",说他"为了图慈善家的名"……似乎使人感到,世界上是没有真是非了。读者何不仔细想想呢?

香山慈幼院是一所特殊的小学,我有个大学女同学是在这里长大的,我多说了几句,就此打住吧。

在文化古城时期,北平还有几所外国人办的,规模很小,但十分高贵的小学,如东单三条的法国圣心学校,东四头条的美国学校,这都是外国侨民小孩的学校,中国小孩也可以进去读,但都是特殊家庭的小孩,全部学生,也不过几十人,在此也不必多说了。

其他学校

一九三六年我家住在皇城根时期,同院一起玩耍的孩子们,不是小学生就是初中一二年级的。如在一起弹球、放风筝、踢毽子等,高中以上以及大学里读书的,就玩不在一起了,但常常围着他们,听他们讲话,似乎把他们已经当作"圣人"了。在围着的小孩中,有一位习惯穿中式裤褂,头顶心留着碗口大一片头发,梳着八九寸长一条小辫的孩子,一起玩,一起听大学生们讲话,大家并不歧视他,天真无邪,十分友好,他是这个大院中木匠的小孩,他读书而不上学。此话怎讲呢?就是他不在学校中上学,而是在一家私塾中读老书。当时有不少古板的人,认为新学校、新书一来读不起,二来学不好,反而学不少坏习惯,自己是个木匠,孩子大了也不希望他出洋做大官,能认识几个字,学会点处世的本事,找个事由就不错了。当时在大宅门中混事由的人不少,如门房、厨子、听差、车夫、花匠、木匠、司机、总管等人,有的在官僚家中都混了几十年,他们都有一套赚钱的本事,另外官僚家中的坏事、隐私,好的子弟固然也见到一些,但不肖子弟的种种坏事,他们都洞若观火,引以为戒,所以他们常常对自己的孩子采用老式教育方式,不上学校而读私塾,读《三》、《百》、《千》以及《名贤集》、《尺牍大全》之类的书。以后或者学手艺、或者到大宅门作听差,到机关作茶房,混得好,照样能做大官。例子有的是,这里就不多举了。只是说明在文化古城时期,北平城中,除众多的学校而外,也还存在着不少传统的"秋爽来学"的私塾。当然,有钱的老式官僚家庭,请了先生在家里专门教自己的小孩读老书,那是另一种类型的"私塾",或者叫作家塾吧。后者则往往是读到一定时期,再出去读中学、或更高的学校。

当时除去正式大、中、小学而外,也还有不少各式各样的补习学校、成人职业学校,比如专学新式簿记、会计的训练班,专学中、英打字的,专门学英文、法文的。其中著名的如:

北平华英打字学校,专学华文、英文打字,分初级、中级、高级,华文打字每期十二元,英文打字每期六元。

新声英文日夜学校,这是专门补习英文的学校,也分初、中、高各级,每期学费十二元。

北平中法文艺学社,这是专门学法文和绘画的,校址在东交民巷台基厂,学费论月收,学法文每月十元,学绘画每月三十元。

当时大小财务会计,除机关、大银行外,一般商店及银钱业用的都是老式账簿,由流水账到分类账都是用毛笔直行记录,其计算、决算都用中国传统办法,所谓"四柱分明"等等,没有新式簿记的"借方"、"贷方"等清楚,年终只开清单,也不作资产负债表等新式预决算书。这种老式账簿的记法算法,都是师徒相承学出来的。随着时代的发展,不少大商业适应形势及官厅方面查税要求,企业管理条例,都要改用新式簿记(俗名"洋账"),因而不少人要学,又不能进入正式大学经济系、商学系学,这样就出现了不少专教新式会计、簿记的补习班,著名的有:

北平中央银行簿记学校,分面授班、函授班,专教新式簿记,学生按月交费,每月五元。校址在朝内老君堂。

北平范吾银行簿记补习学校,也是专教新式会计,每三个月一期,学费十五元,讲义费三元、杂费二元。校址在宣内安福胡同。

以上都是专业性的补习学校。

另外还有专为聋哑人办的聋哑学校,市立、私立各一所,市立校址在西城甘石桥宏庙,私立的在后海摄政王府。还有二所专门教武术(当时叫"国术")的强建体育社和尚武国术传习所。

以上这些学校,是特殊需要的,影响并不大。下面要介绍一下特殊的、影响十分大、名气也十分大的学校,那就是有关戏剧,具体说是有关京戏(当时有些人叫"平剧")的学校。首先是中国戏曲学校。一九三五年资料记载:

中国戏曲音乐院戏曲学校,校长金钟荪,成立于民国十九年六月,原名北平戏曲专科学校,二十年七月改名中华戏曲专科学校,二十三年十月改成今名。学生一百七十人,报名费一元,注册费十元。其余均无。学校供给膳食等。校址崇文门外木厂胡同,电话南分局八八三。

北京是京剧的发源地,自清代中叶而后到清末民初,到达了一个鼎盛时期,但所有人才的培养,主要是以老式的科班方式继承延续的,其次便是个别师徒传授,再有是有钱人花钱学艺作票友,进而下海唱戏。从来没有人办一所戏剧学校,把"戏子"和"学生"等同起来看待。这也反映了习惯势力和社会心理,一种潜在的观点,总是看不起唱戏,认为是低贱的。纵然"梅大王"那么大的名气影响,那么多的财富,认识那么多阔人……也无法根除或改变这种看法。北平中国戏曲学校的成立,在改变这种观点上造成一些影响。新式学校从教学方式到教学内容都不同于旧式私塾,因此新式戏曲学校也应不同于老式教戏的科班。但这却有困难,因教戏还仗老伶工,留学生是教不来戏的;学戏也还要练工、喊嗓子,只练体操和唱歌、上音乐课,也是学不会戏的。因而戏曲学校在当时也还不同于一般学校,有很大的特殊性,其特殊性就是把科班的教戏方法和普通学校的部分办法结合起来,而且是科班的成分多些。

戏曲学校男、女生都招,这是不同于科班处。因为科班历来是只招男的。有的地方也有专门女班子,但北京没有听说过。戏曲学校收男生,也收女生,同于一般大学,这是其特殊处。

学生进校后,都按排行改艺名,如同科班,哪一科和哪一科分的十分清楚,这又是其明显不同于学校处。

科班只是老伶工当教习,没有新式教员。而戏曲学校除去教戏的师傅外,还请了好多位新式教员,这又是其不同于科班处。著名导演焦菊隐当时就在该校任首任校长。焦后来到英国去留学由金仲荪任校长,抗战胜利后,在师范大学当教授。

戏曲学校开始是程砚秋氏主持兴办的,后来发展组成中国戏曲音乐院,程氏曾兼院长。金仲荪任校长,院长似乎更高一级了。戏曲学校对学生供给膳、宿,不收费用。这是因为学生学两三年后,就可演出,或是全由学校学生演,或是协助著名演员演(俗语说作"底包"),学生们做些跑龙套的事,总之都有收入,卖座好(现在叫"票房价值高")不但足够开支学生食、宿等项费用,而且还可以赚钱,有利可图。它是收益的,不同于一般学校的单纯开支。

戏曲学校的艺名排行是"德"、"和"、"金"、"玉"、"永"五字，每个字中，都出了一些名演员："德"字辈如傅德威、宋德珠、关德咸，"和"字辈如王和霖、李和曾，"金"字辈如王金璐，"玉"字辈如李玉茹、张玉英、侯玉兰、白玉薇，"永"字辈如陈永玲等，都是比较著名的演员。名演员吴素秋最早也是戏曲学校学生，不过没有毕业就离开学校，后来却也成名了。

文化古城时期，与戏曲学校同时存在，培养京剧演员的艺术摇篮是富连成科班，这完全是老式的训练演员的机构。进入科班学戏，要有保人，要立契约，契约叫"关书"，上面写道：

> 立关书人某某，今将某某，年几岁，志愿投于某某名下为徒，习学梨园生计，言明七年为满，凡于限期内所得银钱，俱归社中收入，在科期间，一切食宿衣履均由科班负担，无故禁止回家，不准中途退学，否则由中保人承管，倘有天灾疾病，各由天命。如遇私逃等情，须两家寻找。年满谢师，但凭天良。空口无凭，立字为证。

在契约后面，还要写上"立关书人某某画押、中保人某某画押"，"画押"就是在名字下画个"十"字，这个不认识字的人也可以画。当然有时也要打手印，但一般画个"十"字算了。最后写上"某年、某月、某日吉立"。这样这个拜师坐科契约便算写成了。

老式教戏不叫教戏，叫"打戏"，就是体罚十分严重。这和新式学校是完全不同的。也和旧式私塾不一样，就是体罚更利害些。富连成科班，虽然到了三十年代，也还改变不了这种传统的老办法。这是它落后于戏曲学校的地方。不过它的京戏教育的历史更长,培养出来的名演员更多,在文化古城时期,正是"盛"字辈已很出名,"世"字辈学习成长,逐渐出名的时候。现在"世"字辈的一些名演员,也都是七十多岁的白发老伶工了。算来已是近六十年前的旧事了。"盛"字前是"连"字辈,如马连良,"盛"是按"盛世元音"四字排的。"元"字辈有名武生黄元庆。"音"字后为"韵"字辈,稍知名者有冀韵兰。

再有十分重要的,即不是学校的学校培养出的大批人才,也就是师傅带徒弟培养的能工巧匠:中药行、厨行、古书行、骨董行、玉行、金银行、银钱行、绸布行、皮货行、瓦木行、红木行、装裱行、旧货行、南纸行⋯⋯那数不清的行业,各有要求很高的专门特技,都有丰富的经验和学问,都是师傅徒弟代代相传,名家递出,即使一般的手艺,也很出色。代表了文化古城另一方面的高超文化,是社会的重要支柱,观察社会时,必须注意到这点,给以足够的重视。

费　用

"费用"是个总题目,在前述各篇中,都曾附带提到一些,但那是点滴的,在此,想作一综合介绍。

费用既包括了办学的费用,也包括了上学的费用。这个笼统的题目,如果较详细地作一综合介绍,那还必须分条析理,区别介绍。

先说办学的费用,也可以叫办学经费。其间又有各种区别:国立、公立、市立各校,其经费来源靠各项公款,学生所缴学杂费不多。前者大约占全部经费开支的百分之七十到九十,甚至百分之百,如各类师范学校。后者只占百分之三十到十。教会学校经费来源,靠教会拨款、捐款,部分靠学生所缴学杂费,其比例数后者所占就高多了,因教会学校的学杂费一般都是比较高的。私立学校的办学经费,在开办之初,可能有一些基金,但十分有限,其后经费来源,则全靠学生所缴学杂费了。

国立大学中,清华经费来源是"庚款",这是庚子八国联军侵略之后的赔款,共四万万五千万两白银,分三十九年偿清,年息四厘,本息共九万万八千二百余万两。其中美国部分,光绪末美国首先倡议,退减此项赔款,为中国兴办教育事业。其后以此款项的部分经费办起了清华留美预备学校,后改称清华学堂,一九二五年成立了大学部,一九二八年正式改名为清华大学。在三十年代开始时,其年经费据冯友兰先生《"五四"前的北大和"五四"后的清华》一文记载:

一九二八年,清华规定,每年预算中划出百分之二十,作为增购图书仪器之用。清华预算嗣后不久即定为每年一百二十万元。每年有二十四万元增购书籍仪器,直至抗日战争开始都是如此。

同文又记云:

一九二八年清华动用一部分基金,扩建图书馆,建筑生物馆。嗣后直至抗日战争开始,几乎每年都有新建筑,校舍大为扩充。

这两则记载告诉我们:当时清华每月经费十万元,图书仪器二万、行政开支八万。另外基建费专款,动用部分基金。而动用基金,则要另外申请。因为清华的一切基建费、每年日常经费都由"庚款"支付。而"庚款"却并非专门办清华的款项,它还要支付别的学校的申请。

清华最早有基金管理委员会,美国公使为委员之一。另有董事会,董事大都是老外交界官僚。一九二八年改为国立清华大学之后,其管理基金的权限由外交部改为教育部,清华大学成为一所有专项经费的和其他国立大学一样的大学。

至于"庚款",在三十年代期间,有中华教育文化基金会管理,广义的"庚款",不只美国,还有其他国。第一次世界大战后,德、奥为战败国,完全放弃此款。俄国十月革命后,也以协定方式退还。英国于一九三〇年签约换文,允将庚款为中国兴办各项事业。至于法国,则早在一九二一年退还庚款,作为整顿中法实业银行的基金,并以部分作为中国教育经费。此款另有中法文化教育基金会管理。不属于中华教育文化基金会。此会成立于一九二七年,先后委员为任鸿隽、胡适、蒋梦麟、赵元任、周诒春、徐新六等人。其中胡适、任鸿隽等是正式保管中美庚款的董事。清华的基建费由此请领、审核。经常费亦由此会按预算划拨、审核。

其他国立大学的经费则由南京政府教育部拨给。其中北京大学每年预算略低于清华,据《胡适书信集》一九三二年《致〈探讨与批判〉社》函稿记载:

> 北平国立各校的学宿等费本来就是最轻微的,然而实际上能收到学、宿费的有几个学校呢?北京大学每年预算九十万,但全校学费(除了灾区、国难区免费之外)只有一万

二千元,只占千分之十三而已。

当时各国立大学学费都是每学期十元,有的再收数元制服费、体育费等,但大多都不收,宿费也不收。所以胡适在这段文章下面接着说:

> 先生,我们没有做到免费的小学教育,可是已快做到完全免费的大学教育了,岂不是开世界风气之先吗?

当时的确如此,原因是当时各国立大学的经费不但较为充足,远远超过市立中小学的经费,而且经费有保证,这个时期完全不同于北洋政府末期的欠经费、欠薪。主要是北伐之后,南京政府成立,李石曾北上筹办"北平大学区",关于经费问题,他以其政治影响,在南京同当时长财政的宋子文说妥指定天津海关和长芦盐署按月划拨三十万元,作为北平大学区各国立院校的经费。当年国库收入,除田赋而外,海关、盐务都是收益大户,天津海关、长芦盐署每月要向南京政府解款,这样就近划拨,等于"截留",但名义上还是政府教育经费,由教育部拨给,预决算也由教育部审核。此款后来增至三十五万元一月。《胡适书信集》载一九三一年十二月二十二日蒋梦麟给胡适、傅斯年信中说:

> 北平的教育,非统盘筹算,是不易办好的……这种学校每月用三十五万来维持,也觉得不大值得。

蒋梦麟是北大校长,其时因学潮难以解决,离校南下,带有情绪,故有"不大值得"之语。但他所说"三十五万"是具体而真实的。因他是平津高等教育基金委员会首席委员。其他委员是周作民、白鹏飞、杨立奎、吴鼎昌、张嘉璈、李达、李煜瀛、李蒸、王秀储、常耀奎,共十一人。

当时由这笔钱支付经费的学校,北大、师大等规模大小不同的高等院校共九所,非精确统计,学生总数大约为七千人上下,每月平均每人为五十元,全年为六百元,如再将学生学费计算在内,则每个大学生每月培养费用为五十二三元,折合黄金为半盎司多。

但其分配并非按各校人数平均分配,因之具体到各所学校,就苦乐不均,平均数大不一样了。《胡适书信集》载有一九二七年一月三日任鸿隽写给胡适的信道:

> 北京的教育界真弄得不像样了。政府没有钱给教育界,固然可恶,教育界本身的腐败,也绝对非言所能形容……无论有好多的金钱,也不能救活他来。这件事当然也是将来英款委员的一个大问题。我现在举一个实例,来证明北京教育界的病根,并不完全在"穷"的一个字。某国立大学,学生不过一百零六人,但他去年实际领到的款项却有十万零八千元(他的预算大约三四十万),平均起来,一个学生也摊到一千块钱,我不信一个学生用一千块钱,还不能办一个像样的学校,但这是北京学校现在的情形。

这还是北洋政府末期的情况,所说学校,可能是北京医科大学或北京女子大学,当时都是人数较少,而经费较多的学校,其时金价不过六十来元一盎司,一个学生一年千元经费,可折合黄金十六七盎司。以现在数目计算,那是相当可观了。在文化古城时期,人数少、经费多的国立院校,年培养经费也可能接近此数。至于人多、开支大而经费又有限的学校,自然就穷了。其中最穷的是师范大学,因为北大等校,学生学费虽少,每学期还要交十元。当时十元银元(后来法币)足够一个人两个月的伙食费,为数也不少。而师大则一文学费也不收,反而要支付学生伙食费,一进一出,差额更大。因此说"师大穷",也是确实的了。

公立中小学的经费,如师大附中、附小,那经费是和师大在一起的。河北十七中经费,由河北省教育厅支付,其他市立中小学,所有经费,均由北平市教育局支付。经费虽然不太多,但在文化古城时期,还是比较有保证的。自然,实际上钱也不太多。经费开支也有限,主要开支是教职员工资,少量事务费、修缮费,设备添置费,基建费在几乎所有学校都谈不到,一般都是老房子。学校开支以上各项的经费,一靠教育局拨款,二靠学生学费。市立中学以著名的"四中"为例,每学期学费十元、杂费三元、体育费二元、住宿费七元。住宿生搭伙,每月伙食费五元。四中学生人数这个时期每年平均约四百三十人左右,除去伙食费不计,以二分之一人数为住宿生,其每学期收入为七千九百五十五元。全校以初中六班、高中三班计之,初中每班教员二人,高中三人(当时中学教员,高初中待遇不同,而教员程度一般都较高,为照顾待遇,大多既教高中,也教初中)计之,则教员二十一人,再加职员、工友,也以二十一人算,则共四十二人。教员平均工资每人每月一百二十元,每学期以五个月计,共一万二千六百元,加职员工友五个月工资以每人每月平均四十元计之,为四千二百元(当时教员与职员、工友平均工资比例最少一比三。一个月薪二百元的高中教员,并不罕见。而一位教员休息室的工友,月工资不过二十来元,或者更少。科员最高不过百元,办事

131

员一般四十元左右)。一学期工资总计一万六千余元,学杂费等已足此数之半,教育局所拨经费也就有限了。

小学的学杂费更少,公立高小,每学期学费最高不过三四元,少的一二元,再加一些杂费、体育费,一学期学费所入,不过千余元。但教员工薪亦低,平均不过四五十元;教员人数亦少,因而学杂费收入大约也可抵经费开支的半数,其余半数,就靠教育局拨款了。

教会学校和私立学校的办学经费,其来源不外三方面:一教会经费,二学生学费,三私人捐赠。其间差异较大。第一种是教会经费充足,而学费又十分昂贵的学校,如著名的燕京大学、协和医学院等学校,在经费方面,都从美国募捐了大量资金,由大资本家作后盾,在基建上和经常开支上,经费都十分充足,如协和基建费用高达五百万美元,只燕京哈佛学社每年经费就有五六万美金。当时美元未如现在之美元那样贬值一二十倍。当时一元美金可换银元三元。一万美金以黄金及物价折算,差不多可值现在二十万美元。这两个学校的经费均以美金换算,自较国立各大学更为充裕,以燕京和清华比,燕京年预算并不少于清华,而它的学生却少得多。而学费又贵得多。清华每学期学费十元,每年不过二十元,不收宿费。燕京每年学费一百一十元,体育医药费每年十二元,宿费每年四十元。相比之下,相差八九倍了。但学费所入,对燕京大学说来,却远远不够它庞大的开支,只能够其预算的百分之一二十而已。赵紫宸在《燕京大学的宗教学院》一文中说,"一个教授的薪金一年就是法币四千余元","洪煨莲薪水,每月三百六十元"。这样的数字,在文化古城时,足等于四十两黄金的购买价。而还不是最高的,高的可到四五百。

经费充足、学费昂贵的燕京等校,足以保证其学生水平和高贵的身价。经费不充足的私立大学,甚或几乎无经费可言,就只能靠学生学费来开支其办学经费了。在这种情况下,能广招学生,而且有人上门,便是广开财路,如朝阳学院,一千三四百人,中国学院,一千七百多人,这都是人多的私立大学,大都可以靠学费维持经费开支。因为当时这类学校大都没有理工科,仪器设备开支几乎等于零,水电开支也很少,都没有卫生设备,都是老式厕所,行政开支只是些粉笔、纸张、零星房屋修缮费用,开支是很少的。教授、教师及职员的工资,相对也比国立大学、教会大学低不少。从扩大招生上,它用的办法一是降低要求,也就是录取分数很低;二是学杂费比之燕京等贵族化学校也低不少,一般一学期四十多元;三是班级大,一班七八十人,还是少的。多时可至二百多人,等于现在说的上大课。外省学生,到北平考大学,考不上国立名牌大学,也出不起贵族化教会大学的高昂学费,总要找一个读书的地方,这样这些学校就不愁没有学生来源了。在学校和学生两方面也都是不得已的。为此在学生方面,程度就参差不齐了。有不少好学之士,在这类学校中,自然也获得学有所成的硕果;而毫无讳言,也有一些人只是为了读一张文凭,将来进入社会,找个事由,有个资格,可以领到相应工资,或面子上好看一些罢了。

辅仁有钱可赔,能坚持不滥收,其他私立大学,无固定经费,无钱可赔,就难免滥收了。

私立教会大学,和一般私立大学,在办学经费开支的能力上,大不一样。而私立教会中学和一些有名的私立中学,在经费则相差无几了。一是教会中学,教会可能也补助一些经费,但并不多,而学生学费都较高,所以收入可观;二是有名私立中学,学生人数多,学杂费一般初中二十多元,高中三十多元,如育英、志成等中学,学生都有二千多人,一学期学杂等费收入有五六万元之多,这样办学经费就十分充裕了。

以上所说是办学费用。下面谈谈上学费用。当时虽说北平号称"文化古城",各类学校应有尽有,而且很有几所有世界声誉的学校,但是就全国的青少年来说,能够在这座文化古城中读两天书的,毕竟是极少数,可以说是天之骄子吧,这中间费用是一个十分重要的问题。

先说小学,小学不要多少学杂费,不少免收学费,但一般市立小学,也要收学费,比如著名的梁家园小学,初级学费一元,高级二元;但也有国立小学收费标准很高的,如师大第二附小,初级收六元,高级要收八元。这样再加上制服费、课本钱、纸笔墨砚钱、点心钱,就以学费一两元的小学计算,恐怕一学期也要十元左右。这在二三十年代交换之际,面粉只卖二元二三角一袋(当时叫"洋面",每袋二十二公斤,四十四市斤),十元也不是一个小数目,十分贫苦的人家,也还是读不起。不过家住北平,比较贫苦,勉强能对付,不需要家中孩子拾煤核贴补家用的人家,总还要凑点钱,让孩子读读小学,当然是男孩子(俗呼"小小子")多,女孩子(俗称"小丫头")少了。不过这是家住市内的贫苦人家,如果家不在北平,那自然就不用谈了,不要说外地贫苦人家不会送孩子到北平读小学,即使富有人家也不会送孩子到北平念小学。因此小学生,几乎可以说是百分之百家住北平的。这样经济力量稍微好些的,即每月家中有三四十元收入的,家中有两三个孩子,同时读小学,这笔费用还是负担得起的。这样女孩子读书的机会也就比较多了。这类人家,都是在就近的小学让孩子读书,中午可回家吃饭,不用花车钱,这都可以节省不少开支。至于中产以上的人家,家中小孩上小学的费用,就更不成问题。条件再好的,那就连路途远近也不考虑,天天有包车或自用车接送小孩上学。如师大一附小、二附小,学费虽然高,学生还是非常多,就不仅限于附近的人家,东西南北城的学生都有了。这样一个小学生的读书费用也相当可观了。

上中学的费用,其差别首先不在于初中、高中,而先应区分北京有家还是无家。这一点和现在不大一样,现在各县大多有中学,一般都就近读中学。而且也不允许外地小孩到北京、上海等大城市读中学,一般人也没有这样的经济力。而在文化古城时期便不同,那时北平的中学,是面向全国的,初中一年级就有外地学生来就读,有的住在宿舍里,有的住在公寓,自然也有寄住在亲戚朋友家中的。这样年级越高,外地学生的比例数越大,等到"九一八"东北沦陷之后,大批东北学龄青年流亡入关,这样北平各中学的外地学生就更多了。因而介绍当时读中学的费用,必须先分清北平有家的和北平无家的。即北平有家的学生,只是学杂费、书费、制服费等;而北平无家的除以上费用之外,那还要有住宿费、伙食费、来回路费等,那开支就要大多了。

中学学费、杂费、体育费、制服费等等,各类学校不一样,高初中也不一样。大约公立中学比较便宜,一般学杂费、体育费加在一起,每学期在十五元至二十元之间。私立中学、教会中学则不同了,一般初中学杂费二十五元,高中三十五元,有的高中高到四十多元的。"七七事变"前,我在志成中学读初中时,学杂费二十七元,制服费五元。不过制服费不要每学期都交,节约一些的,三年中交两次就可以了。因为很好的咔叽布童子军服,一年根本穿不坏。当时高中同学每学期要交三十四元。附近弘达中学学生也很多,学杂费略便宜一些,初中二十五元,高中三十二元。教会学校崇实、崇德就更贵,初中三十元,高中四十元。育英、汇文等人数众多的教会学校,学费大体也是这个数字。除去学杂等费,就是书费,文具纸张费。书籍中国文、英文、数学、历史、地理、动物、植物、化学、物理、生物、图画、音乐、公民,这些自初一到高三,有的一学期一册,如国文、英文等,有的一学年或两学年一册,如数学中代数、大代数等。这些书价钱较之现在,以实际价值折算,都贵得多。记得一九三六年上初一时,一本公民书,后面定价改正了,一个用铅字印的一贴儿,上印"改正定价一元二角五分"。背面用胶水贴在原印定价的地方。一个淘气的小同学,把它掀下来,用口水把背面的胶润湿,教员正靠在他课桌旁讲书,他便把这个改正定价的贴儿贴在这位教员的背上,这位教员在课桌间绕来绕去高谈阔论地讲着,而同学们被引得都在嘻嘻暗笑,直到下课他回到教员休息室才被人发现是"改正定价"了,其大发雷霆是可以想见了……不过我却因此记住了当时的书价。以这本薄薄的《公民》课本定价估算,初中每学期书价总在十来块钱,高中就得十三四元了。

不过也还有一个便宜办法,那就是买旧课本,或是借旧课本,这样就省钱得多。记得我自己一本《范氏大代数》,用了三个人,我用过后,借给一位比我低两班的女同学用;她用完还给我,后来又给我弟弟用。这种情况,在当时是很普遍的。

家在北平上中学,上市立、国立初中,每学期学杂、书籍、文具费用,总得三十元,高中得四十元。如上私立中学、教会中学,这些费用初中最少也得四五十元,高中就要六七十元。如果家不在北平,住宿舍或住公寓,在学校或公寓吃包伙,每月最少还要加八至十元生活费。至于寒暑假回家的路费,那就要看路途远近了。因此当时在文化古城读高中的外地学生,一年用二百银元或法币,那是比较节约的人,如果只用一百五十元,那就十分拮据了。自然,如果是好学生,高中能考上免全费,一年最少能省五六十元,即使免半费,也可省三十元,能省这样一笔,那就宽裕多了。

文化古城时代,外地学生来北平读书,最困难是中学阶段,如读初、高中六年,家中就要准备一千二百银元或法币,只读三年高中,也要六七百元。这对外地人说来,不用说一般工人、农民,即使小工商号、小地主也是很可观的数字。这等于十七八两或十二三两黄金的价格。小工商户,一座杂货铺全部也不过千元上下,甚至几百元。对于小地主,一千二百银元,意味着要卖掉二十亩好地,也可能是他一大半家产。因此当时供养一个中学生在北平读书,是要有相当的财力才能办得到。如果家在北平,那就容易多了。但一般劳动人民,也不那么容易。如母亲给大宅门做佣人,供给一个孩子读中学,每月费用,只靠她每月工资及零钱,纵使收入不错,每月可得五元工钱,五元赏钱,也还不够。必须她有个三五年的积蓄,才能完成她孩子的学业。张天翼小说《包氏父子》中所写的情况,在当时文化古城中是数见不鲜的。不过大多不像包家的那个儿子不争气,而大多是能刻苦用功,学业有成的。

供养一个中学生,最费钱,如果家不在北平,自然就更费钱。等到上大学,那倒可以省钱了。外地人在北京读高中,一年要二百元。同样用这些钱,也可以读大学。如上北京大学、北平大学、清华大学,这些国立大学,住宿费都不要钱,学费只十元一学期,伙食费清华每月七元,北大、平大只要六元,不少课不要买书,发讲义,真正用功的学生,节约一些,每月十来元就可过去了。在城里的还可作家庭教师、中学兼课、写文章赚稿费、作校对等等,自己赚钱开支大学费用,不用向家中要钱了。如果上师范大学,那连饭费也可省下。

再有这几所国立大学的学生,如果老家在灾区、国难区(当时已沦陷了的东北)等地,平均分数可以保持在七十五分以上,就可以请领全公费或者半公费,这份"公费",除去伙食费而外,还有余钱可以买些牙膏、肥皂、文具纸张以及看一两场电影。

再有某些省、县为其本省、县考中国立大学的一些学生提供助学金,有时指定学科、学系,毕业后回原籍工作,这项助学金一般为每年一百元,或一百五十元。

如果读私立大学,那自然费钱的多。燕京、协和学费都很贵,燕京一学期各项费用要交七八十元,协和更多,每学期二三百元。不过燕京各种名目的奖学金很多,只要成绩好,经济困难,交不起学费,总是好想办法的。所以在燕京读书的,阔学生自然很多,穷学生也不少,不少都成为名学者,在此不一一举例了。在燕京读书,如果没有任何奖学金,不管本市、外地,因在城外,都要住校,一年总得四五百元。

另外读理、工、医科的学生,买书的钱也很多,因为当时理、工、医科所用的书,不少都是英文原版书,每本都是几元美金,全要自己买,折合银元或法币,是相当可观的。后来有了龙门书局,专门翻印外国书,定价便宜,才给穷学生解决了这一难题。读艺专学画的人颜料、纸张也很贵。

至于读朝阳、中国等私立大学,学费虽较燕京等校便宜些,但一年费用,纵使节约些,也得三百多元。至于花花公子和傻大少一类的学生,以上学为名,那费用就没有法子统计了。

种种考试

做过学生的人，没有一个不对考试留下深刻记忆的，甚至可以说，没有一个不怕考试的。或者有例外，但我没有遇到过。但就我的经验而言，不管功课好、功课坏，到了考试时，总有些恐惧感，在考场中的紧张情绪，给大脑皮层留下种种印象，直到若干年之后，甚至几十年后还不会消失，在睡梦中浮现出来。我直到现在还偶尔做做身在考场的梦，在梦境中似乎又回到青少年时代，看着要下课了，而还有一道题目未作出，苦思苦想急得不得了，急出一身冷汗，最后醒来了，朦胧中忽然悟到，原来是南柯一梦，怔怔地望着黑暗的房间和窗帘孔隙中漏进的街灯光芒，怅然若有所失！

三十年代古城大、中、小学的考试名目是繁多的，略记之，有入学考试、升学考试、转学考试、留学考试、月考、期中考、大考、升级考、分班考、会考、奖学金考以及社会上找工作的各种考试，高级的如文官考试、低级的如银行练习生考试，总之，都是凭考试成绩说话的。只要成绩好，名列前茅，那总是有好机会等待着你的。

先说小学，一些小学也有入学考试，尤其是著名小学，如师大一附小、二附小等，一年级入学考试也不容易，有智力测验、口试、体格检查等等。小朋友要五官端正、聪明伶俐，身体健康，口齿清楚，能数数目、认识方圆形体、辨别各种颜色、会写自己的名字，认识少量的字，这样才能有希望被录取。因报名人多，也有不小淘汰率，能顺利被录取，再能以中上成绩读到毕业，那样考名中学就不困难了。至于一般小学，如考一年级，那就容易多了,只要没有生理缺欠,花钱交报名费,总是能考取的。

中国的考试制度,自隋唐以后,逐渐完善,明、清两代的科举考试,极为严格,在社会上普遍受到重视。清末废科举、改学校,学校的各种考试,仍然受到人们的重视。当时即使一般小学中,每学期期终考试、学年升级考试,总要发榜,按成绩把名次写出来,分开年级用大张纸一张接一张贴在学校大门最显眼的地方。榜前有几句简单的话,榜后有校长的大名,年、月、日。照例成绩最好的一二三前三名十分光彩。有不少学校,前三名总要给些奖品,如练习簿、铅笔以及墨盒、铜镇纸之类。而最后一名,却要红笔一勾,这名俗话叫"背榜",又叫"坐红椅子"。自然是十分不光彩的。

这种写榜的方法,还是由清代科举时代留传下来的。在文化古城时期,还十分普遍。这名"背榜",在大、中、小学中,平时学期、学年考试,是很难为情的,但有第一名,必然也有倒数第一名。任何一张榜上都是如此。如果是升学考试,尤其是考名牌大学,这末一名背榜,也还是幸运儿,因为他在入学上,同第一名一样,并不会因为坐"红椅子"而不让他入校读书。这正像清代考秀才、举人、进士一样,场场考第一,连中三元,固然荣耀;而场场考倒数第一,也同样当秀才、举人、进士,同样承认资格,只是面子上不好看。但总比名落孙山、"红椅子"也坐不上要好多了。因为这是"中"与"不中"、"考得上"与"考不上"的差别。

三十年代各大学、中学,都各自招各自的生,没有统考。因而一个人可以报几个学校,如果功课好,几个学校都被录取了,而只能到一个学校去读,其他学校虽然考上,并不去读,这样各学校原定招生名额,虽然招够了,但开学时,总有不来报到的缺额。因而就在榜外,也就是背榜坐红椅子那位老兄的后面,再招几位"备取",前面如有不来报到的,便可依次"补"上,这就是虽然名在孙山之外,也还有入学的希望了。"备取生"一般名额不多,如几所著名大学、中学,招新生时,榜外备取生一般只三四名。大多能"补"上。

小学除入学考试、日常月考、季考外,也有转学考试。当时分初小、高小,初级四年、高级两年,一般高级都连在一起叫,称五年级、六年级,五年级、六年级著名小学都招转学插班生,也要考试。因为要求转入著名小学的学生数目多,总要经过考试遴选一下,择优录取,淘汰一些。我三十年代初,由乡下到古城,都参加过师大一附小、二附小五、六年级转学考试,都考上了,但都没有去,因为考上中学,就不再上小学了。

不过小学考试,究竟影响不大,没有什么关系。虽然当时小学毕业,也要经过会考,才能拿到文凭,但不影响考中学,因为报考中学,固然要用小学毕业文凭报名,但也可考"同等学力",只是录取的比例数小一些。

三十年代文化古城,每年六七月间,各大报纸如《世界日报》、《晨报》、《益世报》,以及天津《大公报》等,就登满了各所学校的招生广告,几乎可以占两三版。大学中最神气的是国立某某大学,私立大学一般都加上"教育部立案"五个字在校名前面,中学招生广告,国立、市立都很神气,私立的也要冠以"北平市教育局立案"字样,如果只是"备案",那就差远了,"备案"私立大学的文凭,铨叙部不承认资格,"备案"私立中学的文凭,不能以之报考国立大学。招生广告写明报名日期、考试日期,大学写明院、系所招人数,中学写明初中、高中所招人数,但招生广告总不够详细,所以最后总附注一句"简章函索即寄",就是各校除登招生广告之外,还备有印刷很好的招生简章,写封信去,它就会寄给你。报名时要收报名费,在广告和简章中都已写明,一般中学报名费五角或一元,大学大多一元。也有特别高的,如私立志成中学,报名费要两元。这在当时是二百枚鸡蛋或十五斤猪肉的代价,现在想想,多么惊人。但报名的人照样很多,我就是花两元报名费考上志成中学。在考试那天,给每个应试新生,发一顿午餐,四只白煮鸡蛋和五个小面包,也不过一毛来钱。我幼小的心灵上,觉得很合算,因为"白吃",不要花钱买,却忘了大人交的那两元法币的报名费。这就是"心理学",懂得这门学问,才能生财有道,赚大钱。不过也有些招不起生的学校,报名费也少,最低两角钱,也有免收报名费的学校,却很少有收低于两角报名费的学校,如一角或数大枚等等。当时两角报名费,似乎是报考学校报名费的极限了。实际现在想来,"两角"的实际价值也不少,可以买二十个鸡蛋或二十个喷香的现出炉的芝麻酱大烧饼,怎么能小瞧它呢?

新生入学考试,在各学校都是一件大事,收来的报名费,除少数开支试卷纸张、印刷等费用及印简章、招生广告等费用外,大部用于招生人员的开支。由报名开始教学行政人员就十分忙碌,试前登招生广告、印简章、接待报名、出试题、印考卷、弥封考卷(即把按报名名单印好姓名的试卷,姓名折起来,上面盖上弥封印,编上号码。阅卷人不知是谁的卷子,批好分数,由别人拆弥封,看姓名,统计分数。这样防止作弊,是明、清科举考试长期遗留下来的办法)等等,有大量工作要完成。试期那天,不少教授、教员,都轻衫纨扇、穿着纺绸大褂、横罗大褂……洋派的穿着派力司西装,摇着很考究的书画折扇来监场,不时走出走进,有人来换替一下。插空到休息室吃口香片茶,茶房递上雪白的洒着花露水的热毛巾,擦擦脸,再回到试场中来……中午照例丰盛的午餐,放榜那天,还有酒席宴会,自然这笔钱都是报名费开支的。

考试是双方的,一方是被考的,一方是考别人的,被考的自然是学生了。学生这一方,考试前的突击准备,自然都一样,尤其是各种毕业考试、升学考试,不只关系升留级,而且关系到未来命运,因此准备情况,更为紧张。和现在的学生比,想来也是有过之无不及的。考试的那天,就学生来讲,与现在不同者,就是国文课一律要用毛笔答卷,自然以作文为主。中小学平时作文,也用毛笔,所以每星期上学时,总有一天要带上毛笔、墨盒。一般学生都会调理墨盒、毛笔,但技术不一定都好,因此常常在考场中遇到不高明的朋友,墨盒中的墨汁流了出来,弄的手上、身上乌黑,甚至沾到卷子上,弄脏卷子,不知所措,其狼狈情况,不身历其境者,是很难想象的。这类朋友,这场考试,多半要泡汤了。如遇雨天,自然更倒霉。

卷子是要缮写清楚的。不要说国文卷子,要一笔一画的小楷,整整齐齐、清清楚楚,不能乱涂乱改。即使数学卷子、英文卷子、理化、史地卷子也一样,不能潦草涂改。如果卷子潦草、涂改,弄的很脏,叫作"污卷",这样卷子阅卷人可以不看,批上涂卷,扔在大纸篓中,那你的辛苦就算白费了。但保持卷面整洁,这要平时,由小学开始就严格要求,养成良好习惯。平时不养成这种习惯,一时是很难做到的。

考别人的一方,就是教员、学校工作人员。除去报名、印试卷、准备考场、结算分数、最后发榜等事务的工作外,就是各级教员出试题、阅卷等工作了。

出试题是十分重要的,第一试题要吻合考生程度,过难过易都不行;第二试题要能考出学生基础、实际水平,基础部分要占有较大比例;第三要考虑到评分的标准和评分是否便利,多种答案或模棱两可的试题千万别出;第四要考虑好时间,要考虑好成绩最好和最差的中间的距离;最后还有一点,就是不要泄露,要注意好保密。

小学考中学,主要是国语、算术,另有常识。国语或国文,叫法争论了好多年。当时还没有"汉语"、"古汉语"等这种名词,也不叫"语文",一般小学叫"国语",中学就叫"国文"了。初中考高中、高中考大学,主要课程就是"英、国、算"三门,习惯上如此叫,可见社会上对英语课多么重视。但正式考试时,还是把国文排在第一位的。

考试题目,国文课各级入学考试,这篇作文是十分重要的。当时中学生文言文、白话文都要会写,因为南北各名牌大学,对文言和白话的要求迥不相同。北京、清华等大学,是白话文的发祥地,出的题目《梦游清华记》、《我的衣服》、《雨天》等,都是要写成潇洒的白话散文,才能得高分。而南方名大学,如交大、中央大学等,就是唐文治先生、梅光迪先生的影响,是坚决反对白话文的,必须能写文言文策论,或柳宗元式游记,才能得高分。如果写一篇白话文"了的吗啦",去报考二三十年代的交通大学,那就很难被取中了。由小学到中学,作文课都是既学写白话文、又学写文言文,这样才能应付各种不同要求的考试。具备了这样的水平,好的可以考上名牌大学,一般的也有一定的文字水平,做个小职员写公文,"等因奉此",也可对付了。北方名牌大学,也有出文言文题目的。鲁迅先生《立此存照》之一引民国二十五年八月二十五日《大公报》短文《太学生应试》云:

这次太学生应试,国文题在文科的是《士先器识而后文

144

艺》，理科的是《拟南粤王复汉文帝书》，并把汉文帝遗南粤王赵佗的原文附在题后。也许这个试题，对于现在的异动，不无见景生情之意。但是太学生对于这两个策论式的命题，很有些人摸不着头脑。有一位太学生在试卷上大书："汉文帝三字仿佛故识，但不知系汉高几代贤孙，答南粤王赵他，则素昧生平，无从说起。且回去用功，明年再见。"某试官见生误佗为他，辄批其后云："汉高文帝爸，赵佗不是他；今年既不中，明年再来吧。"又一生在《士先器识而后文艺》题后，并未作文，仅书"若见美人甘下拜，凡闻过失要回头"一联，掷笔出场而去。某试官批云："闻鼓鼙而思将帅之臣，临考试而动爱美之兴，幸该生尚能悬崖勒马，否则应打竹板四十，赶出场外。"是亦孤城落日中堪资谈助者。

这则短文，作为资料，引用在这里，是十分有意思的。一可见当时国文题目的水平和深度，这关系到传统文化的继承和实际水平；二可见当时即使是很差的学生，文字水平也文从字顺，十分清楚；三可见考试官的水平，出口成章，信笔批语，亦十分风趣。这三点现在都不可想象，普遍水平可知矣。鲁迅先生后有按语道：

> 寥寥三百余字耳，却已将学生对于旧学之空疏和官师态度之浮薄写尽，令人觉自言"歇后郑五作宰相，天下事可知"者，诚亦古之人不可及也。
>
> 但国文亦艰难；汉若无赵他，中华民国亦岂得有"太学生"哉？

现在能看懂这按语的人亦不多了。实际中国文史深奥处也真复杂,"赵佗"是可以写"赵他",各种韵书上如《集韵》《韵会》等书,都注明"佗"与"他"、"它"通。这当时各位先生又都未说到了。

当时国文试题,除作文之外,还考一些"国学常识"。比较简单,但能考出水平。现在高考语文试题,莫明其妙的繁琐,却水平甚差,只是统计分数方便。

英文试题,教会学校要求较高,清华原是"留美预备学堂",要求更高些。一般都是这样出题的:生字,文法图解句子,改错,翻译;中翻英、英译中,最后总要有一篇英文作文。要想考上国立大学,这篇英文作文,总要对付二三百字,才有希望。教会学校,如燕大,要求更高些。有时题目很多,带有智力测验性的,即使程度再好的考生,也很难把所有题目都做完,考出最好成绩,但没有经验的考生常常被吓坏,以为百数道试题,只做了四五十道,肯定不及格,岂不知也许是很好的成绩呢。

数学试题,一般文理科也分开。大体是这样,如果八道大题:一般几何三题,包括平面和立体,三角一题,大代数二题,解析几何二题。理科或加一道微分积分题。深度也不一样。有一点却要注意,即文字题可能出英文题,因为当时不少中学,尤其一些有名的教会中学,高中数学如《范氏大代数》《二氏解析几何》等教材,都用原文本教材教学,物理、化学也用英文教材,这样大学入学试题,有时文字题就直接出英文题了。如有些教会学校,从初中到高中,数学、理化用语习惯用英文讲说,做英文数理文字题,不比文学作品,实际并不难。如中学时无此训练,那看懂题目就比较困难了。

"英、国、算"三门主科之外,自然还有类似政治一类的学科要考，或叫"修身"或叫"党义"或叫"公民"，这是随着各种政治变动开设的课，变化较多，就不必多说了。

再有考文科加试史地，考理工科加试理化，考医科加试生物，考美术、音乐、体育各加试其专长，这些同现在一样。但理、化水平较现在低的多，因原子、电子等许多先进尖端的东西都还没有。而基础的东西水平是不低的。

考试新人，古语叫"抡才大典"，在传统习惯上是十分重视的。教师、教授等人在出试题、监场之后，就是阅卷了。各有名的大、中、小学，都把这事作为大事来对待。不少名牌大学试卷都是"弥封"的，姓名封在折角中，加盖印章。外面只有号数，学生对号入坐，按号数把卷子发给学生。考生千万不要再在卷面上写名字，一写姓名便作为废卷，阅卷时，根本看不到这份卷子了。弥封卷子一直要等阅卷人阅过，评好分数，然后再统一当众拆封，按姓名登记分数。因之这种考试阅卷办法，弊端不能说绝对没有，不过是极少的。

在阅卷期间，学校对阅卷人服侍的是很好的，烟茶点心，夏天西瓜，两餐伙食都是圆桌面，不少都是各大饭庄担来圆笼行灶，到时给阅卷人开席。

等到贴榜那天，那是阅卷官交差的日子，却也是考生最紧张的一天。不少人会终身记得看榜时，金榜题名的欢欣或名落孙山的恼丧。不过当时考试机会多，就以考大学而论，一般可以报四五个学校，这次没有考出水平，过两天考另外学校，也许有了经验，或题目对路，就考出了水平。在同一水平的学校，如北大、清华、南开、北洋，也许考上两个，失败两个，好的也许都考上，差的也许一个也考不上。总之同一个人，给他三四个考试机会，一般才能考出其真正水平。考试太紧张，怯场、临阵慌乱的情况是

147

常见的。一次机会，一锤定音，不少人便被牺牲了。

当时北京大学的入学比例，台湾远流出版社《胡适讲演集》载《选科与择业》中说：

> 我在北大二十年，前后参加办理学生入学考试，由出题阅卷至放榜，不下十三四次之多，对学生投考情形，颇为了解，大概考理学院的平均四人取一，考文学院的八人取一，考法学院的十二人取一。顶好的考理工科，因为须数学程度好。次一点的考文学院，这些人多从家庭或教师中得到良好的国、英文基础教育。考法学院的人最多，认为考政治、经济、法律，人人可以尝试。外国的情况也是如此……

一般高考，榜上有名之后，还要按通知去参加口试，这主要就是为了了解学生、熟悉学生了。

过去有转学考试，不少学校，包括国立名牌大学，都招转学生，现在这种考试没有了。其实这种办法是很好的，因为可以促进人才的交流，各校也可以通过学生的交流而交流经验，吸取别校的长处。就一些学生来说，也有更大的自由度，可以向几个学校吸取营养，对某些好动的想多方面学习的学生说，是很有好处的。

最后再补说一下会考，这在当时是十分重要的考试。外地各县，乡镇高小毕业，要到县城会考；各县中学要到省城去会考，即本校毕业考试的成绩，只能拿到本校毕业证书，要参加会考各科及格之后，才能拿到县教育局、省教育厅所发的文凭，目的是为了保证各级毕业生校际之间、各地区之间的统一水平。这是三十年代中，南京教育部颁布的法令。一般高小毕业，有无文凭,关系还不大,而一到高中毕业,这关系就大了。因为不但考大学要文凭,更重要的是如找个小事,当个小职员,要向政府机关报履历,这个文凭在定级别和工资上都要发生作用,这对每个人来说,就都十分重要了。因而所有高中毕业生,都十分重视会考成绩。北京当时是"北平特别市",但同现在不同,即区一级只有治安机构警察分局,而无区政府,更无区教育局。因而小学会考,初、高中会考,都是由市教育局主持。其中高中毕业会考,最为受人重视。手头资料贫乏,一下子拿不出当年文化古城的会考生动资料,恰巧有一篇一九三四年上海会考高中国文第一名的作文,虽非文化古城的学生成绩,但亦足以代表一个时代的文化水平,当时北平高中会考成绩,亦有过之而无不及。因作为零星文献,引用在后面,以存历史面目。

题目是《礼义廉耻国之四维论》,当时正是南京国民党政府讲求"新生活运动"时代,这是"新生活运动"中提倡的。文云:

> 盖闻国之本在民,故观民风之美恶,可觇国运之盛衰。昔者管子曰:"礼义廉耻,国之四维;四维不张,国乃灭亡。"有旨哉! 斯语也。盖治国者必先治民。民之相处也,不能无求,求而不得,则争端起矣;民之相与也,不能无交,交而不诚,则诈端起矣;民之相杂也,不能无别,别而不严,则无耻之端起矣。一国之民相争而不已,贪诈而无耻,则国且不国,其不底于灭亡者几希! 故必有圣人者出,制礼以止争,制义以化伪,劝之以廉,齐之以耻,然后国乃可兴焉。故曰"礼义廉耻,国之四维",盖国之有此四维也,所以维民者也。所以维民使不争者也,所以维民使不诈者也,所以维民使不贪者也,所以维民使知耻者也。故国之有此四维也,若网之

有纲,衣之有领,政治以之易行,风俗以之易化也。《诗》曰:"泛泛扬舟,绋缅维之",《易》曰:"其亡其亡,系于苞桑",言得其维者则昌,失其系者则亡也。呜呼!今之风俗日碗,四维废弛者久矣!有志者其亟起而图之。

这篇会考第一名的短文,是从叶圣陶先生散文集中引用的,圣陶先生引此文批判云:这篇文字很通顺,然仅止于通顺,没有别的新内容,是诵读《论说文范》一类的书学到的旧时代的八股腔。前面民之相处、相与,正是八股股法。先生的话,说的非常对,这是标准八股写法。但在今天看,却有三点值得注意。一是思路之清晰,二是运用文字遣词造句之流畅,三是引用经典古书的熟练准确。这是大量苦读背诵和苦练的苦功换来的,再有我曾说过,当时的文言文阵地在江南,如写白话文,恐怕得不了第一名,能否及格也大成问题,何况题目本身也是文言题目。不过这都是历史陈迹,早已成为《广陵散》耳。至于文中思想所谓"故必有圣人者出",是中国老百姓希望"真龙天子"出世的封建思想,把命运寄托在救世主身上,还是引用《五人墓碑记》中"待圣人之出"的名意,去世界潮流真是不止十万八千里了。

教材与教法

各级学校,自幼稚园、小学一二年级启蒙教育,至中学、大学、研究院,都离不开教材与教法,使用教材,通过教法,教会被教育者,其大体步骤大约可分识字、思维教育,语言知识教育或叫文化知识教育,专业教育三阶段。在此三阶段中,都要有教材,有教法,基本形式都是以教材用一定的方法教育所教的对象。如机械地看待这种关系,那各个阶段,教师全部把教材教会学生,学生考试都能考一百分,这就算最好地完成了这一教育任务。如果这样,那实际是教育最大的失败。如果只作到这点,那受教育的知识只是停滞的,那世界上一切科学文化学术都要停止不前了。

因此在教材与教法之间,除去以教材用教法教学生之外,最最重要的是两点:即一是培养好学生独立思维的兴趣和能力,二是培养好自己读书的兴趣和能力。

以上两点,是在教材之外,更为重要的。教材是有形的,而这是无形的。两个学生,一个认真学习教材,门门考一百分,却未学好以上二点。另一个,学习教材一般,考试成绩也一般,但无形中却学好了以上二点。前者毕业时自然是优秀成绩,后者或是中间,或是倒数第几名。但十年、二十年之后,其结果是完全不同的。因为这两点无形的东西,一旦为人所掌握,便似乎上了瘾一样,欲罢不能,便永远要继续下去。"文字本为忧患始",人的思维本是先天的,但多读几本书,就会想的更多,想的更远,人家说东,偏会想西,人家说西,偏又想到东,人家是很讨厌你的,在自己也是很苦恼的。自然这是从消极的方面说。如从积极方面说:深思熟虑、老谋深算、见识过人、创造发明、明哲保身、自得其乐、不上当受骗、静如处子、动如脱兔……就全靠这种十分有兴趣的独立思维了。"百药难医书史淫",读书的兴趣一旦养成,也是很难改变的。消极地说,也是很苦恼的,如被抄家之后,没有书读,纵然不关进牛棚,也十分难受;因偷偷看书而犯罪,买不起书苦恼,如想看到某一种书而千方百计动脑筋等等,都是很愚蠢的。所以人们说:越读书越呆。但从积极方面说:领导者号召人们读书,说书是知识的海洋,你获得更多的知识,可以为人民作出更多贡献云云。但爱读书的人则感到读书是人生最大的乐趣，最高的享受……甚至成为"百药难医"的痼疾，这就非不沾染此疾的人所能理解了。

说教材与教法，先说了一顿闲话，是什么意思呢？因为我从青少年时，几位功课十分好的同学，都是教师如何讲，他们就如何做，作业是每题必做，整整齐齐，一笔不苟，大小考试都是一百分、九十多分，由入学到毕业，真是一步一个脚印，一点也不含糊，而到后来，成就却完全不同。一些成了世界名望的学者专家，一些却工作了几十年，到后来家中一本像样的书也没有，似乎没有读过书一样。我思索其原因，想到教材、教法之外的重要的两点，因而先啰唆了半天。

教材由启蒙到高深，我国古代由两汉到明清，变化不大，识字教育两汉好像是《急就章》，然后《孝经》及其他经书，魏晋南北朝之后，启蒙识字教育，有了《千字文》。按，古有魏钟繇、梁周兴嗣二种《千字文》，历代据之又有改动，直到明、清两代。元、明、清以来，以八股制艺课士，其教材一直是《三》、《百》、《千》识字启蒙，然后读"四书"、"五经"、唐诗、试帖诗、时文选等。这些教材远古不算，只近古一直沿用七百多年。直到清代末叶，废科举、兴学校，传统教材才有了改革。但一般还是以传统教材、教法为主。辛亥、五四运动、北伐之后，都又经历了大的变化。文化古城时期，是北伐成功、政府南迁以后的几年，这期间，小学、中学、大学的教材大体如下：

小学分初小、高小，初小有国语、常识、算学或叫算术及图画、音乐、体操等课。高小常识分为自然、卫生、公民等课，国语、算术照旧。教材是商务印书馆和中华书局二家抢生意。英文字母"CP"中间包一个"商"字的商标和两个麦穗抱一本印有篆字

"中华"的商标,对于小学生来说,是很熟悉的。辛亥后商务印书馆出版过《共和国文教科书》,开始是看图识字:"人手足、犬牛羊、一身二手、大山小石……"均有图有字。文化古城时期,这种教材早已不用了。新编的小学一年级国语课本,第一课好像是:"天亮了,弟弟妹妹快起来,起来看太阳。"还是商务印书馆出的。高等小学教材,灰色包书纸封面的国语、算术、自然、卫生等,一九三二年中华书局出过一套完整的《新中华小学教科书》,还附一套"教授法",是给老师用的。在三十年代前期,很流行,不少小学都采用这套教材。

中学教材就比较复杂了,先以初中、高中分述之:

初中国文教材,各校就相差很大,如名牌中学师大附中,有自编的初中国文一、二、三册,向附中学习的学校,便都用附中的初中国文。如四存中学,是提倡读古书的,便读纯粹文言文,自编教材。另外一些中学,有用商务的,也有中华的。当时还有开明书店、世界书局,二家后起之秀,也向教科书进军。一时成为四家大书局争夺中学国文教材的局面。年年暑假,一方面要作广告、作宣传,另一方面,还要联络各地教育厅局、各学校有关人员,来推广教材发行。另外还有"活页文选",最著名的是开明书店的,供教师随时选用。

高中国文,有不少学校用古文选本的,如《古文观止》、《古文释义》等;也有自编讲义的;开明书店后来编出一种按文学史排列的,有不少学校采用;但各校之间,并不统一。各个教师爱好也不一样,有的爱唐宋八大家,有的爱梁任公的文章,有的爱先秦的,有主张读经的,《论语》、《孟子》、《左传》这是必讲的。自然也有不少爱新文艺的,胡适、鲁迅、周作人、徐志摩……不同的教员,也各有重点,反正各种考试,包括会考、高考,均以作文为主。所以初、高中作文课，都是抓得很紧的。一般两周一篇，二课时当堂做、当堂交。有的学校，一周一篇。教师、学生都已养成习惯，都感到是很自然的功课，一般都很认真。

英文教材，初高中差距更大，初中是初学，等于识字教育，由字母教起。有的小学学过，但大多没学过，因而初中还是从头学起。教材当时有三种，可谓鼎足而三。一是商务印书馆周越然编的《英语模范读本》，二是开明书店林语堂编的《开明英文读本》，三是世界书局林汉达编的《英语标准读本》。其中《英语模范读本》使用的学校最多，商务因此书赚了不少钱，编者原想卖稿，商务不出大价，改版税，却因此收到大量版税，买了洋房汽车。林汉达、林语堂编的两种，不久也后来居上。因后二书有不少优点，在"七七事变"前夕，也已有不少学校采用此书了。都赚了不少钱，但为此开明、世界二书局还打了版权官司。随着教科书的发行，商务的一本《模范英汉字典》，世界的一本《标准英汉辞典》，还有一本寸半本《英汉小字典》，几乎是每一个中学生书包中的宠物。大多学校初二教英文文法，用《纳氏文法》。高中英文教科书，还有世界书局出版，林汉达编的《高中英语标准读本》，还有《进步英语读本》，以上各种英文教材，都是教育部审定的。中华书局则有钱歌川编的《基本英语读本》，还请赵元任灌制了唱片，而在当时北京各中学，用这一教材的极少。

数学教材，初中一年级，衔接高小，都还是教算术，重在四则难题的运算，锻炼运算思维。初二小代数，多用《温德华代数》，初三平面几何，用《三S平面几何》，这是当时使用最广泛的两种数学教材，有很多种译本。高中数学：三角、立体几何、大代数、解析几何。三角、立体几何是高一的课，量较少；大代、解几是高二、高三的重头课，一般齐头并进，大多用《范氏大代数》和《斯、塞二氏解析几何》，这两种书的译本也很多。其特点是条理清楚，题目多而有层次，每一练习题组，十道二十道题，排列都是由浅入深的。即使没有听明白教师讲解，只要好好阅读研究每一章节的例题和解释，自己一般也可以做得出每个练习前面五六道题。这几道如检验都做对了，那么据此再思考下面的题，也就容易多了。

初中动植物、生理卫生、公民、化学、物理、图画、乐理等教材，高中生物、生物试验、化学、化学实验，物理、物理实验，以及初、高中历史、地理，门数也真多，教科书也真不少，而这些教材教科书却无关紧要，因为不少课程，都是老师写黑板，学生抄笔记，一学期下来，常常一本书还是新的。而高中物理书，是这些门功课里的重要教材。当时有些学校，用很深的书，如《达夫物理》《萨本栋物理》作教材，这是两本著名的书。当时学理、工的人，不少人都学过两本书。

大学教材，那就与中学不大一样了。程度已高，专业已分，各院各系之间，既有少数共同的课，如大一国文、大一英文、中国通史之类，而更多的则是各自院系专业的专业课。所用教材，自然更是种类繁多，十分复杂了。用大分类法，约有这样几种：

用现成古书，这多是文学院、法学院中文、哲学、法律等系的课，如讲《诗经》《左传》，自然用原书。如讲"《史》《汉》异同"，便直接用《史记》《汉书》。法律系讲《唐律》《大清律》，也都能找到书，不过就不普遍，不是家家都有的了。

用现成外文书，当时理、工、医等现代科学各系的功课，不少都是用英、美外文教材，讲师、教授开课的人，大多是留学的，各个专业自己在国外学的教材，拿来教自己的学生，十分方便。国立、教会各知名大学的理、工、医科学生直接用英文教材一般也无困难。有的还用中国话讲,有的便直接用英语讲,如当时协和医学院,一进协和的门,便基本上听不到中国话了。用外文书作教材,不管伦敦版、纽约版,用英镑、美金折算,价钱都很贵。十元一本书,便要合到三四克黄金的价钱。不要说穷学生,就算有一定经济力的学生,这笔购书费也相当可观。有解决办法,买旧书,一是向高年级同学买,二是到东安市场卖旧洋文书的书摊去买。理、工、医等科的原文教材,买新书很贵,而用过之后,卖旧书,十分不值钱,比不上文学、历史名著,可以保存收藏。科学日新月异,旧的科学外文书,隔上一两年,早已落伍,论本卖旧书都没人要,只能论斤卖了。后来出了个龙门书局,专门用报纸翻印外文教材,一本只有原版书五分之一、十分之一的价钱,大受学生欢迎,作了不少年好生意。

用现成中文大学教材,当时商务印书馆出版有大学教材丛书,出了几十种,不过还是以文史社会科学的教材多,如孙本文的《社会学》、潘序伦的《会计学原理》等;工程方面也有一些,不断发展的新科学著作,那就没有,一般只用外文的了。

用自编讲义当教材,当时大学里教师编讲义,是极为普遍的。而且不少讲义都是名教授编的,当时只是为了讲课,后来这些讲义出版后都成为名著了。讲义大都是随讲随编,一般都是油印的,我过去收藏了一些,但都因众所周知的原因失散了。现在还有一份吴瞿安先生的《词学通论》,毛边纸油印,不知是老北大的还是东南大学的,因为吴瞿安先生最早在北大教,后因不习惯北方饮食,回到南京东南大学,三十年代中均在南京,这讲义大概是东南大学的了。

不用固定教材,只开列参考书书目,让学生到图书馆借了读。课堂上只是先生讲、学生听、记笔记,这又是一种授课方法。

在大学中，也是比较普遍的。

由小学到大学的教材，前面只是作了一些最概括的介绍。下面就谈一些教法的情况。

教学方法，我国传统的是私塾教育的方法，新的学校又全部采用了西式教学方法，在这二者中间，又有一个过渡时期，这个时期也相当长，却很少人提到。再有教学方法又可分幼儿、儿童教学法，小学高年级及中学教学法，大学教法。这中间小学低年级识字教育，在于诱导儿童求知欲望，培养、训练并巩固其记忆力，启发其思维力，此时引导有方，一般儿童都能获得一定成绩。而大学教育，教师多是讲授专门知识，教者与学者都是成人，教者均有专门学识，而学者也都有文化水平，教师教法因人而异，多种多样，对教法的要求既不必强求一律，也不能过分讲求其方法。因而对于教法，想着重谈一些小学高年级和中学的情况。

在当时小学高年级和中学初、高中六个年级的各门功课，教师所用的教学法，大体分类，不外这样几种方式：

一是"照书讲解法"。这大多用于国语、国文课，高年级的英文课等等。老师打开书，今天讲哪课，写个题目，然后读一读，念一句，讲一句，或者先讲讲时代、作者，再讲讲课文，最好不过的，是把文中议论有力、描绘生动、意境优美的句子提出来，让学生模仿学习等等。差的则连这点也做不到，只是讲讲而已。日复一日，年复一年，就是这样讲，这样听。有内容的还有的讲，至于那些无内容的白话文，已经浅而又浅，教员还得没有话找话，啰啰唆唆，讲个不休。上课时间，全被老师废话占用了，学生读书，还得下课后另找时间。此之谓照本宣讲法。

二是演例题讲解法。这种教法多用于算术、数学、物理、化学等课。教师讲解时，先讲讲章节引文，说明今天讲什么，然后据定理,解例题,一边在黑板上演算例题,一边讲解。不时提问学生,唤起学生的注意。数理教师讲课,大都用这种方法,几乎是唯一的。但效果则因讲解人的水平和技巧,大不一样。一要因果关系说透,每一因一果之间,其关系交替层次,必须讲出来,让学生能以接受理解。一有含糊,一有脱节,学生便弄不清楚。在各种数学的整个程序中,一有脱节处,便影响下一步。脱节处多了,不但这门数学学不好,另外一门也学不好。所以一个好的数学教员,首先在演算教学中,把每一因果关系、环节步骤,让学生理性地理解清楚,在记忆中留下印象,是最重要的。

三是抄笔记讲解法。这种教法多用于动植物、生理卫生、历史、地理等课。有课本不用,上课教员专写黑板,让学生抄笔记。大小“一二三”、罗马字母“一二三”、大小写英文字母,一条条写笔记。有的人只上课时说两句,然后就是写黑板、学生抄笔记,一直抄到下课。在我所见到的这类中学教师中,几乎全部是用这种办法上课。其好处是:学生不停地抄笔记,没有时间在课堂上捣乱,容易维持秩序。考试时,学生容易背诵记忆,掌握重点。其坏处是:把有丰富内容的地理、历史等课程,都上成内容贫乏,干巴巴剩几条筋的课了。因而学生不喜欢这些课程的就更不喜欢,因为它毫无趣味。而喜欢学这些课程的,也感到没有意思,只有自己另外看书、看地图。

四是领读讲授法。这都用于低年级英语课的,因学生程度低,必须先教会读音,这是学任何外国语言的必经之路,关键的一步,十分重要。而所教学生又不是一个人,是三四十人。这些学生中,在听觉和声音的同步模仿天分上并不一致,有的很敏锐,有的很迟钝,在学习的时间上,大有出入,大体音乐感强的人学起来快,反之就慢。而教员是要有办法使最大多数的人都学会。这就看不同教员的本事，正所谓戏法人人会变，各有巧妙不同了。

五是空口说白话讲授法。这就是说所教课本身并没有内容，学生也不爱听这些课，如什么"党义"、"公民"等等。但规定要上这些课，学校根据教育部、教育局的公文通知，必须开设这些课，还要请教员，教员为了赚钱，便要来上课，上课还要讲些什么，照书念一遍，自然不可以，再来讲这些内容，十分空洞，那就更难了。只能翻来翻去，多说些废话，这个……那个……那个这个对付一下，一课时就结束了。好在当时这种课很少，中学只初中有，高中一年级有的有、有的没有，是由军训课代替了。高小、初中还有童子军课。

六是实际练习教授法。如图画课画图、体育课上操打球、音乐课练唱、手工课做工等等。中小学管这些课叫"小三门"。教师教授起来，都是大略讲一讲，重在学生做，教师指导。学生根据各人兴趣，分别喜欢其中的一二门或全部。课时虽少，一般每周一课时，却很有成绩。如果这些课也都像国文课只讲不练，像史地课那样只抄笔记，那肯定是学不会的。

以上是把各种功课、各种教师的教法，做了一个大略的分类。而当时还处在一个新、旧教法的交替过渡时代，即在大都市中，及江南比较先进的县市中，采用新式教学法的学校，已经十分普遍。如文化古城时的北平，各公私立名小学、中学，都采用课堂上课，教师用教科书，根据教授法所规定步骤上课讲授。而在比较保守的地方，或保守的家庭，则完全不同，还习惯用中国传统的教法，用传统的教材，也就是私塾时的教材和教法来完成识字教育和一定程度的文化教育。这种现象存在三种不同情况：一是都市中极为守旧的家庭，不相信小学、中学教育，又怕小孩学坏，便请家庭教师读老书，再加算术、英文，或送到私塾中去读老书。如果深造，到读中学、或读高中时再进学校，好在当时中学、高中入学时都没有统一分配，可以自由报考，没有小学、初中毕业文凭，可报"同等学力"，只要成绩好，照样可以考取。二是表面是小学，实际还是私塾教育办法。这种情况，北方各省的县立高小，或在县城，或在镇上，一般都是如此，即用各种教科书，学生自己读古书；只算术课，教师在课堂上讲解，学生在各自寝室中演算练习；其他国语、常识等教科书，都是学生自己去看，到考试时，记住要点，就能答卷子。因为这些自己还在读《左传》、《书经》的高小学生，早已读熟《论语》、《孟子》等书，都已会写三五百字的文言、白话短文，自己阅读这些课本，已不成问题了。三是当时北方各省乡间，一般都无初级小学，启蒙读书，都是私塾，俗名"书房"。就是在号称文化古城的北平城里，除各种公私立小学之外，也还有一些私塾，教师教读识字读物《三》、《百》、《千》及各种"杂学"、"尺牍"之类，这种私塾不教算术等课，有些工匠如瓦木匠、铜铁匠等都把孩子送去读几年私塾，识一些字，会写信记账之后，再去学徒。算术不学的原因是年纪大一些，个十百位数字自然会懂，学徒学手艺，还要学算盘，如在商店学徒，算盘学习要求更高，自然都会算账，也自然会弄懂各项手艺行尺寸的运算，数码也习惯以"苏州码子"计数。不用阿拉伯数字，更不用算什么"龟兔竞走"、"鸡兔同笼"等计算题。这些书房的历史知识靠《三字经》那几十句"小纲鉴"和看闲书"列国演义"、《封神演义》、《三国演义》、《说唐》等，在这种书房念上五六年书的高材生，其中文化程度和中国历史知识，远远超过现在一般文史院校的大学生。假如他学的手艺不是瓦木匠、米粮店、药材店，而是旧书店、碑帖店，那程度就更高、更是专门家了。

当时社会上维系文化传统中,除各种学校毕业生而外,另有大量的私塾教育出来,在各行业学徒的人,他们是社会上另一阶层的有文化的人。而当时各商店,大量的从业员,都是这种出身的。没有一家买卖,包括大字号,什么绸缎庄、药店、银号、大木厂等的经理、账房先生用一个大中学毕业生。这是旧时谈文化教育的人很少注意,现代人又很难想象的。

另外还有一些人家,把孩子送进小学读书,读学校课本,而在家中却请了家庭教师读一些"四书"、《诗经》之类的古书,或者利用漫长的暑假读一些,这只是在教材上读些传统的东西,就未正式受过私塾教育了。

以上情况,就是我所说的过渡时期,即在学校教育已普遍实行了三十多年的文化古城时期,而在初级文化教育中,还大量地保留着传统私塾教育的形式和教法,传统的教材,由《三字经》、《百家姓》、《千字文》到《诗经》、《左传》,还有不少人在读,在背诵。私塾教育形式和教法的存在,传统教材的部分使用,不只为当时广大工、商(包括部分农民)两界培养了大量有一定文化程度的从业员,也为高中、大学输送了部分具备一定传统文化、足以继承旧学的人才。直到今天,不少知名学者还健在,他们年青时都是受这种过渡式教育出身的,不少人进中学之前,一直读私塾,有的进高中之前,还读私塾,连英文也是在私塾中读的。凡是这种学生,一般说中国文史基础知识都是比较扎实的。

有人写短文,说到科学家与历史,举李四光先生所写《战国后中国内战的统计和治乱的周期》一文为例,说内容与地质无关,统计表中"人祸"用现代科学统计方法,全文万余字,从秦到清,阐述详尽。说明作者一能看懂古籍,二对祖国历史有感情、有兴趣,三在文字上能熟练表达,达到学术论文水平。说李氏写此文时，是三十九岁。最后结论说科学家知道一点祖国历史是必要的。文章的意思是很好的，但今天的科学家，老实说是做不成的，这不是个人的问题，而是教育制度、方法、教材内容的问题。简单一句话：今天能培养出通晓几国外文的科学家，却必然都是昧于中国传统文化、对文史古籍一无所知、不能阅读的"历史盲人"。这是今天教育的结果，是不以人的意志和某些善良的愿望为转移的。

在李四光、丁文江时代，是先读通古籍"四书"、"五经"，阅读过不少古代史书，文字上十分通畅，具备了写中文学术论文水平的人，才能通过考试，出洋留学，学习各种科学。是先具备了丰富的传统文史知识，写得一手好文章，然后才成为科学家，不然他是考不上出洋留学的名额的。所以前面的先决条件是早已具备了的，不要说三十九岁，这点文史水平，在十九岁时恐怕就已具备了。当时丁文江、任鸿隽、梅光迪、胡适、李四光等人，出国留学时，国文、历史考试，程度要求之高，现在是很难想见了。现在的科学家，无此文史文化基础，不要说三十九岁办不到，到九十三岁时是否能办到，也要看他以后这五十三年如何过了。

私塾教育和传统教材无疑在中国漫长的历史中，对于文化传统的绵延发展和人才培养，是起到绝对的作用的。普遍实行学校教育、采用西方教育方法，迄今还不够整一百年，如把半世纪前一段过渡时期除去，那时间就更短了。一是行之有效的几千年的教育制度，一是只实行了几十年的教育制度，而中国新式教育制度的实行，和旧的教育制度的全部抛弃，也还是出于政治的原因，而对新、旧教育与中国传统文化的继续和现代科学发展之关系、效果等等，并未做科学的研究，这是十分可惜的。

新旧教育制度的科学比较，那是专门家的事，我只谈一点我的切身体会。我小学一年级，是在都市小学中读的，只记得一点影子，已经很模糊了。后来回到乡下，就到乡间小学挂名，又在家中私塾读书，考试时到学校中去考，学校读书方式，也是半私塾式的。后来读到五年级时，到了北京，考上中学，就完全受新式教育了。这中间我最大的不习惯，感到不满足，没有办法，就是自己学习、思考、活动的时间过少，而时间都让教师占用了，如算数、物理等课，固然需老师讲解；而另外一些课，如国文、史地等，教师课堂上废话太多，把时间全占了，学生要读书，还要上完一天课，回到家中，本来已十分疲劳，却还有做不完的作业，背不完的书，白天时间浪费，晚上时间不够，这种情况，在私塾教育中是没有的。因而新式教育，费力多而效果差，私塾教育费力少，而效果好，扎实，其差别是十分明显的。

我进入中学，第一课国文课，迄今我记得还十分清楚：用的教材是师大附中自编的《初中国文》第一册，教师王孔武先生也是师大附中的教师，又到这个学校兼课的。我当时在乡下已读完"四书"，自抄自读，抄一篇读一篇，读了五十几篇唐宋古文，读了半部《唐诗合解》，看闲书看了一部《三国演义》，以及其他一些新书如《我的储蓄计划》、《小学生日记》、《瑞士儿童故事》等杂书，因而这本国文教科书拿来，我已大体看了一遍了。第一次上课讲白居易乐府诗"慈乌失其母，哑哑吐哀音。昼夜不飞去，终年守树林……"一句一句地讲，整整讲了两课时，我十分别扭地忍耐了两小时。有好多问题，也不敢问出来。第一，本教科书，为什么不从第一课讲起，莫名其妙地翻开讲中间一篇，是什么意思？第二，这样一篇诗，大多都能懂，教师领读一遍，稍微说两句就可以了，为什么要说这些话呢？第三，什么时间我能自己放声读呢？许多问题，我自己想着，自然也就不听他说话了。其实他讲的两课时，要留出一课时半时间，让学生自己读，一般智力，都能背得滚瓜烂熟了。照本宣讲，大部分是废话。至于一看就懂的浮浅白话文，一讲几个课时，更是全部废话，教员也没有办法，规定如此，只能说废话，学生大好光阴，在语文课上不能自己读、自己写，年年月月，都在听废话中度过，真是没有办法。也许有人说我有些过甚其词，实际从我读书及长期教书经验中感到。如果教师少讲些，去掉三分之二讲解时间，要求学生自己读、自己看、自己写，一定要读熟、阅广、写通，必然能收到更好的效果。不包括那些浪费时间的语法，这些作为科学研究是可以的，作为教材教学生，是一点用都没有。从古至今没有一个人是因学语法才会写文章，这是人人都知道的。"书读百遍，其义自见"，读书的理解，主要是从自己的读、看、写当中加深的，教师讲的再多，也代替不了这些基本的感受，却把学生有限的时间占用了，浪费了。这是现代教学方法用在国文、历史即祖国语言、传统文化继承上最大的失败。当然也包括教材，这方面可讨论者尚多，因已是题外话，不再多说了。

学生和教员

每读李清照《金石录后序》，至"余建中辛巳，始归赵氏……侯年二十一，在太学作学生。赵李族寒，素贫俭。每朔望谒告出，质衣，取半千钱，步入相国寺，市碑文果实。归，相对展玩咀嚼，自谓葛天氏之民也"等句，就想到赵明诚做太学生的形象，其时李清照十八九岁，是中国历史上最典型的一对小夫妻。其后共同生活了十多年，即遇到战乱，国破家亡，生离死别，各种不幸遭遇接踵而来了。由此我也想到"七七事变"前，多少对类似的小夫妻,大多丈夫是学生、妻子是家庭少妇;或者妻子也是学生,同级的、低年级的……各个时代都有学生,各个不同时代学生的情况和遭遇也大不相同,要使后人想象其具体形象、气质是很难的。这里只能做一些大概地介绍。

先说大学生吧。文化古城时期的大学生有哪些特征呢?大略言之,有以下几点:一是来自全国各地,各著名大学中,百分之七八十的学生是全国各地的,家住北平的是很少一部分。外地学生中以江苏、浙江、上海人最多,其次福建、四川、广东、两湖等省,距离近的北方各省,反而少,边远省自然更少,这自然是明、清以来一贯形成的。南方几省富庶,文化发达,读书人多。北方各省贫穷,读书人少。"九一八"之后,东北的学生流亡在北平的也很多,东北大学也迁到北平。但考进国立著名大学的东北籍同学也不多。著名大学的学生来源,也大多是南北著名中学,北平师大附中、天津南开中学、江苏扬州中学等等。据一位三十年代初扬州中学毕业后来考入清华的老先生说:他们那班毕业生四十多人,一榜考上清华的就有三十八个之多,可见其比例之高了。著名教会大学,则有不少华侨子弟,因为费用高,一般贫寒子弟是读不起的。在一些私立大学中,北几省籍贯的学生比例倒高一些。大都是各省乡间比较有钱人家的子弟。

二是大学生中,已婚的比例数多。当时一般早婚,男的二十岁左右大多就要结婚了。因而不少高中毕业时,就成家了。虽无确切数字统计,约略估计,大学男生,已婚人数起码可占到百分之三五十。回忆当时亲戚当中,在大学读书、日本留学的几位,家中都已结了亲。如果男女双方都是学生还比较好,而不少男方是大学生,女方不是,甚至还住在乡间,这就常常造成男方另讲恋爱,女方遭受遗弃的悲剧。甚至不少名人都是如此,平时满嘴新道德、旧道德、尊重女权等等,说个不停,到了这时,就只剩下自私和把女人看作是可以弃之如敝屣的封建思想的维护执行者了。

　　三是大学生经济能力相差甚远,文化程度、知识水平相差更远,这是现在人们很难想象的。经济能力相差甚远,这是因为家庭的关系。大官僚、大军阀、大资本家的子女,他们上大学一年用上千把块钱,算是很节约的了,这点钱在他们家总开支中,不过占上百分之几,是无所谓的。而经济力差的,上大学一年用上一二百元,他们家要用全家的力量支持他。乡间小地主年年卖掉几亩地支持儿子上大学的大有人在。这样的家长,遇到好儿子,这钱还不白花,如有成就,即使倾家荡产,也还是有所安慰的。如遇到不争气的下流子弟,那算倒了霉了。他父亲到学校来看望他,他会向同学介绍说这是他们家老佣人、老管家。这在当时是很普通的。至于特殊豪门的大学生,那就更当别论了。袁世凯的一个小儿子在燕京大学上学时,不住宿舍,公馆安在海淀,每天包车去上课,佣人跟着,等在教室外,下课十分钟休息,佣人要递擦脸手巾,递香片茶,递三炮台烟……这是老派皇子的架子。

　　在当时大学生中,知识水平也是相差十分悬殊的。名牌国立大学、教会大学,考进来很不容易,进校后要求也高,水平都是比较一致的,而且是相当高的。不管哪一系,中文都能做到文言、白话随意书写,文从字顺,都具备了随意运用文字的水平。连一篇一两千字文章都写不通的人,可以说是没有的。外文水平最低也具备了利用字典,阅读翻译资料的水平,高一些的那就课堂上的听、说、写都不成问题了。数学则是全掌握了中等数学,考文学院的数学也要及格,不然是进不了校门的。以此基础学习各自的专业，一般都能超过水平。至于私立大学，以及私立大学中的最差者，那里同样大学生，水平就大不相同了。不要说外国字不认识、算术做不来，甚至中国字也认识不了几个。当然，这种大学生都是家里十分有钱的，不过也可分两类。一是资质实在差，甚至低能，虽然家中严加管束，请家庭教师辅导，还是读不好，也许是很老实的人，但书就是读不来，没有办法，只好到很差的私立大学中混张文凭。二是家中无人管而又广有钱财的不肖子弟，从小上学不学好，吃喝嫖赌，无所不来，就是不好好读书；或者资质尚可，如遇严父严兄，好好管教，或者可以读到一定成绩，但是无人管，最后只能在最差的私立大学混混，这是标准纨绔子弟了。不过这是极少的。另外大部分私立大学，学生成绩在普通水平上，可能差一些，自然其中也不乏佼佼者。刘半农先生在其《辅仁大学的现在和将来》的讲演中谈到一事云：

> 去年秋季，有一个学生来投考本校本科国文系一年级，因为他的程度太差，我把他跌到高中二年级。他就亲自来向我要求，说："我不愿意进高中二年级。可否准我在本科一年级旁听？可以呢，我来。不可以呢，我就不来了！"我回答他说："因为你程度太差，要进本科一年级旁听，绝对不准。来不来的要挟，对于本校是用不着的，因为本校并不短学生。"过了几天后，我偶然经过某大学的门前，看见该校门墙上的榜，列着一大批新生姓名，这个学生竟列本科国文系一年级第一名。由此可知，本校以前招生程度，并不算很低。

这类学生的水平，可能上下之间，临场发挥好些，就入了试官的眼，高高得中了;临场发挥的差，就被试官认为程度很差，欲求旁听而不可得了。因而前文所说"程度太差"，是相对的，并非绝对的。是不足为凭的。文中所说"某大学"，可能是和平门外师范大学。这是去琉璃厂的必经之路，教授们经常逛琉璃厂买书，经过师大门口，看见榜，叫包车停下来，随便看看，这就符合"偶然经过"四字的语气。这位刘半农先生认为"程度太差"，而"某大学"却高中榜首的先生，现如在世，当是八十多岁的老人了。其水平可能是古书读的多些，文言文写的熟些，而中学其他课差些，或不善写白话文，或数学差、英文差，总之国文是好的。不然某大学不会取他为第一名了。

关于过去大学生、留学生的程度，名小说《围城》曾写到一位在美国买博士文凭的留学生。而在实际生活中，还遇到过一位雇人代为上学考学位的美国留学生，这是大军阀的子弟，现在人们很难想象。不过这都是古人的事，不必多说了。

四是穷大学生兼差的多，最常见的是一边读大学，一边在中学兼课教书，在报馆当编辑、校对，在一些大宅门中当家庭教师。在中学兼课或做家庭教师，也有些不同，即前者是副课多，如公民课、图画课、音乐课、体育课等等，钟点不多，但又不可缺少，小一点的中学，这些课都没有专任教员，都是找人兼课，流动性大，英、国、数主课教员，专任的多，兼任的较少。偶然要找兼任，要求更高，就要有真本事的了。大学生为了生活，到小学中兼课的也是常有的事。至于做家庭教师，则多是教英、国、算三门主课，学生程度，大多是小学初中程度。请家庭教员的家庭，都是中产以上家庭，甚至是政治上很有地位的人家，家中房子大、有许多佣人，家庭教师来了，老师长、老师短，十分客气，还要端点心、留饭，如果拉上关系，将来安置一个工作，不成问题。但这都是功课好的学生才能干。至于在报馆、杂志社当编辑、校对,以及平时投稿,靠稿费维持生活,这就要有一支健笔了。当时物价低,稿费虽低,与物价比例,还是很高的。最低千字一二元,有三千字稿费够学校一个月伙食费了。

文化古城的大学生来自全国各省,著名大学,都有宿舍,城外清华、燕大不用说了,全部住校。城里北大、师大、平大等也都有宿舍。私立大学除部分宿舍外,学校附近,都有几处接待学员食住的老式公寓。最低八块钱房饭,连房钱、饭钱都有了。一般十来块钱,就可住一间小北房。还管每天两顿饭,菜自然不是很好,什么肉丝炒菠菜、肉丝炒绿豆芽等等,再加一小碗豆腐汤、黄瓜片汤,米饭、馒头,但是每顿都给你端到房中吃。用功的人,一边吃饭,一边还看书呢。说到此间,不免想到一则笑话,据传当年刘师培先生住西单白庙大同公寓时,一次朋友去看他,正遇他吃饭,满嘴乌黑,原来他一手拿书,一手拿馒头,看书入神,不蘸菜碟中的菜汁,却蘸着砚台中的墨汁在吃呢。食住都好解决,至于衣呢?大多是蓝布大褂,夏天拖着蓝布大褂,冬天棉袍子外面,必然还要罩蓝布大褂,这几乎成为制服。穿西装的学生是很少的。但一般一支自来水笔是少不了的。瓦特曼、高级的派克,当时普通的也要卖八块钱一支。也有上海货、日本货,便宜的两块多钱一支,不过都是金笔,那时还没有铱金笔。另外近视眼朋友,一副眼镜更是命根子。大眼镜店精益、明明,名牌子"托力克司"、"克力克司",近视眼对此很熟悉。我不是近视眼,只是一般知道而已。奇怪的是当时近视眼没有现在多,一般不超过百分之十。

走在马路上,大学生很容易识别,名牌大学,校徽都挂在衣襟上,即使不是名牌,私立大学不好意思挂校徽的,衣襟上也常插支自来水笔，蓝布大褂下面西装裤子、半旧不新的皮鞋，这些都标志着是大学生。至于中学生，则多穿制服，高中男生，草绿军训制服，女生月白上衣、黑裙子、黑鞋白袜，初中男女生童子军制服，都很容易区别。现在大学生穿牛仔裤、卖西瓜也穿牛仔裤，都是青年人，从衣着上难以区别其身份。而在文化古城时期，则极易区别。即一般工商业从业人员，不管是大字号同仁堂卖药、瑞蚨祥卖绸缎，直到小油盐店卖酱油，胡同口摆摊卖西瓜，全都是中式服装，满裆折裤腰的裤子，可以说：全城找不出一个穿西式裤子卖西瓜的。自然，也有些例外，带点"洋"字的行业，有时也改装了，如西式理发馆的理发员、照像馆的摄影员，这些行业就有西式打扮的了。

中学里外地的学生也很多，不过是北方各省县的多，如河北省冀东、冀中一带，山东沿海各县，东北各地，山西晋中、晋南各县，江、浙的较少，因为这些地方自有好中学，用不着千里迢迢赶到文化古城来读。而"九一八"之后，东北学生来读高中的特别多。外地中学生说话都带有浓重的乡音，其中东北话、山东话，同学们不大敢取笑。而山西话、冀东话却常常被作为取笑的对象，山西人叫"老西儿"、冀东人叫"老塔儿"（这个字我不知对不对）。我十来岁时，初到北京，乡音未改，"小老西儿"绰号不知让同学叫过多少年，想来也还都是善意的，可惜现在没有人叫了。

当时的大中小学生，有一个共同特点，就是用功读书的多，基础文化水平都比较高，一般好的小学毕业生，已具备了当个小职员写一般公文的水平，最不济，当个书记，抄写公文的一笔小楷都过得去了。如高中毕业生，那一般都有相当中、英文水平，知识程度就算很高的了。不少机关的职员，都是这一层次知识水平的人,真正大学毕业的是很少的。

学生的用功和文化基础知识扎实,和教师的水平是分不开的。当时一个小学教师,在经济收入和社会地位上,还是被人十分羡慕的。还没有变成沦陷之后、胜利之后的"四大贱物"之一(四大贱物即买邮票、吃咸盐、坐电车、请教员)。而当时做一个小学教员,也十分不易,不管师范毕业生或中学毕业,一笔好字,首先要会写,不然上不了讲台,写不了黑板。教国语课,改不来作文,不能用朱红毛笔圈圈点点,最后加批"文字清通,说理明畅",或"理稍可取,文欠流畅",几个大红字写的歪七扭八,这样的人,是当不了小学教员的。教数学就得能把板书写得清楚,四则难题难不倒;教唱歌或会打拍子、弹风琴;教体操,要会喊操、盘杠子,总之都要有一套。不然,纵然糊弄了学生,学生家长也不答应。如果学生家长,在学生作文本中,发现教师没有改错别字,或者字不成字,错字连篇,那教师这碗饭便吃不成了。反之,如作业改得好,从改正一两个字中看出水平,那也能受到高明家长的赞赏,成为名教师。当年先当小学教师,后当大学名教授的大有人在,如钱穆老先生,便是最著名的例子。

当时小学教师工资低的,也有三四十元。如著名小学师大附小、北师附小的老师,月工资也可以拿到八九十、近百元,这比之于一般大商店职工,要高出一倍多。当时乡村小学教师,月工资也有二十多元。

中学教师要求就完全不同了,自然在水平上、资格上都要大学毕业,但不是所有大学毕业都可以教中学。文化古城时期,各中学的教师,基本上是被两个大学的毕业生包了的。即一个是师范大学、一个是北京大学,而且是以师范大学为主的。有不少中学,英国算、史地、理化、体育、音乐、图画小三门,清一色全是师大毕业生,因为师范大学这些系都有毕业生。师范大学毕业生控制的都是著名中学,如师大男附中、师大女附中,这些校友按籍贯结合自己又办了不少中学,如冀东人办的志成中学、冀中人办的四存中学、东北人办的宏达中学等。另外一些著名教会中学如育英、汇文、崇德、崇慈等,除教英文的教师不少教会人士、甚至外国牧士、修女外,中文、数学、理化等教师,也多是师大或北大毕业。清华燕京毕业做中学教师的也有,但不多。在我记忆中也只有两三位。

国立、市立中学靠大学、靠教育局,教会中学靠教会,私立中学靠董事会、董事长。而董事会董事、董事长,大都是政界、教育界的知名人士。如志成中学的董事长是做过师范大学校长的邓萃英氏,四存中学的董事长是冯玉祥回师倒吴佩孚戈时,当过警察总监的张璧(此人后来做了汉奸,三十年代中叶好像做过商会会长),其他私立中学,也都各有相当名望的、有政治势力的人做董事长支持。在这种人下面,又围绕着一群校长、教员之类的人。不过一般中学的大权主要还在各校校长手中,他们为办好自己的学校,总要尽量请比较好的教师,一般这些当校长的,也都是师大、北大毕业生,大多也都是教书出身,或一边当校长,一边又在兼着课。当时做中学校长的,留学生也不少,但没有文化的却是没有的。

文化古城时期的中学教员,三四十岁以上的,还都是出生在清代末年的人,纵然二十五六岁的,也都是民国元、二年生人的,他们幼时所受基础教育,大多都还是旧式教育,一般都读过一些古书,因而不管是教哪一门课的,数学、英文、物理等等,他们的国文水平、旧学根基都是很高的。记得小时中学里一位教英文、留着很长胡子的老先生,却讲求书法,专门写自己作的对联,对仗工稳,随意应景,这点文字功夫,要较深的旧学基础才行,现在一般中学教师,是无法想象了,但在当时却是不稀奇的。

当时中学教员的待遇,较之小学教师,要高出许多。当时各中学分专任教员和兼职教员,专任教员是月薪,寒暑假也有工资,一般都聘任制,每学年都给聘书,如某人在暑假中收不到下学期的聘书,那就说明是不要你了,你就另谋高就吧。不过一些著名中学,教师阵容是相当稳定的,有不少有学问、道德高尚的教师,受到各届学生的爱戴,一辈子就在一个学校任教的大有人在。专任教员一般都是英、国、算主科教员,史地、理化也有专任教员,专任教员一般要教到两三个班,即每周十二到十八学时。一个学校的专任教员,可以到另一个学校兼课,也有专做兼任教员的,当时有些著名数学、英文教员,每周上课至三十几课时。课排不过来,要排"零时课",即提前排到第一课时之前,再加一课时。这种教员,有时兼课到三四个学校。高中钟点费,每课时二元,初中一元二至一元六。兼课多的人,收入是很多的,不过寒暑假就没有钱了。这也有三个月时间,如果他还是某校专任教员,那自然还有专任教员的工资好拿。

大学教师的要求,一般的同高中教师差不太多,稍微高些,能教些专门的课就可以了。比如数学教师能教教微积分,便可教理工学院大一数学,教国文的能选几篇韩、柳八大家的古文,或选几篇《饮冰室文集》《胡适文存》的文章,便能教大一国文。中学教员,即使在著名中学教一辈子书,也还是个中学教员。一到大学,哪怕是一般私立大学,讲上一两班课,那便是大学教员了。写履历便可写"大学讲师",这像清代进了翰林院一样,哪怕再不通,也是清流,身份也两样了。如果有了著作,社会上有点小名气,能拉上一些关系,那也许就能弄到一张教授的聘书,就是向上活动,参加政治活动的资本了。

当然名牌大学的教授却不是容易当的,而获得教育部聘书的部聘教授就更不容易当,大多都是各个学科的海内外知名学者了。当时在外国留学,读博士学位,而且已有了相当名望的人,在未回国前就收到教授聘书,或回国后立即可得到聘书。但在国内偶然脱颖而出的人才,限于资格,却不能立即收到教授聘书。如清华著名的华罗庚先生,以图书馆职员身份,解世界三大数学难题而得到世界学术荣誉,调到数学系,并不能马上任教,学校公费派赴英国深造,学成归来后才逐步成为名教授。

当时名牌大学教授,基本上都是留学生,而且担任教授连续上课二三年之后,按规定可出国进修一年,在这些名教授中,以留学欧、美的最有实力,北大、清华、燕大等校是留学英美的最多,其次是留学日本的。没有出过国的名教授也有,但不多。以籍贯分,有江浙系、南方系、北方系。北大、清华等校教授,大部分都是南方人。少数北方老学者如高阆仙、王桐龄、李泰棻,是以和平门外师范大学为大本营的。但北京成为文化古城开始时期,北方高等教育大权都掌握在李石曾氏手中,他是清代同治皇帝师傅李鸿藻的幼子,原籍河北省高阳县;他又是国民党元老,又是法国老留学生,北方教授不少以他为依归,滦县人法国留学生李蒸出任师范大学校长,主要是受到他的赏识和重用。刘半农氏因为留学法国,成为音韵专家,也与李石曾氏关系密切,成为当时北平大学教育界举足轻重的人物。

另外在教授中,还有老派与新派之分。也还有不少没有读过大学,却在大学中当名教授的特殊例子,如一一介绍,一来没有那些文献材料可征,二来也似乎太繁碎,因而就不再多说了。

由大学生、中小学生,说到小学、中学教员、大学教授,层次虽然多,差别虽然大,但都是当时文化古城中文化的组成分子,都是活跃在一个历史时代文化气氛中的人。这些人中有不少已经成为古人,但也有不少还健在,其中穿着童子军制服,背着书包上学的儿童,大多也都成为老人了。不少人都成为世界名望的知名人士,但当年却都是受过这个历史时代文化气氛熏陶过的,如今回忆起来,多少是否有些特殊的历史感觉呢?

课外及其他

新式教育较之中国传统教育,最大的优点,就是教学内容多样,教学形式活泼,因之各个学校,在课堂教育之外,另有不少活动项目,为各种性格的同学所喜爱。在文化古城时期,各大中小学除日常课堂教学、各种考试要求严格而外,其他活动也是非常多的。

首先是体育活动。当时体育课时不多,每周中小学只一课时,另外大部分中小学,还有童子军和军训等课一课时。都能坚持做课间操,在我中学的记忆中,只要不下雨,没有一天没做过课间操。同学都很自觉,每天上午第二节课一下课,便纷纷离开教室,走向操场了。

各中学、各大学之间排、篮、足球联赛是少不了的。三十年代中期,先农坛体育场已经建成,每年春、秋两季运动会也很热闹。当时北京各中小学,有些校舍尽管破旧,但操场还是比较大的,中学中,最好的是汇文,不但有大足球场,宽阔的田径跑道,还有体育馆健身房。绒线胡同崇德,足球场也很大,还有个小游泳池。师大男附中的足球场、跑道,是比较标准的,比对门师范大学的场子还大。西什库男四中的运动场也很大,而且合乎标准(当然是最低标准,不能和现在标准运动场比)。西城私立中学志成、宏达都有较大的运动场地,宏达的长方一块,更标准些。大学最好是清华、燕京,都有四百米跑道的标准足球、田径合用运动场。清华有室内游泳池、健身房。燕京有体育馆、室内篮球场。城里北大沙滩红楼后的大操场、辅仁教学楼马路对面的操场,都是有九十米长标准足球场的操场。因为各校运动场地多,同学们体育活动还是十分频繁的,何况有两所专门培养体育人才的学校,师大体育系和设在先农坛的体专,不断为各校输送体育教师,对同学们体育活动,都是十分有帮助作用的。

在各种联赛期间,各校都有自己的校队,有名的学校,因为校队得了冠亚军可为学校制造声誉,因而对运动员同学特别优惠,不但发给背心、短裤等运动服,而且有厚绒衣裤。一九三六年冬我们小同学作为拉拉队给本校篮球队助威,到先农坛运动场一个篮球场等着,一会儿本校队员入场了,一个个像英雄似的,先纷纷脱掉外面套着的大翻领白色粗毛线毛衣,这是学校新发给他们的,每件起码有一斤半毛线,差不多值十块钱一件,够上一钱黄金的代价了。我们小同学看上去真羡慕……一位久居国外,当年做过球员的老同学,现在七十来岁了,见面谈起来,还眉飞色舞呢。

当时有些学校执行"童子军"制度,有的学校则不实行。如师大第一附小、男附中初中,就都实行了童子军;而东铁匠胡同第二附小,辟才胡同女附中,则都不实行。不实行就不穿童子军制服。二附小有自定制服,那帽子的式样是瓜皮帽加沿,也就是体育教练戴的那种便帽,加两条细红边。女附中夏天一律是月白带大襟褂子,黑裙子。而第一附小、男附中初中,则都穿很复杂的童子军制服,上身两个大胸袋的上衣,下摆束在裤或裙中。

男生夏天短裤,冬天灯笼裤,女生则冬夏都是裙子,冬天两条小腿是很冷的。扣子皮带,扣子上有"智、仁、勇"三字,背后还有一个活钩,要挂一条折起来的白棉绳,叫"法绳",肩上要挂标志和代表"猫队"、"狗队"的彩色绸带,领口要带领巾,一块正方布三角对开,半蓝半白,帽子冬天戴船形帽,夏天戴像大草帽一样的帽子,不过都是咔叽布做的。上操时还要拿一根棍子……这一套我记得非常熟,因为我上初一时,刚由乡下出来不到一年,对这些十分新奇,再有校门口天天一早上学时,要检查,都是高年级同学值勤站岗,对小同学查的又严又细,我十分害怕,自然记得非常牢了。

这是英国人贝登鲍威尔所创立的一种训练儿童的办法,据说目的在于根据儿童心理训练其智慧、勇敢、守纪律等等品德,在二三十年代,在世界各国很流行过一阵子。清华大学在其前身留美预备学堂时,也实行过一个时期童子军。梅贻琦校长当年还曾担任过童子军教官呢!童子军有时要到郊外野营,也是初中小同学感兴趣的。

这套复杂的制服学生交钱,学校统一向门框胡同军衣庄量学生身体定制。我是花五元钱订制的,冬天冷了,又花七元五角钱,做了件大衣,是配套的。制服是很好的黄咔叽,大衣是蓝色粗呢,很厚实,因为做的十分肥大,我长大了拿它当不冷不热时的外衣穿,倒穿了不少年。

当年寒、暑之外,每年还有三天春假,秋天有时也有一两天假期,因而每年春、秋两季的旅行活动是少不了的,北京郊区游览的地区又多,近一点呢,香山、碧云寺、卧佛寺、西山八大处,远一点呢,汤山、妙峰山,当时十三陵也算远的了。青年学生好动,有精力没有地方发挥,因而春秋两季旅行,大多要爬山撒野,真正浏览风景、访问名胜古迹的人倒是少的,因为都还没有那个水平。至于大学高年级的学生,他们在年龄、学识上都不同于中、小学同学,那自然另当别论了。

颐和园自然是著名游览所在,平时门票一元,于春假期间,对清华大学学生发优待券,只卖二角。当年西郊清华大学、燕京大学的游览条件,本来是得天独厚的,潘光旦先生《清华初期的学生生活》中说:

> 京西郊区活动范围之大与游览地方之多,是尽人而知的。出西直门,从万牲园(一称三贝子花园,即今之西郊公园)迤逦西行,直到西山八大处,一路的各大名胜,当时都已开放;尽管交通不便,只步行、骑驴两途,每逢周末,去的人就已不少。较远的如十三陵、八达岭、潭柘寺、妙峰山,乃至房山县的清陵,也往往有人集体去游览。特别值得一提的是,校园的西邻圆明园,当时虽早已成为狐兔的窟穴,而破碎的琉璃砖瓦,片段的白玉雕栏,纷纭狼藉,遍地都是,寿山还相当高,福海还相当深,乃至大红门还像个门,西洋楼还像座楼……成为课余假日闲步的一个最好的去处。

在文化古城时,这些条件一点也没有改变,所以清华、燕大的师生及其在二校附中读书的教职员子女,在这点上较城里学校又有利多了。但游览条件再好,也还有目不窥园的书呆子,据传著名物理学家萨本栋,在清华读了八九年书,就从来一次也没有去过颐和园。

各校都有成立纪念日,常常在这天开庆祝会纪念校庆,师生们各有所爱,欢喜体育的组织球赛,开运动会,而欢喜音乐、戏剧演唱的,那校庆游艺会便是最好的机会。除校庆之外,还有新年联欢,正是快放寒假的时候,也十分热闹。当时正是京剧最风行的时代,四大名旦、四小名旦经常演出,富连成科班天天在广和楼唱戏,听半天戏只要两角钱,影响所及,各校都有戏迷,不但能听,而且能唱。有的家中有条件,经常票戏,甚至变成有名的票友,每遇校庆、元旦游艺会,这些同学就特别忙了。当时各学校大多没有礼堂做剧场,但不要紧,便在外面租园子,最多的是西柳树井第一舞台,还有宣外大街江西会馆。这些地方的游艺会,当年曾不止一次地参加过。戏我虽然不懂,但作为小同学为他们跑前跑后的欢乐心情是到老难忘的。会唱两句的同学,他们的印象自然更深刻了。

在各校游艺会上,后来也涌现了不少名演员。如一九二七年和平门外师大附小毕业生游艺会,两个同学的表演就轰动全场,一个叫"石毓涛",就是后来的石挥,一个叫"董世雄",就是后来的蓝马。这只是一个例子,类似的自然还多,无文献可征,就不能多举了。

这个时代各校的刊物很多,著名学校,都各有自己的著名刊物,学术方面的是学报。《清华学报》、《燕京学报》,刊载的都是学术价值很高的论文,迄今为止,仍是各大图书馆的珍藏,而且有不少都已影印出版。综合性的校办刊物如《北大日刊》、《旬刊》,现在也都是作为史料,影印出版,这在当时都是刊载校内消息及刊登学生小文章的。当时一些著名大书局的学术刊物,也都是委托文化古城的大学主编的,如中华书局的《教育丛刊》、《数学杂志》、《博物杂志》、《史地丛刊》,就都是和平门外师范大学负责主编的。不止是大学里有自办刊物,连一些著名中学都有自己很像样的校刊,所在的志成中学,就有《志成月刊》,按月出版,学生每人一册,自然费用都是缴学杂费时一道交了的。当时一般经济力尚好,而纸价、印刷费都十分便宜、方便,所以也给各校办校刊及发行创造了条件。在纸价高昂、印刷周期缓慢,人们购买书报的经济力又低落的情况下,一般中学,要想维持一份有一定发行量的校刊,就不容易了。

当时爱好写作的同学,往往自己办一份壁报,贴在教室里,老师也是支持的。但那时没有办黑板报的,这好像是后来才时兴起来,不过已很晚了。

小学、中学、大学,以父兄的钱,以自己的努力,辛辛苦苦读几年书,能顺利读到毕业,是很不容易的。常见不少学生,在各种年级上,半途而废,因故辍学,大多因经济原因,没有钱继续读书;也有不少,因成绩太差,无法继续读书;少数或因身体有病,不得不辍学。但这还是指文化古城时代,暂时安定时期。至于战争一起,玉石俱焚,奔走逃亡,顾命还顾不住,那就更是大量的人都辍学了。

各级学校,纵然不半途而废,有幸读到毕业的人,要拿到一张毕业文凭,也不是十分容易的,会考一关通不过,有一门不及格,就只能拿到本校的毕业证书,而拿不到盖教育局大印的毕业文凭,因为初、高中的毕业文凭是由教育局统发的,是一大本双联的,骑缝上有大印、有编号,一张张地发给各校毕业生后,教育局还有存根可查可对。而大学的文凭,就要由教育部来颁发了。凡是教育部立案承认的私立大学、学院,也都要发教育部盖印的文凭。当时各省市没有高教局,全国所有大学都归教育部管。如果毕业考试有不及格的功课,便毕不了业,有的还可以继续读,补修一两门课,有的则只能领到毕业证明或肄业证书。最差的朋友,有时毕业考试三门不及格,那就什么也拿不到,只把中学文凭还给你，你这四年就算白读了。有些国立大学就用这个办法把最后一道关口。因为这种学校，平时很自由，上不上课都可以，只是用严格的考试来约束学生，淘汰其不合格者。平时学期、学年考试，自然三门不及格，也"请出"，这还不算什么，到毕业考试，照样因三门不及格被请出的也大有人在，不但拿不到文凭，连肄业证书也拿不到。不过有些教授也十分刁难，五十九点五的成绩照样评出，三个这样的分数，只是一分半之差，就足以断送你的一生了。这种情况，一方面固然由于这个学生不争气，平时太差；另一方面也有些平时成见在内。因教授固然都有名气、学问，但不一定都是忠厚、宽宏、公正的人。偏激的很多，不过硬的朋友，再遇到这样的教授，他对你一产生成见，就难办了。

中学文凭上照片、钢印还较一般，大学文凭就隆重多了，一张戴方顶像皇帝平天冠帽子的照片是少不了的，各照像馆都预备着这种帽子，拍照片时临时借了戴一戴，便十分神气了，用不着自己花钱买。至于燕京大学举行毕业典礼时，每个人都穿着这种礼服，蓝绸长衫，黑纱马褂，头戴方帽，手捧文凭，鱼贯而走出礼堂拍合影照时，这顶方帽子，或者是自己花钱买的了，不过只戴一次，并没有人戴着这种帽满街跑，对穷学生说，花钱买，未免太浪费了。国立大学文凭一般毕业当年还领不到，只能拿到盖有校印、校长、教务长、院长大橡皮图章的毕业证书，文凭要等南京教育部在半年多之后，才能颁发下来，其时毕业的朋友们大多已各奔东西了。

在中国土地上的学校，也有发外国文凭的，如协和医学院，美国纽约州立案，发的是纽约州的羊皮烫金文凭。

文凭都有官方存根，按说做不了假的。只要一查存根，就可见真伪了。但是全国那么大，那么些机关、军队、学校，混饭碗的人，只要有张文凭顶个数就可以了，谁还去查对，何况也无法查对。当时琉璃厂南柳巷有专卖假文凭的，中学的、大学的，价钱很便宜，十块钱就可以买张大学文凭，有门路，拿到外省去，就可以弄个县长干干，向南京铨叙部报部请委不成问题。当然戳穿了也成问题，但这种人都是有后台的，大多都能混过去。何况卖假文凭的，不会卖名牌学校的，中学不卖师大附中的，大多卖志成、宏达这一类毕业生众多的私立中学的。我遇到过一位拿志成假文凭报名的人，我问他哪年哪班，他说某年某班。一句话便露馅了，因为志成只叫"组"，如初一五组，高三二组，从来不叫"班"，一个"某班"便自认是假了。大学假文凭不卖清华、北大这类名牌大学的，大多卖朝阳、中国等学生众多的私立大学的，便于鱼目混珠也。

卖假文凭，都是现做现卖，一般都是一个大杂院小屋中，大多是印刷行业有手艺的人，买的人也要熟人，现做现卖，立等可取，把印好的空白文凭，其他都写好了，图章也盖好了，只缺姓名、籍贯、年纪空着，当场他可代填，中楷写得也不错。不然，拿回去你自己填也可以。关键的东西是照片、钢印，你把照片给他，一张就够了，大学最好是方帽子的，把照片贴上，弄湿毛巾稍微压压潮，卖者把假木钢印由灶堂中取出，填上块橡皮，用小木榔头，轻轻敲，其中在腕力上有些技巧……不一会儿，一个假钢印敲好，一张假文凭便当场成交了。

费了九牛二虎之力弄到手的，不管真文凭也好，假文凭也好，实际同样是不值钱的，而且若干年后，也许就变成惹祸的根苗，烧还来不及呢？真是彼一时焉，此一时焉。我是四十三年前北大毕业的，连文化古城的末代也够不上，因为那时我刚进初中，只能算是残渣余孽吧，毕业文凭南京教育部还没有来得及发，部长先生们就逃之夭夭了。那张盖有胡适校长橡皮大图章的毕业证书，原来放在北京家中，在时兴抄家时，先父郑重其事地挂号给我寄到上海，正好碰在"刀口"上，我的斗室连抄七次，一张破证书，匆匆火化了。

文凭说完，再说说毕业后的事。当时国立大学毕业生，各省的回去做个中学教员、行政部门科员，或到各县去，找个比较好的饭碗都不成问题，八十元现大洋起薪，是南京规定的，如留在大都市，自然更好，一般在毕业前，教务处在布告栏把各地要人的招聘广告都陆续贴出了。自然应征者，大多是没有背景，没有特殊人事关系的人。有大靠山的，那就更不成问题了。已出名的也有人拉拢。说"毕业"即"失业"，那是抗战胜利后的现象，文化古城时期一般还能找个饭碗，除非太不中用的。

当时的大学毕业生，甚至大学没有毕业的，还有一个最令人羡慕的彩色之梦，就是出国留学，到欧美镀金，到日本镀银，一镀之后，那就更闪闪发光了。有几个最方便的出洋途径。一是考入中法大学，在古城东皇城根中法大学读两年，按规定就去法国，再读两年。这在当时似乎是最方便的。中法大学取分并不很高，虽然肯定能去法国，但报考的人并不多。去法国的费用是"庚款"，并不用自己花钱，但是却不知为什么人们对之不十分感兴趣。同院当时有两位中法大学教授，有一位中法大学学生，沦陷第二年就出洋了。一直没有回来过，想想大战时不知他怎么度过的。

人们最热衷的是留美，清华大学已不是留美预备学堂，其毕业生并不直接派往美国，还要经过公费留学生考试，要想公费出国，那就困难多了。考进清华就不容易，读到毕业，再能考上公费留美，那自然更是佼佼者、幸运儿了。一般水平是很难想象的。

自己花钱,自然容易些,但是那笔钱呢? 三块银元换一块美金,花花世界,样样都贵,一年用上二千美金,就得六千块现大洋,一个名教授,月薪三百多,一年不吃不用,也只勉强维持一个留学生半年的费用,何况一般人。当然大军阀的儿子例外,他们有枪,可以向老百姓敲榨,一个军阀儿子,二十来岁就当市长,一年让老百姓换三次门牌,每换一个,大洋一元。一年里搜刮一二百万。然后带上翻译到美国留学,让翻译顶着他的名字替他上学,写论文、拿证书文凭,他花天酒地去玩,这也是"留学生",一般老百姓谁能想得到呢? 费孝通先生在他的《留英记》中说:

　　　　三十年代,我在大学里念书时,周围所接触的青年中,可以说都把留学作为最理想的出路……讲投资,比成本。最便宜的是留东洋,一年也得五六百块白洋。要留西洋就得五六千。如果要取得个洋博士学位,至少也得两三年,没有千把万把白洋,只好望洋兴叹了。留学要花钱,钱从哪里来? 这里有"官费"、"自费"、"公费"等等的不同……

　　至于那些军阀子弟以贪污所得放洋的,又在此"三费"之外了。当时中国钱值钱,日本钱不值钱,汇率低,中国九角钱就可兑换日本一元"老头票",去日本又不要护照,因而留学日本的特别多,有的人中学毕业或没有毕业就去日本念大学。鲁迅先生留学时代,是三十三元官费。到了三十年代,相隔也近三十年,但上涨并不多,同乡亲戚中留日的很多,只要能考进大学,即使自费去的,再向省里、县里请求点补助,一补就是一年一二百元,自己家纵使借债,也可以凑个四五百元了。一二年一过,自己在外国也不愁找不到一个家庭教师之类的小兼差,不但不花,还可以赚点钱了。

当时留美,留英、法、德,留日,这些国家留学生最多。至于什么加拿大、澳大利亚等等,大家自然也知道这些国名,却从来没有听说过谁专到这些国家去留学了。

文化古城时期,正是"九一八"前后,日本帝国主义侵略,日甚一日,古城日衰,危机重重,学生思想活跃、情绪激昂,爱国热情,如汤日沸,学生运动,接连不断,其中最著名的就是"一二·九"运动,影响祖国前途甚巨,不过介绍这些伟大运动的文献专著已多,在此我就不再赘述了。

环境气氛

环境气氛范围很广,文化古城在环境和气氛上为人们提供了足够的条件,有各层次的最好的学校可供学习,有数不清的足以代表中国几千年文化的专家学者、能工巧匠可供师承,有上千年的古迹名胜,几百年的前朝宫苑文物可供凭吊、观摩、研究,有古木参天的著名公园可供休息、游览、思索,有大图书馆可供阅览,有数不清的书铺可供买书,有世界水平的大医院提供治疗,有极好的饭馆、烹饪可供饮馔,有极安静爽朗的四合院可供居住,有极方便的交通,有极低廉的生活,冬天有足够的廉价的煤,夏天有极便宜方便的冰……这一切还不算,还有极和谐的人际关系,极敦厚的风俗人情,一声"您"、一声"劳驾"、一声"借光"……代表了无限的受文化熏陶过的人情味。这些在后面的短文中有的写到,有的没有写到,在此也不想多说了。作个文抄公,抄一些老先生们的话,作个开头,并以证实我所说的是历史的真实吧。

《半农杂文二集》载有刘半农先生一九二九年十二月份所写《北旧》一文,内中一小段道:

现在要谈谈北平的文化事业了,在南北尚未统一的时候,我天天希望看首都南迁之说可以实现。我的意思是:这地方做了几百年的都城,空气实在太混浊了;而且每有政争,各地的枪炮,齐向此地瞄准了当靶子打,弄的我们心神纷乱，永无宁日。若有一天能把都城这劳什子搬到别处去，则已往的腐败空气，必能一廓而清；大人先生们要打仗，也可以另挑一个地方各显身手。于是乎我们这班酸先生，就可以息心静气地读书，安安闲闲地度日，说不定过上数十年之后，能把这地方改造的和日本的京都，英国的牛津、剑桥一样。

后来首都果然南迁了。算至今日，已经南迁了一年半了。在这一年半之中，我们也时常听见要把北平改造为文化区域或文化都会一类的呼声。结果呢，将来亦许很有希望罢，截至现在为止，却不见有什么惊人的成绩。

这是文化古城开始阶段的政治环境和期待，虽说"不见有什么惊人的成绩"，可总是有些条件的，起码后几年中的确可以"息心静气地读书，安安闲闲地度日"了。

钱穆先生《师友杂忆》之九中记云：

余初来北方，入冬，寝室有火炉。炉上放一水壶，桌上放一茶杯，水沸，则泡浓茶一杯饮之。又沸，则又泡。深夜弗思睡，安乐之味，初所未尝。时《诸子系年》已成稿，遇燕大藏书未见者，又续有增添修改……

文字虽短，书生安乐之境界跃然纸上，如在江南，就得不到这样的温暖。《张元济傅增湘论书尺牍》载一九三六年五月八日张菊老致藏园老人信云："今岁春寒，视往年为久。时过立夏，尚服重绵。"江南谚语云："吃仔端五粽，还要冻三冻。"江南冬春之冷，室中无火，无法工作，我住春申，近四十年，深知此况味。为此更思念文化古城时，冬日围炉之温暖。宾四先生久住江南，到了文化古城中,第一次享受到古城冬夜安乐温暖之味,此种环境气氛,自然白发天涯,也不会忘记了。

同书之十记云:

> 其时余寓南池子汤锡予家,距太庙最近。庙侧有参天古柏两百株,散布一大草坪上,景色幽茜。北部隔一御沟,即面对故宫之围墙。草坪上设有茶座,而游客甚稀。茶座侍者与余相稔,为余择一佳处,一藤椅,一小茶几,泡茶一壶。余去或漫步,或偃卧,发思古幽情,一若惟此最相宜,余于午后去,必薄暮始归。先于开学前在此四五日,反复思索,通史全部课程纲要始获写定。

北海茶座、公园茶座、太庙茶座、中南海茶座以及来今雨轩、上林春、漪澜堂、道宁斋等,都是有名茶座、大茶座,还有多少小的、无名的,但都是文人学者构思、论学、写作、闲谈的最佳场所,那样自由,那样闲散,那样宁静,那样舒畅……

同书之十又记云:

> 余住马大人胡同,近东四牌楼,师大校址近西四牌楼(按,先生记忆此处有错,去师大不经西四,如去燕大、清华才经西四。而师大在和平门外南新华街),穿城而去,路甚遥远。余坐人力车,在车中闭目静坐,听一路不绝车声。又街上各店肆放留声机京戏唱片,此店机声渐远,彼店机声续起,乃同一戏,连续不断,甚足怡心。

这是方便而闲适的交通情况,人力车自然是"骆驼祥子"一样的劳动人民,但命运并不都像祥子那样悲惨。刘半农先生《北旧》一文说:"即如区区余小子,'狭人'(按,'狭人'是对阔人而言,是先生调侃词语)也,但有时竟可以一星期中有十多次饭局……所便宜的只是洋车夫,他老人家可两毛两毛的满载而归了。"当时教授都是包车、自用车,有人请吃饭,照例要给拉车人两毛钱车饭钱。如一周有十次八次饭局,只此亦可得二元收入。一月可得八到十元。打个对折,五元吧,够一个人一个月的伙食了。

同书之十又记云:

> 在北大任教,有与燕京一特异之点。各学系有一休息室,系主任即在此办公。一助教常驻室中。系中各教师,上堂前后,得在此休息。初到,即有一校役捧上热毛巾擦脸,又泡热茶一杯。上堂时,有人持粉笔盒送上讲堂。退课后,热毛巾、热茶依旧,使人有中国传统尊师之感。

一条热毛巾,一杯茶,这在今天说来,已是上古遗风了。燕京不兴这一套,是外国派的;北大兴这一套,是中国味的。记得在中学上学时,教员休息室,每个先生上下课时,一杯热茶、一条热毛巾也是少不了的,就是这样热呼呼的人情……如今自然没有了,剩下只是冷冰冰的了。

同书之十又记云:

> 余自民国十九年秋去北平,至二十六年冬离平南下,先后住北平凡八年。先三年生活稍定,后五年乃一意购藏书籍,琉璃厂、隆福寺为余常至地,各书肆老板几无不相识。

遇所欲书，两处各择一旧书市，通一电话，彼肆中无有，即向同街其他书肆代询，何家有此书，即派车送来。北大、清华、燕京三校图书馆，余转少去。每星期日各书肆派人送书来者，逾十数家，所送皆每部开首一两册。余书斋中特放大长桌，书估放书桌上即去。下星期日来，余所欲，即下次携全书来，其他每星期相易。凡宋、元版高价书，余绝不要。然亦得许多珍本孤籍，书估初不知，余率以廉价得之。……余前后五年，购书逾五万册，当在二十万卷左右。历年薪水，节衣缩食，尽耗在此。……友亡书散，此诚余晚年一大堪嗟叹事也。今则两目已盲，与书绝缘，捉笔书此，更不胜其自慨矣。

这是买旧书的情况，后面有短文专记之。

引了不少刘半农、钱宾四二位先生的原文，文化古城的环境、气氛，于此已清晰可见，使读者感受到了。唯一可惜者，半农先生早已是古人，而宾四先生前不久亦已成为古人了。老成凋谢，文化古城时代的师长们已所剩无几，其环境气氛，亦只能在各位老先生的遗文中去感受了。

国立图书馆

说到文化古城时期的文化气氛，首先想到的是国立北平图书馆。北京自清末于什刹海广化寺设立京师图书馆，民国后改为国立京师图书馆，十七年改为国立北平图书馆，以中南海居仁堂为馆址，十八年与北海图书馆合并，由中华教育文化基金董事会和南京教育部联合主持制订《国立北平图书馆合组办法》，成立委员会组织大纲,并在原北海西岸御马圈旧地及公府操场建筑新馆,占地七十六亩,于民国二十年新馆建成,于七月正式开馆。加入世界图书馆学会。成为当年远东最现代化的图书馆,为文化古城学子提供了一个地址最适中、条件最好的读书场所。

国立北平图书馆的外观是十分华美的,它的内部更为精美。外部完全是中国宫殿式的,而内部则完全是西方式的,在三十年代初,它的内部设备,比之于大洋彼岸的美国国会图书馆毫不逊色。不说别的,单只它那中央大厅左右两侧下楼梯的卫生间,铺地六角小瓷砖,绿色的,外面看不到里面,里面看得见外面的窗玻璃,一色都是美国货,比北京饭店的还讲究。

大楼是两层玻璃门,有转门,进门之后,先是衣帽间,以供读者存衣帽、书包等。衣帽间十分讲究,都是进口柳安木的护墙板,一格格的挂衣帽的格子,铜号牌、铜衣钩灿灿照眼。存好衣帽,发给一个铜牌子,出馆时凭牌取衣帽。进二道门再发一个牌子,有如出入证,又如借书凭证,凭这个证到各个阅览室去借书、借杂志。借书时,把这个证押放在借书处,如果不还书,职员便不发还这个证,那你也就出不了馆的大门,因为出门时,要收回这个证。

进门后,就是一个方形中央大厅、四根柱子,顶上是仿古天花板,一格格地都画着团鹤。柱子前摆着红木架子,大五彩江西瓷花盆,里面经常换鲜花,如冬天山茶,秋天桂花,菊花,春天迎春等,都是把瓦花盆放在大瓷盆中。图书馆有自己的花儿匠,后面院子有个花房。馆中经常掉换的鲜花,都是他培育的。

中央大厅的正面是上楼的大扶梯,左面最前面是一条暖廊,南面是大玻璃钢窗,冬日阳光充足,极为温暖。北面是大玻璃落地门,不开,是期刊阅览室,正门由中央大厅右面进去。如顺暖廊一直往东走，便到了梁任公纪念室，这是馆的东面大厅，平日不开放，我从来没有进去过。正由于进不去，所以有好奇心，我不知扒到玻璃窗上，用手拢着光线，向里面张望过多少次。有一面墙上挂着一副吴大澂的篆文对联，印象极为深刻。梁任公去世后，他的书籍捐到馆中，特为开辟的这个纪念室，现在则不知如何了。

当时国立北平图书馆的组织是两会八部。两会是购书委员会和编纂委员会。编纂委员会下设旧藏、新增、寄存三组。八部是总务部、采访部、编纂部、阅览部、善本部、金石部、舆图部、期刊部。当时原藏普通书：中文、满蒙文、西文、日文约二三十万册，善本书宋金元明清刊本、写本、旧抄本二千二百多部两万八千多册。文津阁四库全书六千一百四十四函，三万六千三百册。旧藏地图绫绢纸本六十多幅，一百四十多册。金石拓本唐开成石经一百七十八卷，近代金石拓本三千三百卷，新增中、西、日文书籍十余万册，舆图八千多幅，金石拓本四千幅。寄存书六千余种，三万余册，另有藏文《甘珠尔经》六百种，版五百块。（据《旧都文物略》）

建筑是左右对称的，大厅左面同右面布局一样，对着期刊阅览室的是报纸阅览室，顺右面暖廊走过去是善本阅览室，赵万里斐云先生为国立图书馆买了一辈子善本书，在沙滩红楼讲目录学时，鼓励学生去善本室看书。善本室常常只有两三个读者，极为安静，可惜去的次数太少了。

当年进入图书馆时，有不少规矩：穿中装时，如果只穿短衫裤，不穿长衫，是不能进馆的，因而即使是再穷的学生，一件旧的蓝布大褂总要穿的；如穿西式衬衫，衬衫不系在裤腰里不能进馆等等。再如十四岁以下儿童不能进馆。我第一次跟着大人去时，还未考初中，人又矮小，到了拿牌子的那个门上，毫不客气地给"挡驾"了，只好低着头出来。我能够进入图书馆，冒充一个能看书的学生，那是读到初中三年级时，和一个比较大一些的同学一同去的，他穿件白麻纱大褂，我穿件月白竹布大褂，居然让我们进去了。

为什么说冒充呢？因为初去第一二次还不懂借书规矩，也还不会看书，说也奇怪，当时最感兴趣的是坐在大厅两角的饮水处去饮水。那是自动沙滤水饮水池，一按开关水从中心小孔喷射出来，这是美国玩意儿，北京当时只有这里有，我特别感到好玩。最初来图书馆目的就是喝这个水，这是大馆长袁同礼先生所料想不到的。饮水处的座位也很特别，是蟠螭树根座子，上面放一大块自然形的磨光面子上了蜡的黄石，这是我后来才懂了的，当时只感到奇怪而已。

学会到楼上借书处查卡片柜、填单子借书，到大阅览室看书，那已是读高中时的事了。大阅览室表面上看是第二层，实际是第三层，因为下面还有地下室呢。大阅览室为了保持安静，连地板也是咖啡色橡皮砖铺成，走起路来一点声音也没有，即使坐了很多人，那偌大的阅览室也像没有一个人一样，那真是一个肃穆的读书环境，那气氛正是显示了高度的文明。

大阅览室摆的都是笨重的柳安木大桌，面对面摆十张大圈椅，十分宽敞，即使读者是一位大胖子也不会坐不下。在桌子边上嵌有号码铜牌，找好座位，去到借书处查号借书，单子填好，交给借书处，你不要管了，到这座位上等着。阅览室送书台的先生们，办公桌边有通书库的电传滚带，会把你要借的书由后面大书库送上来。你凭入门时拿到的牌子去取好了。那时大阅览室共四百四十多个座位，平日不过坐上十分之二三罢了。

看书看累了,可把书暂时存到送书台上,换了出入牌,出去走走,等会儿再回来。我常常走出阅览室绕到房后,坐在大书库墙根下冥想,那五层楼高的书库,那狭窄的钢窗一直顶到屋檐,那样高渺,而墙根下的我又那样微小,耳听黄叶沙沙响着,我冥想着。

国立北平图书馆的成功和当时馆长袁同礼氏是分不开的。

大兴袁同礼氏,字守和,是很值得思念的一个人。他不但学贯中西,而且做事是很有魄力的。北海西面国立北京图书馆,能够在短短的几年中,取得可观的成绩,参加世界图书馆协会,在世界上成为与牛津图书馆,东京帝大图书馆等著名大馆,并驾齐驱的书籍总汇,这是与袁氏的领导分不开的。

北京图书馆,早在清代宣统时,张之洞以军机大臣兼管学部时,就提议建立了筹备处。地址在什刹海后海广化寺。辛亥后一度停顿。后来又在安定门内方家胡同筹办,不久就开馆,均名"京师图书馆",直到一九二九年,京师图书馆才改名"国立北平图书馆",迁中南海居仁堂办公,一面在北海西岸御马厩空地筹建新馆。与此同时,袁同礼氏在美国留学,学习新的科学的图书管理法。这是袁氏担任馆长的准备阶段。

担任中国图书馆的馆长,如果只懂外国那一套分类管理法是不行的,还必须精于中国旧学,懂得中国的几千年的图书史、目录学、校勘学、版本学等等。但是只懂中国老的一套、老是抱着"四部"分类的一套,也不行。没有办法管好现代化的图书馆。袁氏家学渊源,早岁即精研版本目录之学,对于明、清以来之书籍源流,藏书家的情况,极为熟悉,其所著《宋代私家藏书概略》、《明代私家藏书概略》、《清代私家藏书概略》等文,都是讲求千余年来图书源流极为清楚概括的学术著作,文章虽然都不太长,但其影响是十分深远的。

袁氏首先把世界上科学的编目方法,介绍到中国来编古籍。不按"四部"分类,而参照美国国会图书馆分类法及杜威分类法,按书名第一字笔画及作者姓名第一字笔画来分目,查考找书极为便利。第二,袁氏将线装古书目录,也同新书一样,制成卡片,装入卡片箱,便于查书,这在现代图书馆中不稀奇,而在当时则是很大的改革。第三,最科学的,就是改装一切线装书套子,便于上架。中国古书,大小不一,册数不同,习惯平放,上架取书都不方便。袁氏亲自设计布匣子,像洋装书一样,插架极为便利,书名写在匣脊上,找书十分方便。东莞伦哲如《辛亥以来藏书纪事诗》特别称赞他这点。并题诗云:"万人海里人焉瘦,点鬼簿上鬼自由。容膝室中密四周,都在图书馆学求。"古书作者都是《录鬼簿》中人,找起来方便,故曰"鬼自由"也。

更可贵的是袁氏善于用人,培养了赵万里、孙楷第、谢国桢诸人,不但都很快成为闻名海内外的大学者,而且都为图书馆作出很大贡献。如赵万里先生为北图工作了一辈子,真可谓鞠躬尽瘁、死而后已了。

建筑在北海西岸的这座国立北平图书馆大厦,是三十年代初北京文化史上的一件大事。这座华丽而庞大的建筑物,即使在现在,也不失为一座十分讲究的建筑。如果油饰一新,那还是很值得参观欣赏一下的。

这座图书馆,是在袁同礼氏的主持下兴建的。一共用了二百四十多万银元。当时实际价值约为三万两黄金,这笔钱是所谓的"庚款",即庚子后根据《辛丑条约》赔给侵略者的赔款,这笔钱数目庞大,共四亿五千万两,年息四厘,三十九年还清,本利共九亿多万两白银。光绪末美国倡议,不要这笔钱了,指定这笔钱用于发展中国文化事业,并成立了庚款委员会。其中最重要的用途,就是以此款办起了清华大学。美国庚款之外,尚有英国庚款,也作为发展中国文化事业之用。管理这些钱,成立了中华教育文化基金董事会。包括中美文化基金会和中英文化基金会的款,数目相当巨大。据一九三五年六月胡适写给丁文江的信说:"这个机关现在管理的款项已达二千万之多。比得上一个中等的银行,用的经常费用,无论依什么标准,都不能算多……英庚款花几十万造房子,我也不认为失策。"图书馆的兴建以及其购书经费都是"中基会"提供的。

钱之所聚,众人必觊觎之。有个杂志《探讨与批判》发表文章质问庚款,胡适写信答复。最后道:"至于中美庚款用途等等大小账目,中华教育文化基金董事会每年印有详细报告,都有中外会计师的审查报告的证明,国内外的公共图书馆都藏有此项报告书。作者只须向南长街二十二号函索,就可以得一全份。"

这座图书馆大楼,是钢筋混凝土建造的宫殿式建筑。它的造型吸取唐代长安宫殿、南内大明宫的规模设计的。其特点是主殿、两翼庑殿、后殿用回廊、杰阁联系在一起,而不是像明、清宫殿那样,主殿、庑殿分开的造法。这座图书馆大楼,主楼两层重檐琉璃瓦、左右两翼有东西向重檐庑殿、主楼背后连接高大的书库,也是绿琉璃瓦宫殿式的,在建筑布局上,有如由很长的暗廊连接着的后殿。整个建筑物又在很高的崇阶丹墀上,由汉白玉的石栏围绕着,远远望去,极为华美。北京当时新建的宫殿建筑中,以北图最成功。

其建筑布局之好,还在于它有极开阔的庭院。在大楼前面有一对汉白玉华表,极为典雅地立在左右两边,这是圆明园鸿慈永祐门前的旧物,大门外一对石狮,也是圆明园旧物。另楼前一对石狮,购自一王府。大楼前石阶,中间也有雕龙"丹墀"。华表雕刻之精美,丝毫不亚于天安门前的那对。而其设计更为成功的是,华表的四周,用极为修整、苍翠的刺柏围绕着。一尘不沾的引路上的青色沥青路面,苍翠的柏树短墙,雪白的挺立的华表,衬着正面远处的,画栋雕梁、白石栏杆的重檐大楼,阁道曲折,绮窗高爽,显示了中国宫殿建筑的庄严华贵、深邃缥缈之感。阅览室地板都是美国进口硬橡皮的,走上去无声音。说句笑话,当时能够在这里读读书,真是三生有幸啊!

我记不清我去过多少次了。每一次都是骑着车,到大门口下车,进去之后再上车,脚下用劲登一两下,车便像燕子一样,极轻盈地"飞"到西北角,那里是存车处、锅炉房等等附属建筑的所在地,车一存好,挎着书包就弯出来,从西面上白石台阶,进馆去了,多么神气呢!

其他图书馆

除国立图书馆而外,当时文化古城中,其他图书馆还是很多的,自然规模就无法相比了。这些小图书馆,虽然规模不大,但也有丰富的藏书,清洁而安静的阅览室,而且读者不多,同样也是读书的好所在。这里我首先想到头发胡同图书馆。

这个名称,先要向读者作个说明,北京的胡同名千奇百怪,这个"头发胡同"是什么意思呢?头发又细又长,这个胡同如果像头发,那人如何能走得进去,亦许有人认为这是夸张说法,那胡同一定又细又长,其实想错了,这倒是一条很宽很直的大胡同。在西单南面路西,西口外就是南河沿。所说"头发胡同图书馆",实际就是当年北京市立第一图书馆,馆址就在头发胡同西口路北。

这所图书馆的建筑，是老式的大四合院房子，大门在南屋的东头，进大门对面是影壁，向左转过来，一排南房，是传达室、庶务课等等办公房屋，对着是大垂花门，垂花门两边，有存放单车的铁架子。垂花门的屏风门都拆掉了，站在门前可以把里面大院子一览无余。里院东屋是报纸阅览室，西屋是杂志阅览室，北屋五大间，有廊子，是大阅览室和借书处，书库在后院，北屋中间一间，后墙打通，连接书库，前面就是借书处的大柜台。论房屋建筑设备，和北海边上国立图书馆比较，简直是寒酸的不能提了。但是它的历史却很早，是在北海国立图书馆建馆之前，它就开馆接待读者了。它的前身是民国二年教育部办的京师图书馆分馆和京师通俗图书馆，后来合并成为京师第一普通图书馆。一九二八年之后，北京改称"北平特别市"，这个图书馆便划归北平市政府教育局接管。成为市立图书馆，以区别于北海边上的国立图书馆。

说起来都是旧事，现在人很难想象这样的图书馆，而在我记忆中，那北屋宽大的走廊，下面玻璃，上面糊东昌纸的大窗户，冉冉的日影，静静的气氛，现在想着，那还是一个可爱的，有如陶渊明诗所说的"虚室绝尘想"的读书环境。

现在人更难想到，当时进这个图书馆是要买阅览券的，普通券一张铜元二枚、新闻杂志券一枚、学生券一枚、善本券十枚、四库券五枚等等，规章是很复杂的。不过很幸运，在我读中学，经常到这个图书馆借书时，它已不收费了。而且能够办图书外借证，把书借出来。我与几个好同学每周去两三次，下午课后骑车去，各借所爱之书，两三年中，的确看了不少书。

头发胡同图书馆之外，印象很深的还有中山公园图书馆，地址在社稷坛正殿后载殿。这也是个看书的好地方，平时人极少。

房屋高大,朝南,冬日阳光充足,夏日空气清爽,后面就是柏树林,遥望紫禁城,环境之佳,头发胡同图书馆无法相比了。藏书有中文四万册,外文一千多册,还有大部书《图书集成》、《四部丛刊》、《万有文库》等,一般读者足够了。这里正名叫第二图书馆。当年逛北海时,在琼花岛西面山坡上,有一所带廊子的房子,远望极为幽静,挂一块白地黑字"松坡图书馆"的牌子,平时也极少人去,坐在里面临窗读书,可以饱览对岸国立图书馆全景。这所房子是北海有名的"快雪堂",因三希堂藏有王羲之的《快雪时晴帖》而得名。现北京图书馆尚藏有梁启超关于筹建松坡图书馆募捐缘起手稿,原想捐款在上海买地二十亩,为蔡锷建祠,修公园、图书馆,后未成功,改在北京。分一馆,中文书藏快雪堂;二馆,在石虎胡同,专藏西文书。

当时天津著名藏书家李木斋,名盛铎,去世后,他的一些书除值钱的精本抵押者外,弄到北平,办了个"木斋图书馆",在西城刑部街,我常常经过看见,可是没有进去过。经费不知是谁提供的。因为他的书很值钱,原想全部卖给北图,北图因经费无着落而作罢了。

学校图书馆

除去国立北平图书馆及市立第一、第二图书馆而外,做过学生的人,印象最深的就是各个学校的图书馆了。著名的小学中学,都有自己的图书馆。我在的那所私立中学,在其黄金时代里,还有一所灰砖绿窗两层楼的图书馆,放暑假时,我去借了一本立达书局的黄皮《水浒》,给我童年留下极为深刻的印象。

当时中学图书馆中最出名的,公立的是师大附中图书馆,私立的是孔德中学图书馆、汇文中学图书馆。师大附中图书馆子民国元年成立时，就接收了清末五城学堂旧存之大批图书，其后这个学校，经费一直比较固定，离图书供应地琉璃厂又近，也懂得买书，所以新旧书不断增加，到文化古城时期，作为中学图书馆，已斐然可观了。

其教师中还有著名藏书家。伦哲如《辛亥以来藏书纪事诗》有诗记载，诗不录，其诗后记事道：

> 天津张邵园鸿来，任师范大学附中教师二十余年，校近琉璃厂，君课暇即访书，书肆人无不与君习，谓张先生谦而诚，有所欲，宁贬价与之，以故所积日富，自营精舍。芸帙盈数屋，雅静整洁，佳本不乏，余每从借读焉。

孔德中学图书馆，在当时各中学中，更是最特殊的。因为它是马隅卿、钱玄同几位先生的治学之所，是他们辛苦经营的。知堂老人《知堂回想录》中《北大感旧录》之九记道：

> 马隅卿，隅卿是民国二十四年二月十九日在北大上课，以脑出血卒于讲堂里的……我与隅卿相识大约在民国十年左右，但直到十四年，我担任了孔德学校中学部的两班功课，我们才时常见面。当时系玄同、尹默包办国文功课，我任作文读书，曾经给学生讲过一部《孟子》、《颜氏家训》和几本《东坡尺牍》，隅卿则是总务长的地位，整天坐在他的办公室里，又正在替孔德图书馆买书，周围堆满了旧书头本，常在和书贾交涉谈判……二十二年冬他回北平来专管孔德图书馆……

北京大学名教授专管一个中学图书馆,现在的人恐怕很难想象了。自然是负责主管,由他说了算。而不是"降职"、"下放"或其他。这个图书馆的藏书和水平自可想象了。

汇文中学图书馆,因是教会所办,历史十分悠久,远远超过国立北平图书馆。它成立于光绪十年,公历一八八四年。当时汇文学校已创建十四年了。一八八八年之后,西人李安德博士任校长,因清政府已开始提倡西学,所以学校更名汇文书院,添购不少西文图书。庚子时被焚毁,后刘海澜任校长,重建。按清末学部规定,一度改为汇文大学。图书馆也是大学规模。不过后来合并于燕京大学,不少书都被燕京提走了。文化古城时期,这个老资格的图书馆藏书也只是一般的多了。

大学图书馆,风景最好的是清华大学图书馆。八字形的机器砖楼房,完全是美国式的,大理石台阶栏杆等石料,都是名贵的意大利石料。连高台阶下面共三层,走上台阶,站在门前,回身一望,心旷神怡,万寿山近在咫尺,青翠拍面而来。西山则由深而浅,重重远去,渺茫处,已过了潭柘寺莲花峰了。

清华经费一直充足,年年买书,中外文名贵书,收藏丰富,文化古城时期,钱稻孙氏一直担任清华图书馆馆长。华罗庚教授其时在馆中担任职员,业余在馆读书,解出"世界三大难题",后来成为名教授,名数学家。谢刚主老师在世时,和我说过一个清华图书馆的故事:当时他在国学研究院读书,一天有人说图书馆所藏《金瓶梅词话》中潘金莲大闹葡萄架插图被人偷着撕掉了。过了若干天,他偶然翻阅一位同学的女友照片,一看背面,大吃一惊,原来这幅图就贴在背面。——说来,这都是古人的事了。我没有在清华上过学,但清华图书馆却去过几次,不过已是沧桑之后,我在北大读书时的事了。当年清华图书馆仪器经费是年

201

预算一百二十万的百分之二十，即二十四万银元。

燕京大学图书馆，一进大门过了桥及华表就是，是大屋顶宫殿式的建筑，这在当时文化古城中，也是极为阔气的图书馆，它自己既有钱，又代美国哈佛买书，有哈佛燕京学社的组织，并曾设立国学研究所，每月以上万美元购买线装书，当时美元价值是现在美金的十五到二十倍。上万美金，等于三万银元，所以前后买了不少珍本线装书，入藏约四十万册。现在上海图书馆名誉馆长顾起潜先生，当年毕业于燕京研究所，后即在燕大图书馆管购买古书。其时琉璃厂各书铺视燕大图书馆为最好的主顾，每天送书头（每部古书第一函或第一册）给审阅的有十几家，每家十种书，就是百数种书，座位前后左右放的都是书，真可谓之坐拥书城了。老先生现在说起来还十分兴奋。

和平门外师范大学我在那里读过一年书，进门左手就是图书馆，是邓萃英先生当校长时盖的。门口有几根立柱，也是罗马式建筑，正方形，两层，下面书库，楼上阅览室。大小不超过二百平方米，对一个上千人的大学来说，这样的图书馆显得很小了。进门一个大穿衣镜，两侧楼梯很陡，上去一小圈走廊进入阅览室，借书处在一个角上，方形柜台。藏书一般，只供学生参考而已。台湾著名女作家林海音，据说沦陷时在这里工作过。

当时北大图书馆是十分出名的，李大钊先生曾经当过图书馆馆长，但那在文化古城时期，也已经是十分老的老话了，何况现在呢？据《胡适来往书信选》所载《蒋梦麟致何东》函云："就职以后，竭力筹划，先后落成图书馆、地质馆两所，费银二三十余万元……"这里说的图书馆，是三十年代前期落成的。就是嵩祝寺夹道南口北大办公处西门进来的图书馆，一座中间三层、两侧两层、后有书库的浅灰色建筑。

进大门左右两侧,是两个大阅览室,正面是借书处柜台。两面楼梯,转角处男女洗手间,再转入中间大楼梯上二楼,左右两侧又同样是两个大阅室。二楼正面有阅报处。四个阅览室分文史、科技、外文、期刊,一样格局,一样大小。朝南都是五面大钢窗,北面靠墙则是一排三尺多高玻璃门书橱,放大部头书,并不加锁,随意取阅,如外文阅览室,则放着整套《大英百科全书》,在进门处,书橱顶上,摊开着《韦氏大字典》,中文文史橱中则放着《四部丛刊》、《世界文库》、《新文学大系》等。

室中两排进口木料做的大桌子,台灯都固定在桌子上,磨砂玻璃罩子满封着,不露灯泡,光线柔合四射,足供四人照明,每个桌子上四盏灯,坐满了,或感拥挤,但总是坐不满,因这里只是文、理学院的人较多,法学院较远,另有图书室,很少到这里来。

这个图书馆藏书丰富,设备完全是美国化第一流的。《胡适来往书信选》载有民国二十四年四月写给毛子水的信道:

> 我看梦麟先生的意思是很想把这个新的北大图书馆完全放在一种新的组织和新的效率之上——简单说,就是要"美国化"它。此意无可非议,因为我们深信图书馆是以美国为世界第一。梦麟先生和我都绝对相信你对于书籍的了解与判断,都相信你忠于此工作,并且爱此工作。但你是一个没有"美国化"的人,你办这个图书馆,确不很相宜。我知道梦麟先生颇为此事焦虑。最近我虽没有和他细谈,但我知道他有改组图书馆的计划,想向北平图书馆借一位专学图书馆管理的人来,做这番改革的事,此人大概是严文郁君居多。我也赞成此事。为个人计,你最好还是回到史学系来,专整理你的科学史与地理学,在两三年中做点学术的成

绩来。同时你也可在改组后的图书馆委员会里做一个主脑委员，用你的爱好书籍和熟悉书籍的本领来帮助整理这个新图书馆，所以我劝你辞去馆长之职，使梦麟先生可以放手做这改革计划。

但后来北大图书馆馆长，一直是毛子水，直到他离开北大去台湾，即由三十年代初到四十年代末，大概这封信没有发生作用吧。不过从此信中，可以看出北大图书馆当时的办馆意图了。

书市、书铺、书摊

文化古城时的文化环境，除去各种图书馆之外，还有不是图书馆而更为自由的"图书馆"，那就是正月里厂甸的书市，平时琉璃厂、隆福寺街、东安市场中的丹桂商场书铺、西单商场的书铺，以及东安市场、西单商场的大小书摊，宣武门里甘石桥马路边上的破书地摊，这些地方是最自由的读书天地，是文化环境、文化气氛最重要的成分。这些地方活跃，就说明文化气氛活跃，读书的人多。因为文化气氛首先表现在读书气氛上，而不是表现在歌坛舞榭中。首先值得一说的是厂甸书市。

几百年的厂甸，内容简直像一部"二十四史"或一部"大百科全书"，不要说一篇文章写不完，即使是几十篇、几百篇恐怕也写不周全。因为厂甸的内容太丰富了，意趣太浓了，同人们的感情太深了。这里只就书市说个大概而已。

近代史上的名人几乎没有一个不爱逛厂甸的。林则徐嘉庆二十一年（一八一六）正月初七、十三日"日记"云：

上午剃头,赴琉璃厂,晚回。

上午观厂,晚回。

这时林则徐还未外放,还在翰林院做庶吉士,家就住在虎坊桥南,几天里面两次逛厂甸,而且都是上午去,晚间才回来,要知这不是什么远路,相距只有二三里地,一逛就是一天,不会只看人,看玩意,想来主要是看书了。可见所记虽简,而游兴却豪,内容是极为丰富的了。林的同时人戴璐《藤荫杂记》记云:"琉璃厂,正月游人杂沓,名曰'逛厂'。"光厂、逛厂、观厂,都是"逛厂甸",连语言中都有了专门词语,可见当年逛厂甸的盛况了。

影印本《吴愙斋书札》中有一封正月初八吴大澂写给王廉生的信道:

昨游厂竟日,得一觯,字甚深,拓出奉览……老弟游厂否?

信后写着"廉生弟览:兄大澂顿首,新正八日"。廉生就是著名的第一个发现甲骨文的王懿荣,庚子时自杀殉难的,和吴大澂是把兄弟,这是金石家逛厂甸。从短短的信中,也可以想见这些人当年游厂的欢欣。李越缦咸丰十年正月十三日记游厂甸云:

偕叔子、卤芗同车游厂甸,都中岁华,惟此地为最盛,百肆罗列,车马驰扰而已,大家宅眷,平康里姬,率以车围而观之,蜂屯蚁拥,至有褰帷中视者,不特捉帘底纤纤月也。而金吾不禁,御史无猜,真不可解耳。

这是一八六○年，李慈铭初到京师，第一次逛厂甸，这年他三十二岁，笔下还未脱尽风流铅华之语。而以后他在北京几十年，年年逛厂甸，则主要是买书了。《越缦堂日记》同治二年（一八六三）正月十一日记云：

> 下午同予恬游厂甸，是日为今春第一佳日……于火神庙书摊购得郝兰皋先生《尔雅义疏》一部，王石渠先生《读书杂志》一部，明代合刻马、陆两家《南唐书》一部，计钱二十六缗。

其后十二日、十三日、十五日又接连去，买得石定金注《金刚经》等多种，当时买书可欠账，十五日去是还十一日的书钱。在此五十年后，即一九一二年，另一位绍兴人鲁迅先生到了北京，一位十五年年年新正，又成为厂甸买书的常客了。文化古城时期，年年厂甸书市，仍然十分热闹。仍是中外专家、大学教授、中学教员、机关职员、大中学生访书淘书的好场所，尽管层次不同、要求不同、购买力也大不相同，但都能得满意的，甚至意外的收获。《胡适的日记》一九三七年一月八日记云："与毛子水同去逛厂甸，天已晚了，买了几本书。"厂甸会期，本是旧历正月初一至十七。而三十年代，因政府南迁，北平旧了，所以厂甸阳历年也开市，想多做两天生意，多赚点钱。同书二月二十四日（正月十四）又记道：

> 与子水同游厂甸，只到土地祠一处，买了一些杂书。《宋词钞》（山阳王官寿选）、初刻本江永注《近思录》、《诸子文粹》、《左文襄公家书》、杨守敬《晦明轩稿》、刘蕺山《人谱

类记》、《千唐志斋藏石目》、《历代法宝记》（金九经印）、广百宋斋《封神演义》。

厂甸书市之外，是琉璃厂、隆福寺、东安市场、西单商场等处的书铺。上海的商务、中华、世界、开明、北新等书局，北京都有分号，另外有正书局、广益书局、大东书局、会文堂这些都是专卖上海出版新书的书店。有专卖西文书的王府井秀鹤图书馆分店、西单商场的华英书店；专卖日文书的人人书局，后去台湾的名教授张我军的日语语法书，就是人人书店出版的；有专卖西文医学书的郭则沄图书馆，在灯市口；有专卖翻译教材的新华街文化学社、景山东街大学出版社；有专卖全国杂志的东安市场岐山书社，西单商场有分号……除此之外，就是琉璃厂、隆福寺，以及散处在西单一带的专卖线装书的旧书铺了。据孙殿起《琉璃厂书肆三记》所载：有字号名的及少数无字号名的个体经营者，在琉璃厂左近范围内二百十五家，隆福寺及散处其他街道者八十五家，共三百家，在文化古城时期，一般营业都不差。"七七事变"之后，迫于时局，营业下降，有陆续关张者。当时古城人口，据其时公安局调查，一九三二年为一百四十七万余，一九三三年为一百五十四万余，一九三六年二月统计数为一百五十五万余。另有外国侨民千余户，三千余人。这样多的人口，这样多的书店，可见其比例数字之高，在世界上说来，也是少见的。由此可见"文化古城"的名义不是空泛的，其文化层次之高，内涵之丰富，是有实际内容的了。更重要者，是这些书店拥有大批的从业员，他们所从事的工作，对文化的贡献，不只表现在数量上，更使人赞叹怀念的是表现在质量上，其文化素养上，服务态度，老掌柜深沉而和蔼，小伙计精明而谦恭，实足代表了当时的京朝气度。瞿兑之《北游话录》中记云：

> 大家无事，即以书店为公共图书馆，书店门面，虽然不宽，而内则曲折纵横，几层书架，及三五间明窗净几之屋，到处皆是，辈几湘帘，炉香茗碗，倦时可在暖炕床上小憩，吸烟谈心，恣无拘束，书店伙计和颜悦色，奉承恐后，决无慢客举动。买书固所欢迎，不买亦可，给现钱亦可，记账亦可。虽是买卖中人，而其品格风度，确是高人一等，无形中便养成许多爱读书之人，无形中也养成北京之学术气氛，所谓民到于今受其赐者，琉璃厂之书肆是矣。

说的虽然只是琉璃厂书铺的服务态度，其他书店也是一样的，东安市场、西单商场那些书铺也都是如此，你尽管天天去，天天站在书架边抽出书来看，看上多半天，铺子里的掌柜伙计也还是和颜悦色接待你。你看三天书，偶然买一本，这就是熟主顾了。

消费层次不同，更有味道的是逛书摊，逛冷摊。伦哲如《续书楼记》写道：

> 辛亥以还，达官武人豪于资，雅慕文墨，视蓄书亦为挥霍之一事。而海外学者提倡东方文化，自大学图书馆以逮私人，所需无限量，就地之书不足给，于是搜书之客四出……京中旧习，士大夫深居简出，肆伙晨起挟书候于门，所挟书率陈陈相因，余概却不见。闲游厂肆，见有散置外室若不甚爱惜者，视之多有佳本，及遍翻架上下，尘灰寸积，中残册零帙，往往惊所未见。又过街市，于冷摊上时亦无意遇

之，盖小贩中有打鼓者，收卖住户破旧器物书纸，转鬻于市摊，以得之贱也，亦贱售之，游人熙熙，稍纵即逝……

郑振铎《劫中得书记》中《燕京岁时记》后记云：

> 废历元旦至灯夕之厂甸，尤为百货所集；书市亦喧闹异常，摊头零本，每有久觅不得之书，以奇廉之值得之。余尝获一旧抄本《南北词广韵选》，即在厂甸中某摊头议价成交者。

这里面都提到"冷摊"、"摊头"。"冷摊"是又穷又破没有人照顾的地摊，但要学会逛书摊冷摊，那真是味道无穷，如人饮水，冷暖自知，只有逛过的人，上了瘾的人，才会留下美好的回忆，我是在初中一年级时，学会逛地摊的，人家花两千块现大洋买心爱的宋版书，我省下两天回家的车钱，花二十枚铜元，照样也能买到我心爱的破书，代价虽不同，其欢乐是一样的啊！

文房四宝

北京有好几部"百科全书"，琉璃厂也是一部。以新华街厂甸十字路为中心，东到厂东门，西到厂西门，全长不超过二华里，就在短短的两条街上，旧时开着三百来家有关古老文化的商号，一百三十来家旧书铺，一百来家南纸铺、古玩铺，其他笔铺、刻字铺、裱画铺、墨盒铺、刻瓷铺，大字号五间铺面、小字号一间铺面，不管大，不管小，都有内行专家在经营着，这些人，都是这部"百科全书"的编辑，辛勤地编纂着这古老的"文化论著"。这些人虽然姓名有的早已湮没无闻了,但其对当年文化所作的贡献,历史的功绩是无法磨灭的。

在文化古城时期,人们习惯还用老的纸笔墨砚,说的酸一些,叫"文房四宝"。二三十年代之间,我在乡间读了几年书,除学加减法时用石板、石笔作为书写工具外,后来大一些,连做四则算术题都用毛笔写在麻纸上。北平大都市,比较好一些,中小学算术、英文用铅笔、钢笔,作文一直坚持用毛笔,各机关公文用毛笔,商号记账用毛笔,中医开药方更用毛笔……自然书画家就更要用好纸好笔了。琉璃厂各大南纸店有品种繁多的手工制纸、毛边、毛胎、料半、六吉、夹贡、洒金、发笺、东昌纸、高丽纸、皮纸、棉纸……以及各式各样信封信纸,大八行,小八行,大十行,小十行,各种格纸彩笺,每一样都是精美无比,高雅绝伦。鲁迅和郑西谛二先生,预见未来,抓紧这一时机,编出了著名的《北平笺谱》,这正是文化古城时期闪耀着古城文化光芒的遗物,现在在世界各著名大图书馆中或者还可见到——曾几何时,已成历史陈迹了。可怜的是,拍电影、电视中的年青人,遇到历史题材,几万几十万成本,连个信封也拍不像,其文化之贫乏,也是历史的必然了。

纸之外说到笔,笔店以人名出名,如李福寿、贺莲青、李玉田等,其中戴月轩更为著名,戴月轩笔店在东琉璃厂路北。

戴月轩的上代,原来是南方人,据说是湖笔的正宗。北京当年的著名笔店,戴月轩之外,尚有贺莲青、李自实、李福寿数家,其中写字的笔,以戴月轩做得最好,检毛考究。他家前面开铺子,后面的四合院住家,另外一些房间就是作坊。而检毛的笔工就坐在铺子前面南窗下检毛,把做好的笔映着南窗一支支地剔去"贼毫"。北方大量用的毛笔,大多是河北省南面深州、衡水一带人做的,俗名"衡水货",也叫"水笔",是商店写账、小学生写仿用的最便宜的毛笔,像江南的"金不换"一样。戴月轩是不生产这种笔的,但这种笔假刻戴月轩、贺莲青字号赚钱。后来戴月轩把自己照片印制成小印花贴在笔杆上,写明以防假冒。

制作毛笔,全靠检毛,因毛本身放在放大镜下看,并非圆的,而是不规则形的,检毛时用手指搓毫端,凭人的感触把不规则的毫端,聚成圆锥形,把不能用者剔去,这样才是有"锋"的笔,可以用中锋写字。并非把一撮毛聚在一起就是笔,那只是刷子。现在笔工无手艺,只是做刷子耳。所以买不到好毛笔了。当年这些笔店一两毛钱一支的小楷也可用上半年。东西是真好。现在"戴月轩"只是个名了。笔之外,是墨,当时一般都是用"一得阁"墨汁装墨盒,或用"龙门"墨磨了装墨盒,"龙门"是常用墨的名字,二两一锭,较大经用。说是砚,但一般用砚台较少,因其不方便,大多用铜墨盒。琉璃厂有最有名的墨盒店同古堂,铺主张樾臣是刻铜名家,刻工最好,名画家陈师曾、姚茫父、齐白石,后来的王雪涛都和他是朋友,为他画稿子,另有胡藻香的文宝斋墨盒铺,开张于光绪二十一年,是庚子前的老店。这种墨盒叫"赛银白铜",是加了银和锡的合金,光白滑润,摸在手中手感极好,现在工艺已失传了。当时各校学生考试、毕业、运动会第一,都送个墨盒作奖品、作纪念品,金石长寿,现在可能还有人保存着这些珍贵的纪念品呢。

文房四宝,详细说太多,就作些简单介绍吧。

古　玩

文化古城时期,正是知堂老人发表《五十自寿诗》的年代,为此曾引起小小波澜。先不去多说它。其中有一联道:"老去无端玩骨董,闲来随分种胡麻。"邓之诚先生有名著《骨董琐记》。骨董,就是"古董",一般称作"古玩",这和文化古城是有密切关系的。琉璃厂是古董的大本营。琉璃厂向称"文化街",其商业经营范围是:书籍、碑帖、书画、笔墨、文玩、印章、印刷、装裱等等。这些行业有的又有横向关系,比如书画、文玩、印章三项,就有横向交错的部分。书画中时贤书画,就是书画铺、南纸铺的生意,而古人书画就归古玩铺经营了。印章铺只经营刻图章,卖铜章、石章料,如果古人的图章,什么赵飞燕的印了、汉寿亭侯的印了等等,那又归古玩铺去卖了。"古玩"在文人口中,不说"古玩",而叫"文玩",意思是文人雅玩之物。实际如从历史文化的角度去说,也是讲得通的。因为要玩这些玩意儿,不比玩扑克牌和乒乓球,因为要有一些历史文化知识才行,因而也可叫"文玩"。不过"文玩"的涵意,较"古玩"更广泛些,因为还包含新的,而"古玩"则只是古的了。

琉璃厂是古玩铺集中的地方。多的年代,有七八十家之多。古玩铺大部分都叫"某某斋",而且还加上一个"古"字,有名的如延古斋、信古斋、遵古斋、茹古斋、赏古斋、敬古斋、隶古斋、敦古斋、崇古斋、式古斋,还有什么英古、尚古、古韵、古欢、古雅、荟古等等。读者试看,单一个"古"字,能翻出多少花样呢?当然也有少数不叫"斋"、不带"古"字的字号。他们都起另外高雅的名字,如有名的维古山房、大吉山房,也都是古玩铺。

古玩铺门面都不大,一般三开间门面算大铺子了。大多是两间或一间门面。不过有的后面带着很精致的磨砖小四合院。这样门面虽小,里面还比较大。不过广义地说"琉璃厂"时,除东西琉璃厂外,还包括南新华街、海王村、火神庙、土地庙等处。海王村四周则都是一间间的单间,开着不少小古玩铺,那都是没有院子的小买卖了。

三十年代中,琉璃厂古玩铺中还有不少开在咸丰或同治初年的老字号。如德宝斋,开于咸丰九年;英古斋,开于同治六年;论古斋,于同治元年开张。不少都是七八十年的买卖。小小的铺子,春夏秋冬,年年月月,门上挂着成亲王、翁同龢、贺寿慈等人写的金字匾额,灿灿发光。门窗洁净,室内四壁光可照人的紫檀多宝阁上摆满了一般人叫不出名堂的玩意儿,铜的、瓷的、漆的、刻的……掌柜的坐在八仙桌边的螺钿太师椅上等客人,小徒弟在边上站着侍候着,手还不停着:一手拿只炉或瓶,一手拿一大块丝绒,不停地擦呀,磨呀,磨呀,擦呀……门口有买主儿一进来,立刻站起,把手中玩意儿交给徒弟,满脸堆笑,迎接客人了……

古玩又叫"古董",又写"骨董"。《桃花扇》"先声"一上来就喝道:"古董先生谁似我?非玉非铜,满面包浆裹。"已故现代著名史学家邓之诚先生的笔记书名《骨董琐记》,一可看出"古董"得名之久;第二,"古董"、"骨董",哪一个对呢?《通雅》说"骨董"乃"圁董"之讹,并引《说文》:"圁,呼骨切,古器也。"宋代朱熹《晦庵语录》作"汩董"。《通俗编》说"骨董"是方言,初无定字。这样"文玩"、"古玩"、"古董"、"骨董""圁董"、"汩董"等等,这么许多奇怪的名称,实际上是一种东西,从汉语的复杂性说,多么有趣呢?

古玩不但名称复杂,其内容就更复杂了。小小的古玩铺,包孕着几千年的历史,几万里的土地,几十代的智慧,几亿人的生活。三代钟鼎,有的是当时多少人吃饭的家伙;秦砖汉瓦,还沾着不知多少能工巧匠的汗水……每一件古玩要和人联系起来,和历史联系起来,那就有说不完的话了。

古玩铺中那些"古里古董"的玩意儿虽多，但是主要的是两大类，即古瓷和古书画，其他铜器，包括三代鼎彝和明代宣德炉，汉玉佩件、摆件，象牙雕刻，漆器，绣品等等。古玩铺有行话，叫"硬片"、"软片"。所谓"硬"者，以古瓷为主，旁及古铜器、古玉器等，但古玉又入玉器行。因此有的古玩铺收汉玉，有的则不收。所谓"软"，主要指古字面，旁及绣品。但绣货比较少，以书画为多。但瓷中五彩、粉彩，有时又叫"硬彩"、"软彩"。

鉴别古物，从明清以来，就是非常高深的专门学问。在马派名戏《一捧雪》中的汤裱褙不就是因精于鉴别古器物而受知于奸相严嵩的吗？琉璃厂那么许多古玩铺，每家的掌柜的都是一个古器物鉴赏家，都必须先具有起码的古物常识。看瓷器知道什么是"冰纹"、"窑变"、"釉下蓝"、"粉彩"……看铜器知道什么是"土花"、"包浆"、"铭文"等等，这些对普通人说来莫名其妙的字眼，而对古玩行业说，则只是鉴别古物知识的爱皮西耳。其实其中每一样都有无穷的学问。古玩铺这门学问，没有专门学校，都是师徒传授，也不可能样样精通。有的精于鉴定书画，有的精于鉴定瓷器。那个精于瓷的，如遇到一般书画，自然也懂；但遇到值钱的买卖，吃不准，就要请同行帮忙了。清末民初，不少年中，古物外流，为西人购去，有的开古玩铺的，精通外文，专做这种买卖。如著名的黄百川，同文馆毕业，通英、德、法三国文字，开尊古斋古玩铺，著有《金吉图》、《金石识小录》等书，是一位大专家，但也经手卖出过不少古物给外国人，说来也是很痛心的了。

在教授中，最精于鉴别古玩的是马叔平先生，在《知堂回想录》中记云：

马四先生名叫马衡，他大约是民国八九年才进北大的吧……他于鉴赏古物也很有工夫，有一年正月逛厂甸，我和玄同、叔平大家适值会在一起，又见黎子鹤、张凤举一同走来，子鹤拿出新得来的"酱油青田"的印章，十分得意地给他看。他将石头拿得很远的一看（因为有点眼花了），不客气地说道："西贝，西贝！"意思是说假的……自从一九二四年宣统出宫，故宫博物院逐渐成立之后，马叔平遂有了他适当的工作，后来正式做了院长，直到解放之后才故去了。

短短数语，已将前辈风流和古玩形象地连在一起了。

书画鉴别

一

京师的琉璃厂是藏龙卧虎的地方，有各种专造假画的人，也有各种精于鉴别假画的专家，真可说是旗鼓相当。

造假画的人，有的是临摹，有的是假画真印章，有的是真画稿假印章，有的是半真半假，名家未完的画稿补充完整，没有款的补上款。其作伪的技艺之精，真是不可思议。据传司马光《资治通鉴》序言手稿，当年被溥仪由宫中盗出，带到伪满宫中，抗战胜利之后，又流落出宫，落到一个古董商手中，他把手稿带到北京重新装裱。宋代的宣纸是两层的，因为造纸时纸帘子在纸浆池中要捞两次，捞一次纸浆纤维，落一层，干后便是一张薄纸，捞两次，便是一张厚实宣纸，实际却是两层薄纸。如在水中浸透，还可以揭得开。这位古董商便把国宝司马光《资治通鉴序》，趁重裱之际,一揭为两。外面一层,是原件,不过纸薄了,但裱起来,看不出。里面一层,墨色、印泥都很淡,他再做特技加工,墨色、印泥描浓,就同真的一样(实际也就是真的),这样,像变戏法一样,一个变成两个了。这样奇妙的技术,读者能想得到吗?

因为作伪者的奇妙,一般人识别不出,所以要求鉴定者更要精明。旧时琉璃厂有不少精于鉴别书画的专家。鉴别专家要见多识广,博闻强记。读书要多,熟知书画源流,精通书理画理。要心细如发,目锐如刀,思密如网,总之要求是非常高的。

不少鉴赏家多是大学者、大官吏。人传康熙时尚书宋荦就精于鉴别,某大家一幅无款鹌鹑,好多名家不能定明作者,宋审视之下,断言系崔白所画,后映在日光中审视,背面一角,果有"子西"印记。原来崔白字子西。又据查慎行《南斋日记》记载,他在南书房做文学侍从之臣,康熙经常拿书画让他们鉴定,有一次拿出一本赵孟𫖯的泥金小楷《金刚经》,他们鉴定后,断定是假的,因为鉴别纸是宣德磁青纸,但写得非常好,康熙又问他们可能是谁写的,他们回奏说:"疑是户部郎中陈奕禧所临。"可见当年鉴别书画的本领多么高超。

鉴别人一要审视古今众多书画家笔法韵味;二要熟悉各种名画流传经过,何年在谁手?何年入内府?何年又流落人间?三要懂得书理、画理,能细辨笔锋墨色,同一人尚有少时作,壮年精品和老年炉火纯青之构的区别;四要记熟印章,如大千居士,每十年换六十方印章。要认识印泥,从印泥看年代,是否宝石印泥。五要懂纸,唐宋到明清,纸各不同,南帘北帘,产地也有区别,旧品与人为的旧又有所差别……总之,这门知识太深奥渊博了。

有些人以为清宫里的书画都是真的,其实并不尽然。查慎行《南斋日记》就记了不少次在南书房鉴别的书画都是赝品。如记云:"米芾行书手卷,俗手赝。"又记云:"午前发下蔡襄朱书手卷,亦赝作也。"其他类似这样的记载还多,可见皇帝宫中也有不少假书画。据传张之万在咸丰时,和祁寯藻一同入直南书房。咸丰让他二人观赏"天禄琳琅"所藏僧巨然画手卷,历代名人题跋几乎满纸,画与题跋都是精品,二人赞叹不已。等到出宫后,祁寯藻告诉张之万说:"同样的画已见过两种了,这是第三幅,谁是真?谁是假?不敢乱说。"以大书法家祁寯藻之鉴赏水平,看过三幅同样巨然的画,却不能分别真假,可见鉴定古书画多么难了。

同样是知名的鉴定家,对于同一件书画,看法也不一定一致。有时各持一端,不知谁是谁非。前不久,在一次酒店的宴会上,一位朋友拿了一幅郑板桥的墨竹轴子,一般人看到,自然觉得非常好。据持画朋友说,已经大千居士的老朋友某著名鉴赏家看过,判定是真迹,但请另一位鉴赏家再给看时,不料打开一半,他便断言是假的,因为他说纸是染旧的,这幅画,笔者也仔细看过,纸发灰,但又像是悬挂多年变旧的,而这位专家只打开一半,便认定是假的。两位都是第一流的名家,该听谁的呢?

几十年来,海内外知名之鉴定专家,首推徐森玉、张伯驹两位老先生,因为他们学问好,经手买的真品、精品多。伯驹先生当年用若干万银元买书画,抢救了很多文物,如陆机《平复帖》等国宝,如果不是伯驹先生宁可卖掉自己住宅(当年系李莲英所住)凑钱收购,后交还国家文化部门,那真不知道早已流落到哪个红毛国去了。

不过眼光再敏锐,偶然也有失误之时。清人斌良在厂甸画棚把自己的字当成董香光的字买回来,还写了一首诗,题云:

余游厂甸，见古画楼有香光诗册，丰致绝佳，以金二镒购得之，归家细玩，知是余庚辰自书，散失阛阓间，客以董思白赝章钤于册尾，遂误为真迹，不禁哑然失笑，因作长歌纪之。

这多么可笑，然而从这里也更说明鉴别书画之难了。

二

因看到重建琉璃厂的消息，又加新春照人，不禁又想起厂甸的欢乐、画棚的琳琅。前两年，我曾写小文介绍过，这里不再重复了。而画棚宏博的内涵，又何只一篇小文能介绍清楚呢？这里不妨只说一个极小极有趣的问题——假画。

本来书画只论好坏，无所谓真假，这张画好，写上张大千好，写上"李大千"也好。大千居士当年把八大山人的画挖去题款和图章，换上蜀人张爰的花押；又把八大山人的名和章补到自己的画幅上，虎贲中郎，传为艺林嘉话，连老画师半丁老人也上了当。在酒席上大千居士自己说穿了，半丁老人还不相信呢。

汉代的名画"武梁石刻"，北魏的大量魏碑，当初画时写时，都不题名，因而在那个时代，也就无所谓真假。宋代画院中的名画，不少都是不落款的，在其当时，也无所谓真假了。后来书、画有真假之分，其原因之一，是题款署名，王羲之不是王献之，献之写的字署上羲之的名字，那就算假的了。原因之二，是年代越来越久，宋画院的画，虽不署名，但流传到后来，摹本越来越多，也就是假画越来越多了。

但书画既有真假，而假画之中，又大有高低，因之假画也可以分出许多等级来。第一是早年高手临摹的，或晚近大画家临的。如李慈铭《越缦堂日记》记载，他亲眼见过三幅《清明上河图》，都是临本，同治元年见的一幅最好，几可乱真。这是最好的假画，如此画现在仍在，那也是价值连城的了。第二一种是同时人真有本事，临摹同时名人的画。如清代戴醇士，画入神品，官也大，死谥"文节"。另有知府钱伯声，得家传画法，花卉极妙。因戴名气大，就戏作山林小幅，署上戴的款，人争购买。有大官出重价买，他不敢欺骗，老实招认。那大官反说他要抬价，不肯卖，拿话欺骗，加了一倍的价钱硬买了去。第三是作者本人懒，让别人代笔，写上他的款，盖上他的章。据传刘石庵当年，又是大官又是名书家，求书的人太多，他的姜四姐、五姐临他的字最像，因而都让四姐、五姐代笔，故传世石庵书真正刘墉写的并不多，一般对联，大多赝笔也。第四种则是一般不知名之小画家，小画家所临赝品。其间亦有高手，因没有名气，只好靠假画以谋升斗。

文化古城时期每年正月厂甸画棚中，满坑满谷的法书名画，大部分都是第四种假画。虽然偶有高手，但大多数是比较幼稚的。如从署名看，到处都是唐伯虎、祝枝山、郑板桥、成亲王了。

裱　褙

一

"裱褙"就是裱书画，这是文化古城重要组成部分。裱画旧分京裱和苏裱二种。京裱是和苏裱对称的。张大千当年极为重视京裱和苏裱，其他地方裱工均无足取也。据传胜利之后，大千居士在上海时，家中就请了两位北京裱画匠人，又请了两位苏州裱画匠人，各司其事。居士经常收购旧画，有时一张很破旧或者沾污了、蛀虫咬了的画，经鉴识，的确是古人精品，便收购回来，交给京裱师傅修补重新裱褙。如果是自己画幅,要准备开展览会,那就交给苏裱师傅去裱褙。

大千居士说:裱工以苏州的为最好;补工以北京的为最好。所说补工,就是挖补、填剔、修整等工艺。因而补工也就是裱工,并没有专称"补工"的,只不过有一种高手的裱工专做修补的补工活罢了。就像琉璃厂修古斋刘澂瑞、牛荫堂等师徒一样,别人接不了的修补古画的活儿,他们都敢接,这就专以修补著名了,而其字号还是叫裱画铺。

如单以裱新画论,京裱和苏裱各有千秋,苏裱骨肉停匀、绫色搭配鲜嫩,看上去挺括漂亮。京裱板实厚重,绫色搭配典雅古朴,看上去轩昂庄严。如果用个形象的说法,那苏裱有烟水娟秀气,京裱有庙堂华贵气,这就是二者的大致区分。大千居士在巴西时,京裱、苏裱师傅四人,不知跟去了没有,即使跟去,现在这些人想来也都白发满头或早成古人了。这四位裱褙师傅可以说是身怀绝技的人,现在居士已归道山,这些白发满头的裱褙师傅的技艺,又有谁来赏识呢?岂不是也有伯牙之叹吗?

按,裱画的一得之秘,首先是打浆糊。张彦远所著《历代名画记》云:"煮糊必去其筋,稀缓得所,搅之不停,自然调熟。入少细研熏乳香末,永去虫而牢固。"早年我在琉璃厂见裱画铺打浆糊,打好冷却存放。待其稍霉,去霉再加水稀释,如藕粉状,才好用。俗名"去劲",实亦"去筋",就是把面粉中能制面筋的成分自然蒸发掉。现在日本用有机方法,制出新式裱画浆糊,大量使用,效果很好。第二是托背,即画的背面裱衬纸,俗名"托"。不能用熟纸,即上了矾的纸;只能用白滑曼薄大幅生纸,不管画多大,都不要接。日本皮纸、高丽纸最好。第三是贴绫,第四捶光,第五装轴,凡此等等,无不有很多讲究,因大千而思裱褙,想今日一定后继有人了。

前面说到大千居士裱画，以京裱裱旧画，以苏裱裱新画，意有未尽，觉得还可以再说几句。因为常常感到，中国画之裱，有似乎油画之边框。在西洋，远自达·芬奇，近至毕加索，他们的名作，都有名贵的框子，木料好、刻工好、造型好，一幅画一个式样的框子。以法国巴黎而论，就不乏著名的画框名师，他们根据不同画幅来配框子，色彩或深或浅，刻花或粗或细，棱角或锐或钝，尺寸或宽或窄，都有不同的讲究，有很深的美学道理。高手使名画更为生色，留芳百世；俗手便因为框子配得不好，可能使很好的一幅画黯然失色，这种事在艺术界也是常常发生的。因而任何绘画大师，都十分重视他画幅的配框，一致认为，绘画是艺术，制画框也是很高级的艺术，同样的道理，中国画的裱工亦然。

北京旧时是辽、金、元、明、清五朝的首都，代代相传，在文化艺术上是有悠久的高级传统的。陶宗仪《辍耕录》列裱褙为十三科，那原是十分复杂的学问。北京东单牌楼南面路东，有条很长的胡同，叫东裱褙胡同、西裱褙胡同。所谓"裱褙"，是两种意思："裱"是裱正面的绫锦边，"褙"是托后面的纸。因之合称"裱褙"。清李玉名院本《一捧雪》，后来皮簧戏中又叫《一捧雪》，又名《审头刺汤》，是当年马连良的拿手好戏，马饰陆炳，一段道白，喷口极佳，说道："你在我这大堂之上，摆来摆去，可我也不买你的字画啊！"这说的就是名叫"汤裱褙"的大坏蛋，是严嵩的门客，搬弄是非，陷害好人，阴险可恶，但他却是裱画的高手，鉴别古画的专家。虽是戏剧，也都是实有其人的。到了清代乾、嘉之际，以裱画出名的就更多了，当时有秦长年、徐名扬、张子元、戴汇昌等人，都是名动公卿的专家。近代北京琉璃厂，则有由裱褙出身的书画装潢鉴别名家李孟东，因而可以说，裱褙名家一脉相承，数百年来，也可以说是不绝如缕了。

北京裱工之绝技，有出人意表之外者。据说有一次宫里拿出一个葫芦器找人裱里子，一位高手艺人接了，先用碎磁片从小口灌进去，不停地摇动，使葫芦内部被碎磁片刮光，然后把棉纸浸成浆，灌进去，摇动后倒出来；稍停略干，再倒进去，再倒出来。如是者数十百次，终于裱成了。剥开葫芦一看，里面又是一个天衣无缝的纸葫芦露出来了。

用纸裱葫芦里子的故事，见于邓之诚先生《骨董琐记》的记载，手头无书，且短文亦未便征引，只是说说而已，以见北京裱工技艺之高超，有匪夷所思者耳。

裱工技艺，所谓十三科，就是十三种技艺和工具。如织造绫绢、抄造纸札、染制颜色、糊料麦面、糊药矾蜡、界尺裁板、杆帖、轴头、糊刷、铰练、绦、经带、裁刀等均各占一科，缺一不可。而且都各有窍门。比如裱褙纸棉纸，要经过捶捣，目的是使纸筋松软，便于使纸中每一根都吃得到浆糊。再有更重要的在于刷浆糊。裱工用的浆糊刷子，分四种：用棕制的软刷叫"平分"，硬刷叫"糊搠"，大小得中，宽约四寸的叫"黏合"、狭窄的叫"寸金"，刷浆糊要平稳，用力要一致，要刷若干遍，使糊汁渗入到每一根纸的纤维中，这样才能使纸理吻合，裱出来天衣无缝，浑然一体。再有煮浆糊时，要用花椒水，要加白矾和乳香。花椒水煮浆糊可以不生蛀虫。我国古代宫殿，皇后嫔妃寝宫，称之为"椒房"，就是用花椒水刷墙，这是最古老的防虫剂。裱画浆糊用花椒汤来煮，也是这个道理。加白矾为了挺括光滑，可以防霉,以上这些都是裱褙生活技术上的窍门,也比较容易学到,至于什么样的画,配什么样的绫,什么样的锦,如何典雅,如何出色,以及什么是古绫、古锦、仿古绫锦等等,有的是学识,有的是匠心,神而明之,存乎其人,有不少是只能意会,不能言宣的了。

几十年前,替一个学校经手裱一批东西,曾关照裱工,不论轴子、联对,一律在两头加一条旧锦,虽然很窄的一条,却十分重要,即使绫质差些,也能使之生色。双色绫、三色绫固好,即使一色绫,甚至纸裱,只要一加锦边,便给人以典雅庄重之感,是大不一样的。至于两条"惊燕",倒无所谓。日本裱工也很好,当前日本东京一般裱一轴子,要三万日元之谱,但日式裱工,一看便知东洋裱。北京裱画,最重老红木紫檀轴、黄杨轴,金、玉、象牙只是值钱,并不高雅。日本裱工,用假象牙轴,并不可取。

北京裱工分行活、旧活,行活一般裱件,旧活专裱旧画,即纪晓岚市招名对所谓"发兑云贵川广地道药材,揭裱唐宋元明名人字画"是也。盛时蝎子庙、杨梅竹斜街、东西琉璃厂、隆福寺等处有裱画铺二百家左右。能够揭裱修补名贵古画者也有玉池山房、修古斋等二十几家呢。

《世界日报》

一

文化古城时期,北平大小报有好多份,但只有大报《世界日报》,小报《实报》发行量最大。《世界日报》社址在西长安街路北,在当年是十分气派的,虽然说起来,也不过是一座灰色水泥的三层楼房子,可是在那时的北京,已是十分神气的了。因为任何事物最怕比,这所房子,如果和上海三马路《新闻报》、老《申报》,或天津《大公报》、《益世报》比,自然都比不上,但和北京当时其他报纸比,就显眼得多了。北京当时著名大报《晨报》,社址在宣外大街路东,椿树胡同口上,是老式大四合院,很不起眼;邵飘萍的《京报》馆,在魏染胡同,在胡同里面;小《实报》在宣外大街路西,也是老式房子。只有《世界日报》,在城里西长安街路北,又是洋楼,高台阶上去,行人要仰起头来看它的大门,该有多神气。

《世界日报》是成舍我先生创办的,开始于一九二四年,先是《世界晚报》,到一九二五年才出版日报,后又出画报,开始时经营十分困难。加以军阀混战,北京政局不定,张宗昌统治时期,他还被捕过。后到南方,北伐之后,李石曾办北平大学区,请成担任秘书长,和副校长李书华先北上视事。《世界日报》是成独资经营的报纸,互相利用,成不久辞去秘书长,又到欧洲英法考察,归来后,俨然北京报界领袖矣。他同时还在南京办有《民生报》,在上海办有《立报》。

《世界日报》初办时,以成舍我手帕胡同家中作为社址,后以石驸马大街东口路北袁乃宽(袁世凯族侄,曾任袁侍卫长)住宅为社址。后又在此办新闻学校,另租西长安街原长安饭店作为新社址。这幢楼房原系奉系官僚私产。胜利复员,成以三千银元买下,十分便宜。

现在这所房子早已拆掉了,所有西长安街路北的房子都已拆掉改为马路了。当年《世界日报》馆的楼门正好对着路南著名羊肉饭庄子西来顺,要吃涮羊肉,过马路就是,名厨师褚祥的黄焖羊肉、黄焖牛肉，那是名满京华的，成舍我先生大概常常照顾他家生意，那辆白铜活的雪亮的自用车，往往不是停在报馆门口，而停在对过西来顺门口的。报馆西边有一家三开间二层楼的中央理发馆，那是当年西城最大的理发馆，能做奶油烫发的，其他还有专门出租结婚礼服的铺子——紫房子等等。

《世界日报》馆东面，咫尺之遥，有一个极重要的古迹，那就是著名的双塔寺，这是两座很漂亮的飞檐灰色砖塔。《帝京景物略》卷四"双塔寺"条下记云："西长安街双塔寺，若长少而肩随立者，其长九级而右，其少七级而左，九级者，额曰特赠光天普照佛日圆明海云佑圣国师之塔。七级者，额曰佛日圆照大禅师可庵之灵塔……双塔地，元庆寿寺也。"两塔距离不远，好像手挽手的兄弟二人，立在西长街北面，天天注视着十丈软红。这里最早还有金章宗石刻"飞渡桥"、"飞虹桥"，当然现在这些都已没有，改成大马路了。

文化古城时期《世界日报》是在老《晨报》、日本人办的《顺天时报》停刊之后，《京报》因邵飘萍牺牲之后再不精彩，《益世报》也渐不为人欢迎，其他小报均无特色的情况下发达起来的。《世界日报》在文化古城时期，特别重视了教育界的新闻，诸如学校动态、历次风潮、派系之争，都做了大量的报道，与北平学界同步行动，受到了大、中学师生普遍的关注，因之其发行量由一九二九年的五千份，很快增加，到一九三〇年底，突增至一万份，其后年年增加。日报日出两张半，共十大版，有五版是广告。晚报一小张，画报一小张。日报零售四分，月订费一元一角。晚报另售铜元六枚，约合一分半，月订费四角五分，半年二元五，全年四元。画报一般随日报赠送，不再收费。虽有单独定价，但无订阅者。当时物价便宜，以实物折合，日报每份值四五枚鸡蛋价格，发行万余份,其收入是可观了。何况发行费之外,还有大量广告收入呢? 广告也是教育界的多,年年暑假、寒假之前,登满各校招生广告,由清华、北大到洁民小学幼稚园,都是直排长至四五栏高,校名有的用头号字、二号字,赫然在目,一家家,可以满满排四大版。

二

有一年外报刊载:一位华裔法籍中年妇女,将要出马竞选担任法国大总统,她宣称:"选我就是选和平。"她不抽烟、不喝酒,自称为正统的道家,如果要在唐朝,那便是炼丹、焙药的"女冠"了,本来烟霞中人物,而今天却是"神仙也爱人间世",要竞选总统了,这真是破天荒的新闻。这位女士是谁呢? 这就是当时九十三岁的成舍我先生的女公子成之凡女士。按年龄计算,成女士诞生于一九二八年,那正是成老先生在北京办《世界日报》的鼎盛之年,说不定,成之凡女士就是生在北京的,或是在北京读书长大成人的,这便又是一位鼎鼎大名的老北京了。我一方面衷心地祝愿她竞选成功,另一方面也缅怀起成老先生所办的《世界日报》的往事。

成先生本来是诗人,是近世著名诗社"南社"的社员之一,但他的诗很少见,这里从左笑鸿的文章中,转录二首,是他一九三一年游历欧美时写的。其一题云:《美国东西南部,寒暑迥殊。自罗桑及尔以西,风物清丽,气候温煦,芳草绿杨,绝非严冬气象,车中口占,写寄国内诸友》。诗云:

> 几日驱驰入幽胜,天教丰啬别西东。
> 昨经砂砾不毛地,今在河山如画中。

芳草乍疑湖上梦,绿杨自舞道旁风。

却怜故国寒犹劲,有客披裘拨火红。

另一《太平洋舟中》云:

崎岖历尽归平淡,地北天地自去留。

且喜半生逃百死,勉持残醉洗千愁。

夜寒侵枕听风吼,浪急敲窗见海流。

不信乾坤真浩荡,五洲未定一年游。

录此以见南社诗人的格律工夫。以诗人而办《世界日报》,这家报纸办成功了,前后期(后期即指抗战胜利之后的几年)大约办了也有二十来年吧。《世界日报》发行量显著增加,是在三十年代初的事。那时北京报纸自《晨报》增加副刊,取得成功之后,其他报纸,也特别重视副刊的编辑,以争取读者。《世界日报》副刊《明珠》,晚报《夜光》都很吸引人。《明珠》有一个时期,礼聘刘半农先生担任编辑,撰稿者有周作人、钱稻孙、钱玄同、俞平伯、废名(冯文炳)、江绍原、沈从文、胡适之等人,名家济济,都是第一流的学者和教授,所以那块版面虽然很小,而号召力却很大,于是《世界日报》在北京,尤其在学界很快声誉鹊起了。它不只注意到大学,而且注意到中学,其《春明周刊》,就是由菜市口春明女中师生主编,自一九三〇年十月开始,每周出版一次,在中学生中很有影响。后来成又办新闻学校。现台湾女作家林海音,就是春明女中学生,后来又在《世界日报》新闻学校毕业的。一九三五年,又添《学人访问记》专栏。访问各个学术领域的著名教授,如钱玄同、许地山、梁实秋、顾颉刚等数十名专家。影响也很大。一九三四年后,还增加《学生生活》版,稿约上说明:专登学生生活文字,学生团体生活消息,学校、同学间之新闻。这些都是《世界日报》创举。现在报纸虽多,却无哪家报纸有专登学生新闻的版面。在一九二八年政治中心南迁之后,北京成为文化古城,全靠几所著名的学校维持市面,尤其报纸,只要能在学界中获得声誉,便是取得百分之八十的成功。当年北京学界中的热门报纸,前一阶段是《晨报》,等到三十年代前后,便为《世界日报》所代替。

《世界日报》于日报之外,还出画报,每周发行四开一张,用雪白的道林纸,蓝色油墨印行,百分之九十是照片,不零卖,不单订,随日报奉送,目的是为了刺激日报发行数字。第一版照例是一张名媛或燕大、辅仁高材生的照片,配一篇短文,第二、三两版全是新闻照片,偶然印一张画,但不常见。第四版是电影照片,当时真光、中天等电影院放的都是好莱坞的电影,这第四版便经常登明星照片和影片中的某些镜头。

说到《世界画报》,倒有不少值得回忆的。

三十年代中,不少学人、文士订阅着三份报:天津《大公》,北京《世界》和《实报》(俗名“小实报”,因其是四开小报),《实报》附赠半月刊,《世界日报》附赠画报,我很爱看世界画报,便都攒起来,日期长了攒了很厚一大叠,一直保存了不少年,后来,虽然当年的雪白的道林纸已经渐渐泛黄了,但还经常拿出来翻翻,说句文艺家们的话吧:这也是抚摸着少年时期、青年时期的梦呢。

如今,那些报纸早已经失落了,找不到了,剩下什么呢? 剩下的是一些记忆的鳞爪:

首先,我想起叶浅予氏的漫画《王先生与小陈》,有不少幅都是在《世界画报》第一版上发表的,小陈的造型:一套花格子西装、"灯笼裤"（即束腿的猎式裤），蝴蝶领结，平顶硬壳草帽，至今还如在目前。当时不少刊物都以"风"命名，如"西风"、"宇宙风"等，叶氏画了一套（四幅）小陈办杂志的漫画，一个书架上"东南西北风"都有了，还缺"？风"，他便办了这个风，当时看了觉得十分好玩。每次都是四幅，组成一个幽默故事，如果细想，还能想起不少。

第二，有一些给人印象颇深的照片，如黄柳霜氏由好莱坞回国，到北京去燕大联欢，坐在洋车上拍的那张照片，态度十分大方，到现在还记得很清楚。傅宜生将军在百灵庙打了胜仗，上海电影明星陈波儿等人组织的慰问团经过北京到百灵庙去，新闻照片也登在《世界画报》上。那时候时兴戴一种帽子叫航空帽，前额上用按钮钉着一副风镜，好像金鱼眼睛一样，那张照片上的团员，有人就戴着这种帽子。话剧《赛金花》在北京排演，《世界画报》上也登了不少照片，有一张"牢婆"的照片，那位扮演的小姐很漂亮，穿一身清代的大袖口、大镶边衣服，斜着翘腿坐着，手里还拿着一个一尺多长的吸"兰花籽"旱烟的烟袋，很像庚子年间刑部女牢的牢婆。当时虽一个小配角，也十分注意其真实感。只是那位漂亮的牢婆扮演者的姓名忘记了。

第三，三十年代的不少好莱坞电影照片还记得，什么女童星莎丽邓波了，什么宋雅海妮的溜冰片子《凤舞银冰》了，什么《绿野仙踪》了，什么一胎生五个小儿的《五福临门》了……说起来太多了，当年那五个小宝贝现在也都是近五十岁的人了吧？

三

说到《世界日报》，除成舍我社长之外，人们很容易想起曾经主编《夜光》、《明珠》多年的张恨水。他的小说在《夜光》版连载七年之久的《春明外史》，和在《明珠》版连载数年之久的《金粉世家》。一九三三年他离开文化古城，直到抗战胜利后，又回到北京办《新民报》，前后离开古城有十三年之久。北京中山公园来今雨轩的老茶房眼光特别敏锐，多少年的老客人还能记得清清楚楚。抗战胜利后，他由重庆回到当时的北平，主持《新民报》分社的事。第一次到中山公园喝茶，来今雨轩一位老茶房老远地就上来打招呼，极为热情，真有一些久别故人之感。当时我和友人还是两个年轻学生，在一旁看了也很感动，觉得这位老报人、名小说家确是很受人欢迎。

又有一次跟着这位先生和另外几位去东安市场西门外一家杂耍园子听杂耍，园子的名字忘了，好像是"凤凰厅"之类的摩登名字，"十样杂耍"，文武段子都有，老的里面，记得有谢芮之的单弦、王佩臣的西河大鼓，年青的有马小荣的河南坠子，花小宝的梅花大鼓，武的有王桂英的"抖空竹"，另外那次中场还插进一档子杂技，一个十二三岁的小姑娘下软腰，用手反着攀着脚后跟，而在腹部放了许多玻璃器皿，越堆越高，那个小姑娘强力支撑着，恨水先生看着实在忍受不下去了，一边用手蒙着那副黑边圆眼镜，一边喃喃说道："太残忍了，太残忍了。"而我们当时不理解先生的心情。

当年恨水先生写小说与一般小说家不同，别人是写完一本或一个较长的章节才发表，而他则是每天随写随发表，这是当年北京新闻记者的高明本领。小说内容，也快而及时，好像新闻一样，下午社会上发生的事，晚上就可写入小说中，明天一早读者就可在报上看到了。第一部作品《春明外史》，就是用这种办法写的，什么当时陈大悲演新戏，易哭庵捧"鲜灵芝"等等，都及时写在故事中，虽说是小说，几乎可以当作那时北京的"社会史"去读。

先生后来时誉日增,在应严独鹤氏之约为上海《新闻报》写《啼笑姻缘》时,同时要写五六部小说,社会传说说在某处秘密租了两间房,每天下午带着当天几份报纸到那里,把几份报纸上的小说一一接着写上八九百近千字,分送或寄到有关报纸,明天上报,完事后坐车出来应酬饭局等等,晚上还要到报馆上夜班编报。就这样写了不知有多少部小说,试想想,这真有些巴尔扎克的精神了。

社会上传说的地方,是东四十一条他所办的北华美术专门学校。据说是买的一所旧旗人的王府,而作者自己也在其《写作生涯回忆》中记道:

> 这是民国二十年吧?我坐在一间特别的工作室里,两面全是花木扶疏的小院包围着,大概自上午九点多钟起,我开始写,直到下午六七点钟,才放下笔去。吃过晚饭,有时看场电影,否则又继续地写,直写到晚上十二点钟……

这时他同时写《斯人记》、《满江红》、《别有天地》、《黄金时代》、《似水流年》等几部。其写作速度和精力自是十分惊人了。

张恨水氏去世已二十多年了。成舍我老先生以近期颐之寿,犹婆娑人间,一两年前台湾传来消息,据说每天还要到新闻学院院长办公室坐坐,最近则不知其情况如何了。

中国营造学社

一

近四十年前,有一次我到南小街赵堂子胡同朱桂辛先生家去拜会他的二公子朱海波先生,在那宽大的大红门的边框上,钉着一个小木牌,也未油漆,上写"中国营造学社"六字。当时已是这个学社日薄西山的时候,只在建筑界里知道,社会上知者已经很少了。

中国营造学社是贵州紫江朱桂辛启钤先生于二十年代末、三十年代初兴办起的一个专门研究中国古建筑工程学的学术团体。民国二十六年在叶恭绰氏代拟的《祝中国建筑展览会开幕》词中道:"民元以后,目睹公私建筑,一唯欧风是尚,旧式法规,薪火不传,行将湮没,矍然引以为忧,于民国七年,于南京图书馆,得睹宋《营造法式》一书,始知八百余年前,有李明仲先生者,曾出其毕生研究所得,诏迪后人……民国十八年,受中美庚款会之补助,乃由私人讲习,改为中国营造学社。学社成立之始,其惟一使命,即为完成我国有史以来之建筑史……"另外梁思成先生在一九三二年初序《营造算例》也云:"近年朱先生组织中国营造学社……"这不但纪录了它的创始年代,也标志了它的黄金时代。即二十年代末,直到三十年代"七七事变",是中国营造学社的黄金时代。

为什么叫"营造学社",而不叫"古建筑学社"呢?因为我国古代把建筑习惯称作"营建"或"营造"。最著名的书就是宋代李明仲编的《营造法式》,这部书编成于宋哲宗元符三年(一一〇〇),镂版印刷于宋徽宗崇宁二年(一一〇三)。以后直到三四十年代,"营造"就成为我国建筑的专名词了。三四十年代北京包揽土木建筑造房子的商家,都叫"营造厂"。现在则通称"建筑公司"等等,没有营造厂这个名词了。

朱桂辛先生在洪宪帝制之际,在政途上错走一步,和赵秉钧、陈宧、梁士诒同列"四凶"。袁世凯死,"洪宪"烟消火灭,朱受到通缉。有其父执徐世昌等人照顾,息影津门租界,家眷还在北京,偶然轻装回京,也安然无恙。过了两年,就奉令特赦,当选为安福系国会参议院副议长了。在此期间,即全力经营中山公园的修建工程,来今雨轩、水榭、唐花坞、长廊、假山等等,无一不是他亲手经营。这样就在实际工程中,深入研究了中国古建筑、中国园林艺术,成了这方面有特殊贡献的专家。而我国历代知识界、文人学士对于具体的营建工程,很少有人把它看作一门学问,加以研究。朱桂老在这方面是比较特殊的。

也许有人要问,他是袁氏洪宪帝制的"四凶"之一,为什么不但安然无恙,而且后来在政途上,其他事业上都一帆风顺呢?这事关到北洋政府的一点秘密,那就是"钱"。尽管北洋总统、督军等等,像走马灯一样地变换,而大家都得要钱,要很多、上千万的银元。这就需要找能够弄来钱的人。北洋政府自袁世凯至段祺瑞、曹锟,其财政上一律是依靠"交通系",而交通系的三位大财神爷,就是梁士诒、朱启钤、周自齐。而这三人中,最稳妥扎实的,就是这位后来专门讲究古建筑,创办营造学社的朱桂辛。

朱桂老的确有钱,也会经营,银行、煤矿、轮船公司,样样都是十分赚钱的生意。以雄厚的财力和金融号召力,再讲求古建筑、园林、盖房子、修园子,这样作出成绩,造成影响。如果综合起来说,他是官僚、财阀、学长三者兼之的。

北伐成功,政府南迁之后,北洋大僚,少数到秦淮河畔,成了新贵。多数息影旧京、津门、青岛等处,都以丰裕的宦囊,过了寓公生活,大多无所事事,甚至做了坏事,而极少数做些与民族文化有益的事。朱桂老是后者,组织了中国营造学社,讲求中国古建筑,吸收社员,收求翻印古营造专著,出版营造学刊物,举办展览会,没有几年,硕果累累,作出了很大的成绩,造成了世界影响。

中国营造学社最早地址在天安门里西庑旧朝房。《中山公园二十五周年纪念册》中记民国二十一年施工情况道："天安门内西庑旧朝房十四间……由本园函请故宫博物院，拨借为朱会长桂辛（按，朱为公园董事会会长）设立中国营造学社社址。查该房久经废置，屋顶檐头以及墙壁地面破旧不堪，乃重加修整，并铺设地板，加护窗铁栏门，右十一间并建垂花门一座，即由中国营造学社租用。"这是最早学社所在地，是十分阔气的。

当时梁思成、刘敦桢等著名建筑专家，都刚由美国学成归国，爱国心切，以现代科学技术热衷于研究祖国古建筑，到南北各地调查测绘，应县木塔、蓟县独乐寺辽代观音阁等等，都写成学术价值极高的论文，发表在《中国营造学社汇刊》上，引起世界建筑艺术、学术界极大的兴趣。庚款及外国教会投资建造的文化单位，都建造中国琉璃瓦宫殿式建筑。北京协和医院、燕京大学（现北大）、北海图书馆、南京中山陵藏经楼等等，大批中国宫殿式美轮美奂的建筑物出现了，直到今天还在，这不能说与中国营造学社的研究和影响没有关系。

我国古建筑历代以来，都是师徒传授，专门著作是非常少的。学社在整理出版古建筑文献方面，都作了十分重要的工作。先后重刊了宋李明仲《营造法式》，清雍正十二年刊行的《工程做法则例》、《营造算例》等专著。梁思成先生又据清代资料，编著了《清式营造则例》一书，直到今天，这些还是讲古建筑的经典文献。梁在序中说："我在这里要向中国营造学社社长朱桂辛先生表示我诚恳的谢意，若没有先生给我研究的机会和便利，并将他多年收集的许多材料供我采用，这书的完成即使幸能实现，恐也要推延到许多年月以后。"于此均可见其贡献与影响了。中国营造学社后因经费关系，搬到弘通观国医分会。后来还维持不住，只好把牌子挂在朱桂老家中了。

北京当时的学术团体还很多，著名的如尚志学会、静生生物调查所、地质学会、植物研究学会、北平国剧学会等，就不一一介绍了。

二

老友陈从周教授，以古建筑专家、园林专家而爱写文，写出韵味隽永的随笔。他的师承，那就是著名的中国营造学会的创始人、贵州朱桂辛先生。

朱桂辛先生在北京人称"朱桂老"，老一辈的人知道他的很多，现在则知道他的人不多了。朱桂老名启钤，贵州紫江人。他是清末军机大臣瞿鸿禨的外甥，和瞿兑之是表兄弟。为人极有干材，据说年青时即得到瞿鸿禨的赏识。瞿是湖南人，在入军机之前，由礼部侍郎升左都御史、工部尚书，又转新设之外务部尚书。朱年青时即跟随瞿鸿禨。有一次瞿家眷经水路由沪乘长江轮船到汉口，再转小轮船到湖南长沙。瞿派朱护送，当时朱只有十七岁，这样一个少年，护送瞿大人女眷及二三百只箱笼，长途辗转，安全回到原籍，丝毫无失，显示了他精明的干材，其后从政为官、讲究营造学、办企业，经历了六七十年，直到九十五岁才去世。

他做过袁世凯的内务总长、国务总理，洪宪复辟，袁世凯做皇帝梦，他起过帮凶的坏作用，当时名声虽不好，但他后来讲营造学、研究古建筑、研究园林艺术，修北京中山公园，办营造学会，培养古建筑人才，出版古建筑书籍，对把中国古建筑介绍给世界，起过十分重要的作用。他办实业，中兴煤矿、中兴轮船公司，直到现在还有其影响和作用。

从古建筑、园林建筑的师承讲,著名建筑学家梁思成、刘敦桢先生等位,都可以说是朱桂老的门生。老友陈从周教授,则是桂老小门生,甚至可以说是关门弟子。因为列于桂老门墙者,从周而后,似乎没有了。二十多年前,桂老以九十多岁高龄,亲笔写"松涛"二字,托从周在苏州制了百幅缂丝,分赠国内外亲友留念。现在可能还有人保存着这件珍贵的礼品吧。

展　览

一、伦敦艺展

北京故宫博物院古物陈列所送大批古物到伦敦去参加"伦敦中国艺术国际展览会"的展出,是四十五年前的旧事了。当时正处于民族危亡之际,古城日暮之时,举办那次展览,实际上是另一种"古物南迁"的方式罢了。伦敦的这个"中国艺术国际展览会"就是在这个背景之下举办的。不过这已是四十五年前的旧事,知道的人已不多,记得的人恐也很少了,因此还可以当故事说一说。

这次展览会,真可说洋洋大观。展品共分九大类,计有铜器、瓷器、书画、玉器、剔红、景泰蓝、织绣、折扇、珍本书籍等项目。铜器有一百零八件,瓷器三百十四种(其中成对的很多,实际件数超过此数),书画一百七十三件,玉器等六十一件,剔红漆器五件,景泰蓝十三件,织绣二十九件,折扇二十柄,珍本图书三十种。当年为这次展出组织了筹备委员会,而具体办点交送展手续的则一边是北京故宫博物院古物陈列所,一边是南京前教育部社会教育司的工作人员。其中书画部分的展品,均加盖了

"教育部点验之章"的朱文印章。当时参加这次展出的还有南京前中央研究院历史语言研究所考古组、北京前北平图书馆、河南博物馆、安徽省立图书馆等单位,但是这些单位所展出的展品都是极少的。因而实际上依旧是故宫的古物在国外展览。

展品中铜器部分按古代使用情况分五大类,按古器名分有鬲、甗、鼎、敦、簠、簋、盨、豆、罍、鎬、钿、壶、钫、瓶、卣、盉、爵、斝、觚、尊、盘、鉴、盂、匜、奁、镫、钟、镈、铤,不要看实物,只看这些古器名称,就似乎是半部《金石录》了。早在二十年代和三十年代初,两次著名的出土铜器,即新郑铜器和寿县铜器也选出精品参加了展出。新郑铜器是东周器,一九二三年出土于河南新郑县城内,一坑出土完整铜器七八十件;安徽寿县是战国时楚考烈王的都城,一九三三年夏,寿县出土大量楚国铜器,除散失外,还有七百多件。著名的如楚考烈王铸的三足兽首形楚王酓肯鼎,就是这次出土的。

展品中最精彩的是瓷器和书画两个部分。瓷器中宋、元、明、清四代都有,只宋瓷一项,就有一百一十二件,其中定、钧、汝、官、龙泉、哥、建阳、吉州各窑都有,这些精美的古瓷,不但是古瓷中的精品,即在清宫中也都是极为名贵的,好多都是乾隆生前特别喜爱的珍品,因为件数太多,不能详细叙述,这里只举几个例子,以见一斑吧。如汝窑天青无纹椭圆水仙盆,旧称"冬青瓷洗",又叫"猧食盆",其色釉是宋瓷中极为精美的作品。盆底后来刻有乾隆题诗,配有雕花紫檀座,特制木匣,这种木匣匣盖抽开后,在底座下部,还有一个小抽屉,这个水仙盆木匣的抽屉内,还放有乾隆御笔"书画合璧"一册。正是乾隆生前把玩过的东西。这个水仙盆据唐英记载,在清代雍正时曾经内府发往景德镇,命照此泑色仿制,可见其釉色之美。

展品中的龙泉窑葱翠青窑变匣钵油斑点三足花囊,口径十六点八厘米,高十六点五厘米,插花孔径九点五厘米,也是稀有的传世珍品,因为这种"匣钵油斑点",最初也是属于"窑变"的一种,不是人力能办到的,是"匣体"在窑中经火烧熔后,熔汁溅在器皿上的。

元瓷中有一套套杯,共五件,也是瓷中尤物,牙白色,暗花饕餮,名"象窑酒圆",最大的一只口径九厘米,最小的一只口径七厘米不到,尺寸精确,套得很紧,这又比大观园中刘姥姥用的黄杨套杯不知要名贵多少了。

明瓷中有极名贵的处州窑色如美玉的"玉壶春",即"葱翠青壶",又名"冬青瓷胆瓶"。大批有名的宣德窑"宝石红"器皿,即俗称"宣德朱砂釉"者,如宝石红僧帽壶。此外,昔时最重有雍正款的瓷器,厂肆中一件雍正款"胭脂水"器皿,价值连城。这次展出,仅篆文、楷书雍正款的精品就有五十多件,其他康、乾精品更多,真是笔难尽述。

书画的精品也极多,有唐代三件,五代二件,宋代五十五件,元、明、清一百多件。在绘画中有唐李昭道的《洛阳楼图》、《春山行旅图》,都是《石渠宝笈》著录的名画。极著名的宋夏珪的《长江万里图卷》也参加了这次展出,这幅高仅八寸,长有三丈多的长卷,是展出的一百七十几幅书画中最长的一幅。引首有"岷江壮观"四字,拖尾有高士奇等跋语,最后有"柯九思观于复古斋"的题识。其次是元赵孟𫖯的《重江叠𪩩图卷》,这个卷子长五尺多,高也只有八寸,左端题有"大德七年二月六日吴兴赵孟𫖯画"。另外宋人苏汉臣的《秋庭婴戏图》、《货郎图》等也值得一提,不但是历史名画,而且是极为工细、有趣的风俗画。

法书部分有"宋四家墨宝",包括蔡君谟《陶生帖》、《暑热、春初》二帖,苏东坡《秦太虚诗帖》、《东武帖》,黄山谷《云夫帖》、《苦笋帖》,米南宫《三吴帖》、《伯老帖》、《紫金帖》等十五六种名帖真迹。还有《宋朱熹尺牍》册页,《元赵孟頫七札》册页,文徵明书《醉翁亭记》,董其昌书杜甫诗。都是传世法书中的精品。

送出展览的还有历代帝王像宋太祖、宋太宗图像、元代各帝王图像图册。

这次展出的还有二十把折扇,其中一把马守贞画花卉蛱蝶、王百谷书五言绝句的竹骨扇,虽非传世珍品,但它是秦淮旧院的定情之物,关系到南明故事了。

这次展览之后,于一九三七年四月又在中山公园水榭举办过一次"庆祝英皇加冕中国古物展览"的预展,也是运到伦敦去展览的。其中精品最引人注目的是一人高的康熙墨地五彩大瓶,和墨地五彩大果盆,其墨地像黑漆一样闪闪焕发着宝光,而其着彩部分,又都是宝石釉,极为鲜艳照人,当时我人很小,为看这对宝瓶,拉着同学连去三次,其瓶分别摆在南厅的左右屋角上。

"九一八事变"之后,北平形势危险,故宫古物自一九三三年开始南迁,共迁走三万多箱,连同这两次运英的展品,现在都在台北"故宫博物院"。

二、扇面展览

一把小小的扇子,足以显示一个时代的文化气氛,表现一个时代的文化水平。故将文化古城时期扇子展览,略作介绍。

北京旧时有"杨仁雅集时贤书画扇面会"之举,最早创始于甲子年(一九二四年),在中山公园水榭展出扇子,以书画扇面为主,也有一些名家刻制的扇股子。其创办人是溥勋,字尧臣,是清代溥字辈不带"偏旁"的宗室(清代宗室近支起名字不但上一字相同,而且下一字偏旁也相同。如画家溥心畬名儒、溥雪斋名忻,都是近支,同宣统的名字溥仪,偏旁都同)。这一扇子展览,最初展出时,著名书画家如湖社创始人吴兴金北楼、畏庐老人闽侯林琴南、名金石家贵筑姚茫父、鲁迅先生朋友义宁陈师曾,都还健在,都有作品参加这一展出,真可以说是琳琅满目、美不胜收,在当时北京艺术界造成很大影响,给春明艺林留下脍炙人口的佳话。自此之后,年年在中山公园举办,不但在北京的书画家参加展出,连天津、上海的不少名家也踊跃参加。一时海内大名家如梁任公、梁节庵、樊云门、陈石遗、袁寒云、清道人以及稍后的萧谦中、张大千、溥心畬、齐白石、陈半丁、张海若、张伯英等人都有作品展出,真是名家济济,名作如林了。前后大约举办了十四五届,在溥尧臣去世之后,还由他儿子接着举办,又支持了几年,其历届展出的名家扇面,真有成千上万之多了。

当时有一个很有意思的轶事:清代宫廷中专事书画的一个机构叫"如意馆",最后一任馆长姓屈,名兆麟,字仁甫,北京人。二三十年代中,年年有作品参加扇子展览。丁丑岁(一九三七年)展览时,他的作品中有一个扇面上画了一枝石榴枝,结了八个石榴,在枝上还立着七个小麻雀。北京方言麻雀叫"老家子"。这幅画中是用石榴的八个果实谐"八十"的音,用七只麻雀谐"七老"的音,边上用篆书题了四字曰:"七老八十。"标价二十四元。当时已不用银元,用中国、交通等银行的钞票了。不过尚未贬值,购买力还很高,这个小小的扇面的价值,差不多相当于三分之一两黄金了。这位画家,山水、花卉、人物都很好,但因系如意馆出身,特别以画吉祥的东西,如松鹤、蝙蝠等最出名,这次扇面展览,展出这样一个别致的扇面,特别引人注意,可惜的是,有

240

人正欲购买时，忽报屈翁溘然仙去，其家人便把这一扇面收回，留作纪念，不再出售了。此事已历四十三年，不知此一扇面尚在人间否？或早已为劫火所焚了吧？

早期参与"杨仁雅集"扇面展览的，基本上都是古人了；后期参加展出的，现在尚多健在者，"杨仁雅集"早已绝音，此调之不弹也久矣。因此对健在诸公致以遥远的问讯之余，同时还深深盼望，在稷园水榭，何时再有扇子展览呢？

《旧都文物略》

在上海福州路旧书店无意中买到一本宝书——《旧都文物略》。说是无意，实际还是有意。记的是在一九八三年初夏，有一天我在上海旧书店楼上随意浏览，看到一位店员从库房中拿出一些几十年前的旧书给一位外省的买主看。我眼尖，一眼看到这本宝书，心想可能要被买走了，多么可惜呢？不料这位买主，根本不注意它。我在一旁注视着，未敢多嘴，生怕一说，他反而要买了去。直到这位顾客走了。我才上去搭讪，花三十元把它买下来。那位外省买主，大概是什么单位图书馆的采购人员吧，不注意它，是难怪的，因为这已是足足半世纪之前的东西了。现在不要说年纪轻的朋友们，不知道这个书名；即使年纪比较大的知道的恐怕也很少了，只有专门研究北京历史文献的人，或许还知道它。这样的书，我在今天，居然能于无意中得到，岂非正如金圣叹所说：一大快事乎？

前两年出版的沈从文老先生所编《中国古代服饰研究》，是一本精美的巨册图书，有九磅重；我这一巨册，全部厚铜版纸影印，其重量也决不比沈先生那本轻。以重量来比较书，似乎是奇谈，但却可以给看不到这本书的读者一个比较形象的思维，起码可以感觉到这书的厚度了。

这是一册加厚蓝色硬封面，边上用朱红缎带穿系的巨型画册，照片四百多幅。封面书名乃二三十年代间，北京著名八分书法家张海若氏集汉《衡方碑》，古拙可爱，图章六字"海若集汉碑字"，为砖文八分，不作篆书。与书名配合协调，极为典雅。字均烫金，经历了半世纪，书面已破旧，字仍有光。这是用纯金金箔之故，如果是用铜粉代替，早变黑了。所以真金可贵。如果假的，虽然一时也光灿灿，但难以持久啊——这不也似乎是真理吗？

书中共分十二门。即"城垣略"，记城垣沿革、内外城、宫城等。"宫殿略"，记故宫、三大殿等。"坛庙略"，记天坛、地坛、先农坛、太庙、雍和宫等。"园囿略"，记中山公园、北海、颐和园等。"坊巷略"，记内外城街巷、胡同。"陵墓略"，记十三陵、历史人物坟墓、僧人浮屠等。"名迹略"上下，记内外城及郊区名胜古迹百数十处。"河渠关隘略"，记城郊河渠、长城、居庸关等。"金石略"，记石经、石鼓、名笔等。"技艺略"，记建筑、雕刻、景泰蓝、制灯、象生花朵等。"杂事略"，记礼俗风尚、生活杂事、戏剧评话、市井琐闻等。

每一略后，除文字说明外，最值得重视者，即为所附照片。而且可以说是以照片为主。编辑者是当时的北平市政府秘书处，印刷者是故宫博物院印刷所。那时故宫印刷所专印珂罗版，人员虽然不多，但印刷技艺极为高超，制版网线极细，墨色极佳，虽经半世纪，这些照片，都如新拍摄者。印刷好之外，再有一个原因，就是当时制版的底片，都是八英寸、十二英寸底片单张拍摄。制版时用大底片缩小。不同于今天用很小的反转底片放大。今天甚至常用"一三五"照像底片做版，那效果就更差了。当然我指是一般做版。高级的另当别论。而一般印刷厂都做不到。这些照片中的景致事物，今天不少都已没有了，如从《清明上河图》中见宋代宣和年间之汴京，从照片中可见"七七"前之北京风貌，弥可珍焉。

这书是在什么样的情况下编纂的呢？先引几句序中的话，以见其编纂主旨：

> 主旨在发扬民族精神，铺叙事实，借资观感。文则辩而不哗，简而能当，诚一时合作。览古者倘手兹一编，博稽往烈，固不止为导游之助，而望古兴怀，执柯取则，或亦于振导民气，发扬国光，有所裨乎？

表面上说的很明白，是为了导游而编辑的。当时主要出售这本书的，不是各处书局，而是中国旅行社，当时中国旅行社总社在上海，各大城市如天津、北平、杭州、广州等地都有分社。都寄售这本书，书的定价是八元，当时折合黄金市平八分，约合现在美金三十多元，以国际价格来看，这书的价格是十分便宜的。

书中文字全部用文言撰写，如《园囿略》开头写道：

> 前代园囿之著者，在内为三海；在郊为畅春、圆明、清漪、静宜、静明、颐和诸园。今世易时移，畅春、圆明、清漪，先后鞠为茂草，静宜、静明仅存外廓。劫余楼殿，只余二三。又自帝制倾覆，废皇徙居，旧日之三海、颐和诸园，均已次第开放。而社稷坛自民初即经政府整理，点缀风景，改为公园。为旧都市民惟一走集之所。春花秋月，佳兴与同，甚盛

事也。兹述园囿:首中山公园,次中南海,次北海,次景山,次颐和园,次玉泉山静明园,次南苑,凡昔日帝后游幸场所,今咸为市民燕乐之地。爰述梗概,以资导游。

这种文字共十五万多字,而且没有标点,给现在的读者来看,那是十分困难的;而在当时,一般知识阶层,具有中等文化水平的人,也都能读懂这样的文字。不然,如在当时就以为太古奥了,也没有读者,岂不影响书的销路吗?但是时隔半个世纪,在历史的长河中,虽不过是瞬间的事,而正如古人游仙诗所说"洞中方七日,世上已千年"了,客观世界变化太大了,这种文字的读者也越来越少了。书中在每一"略"之前,有一段十分简明的小引,是用"四六"骈文写的。我引首尾"城垣略""杂事略"小引各一段,并加标点,使读者欣赏一下这种比较古奥典雅的文字:

卫民建邦,上肇神禹;气凝后土,法范紫宫。拓卢龙燕蓟之区,聚梯航担簦之众,人文渊蔚,财物阜充,辽、元据为兴都,明、清于兹奠宅。郁葱万堵,回环九闉,沿革异形,基疆变古,五朝王会,高控中枢,四达康衢,屹为重镇。论政识冲繁之故,占风验扃镭之雄。作《城垣略》第一。

《云林谈荟》,兼收朝野;《酉阳杂俎》,不遗洪纤。阅俗有今昔之观,进化考推迁之故。旧都富色香之古趣,占文明之中心。四方矜式所尊,细流盈科而进。烛龙照海,遍发光芒;琐蛣营巢,各饶蹊径。著昏丧之丰俭,可知因时以咸宜;备雅俗之游观,亦觉得心而应手。大邦物象,犹识千秋礼意之存;小技丸蜳,足补一编稗官之史。作《杂事略》第十二。

读者试看，这样的文字，如果不加标点，一般读者，不要说理解，恐怕连句子也读不断了。但另一方面也感到，当时尚不乏写出这样文字的手笔，如今则恐怕很难找到这样的作者了。如果从两面看，是得呢？还是失？一时也难说清。可惜只能引几句给读者看看，在短文中不能多作解释，未免太遗憾了。如改写为语体文，那文气味道又完全两样了。纵然看明白意思，也是简单化的明白，并不真能领会、欣赏原文的芬芳，终究隔着一层。看来根本的还是应提高部分读者的水平。不然，又谈什么继承，一部《文选》，恐怕要一个读者也没有了。

五十年前，编印《旧都文物略》的时期，也正是《宇宙风》杂志出"北平专号"的时代，当时侵略战火，由关外蔓延关内，平、津危机，迫在眉睫。这些文字的写作、书籍的编辑，虽然文白不同，雅俗各异，但都由于同一的爱国心，现在翻阅旧籍，回顾前景，是很值得人深思的。

《旧都文物略》的出版年月是民国二十四年，也就是一九三五年冬，书后印的编辑者是北平市政府秘书处，当此书编好付印时，正是当时新旧市长交接的时候，所以书前印了两篇序，第一篇是旧市长杭州人袁良字文钦的序，第二篇是新市长山东人秦德纯字绍文的序。袁良是《何梅协定》之后，以黄郛秘书长的身份继黄郛出长北平市的。秦德纯则是随宋哲元的政治势力去接替袁任市长，其时在一九三五年岁尾，其后一年又七八个月，便渔阳鼙鼓动地来，"七七事变"发生，日寇侵略军长驱直入，北平沦陷。燕京市民便进入了老舍先生所写《四世同堂》故事的时代。所谓"南渡衣冠轻社稷，中原父老望旌旗"。那位秦市长便也随着宋哲元等位遑遑而去了。一去就是八年多。胜利之后，才又做了什么参军长，坐着雪亮的大汽车回北京又看了看，便又溜了。当年大官编书写序,自然不会亲自动手,还多少有些颜面之忌,怕写不好出丑,所以都是别人代笔的。袁的序言是其秘书长、著名诗人陈宝书执笔,书写影印。陈字濠生,亦作濠省,湖北汉阳人,是名诗人程子大字颂万之婿。翁婿两人都是五十多年以前,大公报旧诗专刊《采风录》的健将。印出来的序文是袁良署名盖章,但文与字都是陈宝书的,现知者极少,于此说明,以存半世纪前之真相吧。

一朝天子一朝臣,此书本来是袁良的幕僚编的,秦德纯接任,书尚未印成,便也插一手,挂个坐享其成的名,便让他的机要秘书柯昌泗(字燕舲)也写了一篇序,附在袁序后面,也算留点小名气了。不过还比较实事求是,未掠袁良时代编辑之美。只是说:

> 书既成,方始付印,适袁君去职,余继任伊始,披览目例,以为虽不如志乘之周详,尚能繁简适中,洪纤略备,亟命赓续赶印,俾底于成。

秦序也是影印,字也是柯燕舲先生写的,八分小楷,有《乙瑛碑》笔意。柯是近代著名史学家《新元史》的作者胶县柯凤荪的长子,早年毕业于京师大学堂,学问渊博,可惜一直热衷仕宦,又沾染了不良嗜好,结果潦倒以终,也没有著作留传下来,和去年去世的谢国桢先生是极好的朋友,而谢老著作等身,为后人留下不少珍贵的文化遗产,而燕舲先生却什么也没有,这样一篇序,还署着大官的名字,这里如果不说,世间又有谁知道他曾经为《旧都文物略》写过序呢?

谢刚主先生、柯燕舲先生都是我的老师,而且我得侍燕舲先生绛帐。远在四十多年之前，先生那时还住在西城广宁伯街。因为我是灵丘人，记得先生第一次见面，就对我说灵丘有几通魏碑，都在什么地方，什么庙，历历如数家珍。当时我知识浅陋，并不知道北魏拓跋氏和灵丘的关系。只感到先生学问渊博。直到若干年后，我读完《北史》、《魏书》，知道一点灵丘在北魏时期的重要地理位置，对先生所说，理解才更深入，而且知道先生金石学的造诣也十分深湛，可惜我直到今日，对金石学所知亦极有限。真感到辜负了先生当年的启发。一九四九年春天，在天津见过先生一面。又谈起魏碑的事。其后南北睽违，再未与先生见面。生平在京沪两地，和我在学术上谈故乡灵丘者，只有先生一人。回忆前尘，历历如在目前，真是不胜感慨系之。在此闲扯几句，聊当对先生的一点纪念吧。

《旧都文物略》的主编是汤用彬先生，是后来任北京大学文学院长的汤用彤先生的弟弟。编辑是彭一卣、陈声聪。编审是陈宝书、吴承宽、金保康。编辑人员虽少，但只用了五个月就把书编好了，这种速度和质量，今天又如何能想象呢？

汤用彤、汤用彬二位先生都已下世有年矣。用彤先生长北大文学院，也正是我即将毕业的那年，我的毕业证书上，就盖的是用彤先生的签名橡皮图章。其实我还提这张破纸做什么呢？因为就是这样一张不值分文的破纸，在那众所周知的年月里，也是罪证。被那些"英雄们"连踢带骂，监督着火烧了。而我今天又说，真有些如张岱所说"名心一点，坚固如佛家舍利，劫火虽猛，攻之犹未破焉"。其然，岂其然乎？

用彬先生编《旧都文物略》时，则我还是个孩子，现在翻阅这本书，也真不胜逝者如斯夫之感了。

用彬先生在编辑后记中说："导游之作，不难于博采，而难于征实,居一室内,发箧陈书,分类付抄胥,两三写生足以举矣。而其方向之乖误,古今建筑之异形,极于陵谷变迁,山河改易,绝不一为征考,而曰:以导游也,不亦偾乎?"偾音颠,就是颠倒的意思。后记中这些话,在今天读来,有两点意思可取:其一,即五十多年以前的人,也已注意到旅游资源的保护、开发、利用,编制此巨册,以作北京导游的指南,这不能不使今人佩服他们的先见。其二,是不单依靠书籍,而重视调查、重视实际情况,即所谓"征实"。因而他们在编辑过程中,带着照像机,到处实地摄影,给后代留下十分珍贵的资料。而且时值盛夏,正如汤用彬先生在编辑后记中所说:他们"彳亍暴烈日中,或踞坐殿头树下,岩畔草间",据书查考,拍摄实景,其辛苦之情,亦可想见了。

事隔五十年,当时三十岁的人,现已八十高龄,因而此书编者,差不多均已作古矣。但也有硕果仅存,珊珊玉骨,游戏人间者。近年在香港《大公报·艺林》专刊上,连续发表《兼于阁诗话》的陈声聪老先生,不就是当年编者之一吗?陈老是福州人,字兼与,或作兼于。我少年青年时代在京华,作为清末邮传部尚书陈玉老后人的房客,达十三四年之久,与福建人有特殊缘分,近年在沪,有缘又认识了兼于丈,荷蒙不弃,以后辈相许,时赐教益。老人九十高龄,二十年代、三十年代均在北京工作,听谈京华掌故,浑如听天宝旧事,相与叹喟,不胜时光流驰之感。编《旧都文物略》时,兼于丈任市长机要秘书,司翰墨之职。我买到这本书后,没有回家,立即拿了到茂名南路给老先生看,请他题字。老人看了,十分惊喜!真有如游故地,如对故人之感。书留在兼于丈处有一周之久,便题好了。是两首绝句和一段跋,诗云:

平上通渠筑路长,一番金碧亦周章。

堂堂此意何人会，御敌无兵策救亡。

当时腥秽满城闉，属笔仓皇傍战尘。
如过黄垆增腹痛，孤存犹滞北归身。

跋云：

　　云乡先生顷自冷摊购得此册，以予附编者之末，携来相视。距今五十年，同寅诸公，无一存者，《塘沽协定》之后，平津贻危。袁公文钦时绾市政，以北平为五朝国都所在，文物繁富，欲使成为游览区，一新世界耳目，以压日人野心，颇事整修，并有斯著，事虽不济，志犹可取，今已无人知者，属为题墨，因并及之。癸亥清和，兼于陈声聪，时年八十有七。

　　五十年旧籍，又得原编者题跋，这是多么值得珍贵的文字因缘呢？而且诗和跋都那样典则，真有炉火纯青之感。只"冷摊"二字，便回味无穷，充满了京华的思旧之感。读《鲁迅日记》，常常记载逛小市的事。没有逛小市、逛厂甸的经历，谁又知道"冷摊"的味道呢？自三百年前王渔洋逛慈仁寺，到鲁迅先生逛小市，这期间，"冷摊"二字，就包孕着京华几百年沧桑，联系着数不清的典籍文物，飘荡一种特有的文化气氛！

　　兼于丈因谈《旧都文物略》，说到袁良氏，此人也是当年风云一时的奇人，颇有可记述者。

　　一九二八年北伐之后，北京一度改变建制，称"北平特别市"，直到一九三七年"七七事变"，前后担任市长者，有何其巩、黄郛、袁良、秦德纯等数人，现在回过头来看，时隔五十余年，可稍作客观评价,似乎还数袁良多少做了一些事。拆除皇城城墙,清除各处垃圾脏土、修北京最早的柏油马路,除城里的而外,还修了西直门直通颐和园的,路面尽管很窄,但也不错了。当时汽车不多,清华、燕京两校的老式大型客车,日日奔驰于这条路上,也很给师生带来了方便。凡此种种,都是在一九三三到一九三五这两三年中完工的。

袁良,字文钦,杭州城里人。年幼时家里十分贫寒,读了几年书,便到一个店铺里学生意。袁为人聪明、勤快。清末杭州拱辰桥一带有一小片日租界,有不少日本商人,他被一个日本商人看中,就雇用他在日人商店佣工,不久便带他到日本东京、神户一带经商,他同日本人一样,成为日本人商店中一员。日俄战争发生时,袁良正是青年,也被征入伍,成为一个日本兵,随部队到中国东北与俄军打仗。日俄战争结束,日本战胜,妄图全部攫取帝俄在东北之利益,贪心甚炽,清政府与之交涉。当时清朝官吏为赵尔巽、徐世昌等人。袁良此时,离开日本军队,经人介绍,认识徐世昌。徐世昌大为赏识,便派其担任与日人交涉之职。袁因在日多年,对日风俗朝政,十分熟悉,又语言通畅,形同日人。且在日本军队当兵,随军打仗,一切皆知,因而据理力争,交涉十分得力,事情结束,袁即被徐任为高级幕僚,被保举为"候补道"。

辛亥之后,徐世昌任大总统时,总统府有八名参议,每人每月八百元现大洋薪水,但是一点事也没有,人称"八洞神仙",袁良是其中之一。

一九二八年政治中心到了南京之后,袁良与黄郛过从极密。《何梅协定》之后,黄任北平市长,后因日人制造华北特殊化,排挤南京嫡系势力,袁去职。

袁任北平特别市市长时,著名评戏演员白玉霜在珠市口开明戏院演出,因演色情戏《拿苍蝇》等,为袁赶出北平。袁卸职后,作沪上寓公,适逢白在沪演出。袁往观,戏后并宴之于某酒家,白问袁,前后矛盾何甚? 袁答云:"当日你在台上,我在台上,不得不那样;今日你在台上,我却在台下,不必再那样,应该这样了。"袁的这番妙语博得满堂彩声。袁直到五十年代才下世。

兼于丈还说:当年编《旧都文物略》,对后面"技艺略"、"杂事略"两篇,本有周详的计划,要把当时北京还存在的各种特殊工艺、风俗、戏剧、特产、饮食、肆市等作大量的调查,用照片和文字记录下来。后因袁氏去职,编辑经费无着,人员星散,未调查的未及继续调查,已调查拍摄的大量照片,也未及继续编辑,便匆匆结稿付梓。所以后面不但没有市廛略、饮食略、物产略、风俗略等等,而且"技艺"、"杂事"二略亦十分单薄,不得不引为憾事了。

有哪家出版社,该重印《旧都文物略》呢? 恐怕有谁肯提供经费,不怕赔钱,而那些精美的铜版、珂罗版,也无法重做了。因而我的这本破书,更有敝帚自珍之感了。

燕京风俗画

承日本友人中村正先生从东京寄来东方书店新出版的巨型画册《燕京风俗》,打开邮包,方一展卷,便令人目为之眩了。先不说别的,先看看这些画者、题诗者、题辞者、译者、解说者的姓名吧:王羽仪作画、端木蕻良题诗、内田道夫注释、臼井武夫解说、齐白石题词、吴作人题辞、商承祚书端。当前海内外关于京华旧事的出版物当中,有这样庞大整齐的阵容吗? 怎能不使我这京华游子心为之跳,目为之眩呢? 何况这里面有我要好的朋友。

端木蕻良兄比我大十来岁，承他看得起，一直把我当作好朋友对待，常常写封信来，告诉我一点京华文坛艺海的珍闻。大约是三年前罢，他来信告诉我说，正在为王羽仪先生的北京风俗画配诗，当时我不知羽仪先生是谁，后来从陆续的来信中，才知道羽仪先生是铁道专家，是留美专攻铁路工程的老前辈，又是极有成就的画家。幼时生长京华，熟知旧事，年纪稍长，于攻读铁路工程之余，复研绘事，师事王梦白，于前数年去世之京华名画家王雪涛派出同门，实际羽仪先生的画早在三十年代就出名了。一九三六年《北平旅行指南》中介绍画家，第一名就是他，文云：

　　　　现代诗画家：王羽仪，字雨簃，浙江人，工花卉，秀逸直追华新罗、李复堂，亦长山水，善笔拓，寓东城八大人胡同。

　　可见是先为名画家，后留美改学铁道工程的。《北平笺谱》最后一幅大公鸡就是他画的。不过后来一位以画为专业，一位则以画为业余爱好。而业余画家之作品，往往更为超逸淡远。因为他以画来抒写性灵，寄托感会，而不以画为谋生之手段。

　　羽仪先生绘事师王梦白，又与梁思成先生为友，王梦白与义宁陈师曾、贵筑姚茫父，在六十多年前，是北京画坛执牛耳者，大有当时书画界齐桓、晋文的气派，后来誉满京华的白石老人，当时还蛰居法源寺，未到日本开画展，获得海内外声誉呢。陈师曾先生在这时画了《北京风俗图》三十四幅，后由琉璃厂淳菁阁印行出版，姚茫父署端曰"菉猗室京俗词题陈朽画"，陈师曾别号"朽道人"，故曰"陈朽画"，这三十四幅风俗图包括《旗下妇女》、《拾穷人》、《泼水夫》、《人力车》等，虽说是风俗画，但大多是穷苦无告者，评者谓其"着笔处均能曲尽贫民情状"，盖师曾先生当年画这些图,都是有深心的。五十年前,羽仪先生于梁思成先生处借阅了陈师曾的风俗画,即酷爱其艺术风格,领会其深刻意义,加以钟情于京华风物,因而也想画京华风俗画了。然而国事风云,人事沧桑,羽仪先生之绘事宿愿,也一再蹉跎,直到数年前,才以八十高龄的耄耋之年,画完了一百幅燕京风俗,风格全师陈师曾,正前人诗所谓"老树着花无丑枝",这一百幅风俗画,真是气韵妩媚,格调高超,幅幅俱佳,无一不逸了。

当年陈师曾先生风俗画三十四幅,因先生去世过早,出版时别人编排,并无顺序。如果师曾先生多活若干年,可能还会多画不少幅呢。羽仪先生的画不但在数量上多三倍,而且在编排上,也基本上是按岁时次序的。头三幅就是从"书春"、"卖年画"、"送财神"等岁首故事开始的。陈画每幅都有姚茫父配的词,如今王羽仪先生的画,每幅都有端木配的诗。风格也是一脉相承的,而时间上已经过了一甲子了。昔贤雅韵,继武有人,亦可算作艺林之嘉话了。

画好诗也好,相得益彰。但是我这里介绍,总得说出点道理来,固不简单地说张张好也,不妨略微介绍几张画,几首诗。

画从技法和神韵两点观赏,羽仪先生是用传统的水墨写意技法来画这些画的,在手法上主要是师承陈师曾,个别画幅又有点丰子恺的章法。如从外国风格来说,那不是西方的,而是东方的,即有一些日本浮世绘的技法,尤其是在用色彩渲染烘托上是这样。再有古人所谓"传神之处,全在阿堵一点"。羽仪先生画的神韵,充分表现在人物的姿态和点睛中。我最喜欢一幅拉骆驼的和一幅喝杏仁茶的,用句北京土话说:"那简直绝啦!"拉骆驼的,在画幅的右面,一多半是个骆驼头,角度倾斜,但又高扬着,在画的左下方是个拉骆驼的少年,小腿和脚在画面外,两目下注,似在沉思,姿态极好,而头上破旧的有皮护耳的毡帽,光板老羊皮带大襟坎肩,用一根破带子系着,京华风味,浮动纸上,我注视着,睫毛似乎已湿润了。另一幅喝杏仁茶的老头,戴着老式平顶大红结瓜皮帽,像个衙门中的小录事,也像个小郎中大夫……也极为传神,纯粹老北京味。

端木兄所配诗也极有韵味,多神来之笔,如打小鼓云:

> 鼓小声闻深巷中,破筐能把泰山笼。
> 半文买下《兰亭序》,转眼卖与豆纸翁。

又如瞎子算命题云:

> 瞎子摸象狗骑羊,有眼反比无眼盲。
> 子午卯酉掐指算,流年利害说黑黄。

这些诗都意在言外,深得风人之旨。而且京华韵味盎然,因端木也是三十年代初就住在后门东不压桥的老北京呀。

此书香港三联与东京东方书店同时出。题诗译注者内田道夫教授,五十年前在北京留学,后因《唐代小说研究》一书得博士学位。解说者臼井武夫先生四十多年前,在北京日本住友银行任职,久住北京,极爱北京风俗,其新著《北京追想》,充满了对北京的甜蜜回忆,因之此书是当前中日友好声中新佳话了。

羽仪先生的风俗画,所反映的正是文化古城时期北平风俗,一幅"吉房招租",就把当时市面萧条不景气,只剩一些文化教育界的知识分子点缀市面的气氛烘托出来了。简单的笔墨,淳厚的风俗,悠久的历史,一切都过去了。

教授生活

一

最近有机会与《罗曼罗兰传》一书的译者鲍文蔚先生通信，鲍老今年算来也已七十九岁高龄了。鲍先生曾任中法大学的教授，因此我不禁又想起战前北京大学教授的生活来。

在二十年代末、三十年代初的那些年代中，北京因政府南迁，再加受到当时世界经济萧条的影响，所以市面比较冷清，当时流行话叫作"不景气"，那时北平市面赖以点缀的，就是一些中学和大学了。尤其是大学，国立的有"三大"、"二专"，即北京大学、北平大学、师范大学、艺专和体专，每月南京教育部有一笔固定款项汇京，清华也是国立，但用的是"庚款"，是另外一笔。其他私立大学有燕京、辅仁、中法、协和医学院，这都是教会的，款由教会拨。另外还有私立的中国大学、民国大学、华北大学、京华美专等。一些著名的大学经费充足，讲师、教授的工薪都比较高，因而就生活优裕，颇为大家所羡慕了。

鲍先生留学法国，回国后三十年代初在中法大学做教授，另外又在东华门孔德学校兼课，收入在三百元左右。当时物价便宜，面粉只要三元左右一袋（二十二公斤），猪肉只要一角多钱一斤，二三百元收入就很可观了。当时鲍先生住家共有两个小院，八间北屋，两东，两西，有盥洗间、有浴缸、庖人、女佣，还有自己的包月车。有书房，有客厅，四壁书架上由法国带回来的上千种的精美书籍，这在当时还是一位普普通通的教授，至于老教授、名教授，其生活之优裕和安定更可想见。

有些留学国外的教授还娶了外国夫人的,有的是法国夫人,有的是日本夫人,有的外国夫人自己也是教授,他们住的往往是有花园的房子。衣食住行都比她原来在法国、日本时还舒服,不但能维持住外国的水准,而且常常是有过之无不及的。尤其当时的日本姑娘,都爱嫁中国留学生,如果到中国能做教授太太,那在名誉上,在生活优越上,都是令她们同伴十分羡慕的了。

　　三十年代初,北京国立大学还有"部聘教授"的名称,即聘书由教育部发,如刘半农、钱玄同、徐志摩几位先生都是薪金高近五百元。可惜好景不长,"七七"之后,教授生活每况愈下,一落千丈了。

　　在一九三七年至一九四五年沦陷期间,北京几所残余的公私立大学中,一些教授的生活,说起来真是够凄惨的了。当时北京有"四大贱物"之称,就是"坐电车、吃咸盐、买邮票、请教员"。因为别的东西都是因纸币贬值,不断涨价,而这四样都迟迟未曾涨价,因而谓之"贱物"。教授虽是"请教员"中的最高档,但其处境,则仍是一样的。

　　教授的生活水准,是随着纸币的不断贬值而下降的,开始变动还不太大,到后来则越来越剧烈,直线下降了。在谢刚主先生给徐一士先生《一士类稿》的"序言"中有几句道:"在一两年前的生活,尚不至于像现在这样贵,我们所约的地点,总是喜欢在中山公园上林春吃茶,顺便吃一点点心。后来上林春是吃不起了,就跑到来熏阁闲坐,有时光请他们老板买一点烧饼和面条,就当晚饭。"这就是由战前的吃馆子,到沦陷初期只吃点点心,再到买烧饼当饭。不过这还是家中人口少、有余力的。在最艰难的吃混合面(用玉米茎、花生皮、各种"仓底"等磨成)的年月里,家中儿女多的一些人家,即以一等教授之尊,想每餐吃一碗素热汤面或两三个芝麻酱烧饼,也都是要煞费苦心,甚至是很难办到的。

冯承钧老先生是国内外都闻名的历史学家,瘫痪在病床上,形容憔悴,但为了生活,为了学术,也为了青年,还要支撑着为同学们上课,同学们就到家中围着病床听先生用微弱的声音讲授"西域史",这正是吃混合面年代的事,其后不久,先生就去世了。《中原音韵研究》的作者、著名音韵学专家赵荫堂先生,穷的一冬天只穿一件破羊皮袍子,破羊皮像面条一样从袖口落下来,上课时不好意思,一会儿塞进去,一会儿又落下来,哩哩啦啦,弄个不停。几支最次的卷烟,还要限制定量与夫人分着吸,而且常常为此争吵。甲骨、金石学专家容庚老先生,到学校时坐不起车,冬天,顶着大北风,骑着破自行车从宣武门外老墙根东莞会馆到沙滩上课。就如前文说的鲍文蔚先生吧,这时在沙滩文学院做法文系主任,家搬到东板桥小胡同中,再也用不起庖人、女佣等,只好鲍师母自己做饭。先生也无力坐车,只好天天"开步走"去上课了。

二

清华七十周年校庆日早已过去了,世界上不知有多少清华的校友,在不同的地方度过他们母校的生日,可能会有不少人想到他们旧时的某些师长。

清华自开办以来,不知进出过多少位名教授了。而且大多是世界上闻名的学者,但是名气虽大,学问虽高,派头、架子却丝毫也没有。过去有人说过:在北京公共场所偶然遇到一位戴金线眼镜、穿蓝布大褂、礼服呢千层底鞋的先生,问一声:"请问您在什么地方恭喜?"对方便很随便地答道:"兄弟去年刚从美国回

257

来，在清华园有几个钟头的课……"同样情况如果在上海，那对方一定是一位穿着笔挺洋装、夹着大皮包、口含雪茄的绅士。问过之后，对方马上会打开皮包，取出名片，递给你，同时会在口头上报给你听："康诺尔大学工程博士、沪江大学教授，兼光华大学讲师……"这就是"海派"和"京朝派"的差别，清华的先生是属于京朝派的，永远是那么谦虚、潇洒、有涵养。——我说蓝布大褂，并不是自说自话，当时各大学最美的服装，就是蓝布大褂，不信请看刘半农先生的文章："有钢铁一样坚固的身体，有金刚钻一样刚强而明亮的灵魂，外面穿件蓝布大褂，也掩不住他的美。"（引《半农杂文二集》）据此，就可知蓝布大褂有来历，而非杜撰了。

清华有几位先生与清华的关系极深，在清华呆的时间长，甚至是从清华毕业、去留学，外洋回来再到清华园做先生，而且除去做教授之外，还做校务性的工作，这样就使更多的学生熟悉了他。比如海内外知名的潘光旦先生就是其中的一位。这位去美国留学前，因踢足球受伤失去了一条腿，曾因此为能否出国而担过心，为此他找过代校长严鹤龄，严对他说："不太好罢，美国人会想到我们中国两条腿的人不够多，把一条腿的都送出来了！"但不久，换了曹云祥做校长，他便顺利放洋，终于成了名教授，长期担任清华教务长，校友们对他是记忆最深的。

潘先生不只是举世知名的社会学家，他培育后进的热情也是被人传为美谈的。费孝通先生原是他的学生，是他介绍给世界学者的，后来费先生取得巨大的学术成就之后，潘先生反过来要在费先生前称"门生"，虽然是说笑话，但也传作学术界的美谈了。潘先生讲种族学、遗传学，讲课时妙绪泉涌，那笑话是说不完的。潘先生身体虽然伤残了，但体质很好，十分健壮，平时架拐走路,走得飞快。有一年暑假,清华、南开、北大三校联合招生,招生委员会临时办公处在沙滩嵩祝寺夹道北大灰楼,潘先生坐在轮椅上,进出于各个办公室之间处理工作,他双手搬动轮椅轮圈,可进可退,转弯迅速,这屋出来,那屋进去,似乎比好人还矫健,历历如在目前。

马约翰先生,也是清华中一位知名人物,校友中大概没有一个不记得这位老先生吧。一辈子好像没有换过第二种服装,一年四季都是短袖衬衫打领结,猎式西装裤,北京俗话叫"灯笼裤",因为它在腿肚子上束起来,像北京旧时的小纱灯一样。裤下是羊毛长统袜子。据说这位老先生一年到头吃饭要按照营养学的规定去吃,青菜、萝卜、豆腐、肉、鸡蛋等,都有严格的数量,算好适量的大卡数字再下锅。不过马老先生却是一位热情的忠厚长者。

清华的体育分数是很重要的,别的课程都通过了,体育没有通过也要影响到升级、毕业、留学等等。因此学生们对于这位马约翰教授,是十分尊重的,在"七七事变"前,在清华园上马先生的课,不但体育要过得去,而且英语要好,不但口令用英语喊,球场裁判用英语叫,而且学生同他说话也要说英语。等到抗战胜利,由昆明复员回到清华园之后,他老先生的办法也改变了,不坚持要求学生用英文同他说话了。由于他养生有道,享龄八十六岁才去世。

抗战胜利,清华复员,也有旧时在清华名重一时的先生,后来却没有再回到清华园,吴宓(号雨僧)先生便是一位。这位留学法兰西的陕西人,是诗人,是哲学家,又是爱谈《红楼》的红学家,当年是清华研究院的负责人,他主持清华研究院,梁任公、王静安、陈寅恪诸位先生在那里讲学,培育出不少知名的学者,其功绩在清华校史上是很值得大书一笔。

清华也有父子两代的教授，最著名的便是梁任公、梁思成二位先生。可惜思成先生身体不好，没有活到八十多岁，不然，今天应是仍在人间的。

另一位早年毕业于清华的陈岱孙先生，是以最优秀的成绩毕业于美国哈佛的。回国到清华、北大做经济系主任。当时还没有结婚，有部美国友人送他的黑色雪佛兰小车，很引人注视。现在也是八十多岁的老者了。

当时教授的生活，虽有大同，但也多小异，各有各的风格，细说起来，未免太繁琐，略作介绍，让后人想象老辈风流吧。

学人轶事

　　文化古城时期,前后近十年中,聚集在文化古城中的海内外闻名、学有专门的学者,真是不知有多少,有的是久居的,有的住了两年又离开的,有的是在这一时期特地到古城来讲学执教的,也有的是短期来访问的,参观游览的,或是短期故地重游的。

　　这些学人,从时代上分,有老派的,清代的遗老、大诗人、大词人、版本目录家、史学家、经学家……有新派的,维新派、革命派、欧洲派、留美派、留日派……有现代科学的,物理、化学、生物、医学、建筑学、地质学、考古学……还有神学、佛学、图书馆学、金石学、音韵学……另外音乐家、画家、书家、雕塑家、戏剧家……每一科每一门中,都有许多位海内外知名,的确实至名归的学者。如把每位学人的事迹、学术专长,论学特征,都写了出来,那真能成为一部洋洋大观的"文化古城学术史",这当然是伟大的胜业,可是我没有能力做这个工作,是十分惭愧和遗憾的。

　　这里我只抱着仰慕与思念的心情,把过去写到过的学人点滴轶事,与文化古城时期有关,或在这一时间范围之内的,编排在一起,顺序是梁任公、静安先生在最前,同院住的平大农学院娶日本夫人的汪教授在最后。不少先生都是我接触过的,点滴余晖,也足照耀来者了。先约略作一总的介绍,其他请看后面各篇短文。

任公词联

　　据传在北京大学名教授王力老先生书斋里还挂着一副梁任

公写的集宋词联语：

> 人在画桥西，冷香飞上诗句；
> 酒醒明月下，梦魂欲断苍茫。

上联上句出自向子谌《临江仙》，下句出自姜白石《念奴娇》；下联上句出自姜白石《玲珑四犯》，下句出自吴梦窗《高阳台》。今天看来，这副对联之珍贵，已不是什么价值连城之类的词语所能形容的了。连城之璧是美玉，地下宝藏，还有发现的可能；而任公却早已成为古人，他自然不会再写了。而他活着的时候，所写这样的联语，也并不是很多。几经秦火之后，这种纸片玩意儿，能够不变为灰烬，而保存到今天的，又有几副呢？

任公写这种联语，是在一甲子之前了。前多少年呢？再往前推个两三年，说起来还是受到陈师曾先生的启发。陈享寿不永，中道凋谢，当时文坛艺苑，莫不痛悼。陈生前多才多艺，绘事金石之外，辞翰华丽，又喜集宋人姜白石词为联语，以篆书书之。《花随人圣庵摭忆》记云："前人集词为联，多摘四字、八字为对偶，至多十余字，师曾始专集姜白石词为长短联语数十。记尝一日过予，举《扬州慢》中'波心荡冷月无声'，谓可对《琵琶仙》'春渐远汀洲自绿'否？此联后竟缉成，警彩绝艳，即任公先生后此所举者也。"所说任公所举陈联为何呢？即：

> 歌扇轻约飞花，高柳垂阴，春渐远汀洲自绿；
> 画桡不点明镜，芳莲坠粉，波心荡冷月无声。

黄秋岳说"警彩绝艳"的四字评语，是十分恰当的。一九二

262

三年秋在宣外江西会馆开陈师曾追悼会,展出陈的遗作,就挂着这副对联,任公看了,极为叹其工丽。第二年任公住医院养病,由"谢公最小偏怜女"梁思懿陪着,曾有文在《晨报》记当时心情道:

> ……我的夫人从灯节起卧病半年,到中秋日,奄然化去……半年以来,耳所触的只有病人的呻吟,目所接的只有儿女的涕泪,丧事粗了,爱子远行。中间还夹着群盗相噬,变乱如麻,风雪蔽天,生人道尽。块然独坐,几不知人间何世。哎,哀乐之感,凡在有情,其谁能免? 平日意态活泼,兴会淋漓的我,这会也嗒然气尽了。

病榻边放着汲古阁的《宋六十家词》、王幼霞刻的《四印斋谱》、朱古微的《彊村丛书》,上述心情,便以读词集联消遣。集成二三百副之多。曾在《晨报》六周年纪念特刊上发表了许多副,其前言中云:"去年在陈师曾追悼会会场展览他的作品,我看见一副篆书的对……今年我做这个玩意儿,可以说是受他的冲动。"同时并发了一些议论道:

> 骈丽对偶之文,近来颇为青年文学家所排斥……但以我国文字的构造,结果当然要产生这种文学,而这种文学,固自有其特殊之美,不可磨灭……

一个多甲子过去了,"排斥"也罢,"特殊之美"也罢,"不可磨灭"也罢,今天谁又能集宋词为缠绵悱恻的联语呢? 恐已是《广陵散》了。

任公集宋词联语，最得意的一副是送大诗人徐志摩的：

临流可奈清癯，第四桥边，放棹过环碧；
此意平生飞动，海棠花下，吹笛到天明。

此联我在过去写法源寺的小文中，曾引用过。现本着"好书不厌百回读"的原则，再抄出来供大家欣赏。任公自赏此联说：

此联极能表现出志摩的性格，还带着记他的故事：他曾陪泰戈尔游西湖，别有会心。又尝在海棠花下做诗做个通宵。

这副任公最为得意的联语，共集了六个人的词句，上联出自吴梦窗《高阳台》、姜白石《点绛唇》、陈西麓《秋霁》；下联出自辛稼轩《清平乐》、洪平斋《眼儿媚》、陈简斋《临江仙》。任公亲手写了送给诗人。诗人不幸坠机仙去，此联留在其爱侣陆小曼女士处。友人古建筑家陈从周教授，是诗人表弟，曩时曾将此联拿来，供大家欣赏，后捐赠浙江省博物馆。叶圣陶丈又为从周兄写了一副小篆的，也十分漂亮。现在他手中只有这副了。

任公当时曾把所集联请朋友们自拣，然后再用宣纸写给他们。挑的人很多，胡适之挑的是：

胡蝶儿，晚春时，又是一般闲暇；
梧桐树，三更雨，不知多少秋声。

上联是张泌《胡蝶儿》、辛稼轩《丑奴儿近》，下联是温飞卿

《更漏子》、张玉田《清平乐》。

丁在君(文江)挑的是：

春欲暮,思无穷,应笑我早生华发;
语已多,情未了,问何人会解连环。

上联温飞卿《更漏子》、苏东坡《念奴娇》;下联牛希济《生查子》、辛稼轩《庆宫春》。

任公的字,有浓厚的书卷气,端庄妩媚,使人爱不释手。任公在日本时,恭楷写诗稿寄给其师康南海,南海在诗稿上批云:"何不直学龙藏寺。"南海主张写"碑",不主张写"帖",因任公笔势,教其写此隋碑,所以任公书法得力于此。按,《龙藏寺碑》是著名隋碑,是极为瘦劲严谨而又娟挺典丽的楷书,是初唐楷书的先声。此碑现在还在正定大佛寺中。当时北京南纸店伙计,都会裁纸打格子。纸也好。雪白的玉版宣、夹贡宣,又厚实,又细腻,伙计裁成对联,再按照十七个字、十五个字等等,打好鲜红的朱丝格。先边框,再中间宽、两边窄,三行竖格;再中间宽行按字数打好横朱丝方格。方格写联语,窄竖格中,里行注明所集句子的作者、词牌,外行上下首写款。纸色雪白,朱丝鲜亮,墨色黑亮,图章古拙,再加词句、书法,浑然一体,构成足以代表中华数千年文化精粹的艺术结晶。不读几十年书,能欣赏这个吗?这种对联的佳处,在于妩媚谨严,典雅娟丽之美。什么艺术都是配合,这样的联语,就适宜于用玉箸篆,曹全碑八分书,龙藏寺楷法书之,才相得益彰,炉火纯青。如以古拙的衡方碑,狂放的怀素草书写之,就不相称了。

我是一九五三年南调的,调工作时部中应允,我父亲留在北京,继续住在宿舍中,一九六五年,电力部忽然来文,要我把留京家属接走,我只好回京收拾破烂,准备搬家。一次,拿了一个景泰蓝面盆到隆福寺东西市场去卖。在一个古玩摊上看到挂着一副任公集宋词联:

呼酒上琴台,把吴钩看了,栏杆拍遍;
明朝又寒食,正海棠开后,燕子来时。

标价只四元。我卖破烂刚得了十余元,真想把它买下来,徘徊了一个多钟头未忍离去,口中不停地念着吴梦窗、辛稼轩等人的词句,最后还是依依不舍地离开了。虽然事隔多年,可是词句记得清清楚楚,边款长跋的样子还记得,文字上款忘记了。

十年前,吕贞白先生为我写一联,集白石句云:

唤起淡妆人,更何必十分梳洗;
商略黄昏雨,莫负了一片江山。

这副联语,我十分喜爱,现在还挂着,可是贞白先生作古亦已五六年。

王静安

一、自杀琐话

过去北京清华园中有《海宁王静安先生纪念碑》一座,碑文为陈寅恪撰。海宁王静安先生国维,去世已五十五年矣。民国十六年(一九二七)六月二日,自沉于颐和园鱼藻轩前昆明湖中,临终只留下了"五十之年,只欠一死,经此事变,义无再辱"四句话,更无其他遗嘱,一代学人,就这样谜一般地自杀了。据丁文江编《梁启超年谱长编》载该年六月十六日任公写给梁令娴的信道:

> 我本月初三离开清华,本想立刻回津,第二天得着王静安先生自杀的噩耗,又复奔回清华,料理他的后事及研究院未完的首尾,直至初八才返回津寓。现在到津已将一星期了。静安先生自杀的动机,如他遗嘱上所说……他平日对于时局的悲观,本极深刻,最近的刺激,则由两湖学者叶德辉、王葆心之被枪毙。叶平日为人本不自爱(学问却甚好),也还可说是有自取之道,王葆心是七十岁的老先生……卒致之死地,静公深痛之,故效屈子沉渊,一瞑不复视。此公治学方法,极深极密,今年仅五十一岁,若再延寿十年,为中国学界发明,当不可限量。

这时梁任公是清华学校国学研究院负责人,王静安是导师。最早记其死因甚清楚。而人们在惋惜伤感之余,不免思考起他的死因来。甚至有的说罗振玉剽窃了他的稿子,有的说罗振玉欠了他的钱不还,等等,不一而足,总是把王国维的死拉址到罗振玉身上,或是把王国维之死归之于钱,而却很少从性格、信仰、学术理论、政治上分析他的死因,所以,总难免隔靴搔痒之感了。

静安先生弃世时,正在清华国学研究所执教,同时执教的除院长梁启超外,尚有陈寅恪、吴宓,以及在美国去世的赵元任先生。静安先生去世后,陈寅恪先生在一首挽诗中,有一段注解说:

> 甲子岁，冯（按，指冯玉祥）兵逼宫，柯、罗、王约同死而不果，戊辰冯部将韩复榘兵至燕郊，故先生遗书谓"义不再辱"，意即指此。遂践旧约自沉于昆明湖，而柯、罗则未死。余诗"越甲未应公独耻"，即指此言。

甲子逼宫，是指把溥仪赶出故宫。柯、罗是柯劭忞和罗振玉，即三个人相约同为清朝自杀，另外两个人只是唱唱遗老的高调而已，并不想真死，而静安先生却真的学屈原的样子，跳到昆明湖去死了。日期比端午节还早两天。他一死，一些围着溥仪转准备重做大官的人，拿他大做文章，说他为清朝而死，为他请谥，让住在天津日租界张园的溥仪封他为"忠悫公"，并派贝子溥忻上祭，赏陀罗尼金被并大洋两千元。好像有了他做样子，溥仪就真能够再做宣统皇帝了，又何能理解他的思想信仰呢？

实际上他并未做过清朝的什么大官，也没有功名，只不过是清代末年学部的一名工作人员而已。一九一二年在日本写给铃木虎雄的信中云：

> 《颐和园词》称奖过实，甚愧。此词于觉罗氏一姓末路之事略具，至于全国民之命运，与其所以致病之由，及其所得之果，尚有更可悲于此者，拟为《东征赋》以发之……

信中不称"朝廷"等词，直称"觉罗氏一姓"，可见他并不以遗老自居。似有忧国忧民之民主思想，而十几年后，在溥仪的内廷行走，给友人写信左一个"上"，右一个"入直"，最妙是给上海蒋汝藻写信，郑重其事借"纱蟒"，说太妃过生日，给太妃拜寿。收到后还说"感荷之至"。真难想象这样有学问的人穿上蟒袍给

268

宫里的一个老女人跪下磕头,几乎成为滑稽戏中的人物。相对比同时的梁任公,觉其思想境界相差悬殊矣。

在他跳昆明湖自杀时,清代的那些大大小小的官儿还多得很,而另一些王公大臣也还活着,在北京深宅大院中,在天津、上海租界地里,照样吃喝玩乐,并没有人去死,而只有他去死了。便又有不少人可惜他的呆气,觉得他太犯不着。静安先生一死,倒变成了一些遗老们的好诗题,浙江诸暨周善培在一首题为《王静安投昆明湖殉国为诗哀之》的律诗中写道:"入地觐天知慰藉,十朝待士竟何如?"好像清朝待读书人真的太好了,所以王静安跳湖殉节。人们却不禁要问:你自己又如何呢? 清朝那些血淋淋的文字狱的账如何算呢? 真是莫名其妙!

其死因在其悲观厌世的心态上,还有一重要因素,就是他的长子(罗振玉女婿)王潜明于一九二六年八月二十日死在上海。儿媳与他又有意见。丧子之痛,又加家庭不和,对其心理自然也造成很大压力。

静安先生一死,写挽诗的人很多,连跟他相约同死而未死的凤苏老人柯劭忞也写了感怀伤殁诗:

> 历历三千事,都归一卷诗。
> 秦庭方指鹿,江渚莫燃犀。
> 管邴君无忝,唐虞我已知。
> 文章零落尽,此意不磷淄。

"管、邴"是指汉末的管宁、邴原,都是汉末避乱隐居的人物;"不磷淄"是不薄、不黑,哀伤怜惜之意未变。柯凤苏哀悼王静安,没有把他扯到"殉国"、为大清而死等等上去,这是这位清史

269

馆馆长的高明之处,他只是叹息"文章零落尽"而已,从这点感慨王国维之死,多少还沾一点边的。

因为静安先生,不管从哪一方面说,他始终是位学者,而不是清朝的一名官吏。他生于光绪三年,即一八七七年。读书之后,并不是去应科举,而后来是进了学校。一九○○年前后,在上海东文学社读书,学日本文及西方科学知识,一九○一年去日本留学,进东京物理学校。一九○三年任南通师范学堂、苏州师范学堂教习,均教心理学、伦理学、哲学。光绪三十二年,经罗振玉之介到北京,在学部总务司行走。当时清政府体制已改革,张之洞任军机大臣兼领学部,不少学者都网罗在学部中。静安先生到京师图书馆任编译,后调名词馆协调。这是在清朝所担任的职务。清代分"官"和"差事",外官小的如典史、县丞,内官如主事、郎中等等,再小也有个"衔"。差事是具体工作。严格说来他所任只是"差事",还够不上"官"。一直到一九二三年,他才接受了溥仪的伪旨:在南书房行走,食五品俸。似乎已经身列清秘了。但那已是清朝覆亡后的第十二年了。过了一年多,溥仪就被赶出故宫了。他这个五品俸实际上是连剐庄货也赶不上的破烂。他的学问才华,足以比美他的同乡前辈,康熙时南书房行走的查慎行,但是时代相差太远了。静安先生是很精明的人,这点他怎么会不明白呢?不过也亏得他死得早,不然也许会跑到"满洲国",出现更可悲的身败名裂的情况,那就更是千古恨事了。

在他死前没有多久,正值清华园花开之时,湘人章孤桐(士钊),蜀人曹缳蘅(经沅)曾去清华看他。死后挽诗起句云:"匆匆执手记花时,危语辛酸最可思。"亦可想见他当时的思想情况了。章行严先生化去多年,可惜生前没有写点回忆王静安的文字。陈寅恪有挽观堂长诗,序言对其死因从文化理论上论述甚当。现在《寒柳堂集》已出版，读者可以去看，无须赘述了。

二、一封信

去年春天我在上海图书馆善本室看书，边上一位同志正在看静安先生父亲的日记《娱庐随笔》，在日记中，夹着一张折起来的字纸，展开一看，原来是静安先生写给他父亲的一封信，这真是意外的收获。这位同志顺手给我看，我便把它抄了下来。现加标点引在下面：

父亲大人膝下，敬禀者：

男十一日寄一禀谅已收到，男十二日由通动身，昨抵沪，时已昏黑，是日无三公司轮船，即搭美最时行之美顺轮船。船停浦东，因嘱长春栈接客，将行李等用船运至该栈，迨至码头，检视行李，则见箱锁已断，行李尽湿。细行检查，失去整包英洋壹百元及纸卷等物（内有朱香直联等）。另包洋拾陆元及陈枚叔托带洋十二元未失。昨日一面报明捕房请缉，（小字注云：该栈自知不了，亦已报捕。此箱旁人见系落水，其洋或落水，或拾起后藏匿，虽不可知，唯箱已交该伙，其责任自全在该栈也。）今日托汤蛰仙（渠署两淮运使，函请不往）沪道饬会审公堂提该栈主索赔。男为此事不搬农馆，仍住栈中。叔蕴闻须于年底返沪，男总须此事停妥后方可还家，大约非一礼拜不能了此。此事恐不能全璧而归，况皮衣尽失，所损为不小邪？男虽住栈，不过夜间住此，有谕仍寄农报馆可也。专禀。敬请福安。

男国维百拜十四日

这封信不是写在信纸上,而是写在一张长方形白棉纸上,纸有五六寸高,共十五行。现在看是很有趣味的一封信,从信中好像看到二十六岁时年轻的王国维的影子。这封信是一九〇三年写的。他一九〇一年去日本东京物理学校留学,一九〇三年任南通师范教习,一九〇四年任苏州师范教习,教心理学、伦理学、哲学。这封信似是在南通师范寒假中回海宁路过上海时写的。从信中语气上,可以看出他二十六岁时精明强干的神气。而这年正是章太炎、邹容等志士仁人因"苏报案"在上海西牢系狱的时候。在此后三年不到,王氏即因罗振玉之介,到北京清政府学部总务司行走,后任京师图书馆编译,名词馆协调,直到辛亥革命,清政权结束。无疑,这封信对研究他早期的思想是很有参考价值的。

这封信已收到中华书局出版的《王国维全集》"书信"册中。

柯劭忞

《清史稿》已经加了新式标点出版了,这对学术、文化界都是一件重要的事。我不禁想起了当年负责编撰《清史稿》的一位胶县学人柯劭忞氏。

辛亥后,成立"清史馆",第一任馆长是赵尔巽,这位清代最后一任东三省总督,又兼将军的汉军旗,是一位标准的"遗老",当时曾自谓"做清朝官,为清朝人,吃清朝饭,修清朝史"以解嘲。不过他思想虽然落后于时代,而对史馆延揽人才上却是很可取的,柯劭忞氏就是他延揽的修史专家之一。其后,赵尔巽不久去世,清史馆即由柯氏主持。经过十三年的惨淡经营,于一九二七年终于完成了这部五百三十六卷的庞大史书,柯氏是贡献了力量的。一九二九年年底,《清史稿》曾遭当时南京政府"永禁流传"的严令,这据说是因高阳李石曾氏的鼓动。说来,这也是一段早已被人遗忘了的历史公案了。

柯氏字凤荪,号蓼园,山东胶县人,是晚近极为著名的北方学者。同治九年中举人,年只二十一岁,直到光绪丙戌(一八七六年)始成进士,去中举已十六年,是时柯氏已三十七岁。后来曾历任湘南学政、国子监司业,并被派往日本考察学政。后任大学堂(北京大学前身)经科监督、总监督(即校长)。

柯氏的父亲虽未得科名,但经史之学极有根底。其母为掖县李长白之女,是当时有名的闺阁诗人,其《乱后忆书》诗云:"插架五千卷,竟教一炬亡。斯民同浩劫,此意敢言伤……"此诗曾传诵一时,由此诗亦可想见柯氏幼年母教之熏陶了。柯氏早慧,世传其七岁时名句有"燕子不来春已晚,空庭落尽紫丁香",很可看出一位早慧的儿童的情思。柯氏与北洋政府临时大总统徐世昌是丙戌同年翰林,曾参加徐世昌的"晚晴诗社",于编史之余,时事咏吟,诗虽非其专长,然亦甚清逸,其题《水竹村人江湖垂钓册子》云:

箬笠蓑衣一钓竿,白苹洲渚写荒寒。
不知渔父住何处,七十二沽烟水宽。

不论其"史",仅论其诗,亦足以传了,何况还有其举世闻名的大著作《新元史》呢? 柯氏因其文名,还得了一段姻缘:柯氏元配夫人去世较早,继配即桐城吴汝纶之女。据闻议婚时,汝纶先生夫人因新婚年龄与其女相差较大,且系续弦,坚不同意,但挚甫先生爱柯之才,因而坚决主张这门婚事,而且终成婚配,吴氏也是一位颇有才华的女士哩。

王静安在溥仪南书房行走时，柯氏也同样在宫中行走。在一九二四年一月写给罗振玉的信中记柯一件趣事云：

> 凤老今晨上去面对半小时，语尚未闻，入时因身重，轿索断，致坠地，然未受伤，可谓吉人天相也……以凤之高年直前，恐当上必应感动，其坠车时想上必闻之。

柯氏逝世于一九三三年，享寿八十四岁，比王静安先生晚死六年，多活三十三岁，在当时也算是享高龄了。柯氏不但家学渊源，幼年早慧，更重要的在其一生专心致志，治学勤恳，幼年因用功过度，身体很差，在治史之余，兼研医理，有很好的岐黄之技。而且兼治算学，能手制仿古算学仪器。开始不解"天元"（现在代数）之术，终日苦思，闷闷不乐，忽然有一天在吃中饭时，大叫起来："我懂了，我懂了！"从此便解"天元"之术，真所谓"思之思之，鬼神通之"了。

柯氏一生最负盛名的大著作是他的《新元史》，这是用了三十年苦功才完成的。柯劭忞光绪三十年（一九〇四年），做国子监司业，他入学（府考中秀才）时取中他的老师，即当年胶州知府四川宜宾人陈代卿来京看他，写有《北游小记》，曾云："柯凤荪少司成，余权胶州时所得士也。……著有《新元史》，尝得欧洲秘藏历史，为中土所无。余在京见其初稿，以为奇书必传。"其后又过了十五六年，徐世昌做大总统时，《新元史》刻成出书，徐氏对之备加称扬，并通令列为"正史"之一。徐世昌固然是帮老同年的忙，而《新元史》本身则自有其重要的学术价值，为此柯氏荣获日本东京帝国大学文学博士学位，这是六十年前中日文化交流史上的一段佳话。

中国当年在日本的留学生极多，而得到博士学位的极少。何况柯氏又没有在日本留过学，只是清朝的翰林，曾到日本考察过学政。以这样的资格获得日本博士学位的，在近代史中，只有柯劭忞氏一人，其原因就是因为一部《新元史》。当年日本东京帝国大学有"博士论文审查会"。根据不同的论文，聘请不同的专家来审查。审查《新元史》的是当年东京帝大极负盛名的史学权威箭内亘博士，时任教授。工作极为仔细认真。有一天他的学生仓石武四郎教授去看他，见满屋中摊的都是书，其师正在紧张查对资料。对他说：这部著作的价值可在博士之上；也可在博士之下，要把原书与旧《元史》不同之处，一一加以比较，查对核实评价之后才知道，所以这些工作是颇麻烦的。（大意如此。）可以想见当年帝大审查《新元史》时态度之严谨。不过后来毕竟是通过了审查，获得了学位。其后日本设"东方文化事业总委员会"，因柯氏为东京帝大文学博士，名重一时，因而聘之充任委员长。

柯夫人是吴汝纶女儿吴芝瑛妹妹吴芝芳。柯氏在家中对子女教育也很注意，后来燕舲（长子昌泗）先生以下兄弟等也都是有名的学者，不过静安先生对他们评价并不高，一九二二年写给罗振玉的信中说：

> 商君之书（指商锡永，字承祚之《殷虚文字类编》）已见首册，其说尚平实不支，即此已为远到之基。胜于燕舲弟兄远矣。

静安先生这点上很有眼力，这几位可惜相继都潦倒以终，今日知之者甚少了。

十几年前，全国政协董一博老校长想让我整理孙墨佛老先生的《书源》，准备出版，因数量过大，无法接受这一任务。不过已看了一九三五年商务印书馆印的此书的十篇名人序言。第一篇是柯凤老写的，最后一篇是燕龄先生写的，父子二人为此书十分捧场了。我和燕龄先生很熟，多次到其广宁伯街家中去看望，不过也是四十五年前的事了。

胡适之寿酒米粮库

"我的朋友胡适之"，这是文化古城时期流行于学术、文教界的一句话，正面用这句话和反面用这句话的都有，不过现在知道这句话的人已不多，而且有资格说这句话的人也已渐如凤毛麟角，越来越少，最近听说汪原放老先生也已作古了，这在当年也是有资格称"我的朋友胡适之"的一位。

胡适之先生于抗日战争之后，回到北京（当时称为"北平"）任北京大学校长之职，同时名义上还兼中文系主任，而校务繁忙，自然没有时间兼任，系里的事委托杨振声先生代理，杨先生则又因健康关系，不能到校，实际工作则由唐兰先生负责，唐先生亦于前年病故，三位先生，都是古人了，但他们作为学者的风范则仍留影响于人间。

胡先生当时虽然由驻美大使卸任，出长北大，但仍然是保持着学者的风度，不要看别的，单纯看衣着也可以想见其为人了。一年到头基本上都一件蓝布大褂，冬天罩在皮袍子、棉袍子外面是它，春秋罩在夹袍子外面也是它，夏天除去顶热的时候，穿夏布、杭纺大褂而外，不冷不热的时候，仍是一件单蓝布大褂。北京人把长衫叫作"大褂"，实际还是继承了清朝的叫法。而这蓝布大褂,当年似乎已成了由校长到学生的共同的"制服"了。穿着蓝布大褂,戴着黑边眼镜的校长和穿同样服装的教授、职员在一起,是很难分别出来的。当时他住在东厂胡同,即明代东厂的旧址,也曾做过北洋政府大总统黎元洪的府邸。这时由"日本东亚文化协会"接管过来,部分房屋作为北大校长住宅。他每天坐一部黑色雪佛兰汽车上班,车里总是放许多线装书。到了松公府夹道北大办公处门前下车上班,从未见拿过皮包,而总是抱一大抱书进去,下班回家,仍然是捧着一叠书出来上汽车,天天都是一样的。

有一次十分有趣:中文系开全体会,三位先生都来了,当时是冬天,杨振声先生器宇轩昂,衣服最讲究。散会之后,三位相偕一起出去,由松公府夹道新楼走到前面办公处去,杨先生人较修长,穿着獭皮领、礼服呢中式大衣,戴着獭皮土耳其式的高帽子,嘴中含着烟斗,走在最前面,胡先生身穿棉袍子、蓝布罩衫还夹着杨先生的黑皮包走在后面,唐先生又稍后些,三人边说边走,后面还跟着一大群同学。不知道的人,一定以为杨先生是校长,胡先生顶多不过是个秘书而已。哪儿能从他们的衣着中看出他们的身份和关系呢?于此也可以看出这几位先生的风范了。可能还有不少人记得这些事吧?

最近看台湾远流出版社的《胡适讲演集》第二册,上面有前中央研究院八十一名院士的合影,胡在第一排右数第四人,就是穿着袍子的。合影中大多着西装,只有三四个穿袍子的。张元济先生也在第一排,也身穿袍子,排在中间。

胡适之先生生于一八九〇年十二月十七日,即光绪十六年庚寅。如果现在还活着,那便是九十四岁的老人。现在长寿者多,比他年长的尚大有人在,他是死得比较早一些了。

胡氏安徽绩溪人，胡家是绩溪大族，他父亲胡铁花原在外省做地方官，清代谓之"游宦"；母亲是续弦夫人，过门时只十七岁，比他父亲小三十多岁，只生了他一个，没几年，他父亲就去世了，那时他只虚龄五岁。这是个十分重要的年代，正是"甲午"。其父原官江苏，后改官台湾，在台东、台南做知州。胡氏三四岁时，随父母在台东住过一年多，在台南住过十个月，他到台湾后讲演时自称是半个台湾人，把台东看作第二家乡。甲午之役，清室将台湾割让给日本，中国官吏均撤至厦门，他父亲胡铁花就客死在厦门。

　　胡氏是他母亲一手教导成人的。人常说严父慈母，而胡母却是集父严母慈于一身。母亲对他管教极严，幼时上学读书，放学回家，进屋门前，先要将一天所读的书背诵一遍，才准进屋吃饭。不然，立在门前重读，甚或跪在门前重读，直到读熟为止。十四岁到上海上学，三年才准许回家一次。胡适一九一○年考取官费留学生，放洋留美，先学农业，后学政治经济，又学文学哲学，最后学成，获得纽约哥伦比亚大学哲学博士学位。有名的《文字改良刍议》就是在哥伦比亚大学攻读博士学位时写的，这篇文章打响了新文学运动的第一炮，也奠定了他一生享盛名、做学者、成闻人的基础。以上情况，在其《四十自述》一书中，写得很清楚，我只略作介绍而已。

　　胡氏后来做驻美大使，是他政治生涯的极限，于此而后，则美人迟暮，大可伤矣。

　　距今五十四年前，一九三○年即民国十九年十二月十七日，是他四十岁生日。当时正是北京大学文学院人才济济的时候。那时他家住在景山后街米粮库。北大同仁便在他家为庆四十整寿。用的是东兴楼的席。出面贺寿的人有北平白镇瀛、宁波马

278

廉、东台缪金源、织金丁道衡、湘潭黎锦熙、汉川黄文弼、吴兴钱玄同、唐河徐炳昶、绍兴周作人、北平庄尚严、沧州孙楷第、如皋魏建功。共十二人，都是著名学人，可以说是极一时之盛了。由他的大弟子魏建功撰文，好友钱玄同书写，写了一篇别开生面的白话章回小说体寿文《胡适之寿酒米粮库》。这篇寿文开始引他的《沁园春》"更不伤春，更不悲秋，以此誓诗……"作为引子，后面便说他对新文化的贡献，结束段云：民国十九年（一九三○）十二月十七日便是他的四十整生日，他的朋友和学生们中间，有几个从事科学考古工作的，有几个从事国语文学研究和文字改革运动的，觉得他这四十岁的纪念简直比所谓"花甲"、"古稀"更可纪念……十九年他再住北平，定居米粮库，便赶上是生日，他从前自己诗里说"幸能勉强不喝酒，未可全断淡巴菰"，是早已受了酒戒了，这次生日应该替他开戒，好比乡下老太婆念佛持斋，逢了喜庆，亲友来给他开了斋好饱餐肉味一样。

如今为了要纪念"人"、"事"、"地"，便写了恁个题目：《胡适之寿酒米粮库》，后面并署名盖章。这篇名文，原件是钱玄同先生法书中的精品，现在则不知是否尚在人间了。至于那十二位贺寿的人，我所知者，似乎只有孙楷第先生硕果仅存，依然健在，其他都已是古人了。

当时还有吴其昌先生祝寿云：

> 加紧继续，千百世以后的文化运动；
> 切莫误会，四十岁便过了青年时期。

抗战初起时因汉奸罪死于非命的黄秋岳氏，当时也曾集辛弃疾词为寿联，共两副，其一是：

279

刘伶元自有贤妻，宁可停杯强吃饭；

郑贾正应求腐鼠，看来持献可无言。

另一副是：

扶摇下视，屈贾降旗，闲管兴亡则甚？

岁晚还知，渊明心事，不应诗酒皆非。

信中说"改天用宣纸写"，写了没有，就不知道了。

逛什刹海

过去曾写过什刹海荷花市场的小文，以寄托京华的仲夏夜之梦，光阴荏苒，不觉丙寅的夏天又到了。闲阅《胡适的日记》，忽然又看到荷花市场的风光，怎不令人勾起缠绵的华胥之思呢？一九二一年七月二日记云：

> 婺源人胡光姚与汉军京口驻防赵家结婚，程发甫先生硬要我出来为男家主婚人。今日午后二时行礼，礼堂在什刹海。天气热极，真是苦事。什刹海荷花正开，水边有许多凉棚，作种种下等游戏。下午游人甚多，可算是一种平民娱乐场。我行礼后，也去走走。在一个古董摊上买了一幅杨晋的小画（杨是康熙、雍正间人），一尊小佛，这是我生平第一次买古董。

这段博士的日记，现代读者看了，只是一般的理解，自难知道其具体情况,更难引起感情上的沉思和遐想;而我却不然,读了这段日记,马上一个风光旖旎的画面出现在我的眼前了。"礼堂在什刹海"——指的是哪里呢? 我认为是会贤堂。

那门前飘拂的柳浪浓阴,湖上绿油油的荷叶、白莲花、红莲花……那停着四轮大马车、雪亮包月车的大门前,拉车王二、张四等,正放下车把,把"座儿"送进去,自己拿大羊肚子手巾擦头上和胸脯前的汗,擦干净,从车垫子下面抽出大芭蕉叶来扇两下,然后走进那挂着"会贤堂饭庄"、门框上还有两块"收购官燕"、"收购银耳"小金字牌子的磨砖大红门,到账房去领车饭钱。

"掌柜,您辛苦——"向柜台上一陪笑脸。

"哪位的?"柜台上连忙打招呼。

"米粮库胡先生。"一道自己主人的字号。

"您收着。"不敢得罪,一边说,一边连忙把一扎铜元递过来——"您那边喝茶!"

车饭钱汽车一元,马车五毛,洋车两毛,这是规矩。主人在里头赴席,开车的、赶车的、拉车的领了车饭钱,在一边喝茶休息,吃自带的干粮。不经主人吩咐,不能离开。因不知他何时走呀! 忙人也许赶三四处饭局,那就可以得三四份车饭钱。胡博士当时还只是自用洋车,尚未买汽车。

会贤堂门前的风光旖旎无比,尤其那个楼,座西北,向东南,十一间磨砖对缝的高大二层楼房,楼上临什刹海都是宽大的走廊,那落地大玻璃门里面,都是一间间的雅座。酒宴未开,或酒阑席后,雅座中的人都倚在栏杆上,眺望荷花市场的风光,下面的人望上去,梳着大辫子,梳着爱司头,簪着玉簪花、栀子花的旗下大姑娘小媳妇,笑语时闻,真像神仙中人一样。

会贤堂是当年北京独一无二的、风光最好的饭庄子。这是张之洞的厨师开的。"宰相门前七品官",张之洞的厨子,其收入可以想见了。清末张之洞的府邸就在前海白米斜街,其后院房屋临湖后窗,正好遥遥对着隔海的会贤堂前楼。左近都是王公府邸、旗人大宅门,不少人办喜事都在会贤堂。胡适当主婚人的这家,不也就是旗人吗?"汉军京口驻防赵家",就是祖上在镇江驻防的汉军旗姓赵家的姑娘。这样的人家,也许就住在什刹海附近的胡同中。所以在这风光旖旎的会贤堂办喜事,胡适一九一九年还在美国,此时刚来北京也就一年多,对于这会贤堂、荷花市场等,可能还不知道呢!这是第一次来。而当时北京大学的名教授如沈尹默、马幼渔、马叔平等位,早已是这里的常客了。沈尹默先生著名的《减字木兰花》:"会贤堂上,闲坐闲吟闲眺望……"早已因正好是五四运动那天所写,名闻遐迩了。而博士先生还似乎是第一次去。

会贤堂出来,往东南走不了几步,就是老柳浓阴的荷花市场,这时正是最热闹的时候。所以胡博士"行礼后,也去走走"。他行完礼,自然也坐过席,酒足饭饱了。出来走走,是闲逛逛,看看热闹,吹吹风,醒醒酒,消消食……自然不要再吃什刹海有名的"冰碗"、"莲子粥"等,因为那在会贤堂席上已吃过了。他也不要听"什不闲",看"耍把式",去算卦、相面,这些他认为是"下等游戏"。自然他也不要买估衣,买绿盆、绿碗,买梳头油、网子……那么他"也去走走",有什么吸引他的呢?有,小小的古玩摊,就把这位中外闻名的胡博士吸引住了,可见当年什刹海荷花市场的魅力是多么强烈而又多么广泛了。

"一个古董摊",写在纸上只五个字,是死的,无情无趣。可是在几十年前,在什刹海水边老柳下,其时其地其景,那就是活的了。其情其趣是可以吸引住任何一位有高深学养的专家的。

摊不必大，也许只是在地上摊一块油布，再在上面铺块蓝布，四边用砖块压好。摆几枚古钱，大观通宝、半两、五铢……一两个铜佛像，紫檀、檀香佛像，说不定有一座小欢喜佛，但不细看看不清……几把旧扇子，刻竹股子折扇或紫檀框宫绢团扇……几样瓷器，五彩斗鸡樽、釉下蓝小胆瓶、冰纹小水盂……还有细雕蝈蝈葫芦、白铜小熏炉、紫泥小茶壶，也许铜镇纸下面还压着几张大红、梅红名帖，当年不是有人在地摊上三枚铜钱买过"客氏拜"的大帖子吗？三百五十多年前，拿到这张帖儿，真抵得上圣旨，一切荣华富贵都可以有了。一落地摊，不值钱了，但还能吸引人。什刹海一个古董摊，把博士吸引住了，多么值得思念呢！

诗之战

中国的新诗，由诞生到现在，已经六十多年了，应该说，胡适的新诗集《尝试集》是早期的代表性作品。直到今天，新诗尚未定型，似乎一直是在"尝试"着。这是个人感觉，不必写论文，也不必多啰唆。在这里我想起了写新诗《尝试集》的胡博士的旧诗词，这对一般读者来说，知道的人已很少了。

先举他一首鼓吹新文学的词来看看，题目是《誓诗》，词牌是《沁园春》，是他写《文学改良刍议》之前表决心的。时间是一九一六年春天，他二十四岁，正在美国纽约哥伦比亚大学攻读博士学位。其词云：

更不伤春，更不悲秋，以此誓诗。任我戏也好，花飞也好;月圆固好,日落何悲?我闻之曰:"从天而颂,孰与制天而用之?"更安用为苍天歌哭,作彼奴为! 文章革命何疑!且准备搴旗作健儿!要前空千古,下开百世;收他腐臭,还我神奇。为大中华,造新文学,此业吾曹欲让谁?诗材料,有簇新世界,供我驱驰。

词格是辛稼轩豪迈的一派,更推而进之,全词不用典故,但还全是文言句法。像李清照那种"守着窗儿"、"不如在帘儿底下"等等完全俗语,词中也没有。而此词最明显的痕迹,是辛词"杯汝前来,老子今朝,点检形骸"的章法,是用古文写词,而非用词语写词,其气魄是十分惊人的。

他写词用这种句法,写旧诗也用此句法,如其《朋友篇》中有句云:

清夜每自思,此身非吾有,一半属父母,一半属朋友。

这是胡博士的"友谊观"。他很爱交朋友,不论在国外留学时,还是在国内当教授时,经常总有许多朋友来往。所谓"我的朋友胡适之",一时成为教育文化界的口头禅,也成为讽刺文化界、教育界某些喜欢攀龙附凤的人的惯用语。而他自认为颇得朋友之助,切磋收益很大,诗中说:"学理互分剖,过失相弹纠。"事实也确实如此。

他少年时在上海读书,那时十里洋场,是花花世界,什么坏道都有,少年子弟最容易堕落。胡适有一次饮酒作乐,喝得酩酊大醉,醒后忽然觉悟过来,后来作诗道:

一日大醉几乎死，醒来忽然怪自己。

父母生我该有用，似此真不成事体。

这种白话体的旧诗，又似新诗，实是旧诗，并不好作。其青年时期之小诗，亦不乏保存旧诗之韵味者。如记云：

戊申在上海时，秋日适野，见万木皆有衰意，独垂柳迎风而舞，意态自如，念此岂老氏所谓能以弱存者乎？因赋二十八字云：已见萧萧万木摧，尚余垂柳拂人来。凭君漫说柔条弱，也向西风舞一回。

青年留学时，有一次任叔永（鸿隽）给他拍了一张"室中读书图"的照片，他寄一张给未婚夫人冬秀，并题诗云："万里远行役，轩车屡后期。传神入图画，凭汝寄相思。"从诗中可见他多么笃于伉俪之情了。

他高举白话大旗，提倡白话文、白话诗之初，曾与同时留美的好友梅光迪以诗大战，说什么："人间天又凉，老梅上战场。拍桌骂胡适，说话太荒唐……"等等，四十年后，他作讲演还津津乐道这一故事。说这都是偶然的。

可惜的是，先生的白话诗文宣言，自己有时也做不到。一九三一年底，老派诗人曹经沅写给他的信道："今年在海滨竟迟公不至，逸塘先生同此怅然。止室属题《先德载书归里图》，见公题一绝极佳，且已非妪解体，能者不可测如是哉？倘有新篇，并希写示。"所说逸塘是王揖唐，后做汉奸。所说《归里图》，也是福建人陈任先的曾祖的图。陈任先曾任巴黎公使，后来也做了汉奸，抗战时在上海被人打死。此图及题跋有影印本，手中有一本,经查对,没有适之先生的诗,可能印时未印入。另外他题陈寅恪夫人的祖父唐景崧遗墨诗云:"南天民主国,回首一伤神。黑虎今何在,黄龙亦已陈。几枝无用笔,半打有心人。毕竟天难补,滔滔四十春。"此诗不但用典,而且可以作他七十自寿诗了。

在上次论战若干年之后,他又遇到文言捍卫者长沙章行严(士钊)办《甲寅》杂志,拼命反对白话,大骂白话。一九二五年正月,有人请客,二人在前门外廊房头条撷英番菜馆相遇,有人给章照相,章便邀胡合影一幅,之后二人分持一张。章题白话诗送胡道:

> 你姓胡,
> 我姓章,
> 你讲什么新文学,
> 我开口还是我的老腔。
> 你不攻来我不驳,
> 双双并座,
> 各有各的心肠。
> 将来三五十年后,
> 这个相片好作文学纪念看。
> 哈哈,
> 我写白话歪词送把你,
> 总算是老章投了降。

章要胡写旧体诗送他,胡便写道:

> 但开风气不为师,龚生此言吾最喜。

286

同是曾开风气人，愿长相亲不相鄙。

反对白话文的盟主写白话诗，白话文主将写仄韵绝句，这倒是奇闻。胡诗第一句引用龚定庵原句，诗中以开风气自任。这两首诗章诗写于这一年二月五日，胡诗写于二月九日。距今已足足五十九年了。胡死得早一些。孤桐老人章行严则享了将及期颐之寿，活了九十四岁，十年前才去世，其丧礼可谓备极哀荣。但今日重读以上二诗，的确也使人感到"好作文学纪念看"，章行严真是言中了。

《甲寅》杂志号称"老虎报"，它一律登文言文，在广告中说："文学须求雅驯，白话恕不刊布。"章行严一九二五年九月发表了《评新文化运动》，十月又发表了《评新文学运动》，以《甲寅》为阵地，发起猛攻，一时应战者多人，鲁迅、周作人、徐志摩、高一涵、郁达夫、成仿吾等位都奋起还击。胡适在《京报》副刊《国语周报》上，发表了《老章又反叛了》一文，予以还击。文中引了章送他的那首白话诗，因为有"总算是老章投了降"一语，所以题目说"又反叛了"。文中并说《甲寅》广告中不登白话文的话是"悻悻然小丈夫的气度"。

章胡在文章中争论的十分剧烈，私下饮馔相逢，却还是十分客气的。有一次在上海，汪原放请客，座上有章行严、胡适、陈独秀，胡当面对章说：章的文章不值一驳。章却也不生气。汪原放十分赞赏章的雅量。这事也给文坛留下谈助。汪原放近六十年前，被鲁迅先生误以为是古人，后来鲁迅先生一再在文中道歉。不想，汪老也真长寿，直到前几年才去世。不过现在确也真成为古人了。

章孤桐

长沙章士钊,字行严,号孤桐老人,一生写文用文言,直至其九十高龄。在十余年前出版的洋洋巨著《柳文指要》,仍以文言行文,不改初衷,而居然能够出版。似此一生遭遇之隆,在中国文人中,亦只此一家,再无第二人矣。前曾写小文介绍其写白话诗,与胡适之先生的交往。今又想其与五四运动另一健将沈尹默先生的交往,虽是新旧文学战垒中不同主张的人物,而且私交亦弥笃焉。

章行严十七八岁即出人头地,清末与太炎先生在上海办报,后又到英国牛津留学,学小逻辑,办《甲寅》杂志,鼓吹文言,一九二五年在教育总长兼司法总长任上,为女师杨荫榆事,与新文化健将战斗白热化,达到水火不相容的地步。被鲁迅称之为"章士钉"。"三一八"惨案之后,营垒更为清楚,沈尹默先生与孤桐老人早在一九〇七年在杭州时,即有深厚交往,一九一七年又因蔡元培、陈独秀的关系,共事于马神庙京师大学堂。(当时沙滩红楼尚未盖好。)陈独秀因沈尹默之荐,蔡元培亲自到打磨厂西口第一宾馆拜访,延聘到大学堂为文学长,章士钊与陈独秀曾于一九〇三年在上海共同办《国民日报》,亦被陈延聘为大学堂图书馆长之职,这样故人重逢,诗酒往还,过从甚密。惟孤桐老人虽学识渊博,才大如斗,而毕竟是官场中人,非学术中人,大学堂的图书馆长,虽甚清高,当时工资有四百银元,亦不为少,而对一位想抓大印把子的人说来,仍视同首菹生涯,是不屑于长久为此的,因此只在大学堂一年多,便弃之如敝屣,积极周旋于安福系、交通系各北洋政治帮派之间,去做总长了。一九二四年十一月,段祺瑞组织执政府,不设内阁总理,阁员为安福系骨干龚心湛、李思浩等人。章士钊出长教育部,又因位置冯系人物薛笃弼为司法总长,薛拒绝入阁,章士钊又兼了司法总长,后来农工商总长杨庶堪出缺,章士钊又暂代农工商总长。一人而兼三总长,在北洋政府的各届内阁中,也是仅见的。因而以办"老虎杂志"(《甲寅》杂志封面为一只老虎)而出名的孤桐老人,此时又膺了"老虎总长"佳誉,都人说起,也有谈虎色变之感了。这时是他仕途上最得意的时候,总长公馆在西四北南魏儿胡同,大红门外,汽车、马车、包车不断,真是风光一时了。而"三一八"惨案,就发生在他最得意的时候,他又是主要负责者,舆论自然集中在他身上。老友沈尹默也公开声明,指其为罪人,要天诛地灭,表示与其断绝朋友关系。他把周树人(鲁迅)免职,鲁迅在文中、信中骂他"章士钉",可是哪里是他的对手呢? 以后的历史都证实这点了,在此不必多说了。

孤桐老人是诗家当行,是同光后劲。在段执政内阁时,同光健将如樊山老人、陈石遗等都健在,安福系的王揖唐,段内阁秘书长梁众异都是诗人,后来做了汉奸,而当时则是与孤桐老人过从极密的人。北伐之后,孤桐老人再度放洋,远走英伦,其《伦敦郊居寄人》诗云:

> 二十载天涯去后还[1],郊园小小足舒颜。
>
> 野眠独意怜幽草,晓坐枯眉润远山。
>
> 忧国不弹无益泪,读书宁为有心间。
>
> 来禽怪少门前客,侧目窗棂代款关。

注:[1] 丁未首到此邦,屈指已二十载矣。

王揖唐(逸塘)有《孤桐抵英有诗见怀奉训通酬》云：

嬴颠项蹶本同论，谁与神州塞乱源。
阅世坐怜肠太热，解嘲失哭舌犹存。
沉沉举国方酣睡，惘惘思君欲断魂。
多少罪言今已验，伤心何忍话前番。

在章孤桐远游英伦的时候，沈尹默先生仍在北京，当时南京教育部把北京工业、医学、女子文理、农业等国立专科院校，合并成立北平大学，三十年代初沈尹默被任命为校长，但这个校长不好当，不久便辞职，索性连北大教授也不做，回到上海卖字过日子去了。际此孤桐老人也由英伦倦游归来，息影海上，挂牌做大律师，辞锋敏锐，又有"老虎律师"之誉，知尹默先生来沪鬻字，遗书安慰之，大意云：昔时詈我者爱我，昔时爱我者害我，历史如鉴，于今兄辞去校长职甚是也。尹默先生得信后，感到其意拳拳，因而不仅前嫌尽释，而且在海上过从更密，诗简往还，几无虚日矣。

抗日战争时期，二人都到了后方。一九四一年，孤桐老人旅居桂林，遥寄重庆尹默先生《玉楼春》云：

几多词句情依旧，折尽风林无限愁。只缘知律眼前稀，说与前山客独秀。　　别来总是愁时候，纵有燕翎书不就。一篇花雨独思君，难问东阳先问瘦。

末句东阳指浙地及尹默先生别号"东阳仲子"。"瘦"用沈约瘦腰典，切人切事，押韵非常俏劲。尹默先生《答行严》云：

风雨高楼有所思,等闲放过百花时。西来始信江南好,身在江南却未知。　　花光人意日酣酣,客我平生士不堪。说看江南放慵处,如君怎不忆江南。

胜利之后,二位又一同回到上海,孤桐老人时往虹口海宁路东阳(原"洋")街看望尹默先生,沈有《答行严过访诗》云:

自笑居桓爱楚狂,归来行径却平常。
字同生荣论斤卖,画取幽篁闭阁藏。
惯会底须遇赵李,剧谈时复见刘王。
烦君为说闲中事,已足人间一世忙。

诗中可以想见二人风度了。孤桐老人作古前留下一部《柳文指要》,还是一部可读的书。

《曲园课孙草》

俞平伯夫子寄来一张照片:老夫子是侧面背影,正在仔细观看手里捧着的一本书,书的扉页上五个隶书大字,清晰可见,"曲园课孙草"。照片后面题了几个字"此照联接寒舍四代人"。老夫子欢乐之情,从照片中和题字中是可以想见的。

怎么说一张照片连接四代人呢?这就要作一点细致的解说了。《曲园课孙草》是一本书,是曲园老人特地为孙子编写的一本学习八股文的教材,如今拿在平伯先生手中拍了张照片,平伯先生是曲园老人的曾孙,曾祖父写的书,曾孙拿着拍照,不正好是"四代人"吗?

这本书是我在上海旧书店偶然买到的。因为好多年前，我在章式之先生的一篇文章中记住这个书名。偶然遇到，便以八角钱的代价买下了。买了后写信给平伯师。他老先生听了非常高兴，来信告诉我回京时带回去给他看看，同时还说《春在堂全集》中未收此书。后来我就把书送给先生了。这就是他特地给我寄照片的原因。

社会上往往误解俞平伯先生是曲园老人的孙子，这是有原因的。因为曲园老人俞樾的儿子去世早，没有得中功名就去世了，社会上都不晓得，家中亦很少提起。曲园老人把孙儿当儿子，从小就着意培养，那就是俞平伯先生的父亲俞陛云，字阶青。俞家起名字是按五行金木水火土相生排行的。如金生水、水生木、木生火、火生土、土生金等。曲园老人名樾，是木字边的字，他的下一代起名字便取"火"字边的字，火字边的下一代便取"土"字边的字，所以曲园老人给孙子取名"陛云"，有一"土"在内，土生金，俞平伯先生学名"铭衡"，铭字有"金"字边。又根据《礼记·曲礼》中"大夫衡视"一句的注："衡，平也。"取字曰"平伯"，伯是"伯、仲、叔、季"的"伯"，就是第一个男孩子。这就是从命名和表字中，都可以看出俞平伯先生是曲园老人俞樾的长曾孙。三十年代初期，林语堂办的《人间世》杂志，每期扉页，都用米色道林纸印一大张学人的照片，印过徐志摩、朱湘、黄庐隐、周作人、丰子恺等位的照片，也印过一张曲园老人拄着龙头杖、拉着曾孙拍的照片。俞平伯先生早在此照刊出前，就曾把这张照片放大印了送人，在《鲁迅日记》中清楚地记载着这件事，照片的背景是有方格子窗棂的老屋，这就是苏州马医科巷的春在堂老屋。也就是李鸿章题匾的"德清俞太史著书之庐"，后面便是海内外闻名的"曲园"。曲园虽小，但在八九十年前，其名气远远超过什么网师园、怡园等等。所谓"诸子群经评议两、吴门浙水寓庐三",当时中国与日本,两国的学术界,谁不知道身兼苏州"紫阳"、杭州"诂经"两处书院山长(相当院长兼主讲教授)的大学者俞樾——曲园老人呢?直到今天,他写的"枫桥夜泊"碑的拓片,还常常被游人买了带到海外,作为最高雅的投赠礼品。

曲园老人当年有三个住处,即苏州马医科巷曲园春在堂,杭州西泠桥下俞楼,栖霞岭下右台仙馆,这三处哪里是基本寓所呢?主要是曲园,因而老人培养孙儿、培养曾孙,都是在苏州,所以陛云先生的青年时代、平伯先生的童年时代、少年时代都是在苏州度过的。

戊戌那一年(即光绪二十四年,公元一八九八年),俞陛云先生晋京会试,以一甲三名进士及第,即人们俗话常说的"状元、榜眼、探花郎"的探花。中了探花之后,即入翰林院,授编修,从此陛云先生就住在北京,后来在东城老君堂胡同买了房子,院中有老槐树,这就是俞平伯先生在二三十年代中写文章时,常常说的"古槐书屋"。俞陛云先生在翰林院做编修,是冷官,但这在清代是重要的进身之阶,几年中放两次主考,到外省取中一批举子作门生,就在官场中有了势力。编修如外放,一般是道员,弄得好,很快升臬台、藩台,署抚台,就是封疆大吏了。陛云先生一九〇二年放了一任四川副主考,写了一本《蜀辘诗记》,是仿宋人行纪又加诗,记由京入蜀的行程的。放主考之后,没有几年,清代就结束了。陛云先生未能再做清代的大官。后来一直住在北京,直到进入五十年代才去世,享寿八十三岁。

陛云先生是著名的词人,他的词集名《乐静词》,叶遐庵编《箧中词》亦收有他许多首词,他的词的格调是花间正宗,不沾豪迈蹊径。下面举一首无题《浣溪沙》可见一般:

风皱柔怀水不如，碧城消息近来疏，嫩凉人意倦妆梳。　　锦幄明灯鸳鸯梦，文梁斜日燕窥书，蓉腾浑不信当初。

可以看出，从字句到意境，都是婉约一派的。陞云先生少年时，曲园老人特地为他编了《曲园课孙草》一书来教他制艺。到了陞云先生老年，又因为教孙儿、孙女学旧诗，编写了《诗境浅说》甲编、乙编两种，甲编讲五七言律诗，乙编讲五七言绝句。章式之老先生在序言中说，读到《诗境浅说》，很自然地想到当年的《曲园课孙草》，真是斯文一脉，累代相传，不但未坠家风，更重要的是几代人都在学术上有不同贡献，都为继承和发扬民族的文化做出贡献，这是很不容易的了。《诗境浅说》甲、乙编是开明书店出版的，是两本极为精简扼要的学诗入门书，可惜绝版多年，有哪家书局重印一下才好。由曲园老人到平伯夫子，四代人中，竟有三代学人，真可谓书香门第啊！

按，《诗境浅说》已由上海书店重印出版。

学人长寿

平伯夫子今年九十一岁了。前几年北京召开了"俞平伯先生从事学术活动六十五年纪念会"，我深为夫子喜、为夫子贺。因为这对这位按阴历算，八秩晋八，按阳历算，八十六岁的老夫子说来，的确是一件喜庆的大事；即对中国学术界说，也不能说是一件小事吧。纪念会的内容，报纸上都登了，我这里无须再多说。我只想说一点我对夫子的敬意、情谊，作为遥远的祝贺！

文化古城时期，先生先在北大、平大教书，后到清华任讲师，住在清华园南院,城中老君堂有"古槐书屋",清华园又有秋荔亭,"秋荔亭拍曲",正此时焉。其时先生内弟、著名数学家许宝騄(闲若)先生正在清华教书,先生与许宝騄夫人又笃于伉俪之情,郎舅姊弟之间,其乐融融,夫人跋《古槐书屋词》云:

> 闲若七弟,早岁临池,于十三行,颇有得,曾为平伯写此词,刊本流传甚稀……忆昔居清华园南院时,弟方英年,我犹中岁,弟专攻数学,课余喜作图案画……当年朝夕相聚,思之怅然欲涕……

其跋不胜今昔之感也。

沦陷时期,平伯先生仍在北京,虽与知堂老人私谊极厚,但未到伪北大教书,知堂老人亦未相邀,盖相知甚深,心照不宣也。抗战胜利,北大复员之初,傅斯年在写给胡适的信中说:

> 孙子书、孙蜀丞、俞平伯在北平苦苦守节(三人似可择聘)……但主任无人。

后来孙楷第先生、平伯先生都受聘为复员后北大国文系的教授。不过这也是四十多年前的事了。那就是一九四六年,地点北京沙滩松公府夹道北京大学文学院图书馆后面的新教室楼,在这里我听了夫子八个学分的课(每周一课时,一学期为一学分),即杜诗、清真词二门。当时各人选各人的课,人数人员都不固定,教室也不固定。夫子是选课,在一个三四十个座位的教室上课。当时我自童年读先生的《桨声灯影里的秦淮河》当教材之后,对于先生的著作,什么《燕知草》、《杂拌儿》、《燕郊集》等等早已看了不知多少遍,烂熟于胸中了。但对先生本人,那还较为陌生,先生在上面讲,我们在下面听,虽说是的的确确的师生,但感情上还远远没有水乳交融呢。当时先生上课来,下课去,家住南小街老君堂,虽不过远,离沙滩也有一截子路,北大学生纵使白天不听课,但却晚间欢喜跑教授家串门儿的。当时我常去的是沈从文先生家,他住西老胡同,出西斋宿舍门,转弯就是。对于俞先生老君堂的古槐书屋,则始终没有去过,迄今引以为憾!

我做学生时,是很不用功的学生,上课时常常不好好听课,而一心"以为鸿鹄将至",想入非非起来。有一次先生讲杜甫诗"香雾云鬟湿,清辉玉臂寒"两句,举了很多例子,讲的十分有劲。时正冬天,教室朝南,阳光很足,我有点浑浑然,老毛病又发,忽然放弃听课,注意起先生衣着打扮来:头戴黑羔皮土耳其式高筒小皮帽,外罩阴丹士林蓝布大褂,里面藏青绸料棉袍,而大褂短于棉袍约二寸许。显见大褂新时同棉袍一样长,洗后缩水,便越来越短了。内穿黑色棉裤,而裤腿又长于棉袍二寸许,盖棉裤原系绑腿裤,后不绑腿,散着又比棉袍长了。如此三截式的装束,给我留下极为深刻的印象。此后,天南海北,春夏秋冬,每当想起先生,好像总是穿着那"三截装"一样。近若干年,与先生通讯频繁,师生之情老而弥笃,前年先生寄了一张照片来,信中说:"附奉小照一纸,以代晤面。"我看照片,虽然苍老,但风神如昔,不过是戴黑边眼镜、穿白衬衫的,望着照片,我想起"三截装",不由地笑了。

在现在的学人中,俞先生也真可以说是老前辈的老前辈了。五年前有一次通信谈到施蛰存老先生。夫子来信云:

施舍(蛰存)是我早年在上海大学时的学生,年七旬余,前说是办《词学》,迄未能出版,今又向足下征稿,想必有希望。

今年蛰存先生也八十多了。前寄新年贺柬来,为宋赵长卿小词《探春令》,结句云:"愿新春以后,吉吉利利,百事都如意。"并有跋云:

余弱冠时曾以此词歇拍三句制贺年简,以寄师友。赵景深得而喜之,志于其文,去今一甲子矣。景深鹤化,忽复忆之。更以此词全文制柬,聊复童心。奉陈文几,用贺一九八六年元旦,兼丙寅春正。施蛰存敬肃。

多么别致的贺春帖子呢!而且一说就是一"甲子",足足六十年呀!纪念俞先生学术活动,是六十五年;蛰存先生贺新春,"聊复童心"又是六十年。白发老师,白发门生,学人长寿,婆娑人间,我这个小师弟也不过刚过花甲之年,比起白发老师、白发大师兄,那真是个稚气未脱的"小不点儿"呀!

香港过去常说"姑苏三老",指叶圣老、顾颉刚老先生、俞先生三位,他们都是三元坊苏高中的同学,如以学籍说,这个称呼可以成立。如以籍贯说,就不对了。叶、顾二位是苏州籍贯,而俞老则是浙江德清籍贯。不过学术界为了尊敬先生,习惯于这样叫,自是可以,那我的说明,似乎也是"废话"了。不做无益,何遣有涯,稍说两句有趣的废话,不比空话好吗?

先生五四时期北京大学即将毕业,与杨振声先生、顾随先生几位同学,毕业出国留学,到日本、到美国,但不久就回国了,先在上海任教授,不久即回到北京各大学任教,前后几十年,真可以说是桃李满天下。冰心女士也已是八十多岁老人,而冰心女士在燕京大学做学生时,俞先生其时也已是兼职讲师了,这该是哪年哪月的事呀!敬祝诸老寿登期颐吧!

叶遐庵

由清代末叶,经历北洋政府,一直到近二十年前,与章士钊孤桐老人出处近似者,还有一位大名家,那就是番禺叶恭绰(誉虎,亦作"玉虎")遐庵老人。这二人可以说是旗鼓相当,几乎活跃了近七十年的人物。共同的特征是学问好,社会活动力强,又会理财,有眼光,有见解,官做的都大,又都长寿。章终年九十四,叶短些,也八十六,而且去世时正处逆境,困难多端,如果条件好一些,可能也活到九十多岁呢。

具体说,两人又有许多不同处,就是章是段祺瑞最重用的人物,在南京政府中却再任要职,而叶却是由北洋政府南下广州,投身北伐,后来又在南京任交通、铁道等部长要职。另外在籍贯问题上也各有特征。孤桐老人随便到了哪里,都说自己是长沙人,北伐之后,北洋政府旧人纷纷离开北京,章士钊去朝鲜游历,火车经过之处,车窗外都是稻田,他《朝鲜道中率成》诗,起句便云:"此邦风物似长沙,尽日车行见水涯。"可见其乡情弥笃,这因为他从小是在故乡长大的关系。叶遐庵则不同,籍贯虽写番禺,而他却是在北京宣南降生的,少年时代,其父宦游江西,他又跟在江西任上。庚子后,回到北京在京师大学堂读书,毕业后入邮传部,奠定了他成为交通系健将的基础。大革命时,去广州大本营,其后又息影苏州、香港、上海、北京等地。因此他与广东人认同乡,因他祖籍番禺;他与北京人认同乡,因他出生在北京,青年时在北京上学,长期在北京做官,对北京风土人情、官场仕宦极熟悉;他和江西人认同乡,因他少年时在江西成长;他和苏州人认同乡。他按家谱查出他家是宋词人苏州叶石林的后代,和吴江明代女词人叶小鸾是同乡,他又同浙江人认同乡,其《先君仲鸾公家传》一开头说:"先君讳佩玱,字云坡,号仲鸾,广东番禺人,原籍浙江余姚,高祖枫溪公幕游粤中,遂家焉。"他可以拉上这么些乡亲,这是因为几代宦游,浮家南北,到处为家的关系。

他青少年时,在江西,受到萍乡文廷式的赏识;在京师大学堂,受到长沙张百熙的赏识,张当时是学部大臣兼大学堂总办。光绪末年,他进入邮传部,受到闽侯陈玉苍的赏识,陈是尚书,后来又受到三水梁士诒的器重。对以上四人,他一生感恩知遇,久而弥笃。一九四九年春天,他尚蛰居香港,未归北都,玉苍公长孙由津沽经港转沪,顺道来看他,他一见面便以世伯身份,先赠以百元见面礼,还是做交通总长的老规矩,只不过出手已很少了。

他长于经济管理,以文人而四长交通部,管理井井有条,游欧美时,外人认为是铁路专家。他讲诗、讲词、讲书、讲画、讲建筑、讲佛经、讲文物,无一不精,无一不深,他真可以说是通材大家了。

民国十年,他在北洋政府交通总长任上,把北京、上海、唐山三地有关铁路工程的学校合并成立交通大学,他自任校长。一九三六年,叶在交通大学四十周年时写感想道:

> 本校二十五周年纪念时,适交通大学方改组成立,而余实主其事……今沪、唐、平三校仍合为一校……以往仅工

程、管理等三数科，今已扩为五院……

他始终是以交通大学的缔造者自居的。

遐庵先生归道山已二十余年矣。前年平伯夫子惠寄书谱出版社影印的《古槐书屋词》，前面有遐庵先生写的序，文很长，对倚声之道，说的也很细。平伯夫子特别重视这篇序，特识于后云：

> 昔岁甲午，承遐庵仁丈宠锡序文，属望意至惓惓，惜手稿于其后佚去。顷后马君豀云假得《矩园余墨序跋》第二辑，从之移录，亦幸事也。

遐庵先生清代光绪年间，毕业于京师大学堂，当时的校长叫总办，总办是张百熙，所以他总自称是"出长沙张冶秋先生门下"。在清末入邮传部为部曹，与夏仁虎同事，其时邮传部尚书是闽人陈璧，后来遐庵先生常常追怀陈氏。

遐庵先生原籍广东，却生在北京，一生宦游所至，北京、广州、香港、南京、上海等地，可说的事情太多了。他曾在网师园居住过，这里再说说他与苏州的一点点因缘。

遐庵先生本是广东番禺人，而他却自认是苏州人，为什么呢？因为按谱系他是宋代词人叶石林的后裔。叶石林是吴下凤池乡人，现在苏州乘鱼桥还有地名叶家埭者。这就是他的祖籍，因之他对苏州特别有感情。他给何亚农题明人山水图长句，最后道："结邻待赁皋桥庑，艺海相后即幸民。"其时何亚农住苏州，他在诗后注云："余颇有卜居吴门之志。"他在三十年代中期，在苏州住了四五年。本想住在他枫江渔父故宅，未如愿，就卜居于网师园。后来又迁居到汪甘卿的房子中,经营小圃,曰"凤池精舍"。一九三六年端阳节,他在网师园和何亚农、张善孖、张大千、彭恭甫等位欢聚,正逢傅增湘游黄山归来,也到苏州参加盛会,由善孖、大千二老绘图记盛,遐翁自己题诗云:

> 百年一日意何任,寥落兹辰感独深。
> 思水鱼烦愁呴沫,巢林燕瘁几哓音。
> 椒焚孰识行吟痛,帆卸空余竞渡心。
> 辛苦醢鸡能共舞,瓮天闲处一相寻。

其时正值抗战前夕,遐翁政治上又不得意,所以诗中大有相濡以沫之感。遐翁住苏州时,正是与善孖、大千居士过从最密的时期,而参与昔时盛会者,前几年只剩大千居士一人,现在则一个也没有了。

其一生算来,住在北京的时间最长,也曾两度客居香港,一是抗日战争时期,一是一九四八年至一九四九年初。抗战期间他来香港时,曾有《沪破南归至港晤次周叔有诗见及因和》七律云:

> 南还依旧作劳人,投老羞存后死身。
> 国运倘期贞下会,乡愁频扰定中尘。
> 霜筠节苦终无忝,雪柘心枯久不春。
> 回斡旋转应有属,几时同作太平民。

这诗后来有九叠原韵,都是在香港作的,六叠结句云:"凄绝归来辽鹤语,只余城郭少人民。"九叠绝句云:"匡时报国吾何有,愧托廛间作一民。"感时忧国之心,溢于言表,可以想见其人了。一九三八年遐庵先生在香港渡中秋,游汲水门赏月,忆旧词《望江南》云:

> 中秋月,香港景翻新,箫鼓中流凌万顷,簪裾豪气压千人,碧海正无尘。

极一时之胜游,在词注中说:"华灯画舫,容与碧波间,胜概豪情,一时称盛。"但先生虽足迹遍海内外,但最情深的地方,还是北京。另一首《望江南》云:

> 中秋月,孤赏翠微旁,小筑幽栖原幻住,安心是处更无乡,惆怅不能狂。

词后注云:"北平西山秘魔崖下幻住园,净持葬地也。花木蓁翳,景殊幽寂,余中秋数宿此。"幻住园是他在西山营的坟地,小有园林之胜,他元配夫人早死,就葬在这里。三十年代初,侨寓苏州,他女儿新婚,北归去西山扫墓,他拍了照片,让女儿带到墓前焚化,并赋四绝句,告慰夫人于地下。其中一首道:

> 土木形骸一写真,临风非复旧丰神。
> 故吾今我凭君认,告我今宵梦里闻。

一往情深,凄惋欲绝。他离北京四年后,曾有《离燕地四年矣,春来念幻住园中群花将发,感赋一律》之作,亦极为感人,限于篇幅,本文不暇引述,只好割爱了。

段祺瑞执政府时,章士钊任教育、司法总长,叶遐庵任交通总长。不过这时他早已同广东政府有密切关系了。一九二三年他在日本神户，即应中山先生之召，转道香港，到了广州，担任了大本营的财政部长。当时他家住惠福路。后来广州方面，欲与北方段祺瑞、张作霖合作，命他北来斡旋。所以他又北上，担任了段执政府的交通总长。

他词学造诣极深，少时曾学词于文廷式。他编的《全清词钞》，去年又重版了。他书法宗何子贞一派，绘事意境亦深，《遯庵汇稿》初辑、二辑，都是值得一看的书。

刚主夫子

一

谢国桢刚主先生因研究晚明史料，三十年代中，曾受鲁迅先生称许，但并未见过鲁迅。在给我的《鲁迅与北京风土》一书写的序中还说："遗憾的是，我虽然承蒙鲁迅先生的谬奖，而地隔南北，始终没有与鲁迅先生见过面……"这是因为文化古城时期，谢老先在天津梁任公家教馆，而住在北京，又在北京教书，后又到南京中央研究院，其间始终没有在上海呆过，没有机会见到鲁迅。

先生一生著述极多，留给后人，嘉惠来者，自是毫无问题的，但人们往往要问一句：先生这些学问，如何获得的呢？刻苦用功，治学谨严，老而不衰，是一个方面，这是主观的。另外还有客观的一面，那就是上学与工作，既得力于良师益友，又得力于好的学术环境。这方面可说的很多，这里我只说一个机构、一个人，那就是国立北京图书馆和大兴袁同礼氏。

谢老从清华国学研究院毕业之后,即到国立北京图书馆工作。当时北海西岸的图书馆大楼还未造,北京图书馆暂时在中南海居仁堂办公,袁同礼氏还没有从美国回来。五十年后,谢老在《春明读书记》中,记当时的情况说:

> 我还记得我二十多岁的时候,曾在北京图书馆服务过一个较长的时期。那时这个古代建筑馆阁式的图书馆尚没有建成。我就在中南海居仁堂内办公。及至新馆建成以后,我就到这个新建的馆中作科研工作。我还记得工作休息时间,就依靠着石栏杆旁边,观看苍翠的琼岛和北海太掖的秋波。回来之后,就为北京图书馆馆刊写文章。我写的有《张南垣父子事辑》、《彭茗斋著述考》等篇,偶然翻阅旧的馆刊尚可以见到。

刚主先生当年的工作很有意思,他的工作是什么呢?不是编目,不是买书,更不是当馆长、当主任签字、画圈圈,而只是看书、写文章,这是一个很特殊的职务。当时的馆长,在先生初到馆时,还是梁任公,其时任公还未生病,清华国学研究所去了好几个人:一是王国维先生的助教海宁赵万里先生,他在清华时不是学生,是职员;二是孙楷第先生;三是谢老;四是许世瑛先生。这些人每月一百块钱工资(当时北大、清华等校毕业生八十元起薪,因为他们是研究所去的,所以一百元),工作就是看书,写文章。不久袁同礼回国任馆长,仍然这样培养他们,没有几年,几个人都学问大进,著述惊人,很快成为海内外知名学者,这样也为国家培养出真正的人才了。

先生一生最大的成就,就是他那洋洋八十多万字的《晚明史籍考》，这部历史性的著作，最早成书于一九三一年，经过两次修订，最新版本刊于一九八一年，前后经过了半个世纪，可以说是老夫子一生心血的结晶了。这部书最早是先生在梁任公的启示下编写的。柳亚子先生当年曾评价这部书道：

> 这部书，我叫它是研究南明史料的一个钥匙。它虽然以晚明为号，上起万历，不尽属于晚明的范围。不过要知道南明史料的大概情形，看了这部书，也可以按籍而稽，事半功倍了。

先生治学，一生的精力至于明清史籍，所以其第二部最重要的著作，就是《明清笔记谈丛》，其他著述论文，亦均以此为基轴，触类旁通，精深渊博，其最著者如《东北流人考》、《张南垣父子事辑》等，都是极有历史价值的专著。

刚主先生祖籍江苏阳湖，其祖辈宦游于河南安阳，常自署"安阳谢国桢"，或署"罗墅湾乡人"，盖其祖宅在安阳罗墅湾，其童年时代即在罗墅湾乡村中度过，先生祖父名谢暄，七十余年前为项城袁世凯幕僚，袁在那拉氏死后，回项城洹上做寓公时，先生祖父与袁亦时有往还，袁抱存写印之《圭塘集》中，收有谢暄与袁的唱和诗，我旧有一本，若干年前，先生见了，这一小本书就给了老夫子了。

先生原是吴北江的学生，是保定莲池书院的再传弟子，所以先生对吴汝纶学识一直十分景仰，而且评价很高，前两年来信说，应河北大学之约，还想到保定去讲一次学，讲题就是"莲池书院对北方学术的影响"，可是后来因为身体的关系，一直没有去成。

先生青年时从吴北江门下考上了清华学校国学研究院,这是二十年代中期全国、甚至可以说是全世界最高的中国旧学研究学府,主其讲席者为梁启超、王国维、陈寅恪、吴宓、赵元任等大师。先生同崇明陆侃如氏住在一个寝室中。如今,不要说主讲席者均已先后成为古人,即学生中,在世者亦寥寥可数,均属海内之鲁殿灵光矣。

先生生平之趣事颇多,不善饮而喜言"微醺"、"被酒"等等,爱吟小诗而不管平仄,笑着常说:"我是瞎来来的。"音容宛在,古道感人,而今均属"广陵散"矣。

谢国桢先生于一九八二年九月初去世,享寿八十二岁,按人生的旅程说,也已到了耄耋之年,并非夭寿,老成凋谢,纵使哀伤,但亦是事理之常了。但是对先生说来,这样的突然而去,则使人更加不胜惋惜,因为先生确非因老去世,而是因病去世,如果平日注意调养治疗,是可以多活一些年的,而今不幸匆匆大去,安得不使人倍感惋惜痛伤? 先生当年五月间在来信中说:

> 昨日为桢八十有二贱辰,独酌无偶,乃拖了耿鉴庭大夫之助手,萧龙友之弟子张君与桢同饮,且请其诊脉。他说桢近来贱躯渐安,六脉浮弦者,已稍沉静,心脏无恙,惟仍有肝阳之患,照协和所给三药,即可渐愈,虽有老年血管硬化现象,然身躯内脏机构尚未损坏,如善调养,仍可延年,此虽面誉,而心境实觉稍舒畅,仍可工作也。

接到此信后,十分喜欢,因为我知道夫子身体一向很好,近年来,虽然年事已高,但仍很健康,而且还在积极工作着。年内奔走南北,耽书之癖,老而不衰,到处访书、看书、买书,今年正月间去上海,在元宵节左右,老夫子还特地到苏州去,专程到吴江图书馆看书。还为吴江图书馆题了字,写了对联。夫子近年来访书时,每买到一本特别中意的便宜货,必然来信相告,前年在杭州,买到一本光绪初年刻本《胡庆余堂药目》,只花了五毛钱,先生大喜过望,在来信中大大夸耀了一番,说别人不懂得买这样的书,不懂其社会价值,也不懂其历史价值。我看了信也的确为先生高兴,因为胡庆余是晚清东南一大财阀,后来破产,即著名之"胡雪岩事件",江浙及上海受其牵连而倒闭的钱庄、银号有百余家之多,此《药目》尚系胡庆余未破产前所印者。迨破产后,药铺已属他姓,只给他干股每年三千两,即改称"胡庆余堂雪记"矣。俗话说"踏破铁鞋无觅处,得来全不费工夫",似此珍书,五毛钱买到,怎不可喜呢? 因此先生喜,我也为先生喜了。

六月间王湜华兄写信告我,谓先生外出时不慎跌了一交,已住医院,自己不能写信,托他写信告诉我。八月间我和王运天兄回北京闲逛,第一次到首都医院看望,先生躺在病床上,精神已渐恢复,后来又去了两次。八月二十七日我即将回沪时,又去看望,先生已坐在小沙发上和我谈话了。那天运天逛颐和园去了,先生还问:"京簠儿子呢? 怎么没来?"同时问我上海华东医院条件如何? 和我很高兴地约好,九月初回上海见面。不想我回到上海后,九月四日去苏州,一到苏州,大家就说谢老去世了。我听了还不相信,后来果然噩耗传来了。怎么会突然发生意外呢? 据传有天半夜里,老先生小便把床单、病人穿的睡裤等都弄湿了。打铃叫护士小姐,小姐进来一看,嫌他裤子、床单脏,生气了,把湿裤子、床单拿走了。一去不复返,也不说再送干裤子、干床单来,老先生傻等着,靠着枕头又迷迷糊糊睡着了。也未盖被子,高级病房,又开着空调,冻了一夜,第二天一早高烧四十度,就此两三天时间，老先生就去了……怎不令人倍加伤感呢？

二

我手中有一方青田石章，上刻阳文"瓜蒂庵主"四字，这方章不是我的，但在我手中保存已十个月了。一九八二年初秋，我由北京回到上海，九月四日又去苏州，友人们见面之后，便问讯谢国桢先生病况，我说已经大好了，一周前在首都医院还有说有笑，同我约好九月间在上海见面呢。好友们听了非常高兴。正月间谢老在苏州写了大批的字，来不及盖章就走了。友人便请人刻了两方章给补上，一方名章，一方别号章，听说谢老九月间要到上海来，便托我带给他……孰料在我拿到这方石章的时候，就是先生归道山的那天，这让我如何交付呢？

"瓜蒂庵"是谢老的书斋名，为什么叫"瓜蒂庵"呢？先生在《瓜蒂庵藏明清掌故丛刊》序中说：

> 我家本寒素，为了奔走衣食，养老哺幼，不得不省吃俭用。偶尔获得一点稿费，得以陆续购到一些零星的书籍，至于善本书籍，佳椠名抄，我自然是买不起的。只能拾些人弃我取、零篇断羽的东西，好比买瓜，人们得到的都是些好瓜珍品，我不过是拾些瓜蒂。所以我起的书斋之名，以前由工资和稿费所入买书，叫"佣书堂"，后来干脆就叫"瓜蒂庵"，名副其实而已。

先生解释"瓜蒂"，十分风趣，很可看出瓜蒂的意义和以瓜蒂名庵的襟怀。但拾瓜蒂也是不容易的，是要处处留心的，是十分辛苦的。一九八二年农历正月间，江南天气极冷。谢老却乘兴到苏州住了几天,去吴江图书馆看书,逛玄妙观吃油豆腐线粉汤,在友人家吃老酒,应纷来沓至的求书者,即兴挥毫……临上火车时,又绕道去了一趟旧书店,花一元五角买到一本初刻严译《天演论》,他一边翻阅吴汝纶氏的序言,一边笑着说这趟来苏州,收获已经够丰富了,不想临走又得到一个意外的收获。朋友们都为他这种爱书的豪气所鼓舞了。这就是拾"瓜蒂"。

我常常想古人一句名言:"知之者不如好之者,好之者不如乐之者。"谢老爱"瓜蒂"、想"瓜蒂"、寻"瓜蒂"、拾"瓜蒂"、收藏"瓜蒂"、鉴赏"瓜蒂",其思想感情全部寄托在"瓜蒂"上,以此为乐,乐此不疲,数十年如一日,积满室"瓜蒂",成一生学养,其情其勤、其趣其乐、其钻其恒,都是值得我们思考的。谢老五毛钱买到一本光绪十年刊的《胡庆余堂药目》,从杭州说到上海,从上海又说到北京,见了熟人就夸耀一番,八十多岁的人了,其天真欢乐处,却像一个孩子,我想这也是一点可贵的赤子之心吧。

前年五月间,谢老开完历史文献会议之后来上海,在上海住了几个星期,我请他来我家,在我那六点三平方米的小楼上盘桓了多半天,极为欢畅。我多少年中仅有的一次看先生红脸,他极有兴致地翻阅我架上几叠线装书,一边翻一边说:"不错,你这点玩意真不错!"忽然拿着一本书,红着脸说道:"这本——这本希望你能割爱!"我看先生为了一本书居然情急起来,不禁又感动,又吃惊,上前一看,原来是本《圭塘集》,书中有先生祖父的诗。但是这本书是苏州友人王西野的,我不能做主相赠。后来我告诉西野兄,西野兄慨然应允,在谢老回京之后,托人把这本《圭塘集》带到北京,珍重地送到谢老家中,使先生欣然将此"瓜蒂"收入瓜蒂庵中,其生死交情,似乎远远胜过古人之延陵挂剑了。

先生极器重与西野兄的友谊,去年五月间信中说:"西野兄雅兴宜人,极有风趣。虽暌隔非久,然心向往之。"今年江南多雨,五月、六月都在阴雨绵绵中过去了,我时常拳拳于旧事,眷眷于旧情,这"瓜蒂庵主"的石章,是永远无法交到瓜蒂庵主手中了。但瓜蒂庵主的这点情思却也像雨丝一样,仍在飘洒着……世界上有弃瓜蒂者,便有拾瓜蒂者,为了纪念瓜蒂庵主人,辛勤地做一个拾瓜蒂者不是也很好吗?

《北平笺谱》

郑西谛先生不幸去世已经三十来年了吧,时间真快,正像鲁迅先生所说,一抓头皮,四分之一世纪已经过去了。西谛先生如果健在,算来也是九十上下的寿者了,同时人尚多健在者,每一念及,未尝不惋惜先生之意外不幸。最近在《出版史料》上,读先生一九四三年日记,不禁想起先生在文化古城时的情况。

西谛先生与北京的关系和感情是极深的。除后来担任文化要职,久住北京外,早在一九三○年,即民国十九年,先生即到了当时的北平,一边在燕京大学教书,一边从事文化工作,成绩非常大。插图本的《中国文学史》是这个时期完成的。这套北平朴社版绿色封面,中间一个时钟指针图案,四册一部的文学史,有一个时期,成为旧书店中抢手货,价钱一再提高。《北平笺谱》也是这个时期完成的,虽说和鲁迅先生合编,但主要的刻印等事,都是在琉璃厂做的。当时还是老荣宝斋,刻工是张老西儿、板儿杨。这些具体事项都是西谛先生办理的。当时他家住在南池子,授课之暇,先到琉璃厂各大南纸店去选购笺纸,然后抱着一大包笺纸兴致匆匆地坐上包车回到南池子寓所,于灯下展玩之,心中感到无限欣慰。这些甘苦故事,后来记叙在先生的《访笺杂记》中,印在《北平笺谱》后。其历史意义,可比李南涧和缪荃孙的《琉璃厂书肆记》《后记》,因其所记是文化古城时期的,意义更大。《北平笺谱》共收木刻套印彩笺三百一十幅,瓷青纸书衣,线装,六册一函。书衣题签,沈兼士先生写。引首沈尹默先生写《北平笺谱》四字楷书,作欧阳率更体。鲁迅序魏建功先生写,但未署真名,只署"天行山鬼书",因当时鲁迅与钱玄同先生有成见,而魏又是钱的大弟子,对师门十分尊重。鲁迅写给郑西谛先生信说:"但我只不赞成钱玄同,因其议论虽多而高,字却俗媚入骨也。"此信魏当时自然未见,但心上明白,所以署"怪名"了。继《北平笺谱》之后,又重印了明人海阳胡曰从的《十竹斋笺谱》,这部笺谱的真本,原藏通县王孝慈先生家,也是西谛先生借来重梓的。后来又印《博古图叶子》,陈老莲《水浒叶子》,也都是继承了这一传统的。

再有就是他主编出版了大型文学刊物《文学季刊》,这是后来时兴的大型文学刊物的鼻祖。十六开本,厚厚的一大册。每期都有六七十万字。过去我收藏着四本,第一册中就刊有曹禺的《雷雨》,连序幕一起刊出的,序幕写在精神病院中,年老的周朴园来看望两个女疯子,一个是侍萍(四凤妈)、一个是繁漪,后来演出都不带序幕,这些情节知道的人现在很少了。这是曹禺(万家宝)的成名作,应该说与西谛先生的慧眼不无关系吧。《文学季刊》前面刊印一张特约撰稿人名单,洋洋大观,几乎把当时南北的大作家都网罗在内了。当时这些文化工作,似乎只有北京能作。一九三五年初,谣传他将离开北京。鲁迅曾写信说:

先生如离开北平,亦大可惜,因北京究为文化旧都,继古开今之事,尚大有可为者在也。

可是过了一年多,西谛先生还是离开北京了,沦陷时期,先生远在上海,时时怀念北京,买到光绪丙午本《燕京岁时记》后写了长跋,充满了怀旧之情。下面摘引几句吧:

> 中山公园牡丹、芍药相继大开时,茶市犹盛,古柏苍翠,柳叶拍面,虽杂于稠人中,犹在深窈之山林也。清茗一盉,静对盆大之花朵,雪样之柳絮,满空飞舞,地上滚滚,皆成球状,不时有大片之飞絮,抢飞入鼻……总之,四时之中,殆无日不有可资留连之集会,无时不有令人难忘之风光。今去平六载矣! 每一念及,犹恋恋于怀。

几年后,先生重回春明,荣任部长,可惜没有几年,因飞机失事去世了。

版本学家

赵斐云先生作古已经多年了,每一念及此,深感这是学术界的一大损失,耆旧凋零,后继学人接不上。斐云先生此一大去,版本、目录之学,几乎要成为绝学了。回忆几十年前临时大学二分班在沙滩红楼上课时,每一下课,他总向同学们说:"你们来哪,馆里我有一间房,方便极了! 你们到门口就说找我好啦。"一再叮嘱同学们要常常到文津街图书馆找他去,对待同学极为热情。当时先生正在壮年,但剃的是光头,穿的是蓝布大褂、布鞋,外表极为木讷,完全像一个琉璃厂书铺跑外的伙计。而说起话来,十分健谈,精力充沛,一接触就知道是一位十分精明干练的人。

赵斐云先生名万里,是浙江海宁人,和目录家陈乃乾、金石家朱剑心是小同乡,少时都是嘉兴中学前后期的同学,朱剑心氏生前常谈:赵斐云在初中时即光头不留发,而且《西厢》背得极熟,一见同学,便开玩笑,躬身一揖,念道:"小生姓张名珙字君瑞,年方二十二岁,尚未娶妻……"是一个极为风趣的人。后随王国维先生最久,伦明《辛亥以来藏书纪事诗》云:"绝代蛾眉王静安,赵商传业郑君门。手中何限名山副,眼底无涯沧海观。"注云:"十余年来,故都言国学者,靡不尊王静安国维。几如言汉学者之尊郑康成,言宋学者之称朱子也。然君读书最精细,凡过目者,多有精密校本,所纠讹文阐新义,多谛当。海宁赵斐云万里亲炙静安久,凡静安手校本,多迻录存副,屡次南下,为图书馆访书,又得造天一阁观其所藏,宜目中无余子矣。"伦哲如氏此诗写于乙亥年,这是四十五年前的记录了,当时斐云先生也不过只是三十初度,便已是海内知名的学者了。

一九二三年前后,清华学校国学研究院成立,王国维氏原在上海哈同花园,清华国学所成立,应聘北来,斐云先生也同时到清华做助教。其时清华国学研究院是梁任公负责,后又以"庚款"筹办国立图书馆,梁任公做馆长,袁同礼做副馆长,清华国学院的不少毕业生到图书馆工作,斐云先生也到了图书馆。所以伦哲如诗注中特别写出"为图书馆访书"一句。另去天一阁,最早是一九三一年夏,与郑振铎、马廉二氏访全国最有名的私人藏书楼宁波天一阁,发现一明代蓝格抄本《录鬼簿》,当即连夜分头影写,后交北京大学出版组影印出版,从此中外研究元代杂剧者,始知有此《录鬼簿》一书。吴县王佩诤有《续补藏书纪事诗》，记斐云先生云："陈乃乾、赵万里斐云均海宁人……万里佐理北京图书馆，宋刊元刻如数家珍，二十余年前，来苏主瞿庵师家，见其入门下马，行气如虹，头角崭然，睥睨一切，师设宴命余陪座……竟席未敢通一语。"记神态颇真切。

其学术上的成功，还得力于大兴袁同礼氏，袁氏从欧回国，长文津街国立图书馆，当时正用"庚款"建新馆伊始，赵斐云、孙楷第、谢刚主诸氏均被延揽入馆，并无具体工作，只是任其看书，诸氏不到十年，均成为各有专长的知名海内外的大学人矣。这一点培养人才的眼光和功劳，不能不归之于袁同礼氏。其后赵斐云先生一生便服务于文津街国立图书馆，买书、编目，南北奔波，几十年如一日，早期还有一个前辈徐森玉与之相共，后来徐氏南下另就新职，北京馆便只剩下一个赵斐云了。几十年中，真不知为北京图书馆购买了多少善本，为国家抢救了多少文物。四十七年前出版的《国立北平图书馆善本书目》四卷，是赵斐云先生一手编成的，这该是先生一生中最重要的著作吧！其他如从《永乐大典》中校辑宋、金、元人词，为静安先生编年谱，都是与学术界极有意义的工作。记得一九五七年夏，在灯市西口电车站上，曾和先生匆匆见过一面，其后再无联系。

金石文字学家

一

唐兰立厂先生是我北大毕业时的代理主任职务的教授，当时主任名义上是胡校长，由杨振声先生代理，而杨又因体弱多病，根本不来，具体事务，就归唐先生负责了。当时不明白是什

314

么原因,近年读《胡适来往书信选》,见傅斯年一九四五年十月的信说到北大复员后的人事情况云:

> 国文系,二罗皆愈来愈糟,孙子书、孙蜀丞、俞平伯在北平苦苦守节(三人似可择聘),语言学亦可有很好的人。此系绝对有办法,但主任无人。

看了这段信才理解当时情况。五十年代后,先生应马叔平院长之约,一直在故宫博物院工作。记得是一九七九年吧,我去北京白石桥故宫宿舍看望冯先铭兄,经他带领一同去拜访了一次先生。后来过了半年多即去香港出席博物馆会议,会后,回到北京便身体不好,病了几个月,便去世了。据说先生在香港时,就因工作十分忙碌,已感到非常疲劳,回到广州时,别人到石湾参观,劝先生不要去,先生还一定要去,但是年纪太大,又经连日劳累之后,因而下了汽车,走路也很困难,只好两个人扶着勉强走走了。自此回到北京之后,便一病不起,终于去世。现在作古已十几年了。四十多年前,先生在北大时,是中文系语言文字组教授,又代杨振声先生处理中文系的工作。我是文学组学生,毕业论文题目是《鱼玄机与李季兰》,导师却是先生和另外一位,当时解放前一二年,社会动荡、物价飞涨,生活极为困难,吃了上顿没下顿,谁还能安心读书,因而毕业论文,也只是一稿完事,中间从未向先生请益,只是写完了订成一本书,到后门里恭俭胡同先生家中去请批分数,情景迄今历历如在目前。

先生恭俭胡同的房子是一所路西开门的四合院,一进大门,北屋就是客厅兼书房,那时先生不到五十岁,但却留着很长的胡须,当时夏天,穿着蓝绸长衫,很长的胡子飘洒胸前,人家以为他六七十岁了呢。一边和我说话，一边匆匆翻阅，也未留下，随即加批及格。过了两年，又是夏天，在东安市场"国强"楼上吃冰激淋，正好遇到先生也上来吃冰激淋，很好的胡子全部剃光了。我连忙立起打招呼，笑问先生为什么把胡子剃了呢？先生笑而不答。大家心照不宣了。其后又过了二三年，听说他到故宫博物院当展览部主任副院长，便只在刊物上读先生的文章，而没有机会见面了。直到先铭兄带我去看望先生，其时沧桑几度，先生已老态龙钟了。

先生名"兰"字"立厂"，这个"字"现在很少有人知道了。早年在南浔刘氏嘉业堂读书。后来从王国维先生学金石古文字，极有成就。与容庚、商承祚二位先生，以及柯凤荪先生第二个儿子柯昌淇（也可能是"昌浚"，记不清了）四人，有静安先生"四大弟子"之誉。手头有一本中华书局珂罗版《北宋拓周石鼓文》，后面影印有马衡先生和唐先生的手写跋文，当时马衡先生是北大的教授，又是故宫博物院的院长。先生手写跋文，考证极为详尽，原拓为厂商以万金卖与日本，先生所保存的是照片，后归中华书局影印出版。跋语作于民国二十四年，已是足足四十五年前的事了。

另先生跋《静安先生遗札八通》云：

> 壬戌初始访先生于海上，辱不弃鄙陋，抵掌而谈遂至竟日，归而狂喜，记于先生所赠《切韵》后叶。以为生平第一快事。凡斯景况，犹在目前，而先生之墓门且有宿草矣。偶理旧箧，得遗札八通，重悲逝者，爰移录之……

"壬戌"是民国十一年，这年静安先生八月十五日信云：

立庵仁兄大人左右：辱手书，敬审疏通知远，先治小学，甚佩甚佩。雪堂来书亦甚相推服……

　　"雪堂"是罗振玉字，可见他向静安先生请益，还是罗振玉推荐的。

　　现在很少人知道唐兰先生还是一位诗人，实际先生的诗极有家法，抄一首《白塔山》诗给怀念先生的人吟赏吧："烽燧前朝迹已陈，我来负手是闲人。山门四望松楸合，白日微暄恰似春。"

　　再有前两年听王蘧常丈说：立厂先生年青时，还挂牌做过中医呢？这事知道的人更少了。

二

　　容庚先生归道山已经好几年了，闭上眼睛，偶一回忆，先生昔年的音容笑貌便宛在面前……

　　那是沙滩北大红楼前面大门口，进大门左右两面，各有两间西式平房，左首是号房，即传达室，右首是请愿警的卧室。我们几个青年人说说笑笑走进北大校门，忽然由后面来了一辆自行车，越过我们这些人，到前面存车处停住下来了。骑车人接着便解开捆在后面车架上的东西。只见他中等身材，穿着棉袍，外罩旧蓝布大褂，围一条黑毛线老式围脖，但光头未戴帽子，从花白的头发茬子看，说明年龄在四五十岁之间了，而脸色却是黑中透红，十分健壮。那辆自行车，正如其人，虽然旧了，但仍很坚固。更特殊的是：后面很大很坚固的方型货架，像山东人开的米粮店中小力把送洋面的自行车，这在当时文学院存车处的几百辆自行车中是独一无二的。这位先生从车架子上解下一大包东西，抱着，一边和同学们笑着打招呼，一边走进红楼去了。这就是鼎鼎大名的古文字专家容庚教授。

容庚先生当时住在宣武门外上斜街老墙根，为什么住在这里呢？先生所著《丛帖目》自序中说：

> 一九三一年，余初抄得《鸣野山房帖目》稿本，喜其草创，然讹误满纸，每有所见，辄校改于其上。于帖目未收者，成校补一卷。一九四一年十二月，太平洋战争起，余移居上斜街东莞会馆，百无聊赖，以书画遣日。所居密迩琉璃厂，时至观复斋、富华阁、翠墨斋假丛帖观之……

先生当时是燕大教授，太平洋战起，燕大封门，先生广东东莞人，因此搬到会馆住。每遇伪北大有课，先生从家里把书和碑帖包好，捆在自行车架子上，像琉璃厂书铺送书的伙计一样，骑着来沙滩红楼，给中文系三年级同学上甲骨文课。久而久之，因此也就练出了一身硬工夫，在十二三年后，于广州中山大学校运动会上，容庚先生获得了教职员老年组自行车比赛第一名，连北京报纸都刊登了。今天，谁又知道：希白先生除去是古文字名教授之外，又是一名曾获得冠军的自行车运动员呢？

容庚先生字希白，在三十年代中，原是北京燕京大学的名教授，与郭绍虞、顾颉刚等位齐名，现绍虞先生还健在，而顾、容二老，近年间均已先后成为古人了。太平洋战争爆发，燕大被日本侵略者封门。容庚先生未去后方，屈就于伪北大文学院教甲骨文。我曾受教于先生一年。先生以怜悯处于日伪统治下的这帮苦学生的深情，冒着伪教授的恶名来沙滩上课，是很不容易的。抗战胜利，傅斯年氏在重庆唱出了"甄审伪学生，解聘伪教授"的花腔。容庚先生仗义执言，在报上发表了著名的《致傅孟真先生的公开信》，信中云：

卢沟桥事变，正当庚南归过汉之时，在粤逗留四月，北平已陷，南京岌岌。庚以燕大职责，乃复北归，黾勉四年成重订《金文编》、《商周彝器通考》数书，教育部长授以二等奖状……太平洋事变，燕大教务长司徒雷登先生握手告余曰："吾辈希望之日至矣！"庚亦自念吾国百年积弱，庶几奋发为雄乎？燕大复校于成都，同人多西去，八妹媛亦从之而西。而庚独眷恋于北平者，自亦有故。……沦陷区之人民，势不能尽人以内迁，政府军队，仓皇撤退，亦未与人民内迁之机会。荼毒蹂躏，被日寇之害为独深；大旱云霓，望政府之来为独切。……我有子女，待教于人，人有子女，待教于我，则出而任教，余之责也。……

后面又说：

即以古文字、古器物之学而言，在真校则有唐兰，在伪校则有庚，以言尚志，庚自不比相从患难之唐兰。以言尚功，则经验之富、著述之勇，苟有量才之玉尺，正不知孰为短长……即遭禁锢，庚独不能为买卖破铜烂铁之杭大宗耶？

最后又说：

吾辈遭遇，有似伯嚭，政府窜逐，无所怨尤。……天下汹汹不安，是非难定，公等所以为伪为逆者，安知不复有伪公逆公者乎？

全信洋洋洒洒，二千余言，不但驳得傅氏无言以对，而且不幸多言中了。其后不久，先生即去广州中山大学任文学院长。不唱高调，不媚世俗，敢于犯权威，这三点似乎比先生的甲骨文使人思念。至于其著述、学术成就，立厂先生与之相比，更不能同日而语了。

诗人之死

诗人徐志摩先生不幸逝世已经将六十年了，真是光阴荏苒，思之令人有"时不我予"之感。诗人是一九三一年十一月十九日乘邮政局运送邮件的飞机，由上海赶回北京的途中，飞机撞在济南附近的白马山上死的。志摩先生不幸罹难，是文化古城时期一件重大的不幸事件。刘驭万当时写给胡适的信说："在我们失去黑龙江的当儿，志摩先生遽遭惨祸，噩耗传来，不胜惋惜，据我看，徐先生之死，等于除东三省以外，我们又失了一省，先生以为然否？"

丁西林的信中说："志摩这次遇难，可谓悲惨之至，我们猝然听到的时候，泪虽脱眶而出，犹不敢遽信，听说你拟了几种纪念他的计划……"

老派人物曹经沅信中说："志摩不幸，洵文学界之重大损失，弟与此君仅数面，然窃佩其天才……天竟厄之，为之奈何。闻噩耗后，为之夺气累日，气类之感，有如此者。"

只引此三函，作为各方面哀悼函件的代表，足见诗人之死，对当时文化界是多么大的震动了。

当年在上海和北京之间，虽已有客机航路，但这天没有班机，他乘坐的是运送邮件的小飞机，即使不出事，也是十分颠簸的,但是他为什么还要坐呢？据传说是因为他那天急于要赶回北京。当时他匆匆由北京赶来上海,是因为其夫人陆小曼在上海开支不够,正巧友人蒋百里要卖掉一座大房子,让他来上海在契约上签个字,做个中人,可以分一笔"中佣"钱,以补贴其夫人的家用。签完字分到钱本来可以在上海多住几天,可是又因为梁思成夫人林徽因女士在北京要给外国人士做一次中国建筑艺术的讲演,他急着赶回北京,听这次讲演,因之来去匆匆,终因搭乘邮便飞机,不幸遇难了。死时只有三十七岁,正值壮年,是中国文化界、教育界中很大的损失。

当时北平、上海都开追悼会悼念诗人。刘海粟这时写给胡适的信道:

> 此间定二十日公祭志摩。昨晤申如先生,渠愿瘗之于硖石。其余一切均待吾兄到沪商定。朔风多厉,希珍重。

申如先生是诗人父亲。两年后,陆小曼扫墓诗云:

> 断肠人情感未消,此心久已寄云峤。
> 年来更识荒寒味,写到湖山总寂寥。
>
> 癸酉清明回硖,为志摩扫墓,心有所感,因题以博伯父大人一笑。侄媳陆小曼敬赠。

是送给诗人伯父蓉初先生的。

徐志摩先在美国拉克拉大学,后到英国剑桥大学,一九二二年由英国留学回国后,不久即应北京大学蔡元培、胡适等之聘,到北京大学任教授,后来是"庚款教授",据说工资高达银元五百,另外他还兼上海光华大学、大夏大学等校教授。因此经常往来于北京、上海之间。在去世前数月,还为新月书店筹划增资,扩充股份。一般人以为诗人是只懂作诗,不会打算经济的,实际是错了。他原是学经济的,创办新月书店,出版新月丛书,《新月》杂志,计划十分周密,当时影响是很大的。当时《新月》的成员是:罗隆基、胡适、梁实秋、闻一多、叶公超、余上沅、陈西滢、凌叔华、沈从文等位。其中凌叔华女士以九十高龄,今年刚刚去世,其他各位,则早已都成为古人。而给胡适写信的刘海老,却仍白发婆娑,游戏人间,又去了一趟台湾,真感此老有似南极仙翁了。因此他的家应该安置在北京才是,但却因夫人关系把家安在上海,自己一个人在北京寄居在景山东街米粮库胡适之先生的楼上。

据说他住在北京,每月要汇四百多元给上海家中,还常感拮据,在最紧张的时候,他把每月工资,只留三十元自用,其他扫数寄给夫人。这样,这位月入颇丰的大诗人,反而日处困境了。三十元大洋,在当时如果给一个普通人,养一家人也可以过活,但给一位应酬颇繁的大诗人、大教授,便不够用了,难免破袖口的衬衫也穿在身上了。

友人古建筑家陈从周教授,是诗人表弟,著有《徐志摩年谱》。有一次,我去从周兄家中,看见诗人杭州府中学一年级时日记的复印件。据说这两册日记,原存硖石老家中,沦陷时,日本宪兵到家中检查,别的东西都未动,一个宪兵把这两册日记拿走了。日本征兵制,做宪兵的,都是大学程度,倒不是因日记犯禁,而是他知道诗人,看见手稿,心爱便拿走了。几年前,这个当年的宪兵,以赎罪心情,交出日记,经过辗转,日记回到诗人在美国的哲嗣手中,复印一份,寄给从周兄转香港印全集。看日记,当年中学一年级的水平,书法与文理,今均为《广陵散》矣。

凤凰因缘

沈从文先生直到八十年代初才去美国讲学。而且美国已有好几位学者,因为研究他的作品而获得博士学位。这已是在志摩诗人罹难半世纪之后的事了。

徐志摩先生不幸罹难后,前不久去世的凌叔华女士当时写信给胡适之先生说:

> 适之:日前收信件及志摩遗影,甚感甚感!十余天前从文有信来(他是志摩三四年来一个知己,想你也知道)……

从短短的这几句话中,可以看出沈从文先生和诗人的深厚友谊,一个是江南世家,广有财产,又是剑桥留学生的大诗人;一个只是湖南湘西当兵出身的新文学家,结为知己友谊,很可以想见前辈们的风范了。

沈老先生是湖南湘西凤凰县人。凤凰县原为凤凰厅,地处沅江最上游,和贵州的铜仁、川东南的秀山等县邻近,是万山丛中的一座十分偏僻的县份。它濒临沅江边,坐船顺流而下可经沅陵、常德入洞庭,县名"凤凰",漂亮到极点,从那古老的边城的青山绿水中,从那山岩上倒挂的女萝丛中,从那参天的老樟树的枝头,似乎真的扑棱棱地飞出一个个的"凤凰"来了。沈先生当年就来自这似乎真飞出"凤凰"的地方,这是"凤凰"因缘之一。

六十多年前,一个湘西偏远小县的少年,能到长沙,已是不容易了,又如何能来到北京,最后成为全国知名的大作家?原来有个在凤凰担任武职的熊家,后人中也出了一个文人,这就是壬辰(一八九二)会试联捷,点了翰林的熊希龄氏。他辛亥后出任过国务总理,后来在北京香山办起了香山慈幼院。因为沈从文年青时写的一笔好小楷,文采又好,因之约他到香山慈幼院任文书之职,熊希龄氏人称"熊凤凰",沈因"熊凤凰"之引荐,离开凤凰县,到了京华胜地——香山,这可以说是"凤凰"因缘之二。

沈先生自己苦学勤写,又认识了胡适之、郁达夫等名家,并得到这些人的赏识。由于天才、勤奋,再加名家的引进,没有多少年,便学问大进,成为有名的多产作家,成为名满全国的笔调细腻的作家。后来在青岛大学执教的时候,又结下了另一段"凤凰"因缘:先生夫人叔文(笔名)女士,原籍安徽,但却生长在江南名城苏州,其先人在苏州留下很大的住宅,叔文女士的童年便是在那所宅子中度过的,后来到青岛上大学,正是最风头的时候,校中人誉之为"黑凤凰",后来同沈先生结婚之后,二位曾把来往书信印了一本集子,那便是著名的《黑凤集》,这便是先生的"凤凰"因缘之三了。现更飞越重洋,那真是"凤凰于飞"了。

抗战胜利之后,先生回到北大教书,我补修先生的《现代文学选读及习作》,出一两字的散文习作题目,如《影》等等,我交的作业,先生能在稿纸两行的空格中再加三行小字,先不说文字,只是这蝇头小楷,甚至比蝇头还小,已十分惊人了。这卷子我一直收藏到抄家,抄走之后,再也没有回来了,只是记忆中的事了。当时先生住在景山东街宗老胡同北大教师宿舍中,几间北房,还像个样子。几度沧桑而后,我到小羊宜宾胡同去看望先生,一间小东房,又是临街西窗,在夏天上午下午都晒太阳。后来先生搬到新居,我又去过两次,因新居地势冲要,拜访先生的太多,我就不再去了。现在我还保存着先生送我一幅字,一本书,一封信,现在先生的传也出版了,我在此也不必多说了。先生有笔名"上官碧",写条幅送人时,常以此署款,或知者尚少,特介绍之。

徽因教授

凌叔华女士久居美国,今年已九十余岁高龄。前几年于友人处,见女士函札,字迹端谨,文思周密,仍是五十年前典型,寿近期颐,早已预卜矣。

"大江东去,浪淘尽、千古风流人物",看着凌叔华女士的函札,不禁想起与其同时代的装饰艺术专家林徽因教授。林教授去世近三十五年了,如果健在,也该是近九十岁的高龄。可惜由于长期的肺结核病,身体过弱,较早的凋谢,至可伤也。

林徽因教授当年是有名的才女,既是画家、建筑学家、装饰艺术专家,又是散文家、戏剧家,真可以说是多才多艺。其先德林长民氏,是著名学者,名宗孟,福建闽县人。清末在东京时,与梁启超是好朋友。民国初年,袁世凯解散国会,设参政院,黎元洪任院长,汪大燮副院长,林长民秘书长。是北洋政府的著名人士。最后林长民跟东北军郭松龄做高级谋士,郭松龄倒张作霖的戈,失败了,为张所杀,林长民也罹祸了。以著名学人而不幸死于军阀权势之争,现在做历史的回顾,似乎感到太遗憾了。但中国这样的人甚多,固不只林宗孟一人也。

一九一八年,林长民氏去英国,其女公子林徽因也跟在英国读书,她高中都是在英国读的。所以她的英文特别好,尤其长于口语口译。印度诗哲泰戈尔游北京,演讲时,除去徐志摩担任翻译外,再有就是由她来担任翻译。

林徽因教授是著名建筑专家梁思成教授的夫人。他们伉俪在当时可以说是新旧相兼,郎才女貌,门第相当,情投意合,几乎可以媲美李清照、赵明诚,是最令人艳羡的美满婚姻。为什么说是新旧相兼呢?因为他们在婚前既笃于西方式的爱情生活,又遵从父母之命所结的秦晋之好。因为林长民和梁任公是好朋友,为子女订了这门婚姻。又因林长民是段祺瑞内阁中的司法总长,梁启超做过熊希龄内阁的司法总长、段祺瑞内阁的财政总长,所以说是门当户对。

林长民胡子很长,有美髯公之称。民国十年福建老诗人陈石遗入京赠以诗云:

> 七年不见林宗孟,划去长髯貌瘦劲。入都五旬仅两面,但觉心亲非面敬……小妻两人皆揖我,常服黑色无妆靓,长者有女年十八,游学欧洲高志行,君言新会梁氏子,已许为婚但未聘。

老诗人的诗记录了林徽因教授的年龄算到今年也只是八十一岁的老人耳。

林徽因、梁思成二位,一生在事业上也是志同道合。思成教授长期在清华任建筑系主任,夫人则长期任建筑装饰学教授。如果说思成教授的学术偏重于营造学史、建筑工程、工艺方面,那徽因教授则更偏重于建筑艺术的美学方面。思成教授生前,常常爱说"不愧名父之子",那么徽因教授自然也不愧名父之女了。因而他们来往的好友,更多是文学、戏剧界的人士,近六十年前,他们来往最多的是丁西林、陈西滢、胡适之、陈衡哲、江绍原、凌叔华等位,那时沈从文、焦菊隐等位,还是初露头角的新人呢。

我最初知道林徽因的名字，那已是远在上述胜会之后了，因为我的行辈晚他们二十多年。我最初知道林徽因，是在商务印书馆出版的《文学丛刊》创刊号上，她的四幕剧本《梅真和她们》是在这个刊物上连载的。这是沈从文先生编的大型文学刊物，创刊号上还有萧乾、施蛰存等人的作品，过去我收藏有前四期合订本，思之如在目前，但早已无觅处矣。自我得之，自我失之，世事自当作如是观耳。而我真正见到林徽因教授，则是更后十多年，我代表一个机关驱车去清华接思成教授审查图纸，这样才有幸见到徽因教授，后来在一次展览会上又有幸接待过她一回，以后再也没有机会见到她，也不可能再见到她了。

关于她的情况，更多的是听另一位老先生说的。她与大诗人徐志摩有一段极为深厚的友谊。早在徐志摩在英国康桥皇家学院读书时，林正随其父在英伦读中学。林的祖辈曾任海宁州知州，同徐父申如先生是世交，异国相逢，自然来往十分密切，这样在英伦海滨种下友谊的种子。数年后，大家又都聚会在北京，不但都成为社会上文化界名人，而且又都是风华绮丽之时，过从甚密，风头之健是少有的。林家住景山东街，院中有双栝树，名雪池斋；另西山有别墅，林徽因生肺病，住在其中养病，徐志摩经常去看她，用汽车接了她，开到燕园，故意由另一位女文学家窗下轻轻开过，一时传为韵事。一次泰戈尔生日，徐志摩主持在东单三条协和礼堂举行的庆祝会，林徽因演《齐武拉》、陆小曼演《卡昆岗》。徐逝后四周年，林在《大公报》文艺版著文纪念，抄几句作为本文的结束语吧：

　　在昏沉的夜色里，我独立火车门外，凝望着那幽暗的站台，默默地回忆许多不相连续的过往残片，直到生和死间居然幻成一片模糊,人生和火车似的蜿蜒一串疑问在苍茫间奔驰,我想起你的:火车擒住轨,在黑夜里奔过山,过水,过……

颉刚先生

在顾起潜先生处,见到台湾印的《胡适手稿》,内收一九四八年冬胡适在上海借合众图书馆《水经注》时的往来函件。有两封十分有趣,一封结尾处写"在此天翻地覆之时,我们还向故纸堆中找材料,十分可笑",一封则写"多谢嫂夫人盛馔"。起潜丈笑说,当时什么也买不到,他来了,没有吃饭,只是青菜豆腐下饭而已。"盛馔"二字,今日读史者看了,还以为我请他吃鱼翅席呢!接着又谈到顾颉刚先生与胡的关系,起潜丈说:后来比较疏远了。似乎如此,试看厚厚的三本《胡适来往书信选》,颉刚先生的信都集中在前期,后来就没有了。颉刚先生原是北大毕业,在北大教书的,大革命时期去了一趟厦门、广州,一九二九年又回到北平,在《辛未访古日记》序言中说:

> 忆民国十八年秋,予初至燕大任教,郊居静谧,容我读书,与前数年闽粤生活如沸如羹者大异,快慰之至……

所说闽粤生活如沸如羹的话,就是在厦门大学和广州中山大学和鲁迅的纠纷闹到登报要打官司的地步,到燕大教书之后,全身心投入到学术中了。顾起潜先生是颉刚先生的叔父,但年

328

纪小得多。

香港报纸上过去曾有"京华姑苏三老"的说法,指的是顾颉刚先生、章元善先生、俞平伯先生。不过俞先生虽然年幼时生长苏州,但原籍是浙江德清,按照习惯说法,不能算苏州人。因而这"京华姑苏三老",于顾、章二位之外,应添上叶圣陶先生。这才真正符合"姑苏三老"的提法。把俞平老算在一起,大概因为俞、顾既是小同学,后来又一同通讯研究《红楼梦》。

顾颉刚先生于八十八岁时离开人间,虽说寿登耄耋,但也不能不说是中国学术界的一大损失。

颉刚先生是地道的苏州人,而且出自名门,是清代苏州著名藏书家秀野草堂顾氏的后人,学术渊源,其来有自。提起颉刚先生,年纪大一些的人,可能都还记得"大禹王和大爬虫"的故事,这是顾老早期论文中曾提过的大胆设想。但当时颇为卫道者所非议。其实在学术上,探索一个疑点,提出一种假设,也并非是什么严重的大事。

顾老平生的著述主要有《古史辨》、《浪口村随笔》、《中国历史地图》,主编过在世界学术上有价值的刊物《禹贡》。一生精研《尚书》。精细标点《资治通鉴》。一生曾三次标点《史记》,其标点之精,真可以说是"明察秋毫"。例如标点《项羽本纪》中"鸿门宴"一段:"今者有小人之言,令将军与臣有隙——项王曰:此沛公左司马曹无伤言之,不然,籍何以至此。"顾老标点这几句话时,在刘邦说的"令将军与臣有隙"一句后面,不点句号,却写了个破折号,是大有学问的。表示刘邦急于向项羽表白自己没有野心,话还很多,没有说完,就被项羽打断之意。太史公描绘刘邦的急迫,项羽的胸无城府的传神之笔,经顾老这样一个破折号一点,则神情完全跃然纸上。

本着治史者读万卷书,行万里路的趣旨,颉刚先生特别爱旅行,他自叙其目的云:

> 予自幼好游览……其后居北方,力所能至,无不往者,近郊远邑,都作盘桓,匪特赏其风物之美,罗烟霞泉石为吾狎友,亦欲借以接触民间生活,识国家之现实情状,不使欺蒙于现代化之城市外衣。

他把旅行游览的目的说的很清楚。民国二十年春假中,在北京燕京大学历史系任教。曾同洪煨莲、容希白、吴文藻诸位先生于河北、河南、山东等处旅行,访问古迹,购买文物、书籍,还曾特地到大名去访问崔东壁家的后人,但清代这位著名的北方朴学大师崔东壁的后代当时已十分凋零了。顾老此行却为燕大图书馆在各地搜集了不少古籍。但其更重要的收获则是在《辛未访古日记》前言中所说的:"黄河流域为我国文化之摇篮地……何意时移世易,其贫若斯,其愚若斯!鸦片、白面、梅毒,肆其凶焰……兵灾、匪祸连结不解,人民不识正常生活为何事!……我自作此旅行,常居明灯华屋而生悲,以为国人十之七八,犹过其原始生活,我不当超轶过甚……"

在以上这样思想境界的基础上,颉刚先生晚年以七十七八岁高龄,主持标点《二十四史》,克底于成,是永照史册的胜绩。对中华历史学术文化之贡献,较之叫喊一世者可贵多矣。

起潜先生在给我写的《燕京乡土记》序中说:

> 昔我家颉刚教授在广州中山大学提倡民俗之研究,研究关于民间流传之信仰、习俗、故事、歌谣、谚语等,尝主编

《民俗周刊》，亦是专门之学，岂可以识小视之。

手头有一本重印的《妙峰山》，当时在北京大学研究所工作的顾刚先生、容庚、容肇祖、江绍原、孙伏园诸先生去妙峰山庙会上作调查，写下这些报告，并在京报上发表，引起社会注意。后来出版了这本书，序中说："我们这件工作总算抢到了一些进香的事实，保存了这二百数十年来的盛烈的余影！"今日重阅，想象见之，感谢先生了。

八道湾老屋

读《知堂回想录》，前面有一张北京八道湾十一号周宅院子的照片，可惜只照了三间屋子。这里原是有三十来间房子的大院子，按北京老话说，是"大宅门"。

这所房子是民国八年八月间，周大先生亲手买的，原房主姓罗，房价是三千五百元银元，外加中佣银元一百七十五元。

当年北京买所房子，也是件不容易的事，不但要有钱，而且还要花点辛苦。有时看了许多所，也不一定看准一所。而且还要先托熟朋友，辗转找"房牙子"。即使如此，到实地一看，也不一定就能马上拍板。查《鲁迅日记》，在买定八道湾房屋之前，曾到报子街、铁匠胡同、辟才胡同、蒋街口、护国寺等处看过房，都不中意，由二月到七月，奔波了半年，才看中八道湾的房子。

一般买房看房子，先看中房子，然后再谈价钱，买卖双方直接谈的也有，但很少，除非是熟朋友、自己人。一般都通过中人，即"房牙子"来讲价钱。讲时，在买卖双方之间，不用嘴说，只用捅袖子的方式秘密进行。当时，大家都穿长袍子，袖子很长，遮着手,房牙子把手伸给买主,在袖筒中把拇指、中指、二拇指并在一齐,伸给买主握着,说道:"人家要这个整";又把中指和姆指绞起来给买主握着,说道:"这个零儿。"这就意味着整数是七,零头是五,或是七千五,或是七百五等。同样买主还价,"咱们只能出这个整,这个零"。也用这种方式进行。中人和卖主商量:"人家只出这个整,这个零。"也是这样捅袖子。由二拇指算,伸一指是一,伸二指是二,直到四,五前面已说,拇指与二拇指并是六,再并中指是七,拇指、二拇指分开是八,二拇指一勾为九。如果自己不会这一套,可由要好朋友帮助洽谈,八道湾房屋就是教育部徐吉轩先生帮助买的。自然价钱不会一次当面谈妥。这就要房牙子两头再奔波洽谈了。如果不当着买卖两方的面,就不必用捅袖子的秘密方式,只要口头讲就可以了。

价钱和条件谈妥,然后由买主在饭庄子订一桌席,买卖双方及中人和帮忙的朋友都来,立草约,交契纸,交价款,或全部、或一半。付中人佣金、房价百分之五,买主出三成,卖主出二成,所谓"成三破二",全部佣金分十份,买卖双方再各扣一份,给家中佣人或亲友,谓之"门里一份,门外一份"。八道湾房价三千五,故佣金一百七十五元。

北京当年,买到一所大房子,成交后,立约过契,照例要在大小饭庄子中办理,而且照例是买家出钱请客。买八道湾的房子,按《鲁迅日记》所记,是在宣武门外南半截胡同广和居请的客。过契过款,第一,先交房价二分之一,一千七百五十元大洋,再加一百七十五元中费,一共一千九百二十五元。如果连酒菜钱算上,周大先生这天开支,将近二千元,这在当时已是一个不小的数字。付钞票还方便,要付现大洋,一般五十元一札,要足足四十札,其重是以每枚库平七钱二计算,要足足老秤九十斤,以周大先生的力气,是拿不动的。当时自然也有人帮助拿钱,不过日记中未写明,不好瞎说了。

置三四千价值的产业,在当年的北京,虽不算大,也不算小了。因而立约、过款、交契等等,酒席也总得像个样子,馆子也总得在有点名气的饭庄子里。至于广和居,那是名闻中外的,虽然在一个偏僻的小胡同里,地方也不大,但却是百年老店,在清末连庆亲王、军机大臣张之洞都爱光顾这家馆子,认为是风流韵事。在这点上,十几层楼的北京饭店恐怕也比不上它。不过买八道湾房子在此请客,也并非完全因为它有名,更重要的原因是离绍兴县馆近在咫尺,当时周大先生(鲁迅)、周二先生(知堂)都住绍兴县馆中啊。

买八道湾房屋,共过款三次,除第一次外,第二次付款四百,收房九间,第三次付清,全部收房。这是什么意思呢?就是北京当年买房,都是买人家的老房,并非是像现在的高层楼宇,专门造了出卖的。人家的老房,卖时并非空房,还住着人家,大房子尤其如此。买主要等房子腾空之后,才能把房子陆续收回。所以不一次付清钱,要等陆续拿到空房,才把房价付清,如原来有出租的房客,也要由卖房的人付一些搬家费用,使得他们能另外租房,早日搬家。

八道湾房子原是西北城老北京人的老式房屋,原来一般连玻璃窗也没有,更不要说什么自来水、电话等设备了。八道湾房子买来后,还要到巡警分驻所及其他机关税契,即交钱办房契过户手续,还要修理、裱糊、装玻璃窗、装自来水等,一总也花了几百元钱。所以八道湾十一号周宅房产的总价值当年约是四千银元之数。

民国八年还是北洋政府时期,北京的官吏很多,买好房子的人不少，房价也是比较高的。八道湾在西北城，地点差些，所以房子卖不上价钱，这所大房子也只三千五百元，在当时说来，价值是不算贵的。

北京旧时代东西北城的房子，有不少都是大格局。临街先是车门，进来约有半亩大长方形的一块空地，是停车场，当年坐骡拉轿车，可停好几辆大鞍车。空场北面才是正式大门，大门里是一宅分为两院，有垂花门，或月亮门的大四合院子。八道湾的房子就是这种格局。而且还有跨院、后院。在西北角是跨院，跨院往东，有一大排北屋，开间很大，每三间一组，中间开门。偏东两组成一排，西面则高出一些，连西边的西屋成一跨院。这排房子在过去是正院围房，自从成了"周宅"之后，这排房子却十分重要了。

中间三间，正斜对着通往前院的过道，外面看上去，原是三间北京老式房屋，花格木窗，中间风门，似乎一拉开就是一明两暗，两边隔扇的北屋，但是不是。这里面左手一间，完全改装成日本式，外装障子，里面是榻榻米。障子就是纸糊的木制拉门，就是人境庐主人黄遵宪《日本杂事诗》注中所说的："室皆离尺许，以木为板，借以莞席……下承以槽，随意开阖，四面皆然，宜夏而不宜冬也。"不过黄遵宪所说的是纯日本式的，而周宅的日式房屋，倒是改造的，是中日合璧式的。

北方的老式房屋，靠山墙由窗前到后墙盘的炕，叫"顺山大炕"，即房间进深多少，这炕便有多长。周宅这间日本式房屋，大约有一丈二尺长，九尺阔，按日本计算方法，大约是六叠席吧。推开障子，上去就是六叠席的榻榻米的日式房间。所不同的，下了榻榻米，不是日式玄关，却是两间中国老式的大方砖地，还有半段木隔扇、靠墙都摆着大书架的书房。黄遵宪诗注中所说的

"宜夏不宜冬也"，在这里是不存在的，冬天外屋生了大洋炉子，这间北京式老屋中的日式房屋，也只不过是带有暖阁的一条顺山大炕而已，不但温暖，而且挡风。这便是当年周二先生的一所住室。

八道湾十一号周宅，里面种有花木，如丁香、海棠之类，有的还是名人手栽，是很值得纪念的，此外有"苦雨斋"、"苦茶庵"，以及"知堂"、"药堂"等等，五六十年来，有世界名望的新旧文学家，中外学者，不知道有多少人出入过八道湾十一号周宅，其间在文化古城时期，俞平伯先生是八道湾常客。先生来函曾录示其《京师坊巷诗——八道湾》云：

> 转角龙头井，朱门半里长（旧庆王府）。南枝霜后减，西庙佛前荒。曲巷经过熟，微言引兴狂。流尘缁客袂，几日未登堂。

小诗写由东城老君堂坐洋车去八道湾所经路线。龙头井、定阜大街是必经之路。"曲巷"、"几日"结尾一联，可见其往来之频繁了。老辈故事，思之亦不胜风流过眼之感了。

北大老学生

大概是十几年前，暑假回到北京，常常在一个野茶馆和友人们喝茶，座中还有不少老辈，有一次萧重梅仁丈邀大家作诗酒之会，座中六七位北大毕业的。重梅丈毕业于民国十年，史学家杨向奎教授毕业于三十年代初期，我毕业于一九四七年，还有两位毕业于五十年代、六十年代的年青朋友。这样北大毕业生一共排了五代,重梅丈是第一代,向奎教授第二代,我是第三代,大家说的非常热闹,重梅丈感慨地说六十年前的北大学生,现在硕果仅存者,能有几人呢? 当时国文系同学,除他自己外,现在还在孜孜不倦地饾饤文字者,只剩下他和郑天挺老先生了,都是八十五岁以上的高龄,真有当代灵光之感。其时天挺先生还健在,今亦下世多年矣。在感慨系之之余,不免说起当时他的老同学李锡余来。

李锡余氏,字我生,广东人。出生在香港,家中为茶商,豪于财,与诗书并无渊源,而这位我生先生,却像苏曼殊一样天生是读书种子,不但自幼酷爱读书,而且资质过人,在香港受完中等教育后,负笈北上,考入北京大学国文系,是时不但中、英文字均已深通,而且已经很渊博了。当时教师如刘申叔、黄季刚、黄晦闻、吴瞿庵诸公,都是海内负有盛名的大学者,我生对之自是五体投地有如鱼得水之乐,但是对于水平差之教师,却毫不客气,常常采取出乎意外之行动。有位教"中国通史"的讲师,水平稍差。一天上课,这位教师讲了十几分钟之后,李锡余忽然走上讲台,望该教师深深一揖,说道:"希望老师今天就辞职,回家读十年书,再来上课,因为某某、某某等处都讲错了。"这位教师风格也高,下课之后,二话没说,向教务科送个条子转呈校长辞职走了。

钱玄同先生当时教"音韵学",于广东音韵部分,曾经他正音多处,钱先生欣然致谢,并和他多次探讨粤语系音韵,师生之谊,久而弥笃也。

李锡余氏和萧氏有一联咏雪诗:"千树梨花唯少月,一樽竹叶又临年。"词句清丽,李氏极为喜爱。毕业十数年后,李氏任天津《泰晤士报》主编时,尤念念不忘这两句诗。

李于毕业后，北方无适当工作，便回到广东，本来家中饶于财，可以靠父荫在家闲住读书，但又耻于家居闲住，便在建设厅做了一个小职员，写信给同乡老师黄晦闻（名节，广东顺德人），述其不得意之境遇。不料黄回信不但不安慰他，反以什么服务乡梓，不应计较位置高低等语申斥了他一顿。他自此之后，再不理黄节。后来黄回粤任教育厅长，亲自到建设厅去看他。他马上写一辞呈，让差役送给厅长，收拾东西走了。其耿介处有如此者。其后黄晦闻遇到熟人就不胜感叹。不过其后李我生也没有什么大的建树，抱着一肚子学问，默默以终了。

这位写信教训学生的黄晦闻先生，在大革命时做了一任广东教育厅长，而在北伐之后，并未继续做官或升官，却又回到北大教书。愤世嫉俗，觉得当时很像晚明，讲顾亭林诗，慷慨激昂，给人写字，常钤一章，文曰"如此江山"，著有《蒹葭楼诗》。一九三五年一月二十四日因病去世了。

《丛碧词》

我有一本原刻本张伯驹先生的《丛碧词》。这本书是白棉纸印的，仿宋大字刻本，按照版本目录学家的说法，这是"黑口"、"双鱼尾"、页十行、行十八字、瓷青纸书衣、双股粗丝线装订。扉页是"双鉴楼主"傅增湘题"丛碧词"三字，是苏字而稍参颜鲁公，写得极为工整典雅。后面是"枝巢子"夏仁虎老先生的序，再后是郭则沄老先生的序，都写于"戊寅年"，即一九三八年，已是沦陷后在北平所刻。书很漂亮，古色古香的一本书，当年是印了送人的，原来印的就很少，现在流传更为稀少，我能无意中在旧书店中遇到，可谓幸事。

丛碧老人是袁项城表弟河南督军张镇芳哲嗣,辛亥时,同袁项城的四、五、六、七诸子,一同在英国人办的新学书院读书,后在陆军混成模范团受训,这是袁世凯自兼团长的高级武官训练团。张在《续洪宪纪事诗》注中,记他“洪宪前岁元旦”,奉他父亲之命给袁世凯拜年,袁最后对他说:“回去代我问你父亲过年好。”拜完年回家刚进家门,赏赐礼物已先到。金丝猴皮褥两副,狐皮、紫羔皮衣各一件,书籍四部,食物四包。他说:“不觉受牢笼矣!”

　　张丛碧老先生幼年有“神童”之目,天分很高,其先人和项城袁家是亲戚,因和袁寒云、张学良、卢永祥子卢小嘉或曰张謇子张孝若,被人称为“四公子”。家中雄于财,收藏极富,耳濡目染,早年就对古文物具备精湛的鉴赏力,又爱好古物,所收多精品,有名的陆机《平复帖》,原来就是他收藏的。因之他首先应该是一位鉴赏家,其次才是词人。

　　这本词是在北平沦陷时期印的,所以枝巢子一开始就在“序”中说:“会罹世变,逢此百忧,沧桑屡易,小劫沉吟,骨肉流离,音书间阻,幽居感喟,时复有作……”调子虽然低沉,但感人很深。

　　《丛碧词》的风格,是“花间”的正宗,十分婉约。而我在这里不是谈词,而只是感到这些词中也保存了不少京华的史料,十分可喜。如有一首贺王瑶卿生日的《念奴娇》,其结尾处有几句云:“更值明月如水,青鬓朱颜,钗冠扑朔,都是新桃李。春风座上,金尊消尽绿蚁。”这正是王瑶卿氏以“老供奉”的身份,广收门徒的年代,而时光流逝,当年的这些“新桃李”,如今健在者,不少也都是“头白李龟年”了,能不慨然吗? 如又一首词牌为《多丽》,下有注云:“余所居为李莲英旧墅……”词中并注明“廊宇建造,仿排云殿规模"。并说落成后,那拉氏曾来观览过等等。这也是有一定价值的掌故,如果此房仍在,修理好了,卖票参观,肯定也是有人要参观的。序是戊寅所写,但词却收有己卯的词,已是一九三九年。其书之刻,更在其后了。是年作者又由旧京辗转到了后方。有"武侯祠词"及登峨眉山词,是一首《六州歌头》,题目是《偕慧素登峨眉山绝顶》,词云:

> 相携翠袖,万里看山来,云鬟整,风鬟艳,两眉开,净如揩。独秀西南纪,镇梁益,通井络,齐瓦屋,蟠岷嶓,接邛崃。绝壁坪深,洞古神龙会、隐蓄风雷。听下方钟磬,烟雾起芒鞋,飞瀑喧豗,挂丹崖。　　又神灯灿,佛光幻,卿云烂,锦霞堆。开粉本,图鳞甲,砌琼瑰,绝尘埃。玉立千峰迥,银色界,雪皑皑。渺人海,笑万事,等飞灰。阴壑阳岩苍茫,看缥缈、双影徘徊。载将西阁笔,直上睹光台,一扫昏霾。

录最后这首词,以见一斑,也都算"书后"吧。

羡季先生

已故著名词曲家顾随先生,河北省清河县人,是民国九年北京大学英文系的毕业生,一生致力于词,为北几省少有的词曲家。他原名顾宝随,后单名"随",又因《论语》中"季子随"的句子,取字"羡季",在三四十年代中,在北京各大学担任教授,讲诗、词、曲,前后足有二十多年之久,前后在燕京大学、辅仁大学、北京大学、中国大学都教过书,他的学生国内固然很多,国外也不在少数,现在大多也都是六十左右的人了,真可以说是桃李满天下，而且大多已是白头门生，兴念及此，也真不尽沧桑之感了。

我也很幸运，听过顾先生四个学分的课，固不敢与名家高攀同门之雅，但也总算身列羡季先生门墙的了。因为我读过两三个大学，再包括旁听，我和三四个大学发生过关系，照几十年前很不中听的说法，几乎是一个"学混子"，但也有它的好处，就是我有幸接触过较多的名教授，在我所听过的众多的名教授讲课当中，要论讲课风趣，有声有色，顾随先生则无疑是绝对冠军，其他任何一位老先生也比不上他，包括一些有世界名望的，如胡适之、周岂明、俞平伯诸位老先生。

首先，羡季先生风度仪表好，功架作派好。他老先生是纯粹东方式的风格，不要说不穿西装，就连西式大衣也不穿。冬天内穿春绸衬绒袍子，外面套丝棉或灰鼠袍子，灰鼠袍子外面再套大毛的狐肷袍子，狐肷袍子外面围五六尺长，可以在脖子上围两圈的黑绒线围巾，单只这套着穿三件袍子的穿法，在其他位老先生当中，已经是绝无仅有的了，妙在他还要都穿到教室中去，先除围巾，上台讲一会之后脱皮袍子，再过一会儿，教室越来越热，先生讲的也越来越高兴，微微见汗，再脱一件，快要下课时，停止讲授，再一件件穿上出去。

其次是顾先生极爱听戏、讲戏，每堂上课都要讲到戏，那就自然显得热闹，生动。特别爱说余叔岩，每提余叔岩就赞不绝口："真好，像六月天吃冰镇沙瓤大西瓜一样，又沙又甜又爽口，痛快啊……"他曾比较说："杨小楼的霸王，真好，有帝王风度；金少山的霸王就不行了，一看就是山大王，只能唱窦尔墩。"

以上两点，是顾先生讲课的趣事，自然更重要的是他的文艺见解和学养高，他老先生说："诗法不是世法，世法不是诗法。"并举释家名诗"地炉无火客囊空，雪似扬花落岁穷。拾得断麻缝破衲,不知身在寂寥中"为例,加以说明。这是多么高的境界呢,我始终服膺斯言。先生早年致力于词,小词有极有风致者,如咏马樱花之《浣溪纱》:

> 一缕红丝一缕情,开时无力坠无声,如烟如梦不分明。　　雨雨风风嫌寂寞,丝丝缕缕怨飘零,向人终觉太匆匆。

但在一九三四年《留春词》后记中云:

> 一九三一年春忽肆力为诗,摈词不作,一也;年华既长,事故益深,旧日之感慨已渐减少,希望半就幻灭……二也……

说了三种原因,说明词作少了。实际细读近年出版的《顾随文集》,先生毕竟还是词人。

另在《积木词》自序中记书斋亦极有情趣,文云:

> 余旧所居斋曰"萝月",盖以窗前有藤萝一架,每更深独坐,明月在天,枝影横地,此际辄若有得……冬日酷寒,安炉爇火,乃若可居,而夜坐尤相宜,室狭小易暖故。背邻长巷,坐略久,叫卖赛梨萝卜、冰糖葫芦及硬面饽饽之声,络绎破空而至,遂又命之为夜漫漫斋……一九三六年一月苦水自叙于旧都东城之夜漫漫斋,时墙外正有人叫卖冰糖葫芦也。

旧都冬夜生活情趣,令后人神思不置也。

新版《顾随文集》,后面有其女弟子叶嘉莹教授《纪念我的老师清河顾随羡季先生》一文,对先生之教学及创作介绍甚详。叶教授在上海古籍出版社出版过《迦陵论词丛稿》,在香港中华书局出版过《王国维及其文学批评》,对海宁王静安先生的文学艺术思想是研究得很深的。叶教授是一九四五年北京辅仁大学中文系毕业的。这正是抗战胜利的一年。那她的大学时期,是在北京沦陷时期度过的。辅仁大学是天主教系统的教会学校,有很长一个时期,校长是著名历史学家陈援庵(垣)氏。叶教授在辅仁读书时,中文系主任是沈兼士氏,她的词学教授应该正是顾随羡季先生了。顾先生是民国九年北京大学毕业生,和俞平伯、杨振声先生同学,是著名词曲家吴梅(吴瞿安)先生的入室弟子,一生致力于词,成为北几省中少有的词曲家。著有《无病》、《苦水》、《荒原》、《留春》、《积木》等词集。《积木词》是俞平伯先生著的序,这篇序后来收在《燕郊集》中,原文很长,不能多引,只稍引几句,其结尾部分说:

> 其昔年所作,善以新意境入旧格律,而"积木"新词则合意境格律为一体,固缘述作有殊,而真积力久,宜其然也……以积木名词者,据序文言,亦婴婉之戏耳。此殆作者深自为抑之又一面,然吾观积木之形,后来者居上,其亦有意否乎?

"婴婉"就是很小的婴儿,"积木"是婴儿的玩具,顾先生以"积木"名词,是很谦虚的。而俞先生的序言,则说是"后来居上",是很推崇的。

顾先生讲词,是十分重视推崇静安先生《人间词话》的,曾有手校本印行。俞先生的序写于"丙子",即一九三六年,《积木词》现已收入新版《文集》中,只是俞平伯夫子的序已没有了。

叶教授在词学上传薪于顾羡季先生,把中国的词学在海外广为传播,发扬光大,又写了许多辉煌的著作,其对故国文化和世界艺苑的贡献,都是了不起的。

叶教授这两年几度回国探亲、讲学,在《迦陵词论丛稿》的《后序》中引了自己的一首诗道:

> 构厦多材岂待论,谁知散木有乡根。
>
> 书生报国成何计,难忘诗骚屈杜魂。

诗的意思是极好的,只是"散木"一词太谦虚了,这就不禁使我想起顾先生的《积木词》了。

前年在京,在一个会上,见到叶教授,说起她原住察院胡同。才知她是三十年代给我看病的叶大夫的侄女,说来她府上我小时候就多次去过了。这样我才明白她原是清代满洲旗叶赫氏后裔,冠汉姓,姓叶了。

巡捕厅邓氏

杨振宁博士说过,清华园的一草一木对他都是有感情的。我对此也深有同感。我虽然没有得过诺贝尔奖金,但感情似乎也是一样的,对小时候、少年时代熟悉的东西、地方、人物,也同样是感到格外亲切。此即王粲《登楼赋》所说的"人情同于怀土兮,岂穷达而异心"了。古圣人说:"恻隐之心,人皆有之;羞恶之心,人皆有之。"我想还应该加一句,就是"怀旧之心,人皆有之"吧。我怎么会发了这样一顿感慨呢? 是我在北京偶然经过锦什坊街巡捕厅时想到的。

北京城墙全部拆光了，在有些城墙的旧址上，都修了大马路，虽然从保存古迹来讲，这样"一扫光"的办法并不足取，但交通上却方便了。我乘公共汽车在月坛下车，再穿过大马路，不用走阜成门，俨然"跨城而过"，便可进入小胡同，弯弯曲曲地走到锦什坊街来了，在所经过的胡同中，有一条就是旧时的巡捕厅胡同，现在改名什么，我就没有注意到了，只是"门墙似旧，里巷依然"，当年巡捕厅的老样子，我还是认识的清清楚楚的。我仿佛看见两位十七八岁的风华少年，穿的都是蓝布大褂，下面是轮胎底的廉价皮鞋，骑着两辆旧自行车，从胡同东口迎着斜阳向西而来，在路北一个大红门前停住，跳下车来，一位个子不高，浓眉朗目；一位个子较高，舒眉秀目，推着车上了台阶，抬手按门上的电铃……这些情境像水波一样在历史的长河中回漩过，而今则早已消失了。只存在于极少数人的记忆中，偶然触动信息，略一重现，引起小小的思旧之情罢了。

这两位显现在记忆之屏幕上的少年是谁呢？一位就是举世闻名的美籍原子加速器专家邓昌黎博士，一位就是他的令兄音乐家邓昌国先生，兄弟二人年龄相差两岁，不过同在一个年级读书。俯仰之间，都是六十多岁的人了吧。

他们二人都是邓萃英（芝园）先生哲嗣，昌国行四，昌黎行五，昌黎是何夫人所生。芝园先生在二十年代做过一任师范大学校长，和平门外师大进门左侧，图书馆的奠基石上刻有他的名字。一九二一年八月蒋梦麟写给胡适信中说："银行说：没钱；财政部说：没钱，对不住。我和邓子渊两人把静生找回来北京，费了许多心……"这是北大、师大向北洋政府要钱的信，所说"子渊"，也就是芝园先生。文化古城时期，他并未做事，一面以宦囊所入，经营模范牛奶厂，一面堵门教子，四十年代末去台湾。读钱宾四先生《师友杂忆》一书记云：

> 余又应教育部之邀去台北，时日本已三度派人来台访问，教育部组团答访，部长张晓峰聘余为团长，凌鸿勋为副，一团共七人。有邓萃英、黄君璧等。

这是所知邓氏去台后的情况点滴。邓氏福建闽侯人，昌黎之母何夫人亦闽侯人。为清末进士何刚德后裔。曾官京曹、江西建昌知府。

当年因为同学的关系，这所房子我曾经是经常去的，那前面客厅山墙边上的过道，是通往后院的必经之路，那安静的庭院，整洁的走廊，一一都如在目前，当年这种房子在北京也还是中等的房子，并非十分大的"宅门"，但是这种纯粹"京朝派"的四合院住宅，在今后是很难想象了。近年邓昌黎博士常常回国，因为没有见过面，所以我不知他是否曾到故居去看望过。我最后一次到这所房中去看望当年的同学，那已是足足三十三年前的事了，虽然前尘历历，但毕竟是渺茫的很了。

兄弟二人小学均北师附小毕业，初中在育英，高中在志成。毕业后，昌国入师大音乐系，后留学比利时。昌黎入辅仁物理系，毕业即留学美国，五十年代即成为世界著名原子加速器专家了。

汪教授日籍太太

我常常怀念着一位日本国籍的汪太太，我在遥远的都市中，向她致以远人的祝福，祝福她健康长寿，她由北平而去昆明，由昆明而去台北，算来她现在也近八十高龄，或已经八十开外了吧？

她的两个儿子，一个女儿，都是我童年、少年时代的好伙伴，我们天天在一起玩，弹球、放风筝、玩袖箭打准头、捉迷藏，夏夜聚在一起望着天上的繁星说故事……因为我们是住在一所极大的、占地有七十多亩的大院子中的邻居，这所大宅子，大院之中，又有正院、偏院，若干小院，花园、球场等等，房东是已经式微、萧条了的尚书门第，房客是来自东南西北各个异乡的侨居者。孩子们是没有什么畛域和界限的，各家的大大小小的"小猢狲"们天天聚在一起，过着极为混沌烂漫的生活，这位汪太太的孩子，对我说来，还有另一层关系。就是她的大儿子是我的不同班的同学，比我高两级，我上初一，他上初三，他每天骑自行车上学，而我还是孩子，不会骑车，也没有车，家里给我车钱，一个时期，我不坐车，她儿子骑车带我上学，省下钱买旧邮票玩。后来让她小女儿和我小妹妹在两家大人面前告了密，我们都挨了一顿骂，原来是怕在马路上摔了，被汽车轧死。

汪太太的先生自然姓汪，是浙江金华人，日本东京帝国大学农学博士，当时在国立北平大学农学院做教授。汪太太的日本名字叫什么，我始终不知道。汪先生的名字我当时很清楚，但现在想来想去记不起来了，多么遗憾呢？现在只能称他汪先生或汪教授了。他们是在东京结的婚，我的同学汪缉虎（现在也该有六十出头了）就是生在东京的。他们的二儿子比我小一岁，叫汪缉熙，小女儿叫汪淑秀，我都记得一清二楚，而只把汪先生的称号忘了，固然年代久远，但也总是十分遗憾的了。

但他们的神情笑貌，我是记得非常清楚的。汪先生那时大约将近四十岁，留着短分头，常穿一身灰色西服，仪表十分精明，一看就似乎知道他是一位学自然科学的中年学者。汪太太则是穿中国旗袍，说一口北京话，完全是一位中国夫人的样子。记得我刚刚做她家的邻居时，有一次在二门口正好遇到她拖着小女儿淑秀出来。她小女儿对刚搬来的乡下孩子有点欺生，说了句难听的话。她马上申斥她女儿，并和我打招呼，她那天穿了一件紫地子白花的旗袍，五十年了，那色彩似乎还在我眼前浮动着。

我同他们做邻居，是四十六七年前的事，思之虽如昨日，但细想起来，岁月悠悠，已经将近半个世纪了，能不一抓短发，为之感慨系之乎？

我家搬到这所大房子中时，他们已是老房客了。我们住后院，他们住偏院，她家住偏院三间西房、五间南房，南房后墙有四扇大玻璃窗，开出来便是二门里的一片林木和大广场，环境是十分美的。她那个偏院中，一共住了三四家人家，都是大学教授，都有外国夫人。三位法国籍，一位日本籍。我初搬进来时，是一个乡下孩子，穿着带大襟的夹袄，又村又怯。我对着这个大院子中的各种人物、事情，都是极为新鲜的。院中的孩子们对我，也抱着好奇心，问长问短，态度也不同，有的戏弄，有的友好。有一次，在一起玩，我说话时用了一个"巴巴"的词语，别人都不懂，她大小孩马上过来，对我说："他们都不懂，我懂，'巴巴'就是屎，对吧？"马上向我伸大拇指，好像他与我都是大学问家一样，马上便热络起来了。他拉我到他家去见他母亲，他母亲很和气地问我这、问我那，当她听到我说要准备考学校，而且准备考的就是她小孩的学校，她便更诚恳了，让她儿子替我到学校去问老师，问问招生的情况，暑假过一两个月就到了，她还叫儿子帮我复习功课，准备考试。她的诚恳、温和的态度给我的影响很大，印象极深。按道理，我应该叫她伯母才对，可是北京那时总习惯于清代官场的称呼,总是叫老太太、太太、奶奶等,看过《红楼梦》的人,都了解这种称呼的习惯,因而我虽然后来成了她儿子的同学,称呼她却仍然叫"汪太太",称她丈夫为"汪先生",在这样的称呼和来往中,始终没有感到她是日本人。

但是她的确是我认识的第一个日本人,她虽然说一口十分温和而且标准的北京话,但她的生活习惯则完全是日本主妇式的。当时教授夫人不管中国籍、外国籍,家中最少三个佣人,老妈、厨子、拉包月车的。只有她家,只一位女佣人,相帮洗洗大件衣服、做做饭。买菜、缝衣服、收拾屋子,全是自己动手。那时只有她家有缝纫机,而且上面经常放着连着线的未完成的衣服。我在她家第一次看到新鲜玩意,日本式木澡盆"风吕箱",她小儿子添火,大儿子洗澡,我在边上好奇地看着。我常常遇到她在家围着花布的花边小围裙拖地板,只有这时,才真像一个日本妇女了。

作为邻居,作为同学母亲的日本人汪太太,那时不大感到她是日本人,相处是友好的、真挚的。但那时并不都如此,时局的气氛在压迫着我们和她。"七七事变"发生了,北平沦陷了,虽然那所大房子因为里面住了三位法国籍夫人,门口挂了法国旗,以防止日本兵乱闯进来,但日本兵还是进来了,而且不是兵,是军官,是挂着少佐肩章的日本军官,进来就是找汪太太的。一下子院中人们都传开了,怀着神秘的、不安的心情互相转告着:"汪缉熙的舅舅来啦……"

在"七七事变"发生的时候,汪先生刚刚坐西伯利亚大铁路的火车回国到北平没有多久。他做什么去了呢? 当时南京教育部有个规定,凡是国立大学的正教授,每任教三年,就可以公费出国考察半年。汪先生是在那年元月份以北平大学农学院教授的身份,出国去德国考察的。去时由上海放洋乘海轮到马赛,经法国去的德国,回来时便走东欧经莫斯科坐西伯利亚大铁路的火车回来,半年时间,六月下旬刚刚到家,没有几天,就赶上战争爆发了。

由七月七日到七月底这二十多天中,包括北平沦陷后的一个多星期,有识之士,包括年纪大的和年青的学生们,纷纷想尽办法,离开沦陷后的北平。日籍汪太太护送汪先生和同院另外两个青年坐火车到了天津,由天津坐英国怡和公司海轮南下了。汪先生走后,汪太太并没有走,仍旧和两个儿子、一个小女儿住在原来的房子里过日子。因而她的在日本军队里做军官的、有少佐衔的哥哥按照地址来找她来了。但是这位处于妻兄地位的敌国军官来的时候,汪先生早已到了上海租界里了。

只是院中的人们互相转告着这个特殊的消息。人们却没有人怀疑这位日籍汪太太会成为敌人。因为她以前的种种情况使邻居们自然地不觉得她是敌人。她穿中国衣服、说北京话,对邻里那样和善、彬彬有礼,在当时抗日呼声中,她家的大人小孩,平日都有很鲜明的抗日的言论和观点。更重要的,她在北平已沦陷,日本军队完全控制着去天津的铁路、极为混乱危险的战争状态下,她亲自护送走了她的丈夫和两个青年,这些都是人们信赖她的事实根据。但是她毕竟是日本人呀,而且她哥哥又来找她了,她哥哥又是日本军官,这些能不影响她吗?人们不安地注意着,不久,她果然到西城"宣抚班"为侵略者"服务"去了……

汪太太哥哥的来访,汪太太以一个日本籍中国教授夫人的身份,操着一口流利的北京话,穿着中国式旗袍、秋大衣,柔顺地去到宣抚班上班,拿着小旗子去各处宣抚,让北京人做侵略者的顺民,这些事震动了这个大院,太可怕了,人们疏远了她,孩子们也不再愿意跟她的儿子、女儿玩了。"宣抚"者,宣是宣传,抚是安抚,这是侵略者每侵占一个中国地方后,首先成立的汉奸机构,当时西城宣抚班就设立在西单商场边上槐里胡同东北军阀万福麟的那所房子中,本是院中邻居们去西单商场的必经之路,可是因为设立了这样阎王殿般的机关,人们把槐里胡同也视为鬼门关,宁可绕点路走,也不愿意再经过这个鬼地方了。

汪太太的孩子们少年气盛,同仇敌忾,既敌视他们的那个佩戴着少佐肩章的舅舅,又不满意他们的母亲,平时极为欢乐、活泼的家庭,这些日子,被一块铅压住了。汪太太为难了,丈夫、儿子、女儿、家庭、中国、和平……是一方面;哥哥、祖国日本、军队、战争、侵略、烧杀……是另一方面。宣抚班的人出来身上斜挂一条白布写着黑字的带子,汪太太我没有看见她挂过,这短短的几天中,她出来入去,默默无言,日本妇女是柔顺的、平静的,这矛盾她如何解脱呢? 邻居们同情她、期待她,也为她发着愁。

第一步解脱很快到来了,她那个日本军官哥哥没几天就离开宣抚班,跟着军队又到别的地方侵略去了。她哥哥一走,给了她一个辞去职务的机会,她不再去宣抚班了。她在家中很少外出,把佣人也辞退了,关住门带着孩子们过日子。她的小儿子正好考入初中,市立第三中学,她又买了一部自行车给孩子骑了上学,安静、沉着地生活着。

院中新搬来一家汉奸新贵,把花园中一大片地方用篱笆圈起来,占为己有,孩子们玩耍的地方小了,她大儿子同那个人吵了起来,得罪了那个人,她连忙带着儿子到那个说一口流利日语的汉奸家中,用日本妇女特有的九十度的鞠躬向那个家伙赔礼道歉。

一年过去,她不声不响地带着孩子们经天津、坐船到香港,辗转去了昆明,汪先生在西南联大教书了。从此西南联大的人们,都知道有一位汪教授的太太是日本人,是一位善良、和顺、沉着坚定有正义感的日本妇女。抗战胜利,他们去了台湾大学,怅望海云,怎不教人思念呢?

艺苑杂记

　　三十年代中文化古城的诸般艺事,都拥有大批全国第一流名家;约略分之,为书画、篆刻、戏剧、音乐等等。

　　先说书画家,不妨先开一个名单:

　　书家兼篆刻家:王宗周,字少逸,江淮人;孔宪成,安徽人;申圣羽,察哈尔人;白鹤亭,河北人;沈枢,字凤翔;宋维宝,字楚卿;李作宾,字邃庐;邵章,字伯褧,浙江人;夏清贻,字颂莱,江苏人,工篆书;周振湘,字咨度,工隶书;马向之,别号犹龙,工行书;曹渡,字养舟,工十七帖;许思照,浙江人;蒋世贤,精研《灵飞经》;毕大昌,安徽人;汤尔和;冯恕,字公度,河北人;强运开,字梦渔,江苏人,研究金石篆刻;杨钊,字洁忱,号绍周;叶芳,字培之,湖南人;张伯英,工行楷;张鼎,字顾生,湖北江夏人;张春斗,字文辰,又号薇辰,河南孟县人;寿玺,字石工,精行楷篆刻治印;翟士林,字海帆,工古宋体;谢霈,字霖甫,工榜书;韩毅,字子忠;魏瑾,字旭东,河北东光人;罗惇曧,字复堪,工章草。

　　此名单据一九三六年《实报》马芷庠所编《北平旅游指南》转录,实际书家尚不止此数,如刘春霖、潘龄皋、张海若、傅增湘、萧方骏、萧方骐这些人尚不在内,因为这些人都是琉璃厂在各大南纸店订了润格,挂了笔单卖字的,而以上所录名单中并没有,可见当时卖字、卖画人之多。这中间不乏清代的遗老和做过大官的名家,当时做过大总统的徐世昌,署款水竹村人,也有笔单卖字,不过当时人住在天津。而名单中的汤尔和,那更是辛亥以来北京教育界的名人，而且北洋时做过总长，沦陷之后，又做了汉奸，伪政权教育总署督办。

当时的画家更多，前书名单所录，近九十家，著名的张爰（大千）、齐璜（白石）、溥心畬、陈半丁、徐燕荪、杨云史、萧谦中、林实馨、方鼎云、徐北汀、王雪涛等位，这些大画家都在名单中。妙的是第一名是王羽仪老先生，注云："字雨簃，浙江人，工花卉，秀逸直追华新罗、李复堂，亦长山水，善笔拓。"而王老现在还健在。他当时已是名画家，鲁迅先生编《北平笺谱》，最后一幅大红五彩公鸡，就是他的作品。他后来弃丹青，而改学铁道工程，留学美国，得了学位，成为铁道专家。长期在中国铁道科学院任研究员。十几年前，以古稀高龄，又重拿画笔，画出了巨型《燕京风俗》画册。是文化古城画苑群彦中硕果仅存者了。

画家、书家的笔单现知者已少，现各录一则于后，以保存文化古城史乘的一鳞半爪：

　　邗上张赓伯先生花鸟画润：

　　整纸堂幅：八尺卅二元、六尺二十四元、五尺二十元、四尺十六元、三尺十二元、二尺八元。

　　对开屏条照堂幅减半，横画照手卷例，册页手卷每方四元、扇面四元，油绢劣纸不应、点景对临加倍（磁青泥金均请面议），润资先惠、随封加一。

　　乙丑腊月望八十翁樊增祥代订。

乙丑是民国十四年，公元一九二五年，当时小画家的笔单都是请名人出面代订的。这个樊山老人代他订的润格在当时是便宜的，一直使用到三十年代后期。画扇面四元，比当时刘春霖的字价，每个扇面八元，还要便宜一半。一般同样身份的画比字贵，当时最有名的画家润格一尺都在二十元左右。

另一个润格例子是李释堪的。释堪名宣倜，福建人，是比较出名的，其润例云：

纸用重玉版宣　　尺度依市尺计算

榜书：每字尺内六十元、尺外至二尺一百元……扇面：骑行六十元、逐行一百元，精楷加倍，金扇加半。寿屏每幅一百六十元、六行以上加半。碑志：寸楷每百字二百元。劣纸不书，劣文不书，墨费一成，润资先惠。

这个润例前注云："癸未春重订。"癸未是一九四三年，已是沦陷时期，伪币贬值之后的价格了。

艺苑的内涵，除去书坛、画坛而外，还有音乐、戏剧等等，当时京戏四大名旦、四小名旦、四大须生，连清末供奉过内廷的王瑶卿、杨小楼等人都还健在，真可以说是人才济济了。另外还有话剧中国旅行剧团，京剧理论家齐如山、新戏剧家余上沅、熊佛西、陈绵等人，也是一时之盛。但我不懂戏，因此在后面短文中，谈到的较少，未免有些欠缺了。

南张北溥

京国繁华数改移，似君不及见当时.
可怜四十年前景，犹有贞元朝士知。

上面这首小诗，是明代人的作品，由于看到报上一些年青朋友谈大千居士的文章，说到什么"南张北齐"，不禁记起了这首小诗，感到旧事毕竟是太遥远了，使得一些年青朋友，单凭脑子想便糊里糊涂地弄出许多张冠李戴的笑话。实际"南张北齐"的说法，是从来没有的。大千居士原籍四川内江，白石老人原籍湖南湘潭，从籍贯说，都是南方，虽然白石老人后来一直住在北京，但仍是南方人，不能称"北"。而当年最流行的说法是"南张北溥"，即南面张大千，北方溥心畬。溥心畬是咸丰弟弟恭亲王奕䜣的孙子，从小生长在北京，所以叫"北溥"。"南张北溥"在年龄上比本世纪前期画家林琴南、金北楼、姚茫父、陈师曾、齐白石等人年青的多，在六七十年前，以上这些人享盛名时，他们还只不过是一个小青年呢。所以从年龄说，大千居士比前面这些位差得多，但是他在艺术上成就早，年青时绘事就显示了深厚的功力和超群的才华，因而他一登上艺坛，就海内外闻名了。在文化古城时期在稷园水榭开画展时，他只不过三十七岁，但却已海内外闻名，压倒当时艺坛上许多老辈，执画坛之牛耳。而且留了一大把黑胡子，不识者，俨然以为是一位五六十岁以上的老画家了。这年齐白石早已称"老人"，已经七十七岁了，足足比大千居士大四十岁，因而他当时虽然留着惊人的大胡子，也只能称"居士"而不能称"老人"，更无人称"南张北齐"了。因为他二人在各方面都是不相称的。

"南张北溥"的提法和称呼，是合乎当时实际情况的。第一他们二人几乎是同时出名的，时间都是在二十年代中叶以后。《花随人圣庵摭忆》记云："师曾以癸亥病殁金陵，自后十年间，画家派则分歧，诸子亦风流云散。惟有溥心畬自戒坛归城中，出手惊人，俨然马夏。"癸亥是一九二三年，今年正是癸亥，陈师曾之去世，去今已六十年矣。当时大千居士只有二十四岁，刚刚从日本回国,也未大出名。北京溥心畬也还在西山戒坛寺读书学画。但是没有几年,两个人几乎是同时在艺苑中闻名了。两个人的天赋都非常高,但其学画的经历并不相同。溥心畬是亲王的孙子,留学德国学陆军,是皇亲贵胄,所以有颗图章叫"旧王孙"。而大千居士则是平民百姓出身,少年时代,还做过和尚,所以叫"大千居士"。

大千居士的哥哥也是著名画家,名张善子,晚年住在苏州网师园殿春簃,养过一只小老虎。去年大千居士还为虎儿题了墓碑,报上都登过,前两年我写短文也介绍过,一般人都知道。但有一点也许人们不注意,就是这兄弟两人年龄相差甚大。张善子比大千居士大十八岁。张善子少年时曾跟着他母亲学画。大千居士少年时上学读书,也跟着学画,后又到日本留学,其艺术成就,完全是学校学习,又受家庭影响,慈母和长兄的教导,加以天赋非凡,又刻苦用功,这样才学以成名的。溥心畬则完全不然,是清代亲王孙子,辛亥后,这些特殊的遗少们,不少都不上学校,而自恃大爷有钱,都请了私塾先生在家教家馆,甚至不只请一个,而请几个,教国文、教英文、教书画,有的吃喝玩乐,不好好读书,等于白花钱;有的天分高,又肯用功,又有好老师专门教,自然也就成绩特殊,比一般上学的又好了。不过溥心畬氏却不是这样,他是在家念书之后,又上了法政大学,又留洋去了德国,而后来却学了画,以画名家了。西山戒坛寺是光绪十七年由恭亲王出钱重修的,后来里面还供着奕䜣的牌位,虽说是有名的唐代古寺,却等于是溥心畬家的家庙。他同他弟弟溥叔明在庙中读书,有成群的佣人和和尚侍候着,在那样风景优美的古寺中,优闲地用功。王府中收藏又富,不要说一般唐、祝、文、周之类的东西了,即希世国宝,他家中也收藏着许多,如韩熙载的《照夜白图》、怀素的《苦笋帖》、颜鲁公的《告身帖》、温日观的《蒲桃帖》，以及举世闻名的陆机的《平复帖》，那时他可以在佣人的服侍下，悠悠然地临摹、学习，这种神仙般的条件，大千居士哪里能比得上呢？因而相对来讲：大千居士是苦学成名的；而溥心畬则正像《红楼梦》中赖嬷嬷所说：是银子、金子铸出来、打出来的一样了。

第二在艺术成就上，如从山水画的角度看，"南张北溥"在当年是旗鼓相当的。可以说都是超脱流辈，不要说一般山水画家比不上，即当时一流山水画家，作品一比便立见稍逊一筹了。我曾见大千居士一幅构图极简的《垂柳野渡图》，只疏疏的几根柳丝直垂下来，其潇洒飘逸之态，有人学一辈子也画不出来。曾在已故潘渊若老先生处见溥心畬一幅高三寸、长四尺多的《秋山图卷》，画的完全是戒坛寺周围的秋山，丹枫古寺，方寸千里，再加上面用芝麻大小的行书小字在上面题的密密麻麻，真可说是神品。一般人想也难以想象。因而当时称"南张北溥"，是颇有道理的。但说到仕女、花卉、草虫，溥则退避三舍，无法与张比较，因而归根到底，南张终胜北溥一筹了。

大千居士遽归道山了，这不仅是神州艺苑的一个巨大损失，也是世界艺坛的一个非常大的损失，回忆二十多年前大千居士在巴黎与毕加索见面时的情况，东西方艺坛上两位巨星欢晤，握手谈艺。毕翁对大千居士的艺术成就给以极高的赞赏，这不仅是两位艺术大师的欢聚，也不仅是东西方绘事的交流，艺坛的佳话，而且是影响到文化艺术发展的一次交往，其意义要从艺术史上来考虑了。

可惜两位艺术大师都已是古人了，这是今人无限惋惜的。画家先师古人，后师造化，以山川草木为友人，以花鸟虫鱼为伴侣，一般都可以享大年，登期颐，尤其医药发达的现代，当年杏子坞老民活了九十七岁,现在海粟大师八十六七岁,还听说八上黄山,昔年师黄山,今日友黄山,老而弥健。相比之下,大千居士,以八十四岁遽归道山,未免太匆匆了。以常人论,八十岁以上化去,似乎也不辜负人生的旅程了;以大千居士论,九十以上再仙去,似乎也不为多,也完全有此可能和条件,但毕竟是他去了,岂真所谓冥冥之中有天数乎?人间的遗憾事情太多了,听到这一噩耗,我写了几首小诗,其中两首道:

稷园药圃坐春风,姹紫嫣红想象中。
雪髯未归花溅泪,年华八四太匆匆。

旧梦春明半已残,先生谁记古衣冠。
布袍布履人间路,万里家山纸上看。

对于年青朋友说来,我也痴长了一大把年纪,也可谓垂垂老矣。但对于大千居士说来,还只能说是晚生后辈,四十六年前的春夏之交,正是北京中山公园的春花次第开放,丁香馥郁,牡丹、芍药烂漫的时候,张大千、于非厂两大画家的画展,在公园西南角水榭开幕了。水榭是一所建在水边上的四面有走廊的大四合院子,院子中还有铁皮罩棚,正门在东南角,由中山公园正门顺长廊可以曲折地走到水榭门前,即使雨天也不受影响。当年北京画家多,画展多,其他展览也多,当时大型的第一流的画展都是在水榭举行的。展览时,水榭一般用南面、东面的房子做展览厅。但遇到展品多时,便也开放北面和西面的房子。当时正是"七七事变"前夕,时局已很紧张。但在表面上,一般还没有显现出来。这年四五月间,在水榭前后举办了两个展览会,一个是大千居士的画展,一个是庆祝英皇加冕古物展览的预展,两个展览会都是盛况空前的。

那次大千居士和于非厂先生的画展,规模很大,把四面的房子都占了。进大门,左手转过去是南面的展览厅,右手转弯是东面的展览厅,走到头,折而西,连着北面及西面的展览厅。实际上,四面都可以互相走通。

开幕的那天,我随着家父汉英公去参观,因为大千居士的好友刻瓷名家朱友麟先生是我父亲的朋友,父亲带我开眼界去了,当时我是个初中一年级的学生。那时"南张北溥",大千居士的声名早已海内外皆知,对一个初中学生来说,那更是倾心仰慕已久,渴遇一瞻风采的了。我在去的路上,心里想着,大千居士是一个怎么样的人呢?大概是穿着笔挺西服,带着金丝眼镜的;或是穿着大伟呢夹袍,礼服呢圆口千层底鞋的京派打扮的……我们到达水榭时,已是下午二时左右了,展览厅中,冠盖云集,看画的、互相打招呼的宾客已经很多了。朱友麟先生也早来了,正在东屋里,看见我们进来,过来向我父亲打招呼,我是认识的,连忙鞠躬行礼。接着他把我们领到室中间,介绍给一位正在和三位衣冠楚楚的人谈话的老者身边,我一看这位老者:浓黑的一把大胡子,中等身材,精神极为充沛,抱拳寒暄时,看到那手指头十分粗壮,再看身上的衣服,使我快要呆住了:深灰老布夹袍子,黑大布马褂,又长又肥,下面布袜子、布鞋。这身打扮,不要说在现在,即使在当时,也是极为罕见的。当年北京老先生们穿衣服虽然朴实、古板,但像这样穿一身大布衣服,甚至连袜子也是布的,的确非常希罕。这样装束,在当时,也只有偏远的山区小城镇中才有。而我知道,在我面前,我向他行礼,看上去像一位在山乡中教私塾的老先生一样的人,就是海内外闻名的大画家张大千时,我怎能不感到吃惊、奇怪呢?大千居士很客气地打招呼:"好,好……随便看看吧!"就这样我第一次见到了大千居士,第一次参观了大千居士的画展。后来在展出期间,我又和同学一起去了两次,都是要好的小伙伴。同学们不认识,每次我都偷偷地指指点点告诉他们,那位穿黑布马褂的大胡子老头就是大千居士……

当时正是稷园花事烂漫的时候,大千先生开了这次盛大的画展,而这是大千居士生前在北京亲自主持的最后一次画展,不久,"七七事变",北平沦陷,大千居士远在四川,胜利后,一九四六年居士再来春明,但未开画展,旧事飘零,老人匆匆而去,风流真成《广陵散》了。

大千艺事

文化古城时期,全国第一流的画家都集中在旧都北平,大千居士于一九三三年也由江南迁居北都,家住锦什坊街武定侯胡同二号。当时中南海、颐和园中不少空房都租给私人居住,只是房租甚贵,另外买菜购物十分不便,所以一般人不租这种房屋,而艺术家则不然。如著名仕女画家徐燕荪就长期租住中南海流水音。大千居士则长期租住颐和园听鹂馆,夏天天天观察荷花各种光线变化,画出各种荷花。在抗战胜利之后,他人没有北来时,就在北京开过一次小型画展,件数也不多,只八十幅,日期很短,只三天。由十二月二十五日至二十八日,地址仍旧是中山公园水榭。年代是一九四六年,还是一九四七年记不清了,反正是这两年中的事。这次画展一因是严冬季节,稷园人少;二因展览期短,所以被人忽略了,年代久远,也忘记了。实际这次展览是很隆重的,这是抗战胜利后,大千居士的法绘久别京华之后,第一次——实际也是唯一的一次——展览。居士从兄张文修先生特地为此次展览,著文报端,题为《联合画展缘起》,文云:

> 吾弟大千,少耽书画,长好胜游。尝云:"翰墨精微,宜师造化;山川启发,厥在登临。宋迪画专潇湘,黄鹤景多苦雪,意穷于象,今古共然。"故两跻峨眉,三涉黄澥,时储三月之聚,而为五岳之寻。寄兴挥毫,触景延赏。年来返蜀,长住青城之仙都;复赴敦煌,考核唐人之壁画。京津旧雨,墨缘久疏,同好嗜痂,时殷问讯。爰以赝鼎充斥,一望则面目全非,特将近作寄来,俾知其筇履所及。兹定十二月二十五日起,二十八日止,假中山公园水榭,陈列于君非厂及吾弟大千最近作都八十余事,并附先兄善子虎幅三轴,敬希莅临赐教。契灵机于片楮,聊当卧游;御严寒于一朝,真伪视掌。爱好大雅,幸垂察焉。

这个缘起写得很清楚,另文谈过的不再多赘,这里先着重说一下"京津旧雨"四字。大千居士人在南方,但却和京津的关系非常密切,文化古城时期,几乎年年要在稷园开画展。且游踪所至,放浪不羁,丰台看花,西山揽胜,宣南访古,稷园瀹茗,甚至征歌逐舞,怡情声色,寄怀诗酒,钱不够时,以作画来抵酒债,是常有的事。与纸醉金迷之场八埠近在咫尺的五道庙春华楼,是一个极有名的小馆子,当年是梅兰芳每天光顾的地方,也是大千居士在京时经常照顾的馆子,一时齐白石、陈半丁、溥心畬、于非厂、徐燕荪、萧谦中、周养庵、汪慎生、张伯英等一流画家、书家,以及其他名流,无一不是大千居士的知交,这就是"京津旧雨"的具体内容了。

大千居士在二十年代末与其兄善子同住苏州网师园殿春簃，当年为什么要北迁到春明，与北京结下极为深厚的翰墨缘呢？这中间有多种关系，可以做些说明。当时政治中心虽然南移，但文化中心仍然在北京。北京的名伶如梅兰芳、程砚秋等人，在北京出名之后，一定要南下淘金，到上海开过码头，赚笔大钱，才算大红。相反外地的著名书画家、学者，也往往一定要来北京，呆一段时间，结下一点友谊，才能造成全国的声望，所谓人文荟萃之邦，一经熏陶、品题，自然声价十倍也。

大千居士在北京，一可以饱览故宫的藏画，当时正是马衡掌故宫博物院的时代，古物尚未南迁，不少国宝，大千居士均曾寓目。二可以结交名流，除上述书画家而外，如皇帝老师陈宝琛，末科状元刘春霖，再有藏书家傅增湘、四大名医的第一位萧龙友，后二位都是四川同乡。再有做过国务总理的朱启钤等人，都正办着轮船公司、煤矿、银行，这些人很多，所谓北方财团，这些人在诗文书画上都是名家，在财力上又很雄厚，可以出大价钱买画。一九三七年春，大千居士在中山公园水榭开画展时，最贵的五百元一幅，最少一百六十元，一般都是二三百元一幅。在展览会买画，最少当场交定洋一成，写个红纸条，如"张先生定"、"王先生定"，用回纹针别在画边上，有些画家这些红纸条是假的，是自己写的，别上以壮声势，作面子，张大千则是真的。这次画展，我去看过三四次，因系少年，十分羡慕，每次都特别注意那标五百元的几幅，有一幅上面别了四五张定条，意味着展览会后，画家还要照样画几张。当时黄金百元零几一两，面粉三元多钱一包，居士这张画的收入多少，读者可以按实际价值计算了，自然，四十六年前买画的人如果把画保存到现在，那价钱更是无法估计,按实际价值恐怕也要增加许多倍了。

在《联合画展缘起》中首先提到于非厂,这固然是客气,但实际上大千居士每次在北京开画展,都要和于非厂氏联合开。于非厂名照,北京人,青年时是小学教师,苦学绘事,专画工笔花卉。这种画不但笔触要细,而且要好颜色。于非厂氏买到不少故宫卖出来的颜料,又从各古玩铺买到不少旧颜料,实际也都是故宫中被盗窃出来的。这种颜料都加珠粉和宝石粉,色泽鲜艳,几百年不变。于氏和大千居士开画展,别具一格,起个红花绿叶的陪衬作用。大千居士特别契重友谊,与于氏合开画展,明是自己为主,却尊于氏为上,而且不展出花卉。只此一点,亦很见大千居士对北京友人之古道热肠了。

再有人们都知道于非厂先生是画家,却不知他的风俗短文,写的比画还要淳,当时都登在《实报》上,现在如有有心人,查查旧报,为他出一本集子才好呢。

另外于非厂最爱养鸽子,放鸽观察,画鸽神似。

大千居士名爰,四川内江县人,后来侨寓苏州,他成名是在南方苏、沪一带,名义上他是清道人李梅庵的弟子,他也很尊重李梅庵。但实际上这也像李世芳拜梅兰芳为师一样,主要是借重大名,略加指点而已,并不是手把手教的启蒙老师,实际上大千居士在拜入清道人门下之前,其画和诗的造诣已经很深了。其后他又得力于山川写生,这是从日本学来的西方美术锻炼的方法,他又实践了中国古人学画的格言,主张"先师古人,后师造化",即从临摹古人名作入手,出入石涛、石溪,而从游历名山大川,怡情草木虫鱼,观察自然来开扩意境,提高画格。他哥哥张善子是画虎名家,为了观察虎的生态,真豢养了一只小虎,在苏州殿春簃居住时,与虎同起居,一起在地毯上照像,这在一般画家说来是很少见的。大千居士与其兄长旨同而趣殊,他是乐在山水的。早从三十年代初,他就曾三次上黄山,两次上峨嵋,后来在抗战时期,他住在青城山道士庙中有五年之久,又远赴甘肃,到敦煌去临摹壁画,他临摹的年代,似乎比敦煌艺术专家常书鸿还要早呢。这就是大千居士所以成为一代国画大师的主要原因。从历史上看,从艺事成就上看,他已远远超过他的著名老师清道人李梅庵了。清道人作品传世尚多,在境界上、在章法上,其变化、其全面是远远不能和大千居士相比的。

近年大千居士的画册出版很多,读者可以随意翻阅,就知道我说的绝不是过甚其词。大千居士早年画仕女,在四川时代,由敦煌归来,都画过不少仕女。他笔下的仕女,一扫清末费晓楼、改七芗那种描绘仇十洲的画法,所谓"美人无肩"的柔媚之习,而代之以唐风,画出仪容华贵的唐代仕女风范。常见其以明纸明墨画的点金重彩《薛涛制笺图》,其工细与传神,可以和唐伯虎的仕女抗衡。其白描仕女,则更多神来之笔,一幅白描《月上柳梢头》小立轴,一块山石,一位背面站立的倚石仕女,均在纸的右下角,也不过占全纸的八分之一,而由纸上端垂下来的柳线,几根长条,直泻而下,看着极为简单,但从意境上和笔力上都极艺术的深厚功力。我曾以此画复制品请一位七十多岁的老画家临摹,但连临几幅,都只是形似而非神似,可见艺术的功力,越到高级阶段,越难追求,这也就是艺术才华和师造化之难能可贵也。

大千居士的画之好,除去其色彩和线条、画中形象而外,更重要的是表现在神韵气势上。所谓神韵气势,就是在画面上看出光、看出空气、看出浮云来去的动态,听到风声和雨声,察觉到人物的呼吸,即使背影仕女,似乎也能看到画中人的喜怒哀怨,这些都显示了艺术的最高境界。

大千居士仕女画直追唐风而外，山水画的成就更是多方面的。由册页小幅，直到几丈长的巨幅，由青绿山水、大小李将军的章法，直到倪云林风范的泉石小品，以及近年所作大幅泼墨米家山水，没有一样不是韵格高古，气势超群，真可以说是出神入化，得心应手，要怎样就怎样，这是当代任何第一流的画家都无法和他比拟的，溥心畬所作山水，在蕴藉上、飘逸上，某种程度上，与大千居士可称一时轩轾，在局部上可当"南张北溥"四字。而在全部上，则无法相比了。溥氏不能作倪云林式的萧疏林石，更不能画大千居士那种气势磅礴的大泼墨山水。大千当年每到名山大川游历归来，一定画一批画，开个展览会，以结广泛的翰墨缘，一年游罢陕西华山、河南洛阳龙门之后，曾开"关、洛纪游画展"，其乡前辈藏园老人傅增湘为作引言。有句云：

> 吾蜀张君大千，昨岁登临华岳，正值中秋；今复招携俊侣，为峰头重九之会……

藏园老人对大千居士十分器重。藏园与张氏弟兄的友谊是很深的。藏园老人在《题张善子画虎》一开头就说："余丙子仲秋游吴阊，善子来执贽门下，留网师园中，下榻髯仙诗舫者数日。"丙子是一九三六年，其年春，傅增湘曾游黄山，回来在苏州与张善子、大千昆仲盘桓数日，是写"关、洛画展引言"后一二年。画山水多江南奇峰远树之态，很少画关洛黄土山的。大千居士用赭石画西北无树之黄土山，更显浑朴苍劲之态。抗战期间，所画这种山水画也很多。都是别具一格的。

居士的折枝花卉更是随意点染，无不佳妙。大千居士旧时在北京开画展，不展出花卉，而他平时作画，则时时都画花卉。

前年展览会展出大幅泼墨荷花,是近年新作的精品。前年一家很著名的参行,把居士用罗纹纸画的花卉册页,印成年历,极为高雅,其中最妙的一幅是"菌子",完全不能入画的东西,在居士笔下,则辗转反侧,都俱妙理,真可说是神品了。大千居士,人物仕女、山水花卉,无不精妙,真可说是全能国画大师了。

刻瓷家

在电视上看到"北京刻瓷"的节目时,播出一件近世刻瓷名家朱友麟老先生的作品,那是一幅蜀人张大千氏画的《渊明采菊图》,又经友麟翁刻在一块瓷版上,画中是陶渊明背面立像,而微微回首瞻望,背抄的手中拿着一枝菊花,笔致极为传神,刀法亦颇潇洒,深得"悠然"二字的真谛。实在可以说是文玩的珍品。

刻瓷是在没有彩绘的雪白景德镇瓷上刻上绘画或文字。有的是刻在器皿上的,如盘、碗、花瓶、茶具、文具等,有的则是刻在瓷版上。前者尚有工具的作用,后者再配上红木架子,则纯是艺术品了。过去我家有两套朱友麟先生刻的茶具,每套都是一个茶盘、四个茶杯,一个壶。造型都很别致,一套刻梅花、一套刻山水。据先父汉英公说,是民国八年刻的。当时是每套八元银币。

说起刻瓷名家朱友麟氏,现在知道的人已不多,但在五十多年之前,在北京艺术界、在书画篆刻家中,是占有一席地位,颇有声闻的。他是河北冀中人,专以刻瓷为业。清末光绪二十八年,北京成立了一个"工艺学堂",有刻瓷一科,是半工半读性质。刻瓷科特聘上海当时刻瓷名家华约三为教习,学生约二十人。后学校停办,学生大多均未学成,纷纷改业,只有陈光智和朱友麟二人后来成刻瓷名家。张大千开画展,总请他选其中画刻几块瓷片,配上架子,作为小插屏,同时展出。民国初年,一直是在西河沿劝业场二楼设肆营业,后来因劝业场设肆开支太大,就搬到东琉璃厂西口路南,海王村对门"师古斋"旧址营业。两间门脸,白地黑字匾。东面紧挨文求堂,再往东是王富晋的"富晋书庄",专卖罗振玉印的书,也是从劝业场搬到琉璃厂的。朱氏与我是一位有父执之谊的老前辈。那时先父经常到师古斋同他闲谈的事还历历如昨,而俯仰之间,已是四五十年前的旧事了。

朱氏刻瓷在技法上有所创新,是选上好景德镇白釉素瓷,瓷片及各种器皿,用南方刻瓷的钻石刀头和北方钢钻结合,在瓷器釉面上刻出各种印纹,然后再上墨,显出各种花纹,花卉、草虫、翎毛、山水、仕女、人物,无一不能刻在瓷面上。刻时有两种情况:一是以瓷为"纸",以刀为"笔",没有稿子,直接在瓷上作画;一是把别人的画,刻在瓷上。如前述所刻大千居士的"渊明采菊图"。记得每次张大千氏画展,均有朱氏刻瓷展出。由于所用工具不同,刻瓷是很费工夫的。画家在纸上的轻轻的一笔,而刻瓷家在瓷上却要用千百刀以上的刀纹,才能表现出同样的艺术效果,真是所谓的水磨工夫了。

朱氏以工笔刀法刻过梅兰芳的"黛玉葬花"剧照,受到各界赞扬。后由工笔刀法改为写意刀法。家中原收藏他的梅花壶,梅花老干横枝,就是用写意刀法刻刀,苍劲飞白,深浅浓淡,浑如泼墨。繁花满树,气韵绝佳。玉壶的反面,用双钩刻"一片冰心"四字,作泰山石经体,极为古朴。可惜天翻地覆,几经变乱之后,早已不知毁于何时何处了。现在只剩一个残破的壶了。这壶一面有画,左下角刻两株老柳,两艘船:一艘船上有三人正在小酌,右上角为遥山瀑布,题字为"独占湖光三面好,淡烟疏雨绿杨堤"。神态逼真,刀法较之毫发尤细。犹是七十年前的旧物,岂不可珍乎?

芝木匠

一

记得《人民文学》上曾经刊登过一篇风格新颖的《苦学记》，内容是写芝木匠的故事，这是很值得一读的好文章。

许多人都知道，芝木匠就是已故的老画家白石老人。老人姓齐名璜，小名阿芝。幼年很穷苦，只在八岁时，跟着外祖父读了一年村学，后来就在家放牛、砍柴了。十二岁时跟人学木匠，十六岁时跟木匠周之美学雕花木工，随同师傅到处去给人家做生活，做了十几年，人们称他为"芝木匠"。二十七岁时才有机会跟胡沁园、陈少蕃、萧芗陔等人学诗学画，读《唐诗三百首》，画工笔花鸟，画山水人物。但仍因家境困难，不能继续下去，便又去奔走生活，正规从师学习的生活也就就此结束了。

白石老人一生，正式跟从老师学习，除去学木工手艺时间稍长而外，其他从师学文化，学作诗，学画画，总起来也不过这四五年的时间，而其中相隔了十九年之久。就是凭着这样的学习经历，后来却在诗、书、画、篆刻等方面都达到了惊人的艺术成就，这该是多么不可思议的"奇迹"呢？

自然，世界上并没有什么偶然的"奇迹"，白石老人所以有这样大的成就，是硬碰硬的功夫，是长期的艰苦顽强的自学功夫。老人的文化修养主要是靠自学得来的，《白石自状略》回忆小时失学后的情况说："将《论语》挂于牛角，日日负薪，以为常事。"老人的绘画基础也是靠自学打好的，《白石自状略》回忆幼时失学后学画的情况说："在家取账簿纸仍旧写字涂画。"又说："年

368

十二,王父去世,父教扶犁,因力弱,复令学木工。朝为工,夜灯习画。"老人学诗也是靠自学得来的,《往事示儿辈》有句云:"灯盏无油何害事? 自烧松火读唐诗。"自己注解说:"余少贫苦……朝为木工,夜则以松火读书。"老人篆刻同样是靠自学学来的,在《记罗山往事》诗的注解中说:"余初学刻印,无所师。"又说:"余学刻印,刻后复磨,磨后又刻。客室成泥,欲就干,移于东复移于西。移于八方,通室必成泥底。"

从这一系列的故事中,可以看出白石老人的成就,并不是什么偶然的"奇迹",而正是由于这种惊人的苦功了。

在一个人求知的过程中,有老师、学校的培育,当然很好,但是老师教是有限度的,而知识是没有限度的;上学从师是有一定期限的,老师却不能跟学生一辈子,而学习却是活到老、学到老,没有期限的。并且,学校中的老师是老师,社会上、工作中比自己高明的人同样是老师;现代人可以做老师,古代人通过他们的著作同样可以做老师。自学并不是否定老师的作用,而正是要主动地向更广泛的老师去讨教。画家们说:"先师古人,后师造化。"古人、造化、一草一木都可以为师,要学,又何患无师呢?

如无自学,如只靠两年时间的从师学习,白石老人是绝难成其为白石老人的。白石老人不只是在画、诗、篆刻、书法等方面是后人的好师范,而且,在艰苦卓绝的自学精神上,更是我们的好老师。《苦学记》的深刻意义之一也就在于此。

二

童年的回忆是绯色的,但也是模糊的;少年、青年时期的回忆是金色的,而往往又是感慨的;至于中年时期的回忆,则是灰色的、凄凉的……不足道也。我为什么忽然想起发这样几句牢骚呢？因为"感旧录"写的时间长了，经常在拉这个陈旧的记忆抽屉，似乎天天在看五颜六色的过去——正所谓如人饮水，冷暖自知，这样不免就有感慨了，说不定是写感旧录的职业病了。

最近因为偶然翻《白石老人年谱》，忽然想起二十岁时天天上学经过白石老人门口的事。

在北京西城西单商场对面，向西去旧时并列着三条胡同，南面是大木仓，中间是口袋胡同，往北一点进去是辟才胡同。三条胡同都可以通到一个特殊地名——二龙坑，那是出过皇上的地方，被那拉氏赐死的郑亲王的府邸就在那里。由辟才胡同到二龙坑，有一条弯弯曲曲的南北横胡同，有宽处、有窄处，这条胡同有个好名字，叫"贵人关"。贵人如何过"关"呢？令人不解，其实这是改的，原名"鬼门关"，名画师白石老人的家就住在这里。老人有句名诗"寄萍堂外鬼门关"，是很有深意的，住在鬼门关边上的人，倒活了九十七岁；那么在"福寿堂"里的人，该活多少岁呢？这是个谜！

二龙坑一带，都是学校，二龙路小学、宏达中学、志成中学、中国大学、觉生女中，包括辟才胡同的师大女附中。我到小口袋胡同去上学，常常进辟才胡同穿这条横胡同——"鬼门关"过去，几乎天天经过两次黑色的不大不小的街门，那就是白石老人的家，寄萍堂的所在地，门前老是静静的。

在三十年代的《北平指南》之类的书中，均写作"贵人关"。那是官方为了好听改的。正如"裤子胡同"改作"库资胡同"，"劈材胡同"改作"辟才胡同"等等。而老百姓习惯上还叫原名。所以白石老人也直呼其堂外为"鬼门关"了。

这句诗自亦有其深意，重在"堂外"二字，当时是沦陷时期，"鬼门关"三字，意在言外了。

"七七事变"之前，白石老人是国立北平艺术专科学校的教师，校长严智开，校址在二龙路南前京畿道十八号，离寄萍堂很近。老人去校上课和学生来家请益，都很方便。沦陷后，日伪政权接办了这所学校，校址迁到东单裱褙胡同，老人再未去，表示不附逆。沦陷后第五年，生活困难，物资极为紧张，伪艺专送一吨冬煤给老人，当时是十分珍贵的，黑市不但贵，而且买不到，但先生拒收，并写了严肃的信拒绝，表现了可贵的民族气节。

三

画中国画的人，常常说一句话："七分画，三分裱。"有时又反说为"三分画，七分裱"，这两种说法都有道理。因为中国画是画在一张柔软的宣纸上的，或薄薄的绢上的。不经装裱，不仅无法悬挂，而且也毫无看头，因为墨的层次，颜色的光泽，一定要用雪白的宣纸、棉纸裱上两三层，又挺又光，才能真正成为一张画，不然，即使让唐伯虎再活转来，他也画不出一张漂亮的画。因而从古至今，不管大小中国画家，都重视这一裱。越是名画家，越是讲求裱工。因而历史上也出过不少著名的裱画专家，连唱戏的不是也编出一出有名的戏《审头刺汤》，又名《一捧雪》，戏中的那个坏人"汤裱褙"，不就是有名的裱画专家吗？

中国裱画，自唐代就十分讲究，有所谓"裱褙十三科"，是一种极为专门的学问和技艺，在陶宗仪《南村辍耕录》中有详细记载，在此短文中无法说清，也无此必要。我在此只说说近代大画家如何重视裱工，以及自己动手去裱。白石老人齐璜，他不但是一位大画家，而且也是一位有高超技艺的裱工。他在年青时一般都是自画自裱。当时他们家乡县城以及省会长沙的裱工，都不能使他满意。他老师去世时，他精心画了二十幅画，又自己精心裱好,完全用最好绫子,三色裱,再加古锦边,最好的檀香木画轴,把这二十幅精心画就裱好的画,在他老师的灵前都火化了。这事在胡适之、黎锦熙、邓广铭合编《齐白石年谱》中记得非常清楚。现在想起来很可笑,一方面显示他对他老师的真诚的感激之情,一方面显示了他能画能裱的非凡的技艺;但另一方面却显得这种老一辈的人迷信得太可笑了。他似乎真以为他老师死了还能欣赏画,而他的画火烧了在九泉之下还能还原呢?同时又感到这二十幅白石精品,火烧成灰,未免太可惜了。因而想到,近二十年前,东北一座辽墓出土在墓壁上挂的字画,十分完好,现存沈阳博物馆,是稀见的辽画。如果白石老人当年把这二十张画殉他老师的葬,或挂在墓壁中,却也很好,将来后人像发现马王堆古墓一样发表出这二十张画,那可能成为稀世之宝了。可惜一把火烧了,多么可惜呢?

白石老人后来在北京,画幅都在琉璃厂裱了。当年琉璃厂有萃文斋、懿雅斋、修古斋、玉池山房等近二十家。这就是有名的"京裱"荟萃之处。修古斋刘澂瑞,人称"刘三爷",修补旧画是绝技,任何古旧破画,一经他手,就能整旧如新。

四

白石老人自己评价自己说:第一是诗,第二是篆刻,第三是画。画家把自己的画放在第三,这一点社会上是否承认呢? 暂且不论。不妨先研究一下画家为什么这么说。

白石老人生前曾自刊其诗为《白石诗草》,这部书流传很少。白石老人的诗以题画绝句为多,有哲理、有禅意、有感慨。如《咏不倒翁》之"乌纱袍带俨然官,打破原来泥半丸",《咏牵牛花》之"种得牵牛如碗大,三年无梦到梅家",以及小词断句《陶然亭眺望》云"西山犹在不须愁,还有太平时候"等等,都可想见其诗旨。老人以诗自负,以诗境作画,以古意治印,画要有诗意,有高致,字要有古意,有金石气,因此老人自谓诗第一、治印第二、画第三了。换句话说:即在作画上,境界是第一位的,传统文化气氛是第二位的,技巧是第三位的。

说到篆刻,白石老人十分自负。当年有人专收白石老人的画,有人则专收白石老人的印。上海画家朱屺瞻老先生,现在大概已有九十五六了吧。前年还到美国去讲学。他就是以收藏白石老人刻印著称的。老先生一共请白石老人刻了六十方章,自号"六十白石印富翁",又名其画室为"六十白石印轩",自画为长卷,索题于白石老人,老人题云:

> 人生于世,不能立德、立功,即雕虫小技亦可为。然欲为则易,工则难,识者犹难得也。余刻印六十年,幸浮名扬于世。誉之者固多,未有如朱屺瞻,既以六十白石印自呼为号,又以六十白石印名其轩,自画其轩为图,良工心苦,竟成长卷,索予题记,欲使白石附此卷而传耶?白石虽天下多知人,何若朱君之厚我也。遂跋数语,甲申秋八十四岁白石尚客京华,寄朱君海上。

甲申是一九四四年,其时叶恭绰先生也在上海隐居。题卷端云:

> 齐白石,今之畸人……其艺事更不待论。朱君屺瞻为好白石所治印,及其书画,有如板桥之于青藤,且名其所居曰"六十白石印轩",风趣可想……民国三十三年遐翁。

白石老人为朱屺瞻老画师刻了哪些印呢，有名章、别号章，也有闲章。最妙的是"知己有恩"朱文章，边款刻云："世有知己，皆为白石之恩人。见此印可想其铭感。屺瞻先生　齐璜。"白石老人没有把爱好他画的收藏家作为知己，而把爱好他治印的人作为知己。可以想见他多么重视自己的篆刻了。老人刻章尊汉印，今无传者了。

旧王孙

　　著名贵胄画家溥心畬（溥儒）有一方图章，篆文是"旧王孙"三字，他的的确确是"旧王孙"。他是老恭亲王（即帮助西太后那拉氏垂帘听政的咸丰弟弟奕䜣）的孙子。生于光绪二十二年（公元一八九六），奕䜣死在一八九八年，王爵后来由他二儿子载滢之子溥伟继承，正是溥心畬的哥哥。

　　溥儒、溥伟同溥仪是同辈的，不但第一个字都是"溥"，而且后一个字都是"单立人"边，这叫带偏旁的亲贵，是近支的皇族亲贵。"旧王孙"三字是实在的。而古词"萋萋芳草忆王孙，柳外楼高空断魂，杜鹃声声不忍闻"，又为图章增添了几分"无可奈何花落去"的意境。他的学历说出来是很特殊的，小时自然是家庭教员专门教育的。后来他毕业于北京政法大学，到德国柏林大学留学，又得了天文学和生物学博士学位，回国却又深藏西山戒坛寺学画，自号西山逸士。最后以画名家载誉海内外。天文、生物，看似与画无缘，但这二学科也必须有极细的状物绘画本领。

　　清代的皇子皇孙中出过不少画家，最有名的是康熙的第二十一皇子允禧，学董源和文徵明，自号紫琼道人，画得极好。再有就是乾隆的第六子永瑢也是著名画家。溥心畬和他兄弟溥雪斋，以王孙而成为名画家，是继承了这一传统的。但以柏林大学天文博士、生物博士而成为画家，溥氏却是第一人。

王孙公子学绘事，有三个较之常人为优越的条件：一是从小见的东西多，王府中收藏的名人真迹多，从小耳濡目染，名家的书画看惯了，因而不学则已，一学出手便高；二是接触的名师益友多，王府的门客、幕僚中，不少是书画名家，所以要找老师，找相与论艺的朋友，都不成问题。《红楼梦》贾宝玉家中不是还有"詹子兴的工细楼台就极好，程日兴的美人是绝技"吗？何况真的炙手可热的恭亲王府呢？三是好纸、好墨、好笔、好颜料收藏得多，可供大量使用。澄心堂纸、李廷珪墨、宝石颜料，王府中有的是。而这三者是画家最重要的，当然，有了这三样，那还得本人有天赋，肯用功才行。

北京旗人王孙公子都是家里请教习教书，学画也是请老师在家里教，溥心畬、溥雪斋年轻时，都是在西山戒坛寺学画，在戒坛寺住了前后两次有近十年，后来又久住熙和园。为什么在庙里读书学画呢？

戒坛寺在京西石景山后面，过了浑河、马鞍山才到，有相当路程，那里古木参天，风景极好，有不少名寺，如万寿寺即潭柘寺，都是唐代就有的名蓝。戒坛寺是大禅林中专门给和尚受戒的庙。光绪十七年，恭亲王出资重修，作为他避暑修养的地方。奕䜣爱听戏，当时一群名优如谭鑫培、程长庚等都是戒坛寺的常客。恭亲王奕䜣死后，他的神主就供在庙中，等于他家的家庙。所以溥心畬在这里学了十年画。前人曾有咏"戒坛"诗云："强胡且试拿末手，宫装犹见内家样。"注曰："德军官与恭邸小王子校射。"说的就是溥心畬兄弟。溥心畬学成后进城卖画，很快海内闻名，号称"南张北溥"。

十年前在潘渊若丈家中，见溥心畬所画高四寸、长五尺戒坛寺群山卷子，全用赭石画成，如满山落日，纳万山气势于尺寸之间，上面长跋，小字草书，由前到后，几乎题满，真是无价之宝。渊丈下世已八年，此画不知下落如何？

一九三六年春，"旧王孙"在北海漪澜堂、道宁斋里面开画展，有一幅题作"吴岫新经雨，江天正落潮"的楼台图，图中崇楼杰阁，上方一抹远山，四面水纹，有桥斜通岸边，气势极为寥廓，当时家大人替南京一友人买了这幅画，郑重托人带去，后来不知下落了。

"旧王孙"草书宗《书谱》，又参南宫笔势，东斜街口上泰兴理发馆挂他写的草书"进来都是弹冠客，此去应无搔首人"横幅，署款"心畬"二字。我多年在此理发，这幅不知欣赏了多少回。

髯画师

我国历史上是很尊重胡子的，不少人都有过"美髯公"的美称，所以有些画家，便也养起长髯来。第一个使人想起的就是白石老人，清癯的面孔上，飘洒着萧疏的长髯，根根见肉，看上去真有飘飘欲仙的样子。老头长胡子不稀奇，难得的是胡子长得好、长得漂亮。古代人并没有保险剃刀，更没有涡旋电动刮胡器，男人个个年纪大了要长胡子，但是"美髯公"毕竟也不多，所以白石老人的一派长髯，真似乎是有几分"仙"气的。活了九十七岁，同文徵明差不多，也许真同美髯有点关系。

由于白石老人的胡子潇洒，有的人年纪很轻，便也留起胡子来，想同白石老人媲美。大千居士或者意在于此吧。不然三十多岁为什么留大胡子呢？再有一位就是六十年前大名鼎鼎的王梦白。他自号"彡道士","彡"字音衫,《说文》《广韵》中都有,是象形字,训为"毛长也"。这个别号有些怪,实际就是以胡子自夸的,当时只是三十来岁的人,却养了一把好胡子,因而自号"彡道士"。以此自夸,也以此出名。

王梦白的画,造诣很高。他的绝技是写生,一切难描难画的动物,如猴子、乌龟、猪猡、乌鸦等别的画家不画的东西,经他画出,不但惟妙惟肖,而且奇趣横生。他曾为其入室弟子李漪画《十二生肖图》,有人为之题嵌字格诗云:

世情偃鼠已满腹,诗稿牛腰却成束。平生不帝虎狼秦,晚守兔园真碌碌。龙汉心知劫未终,贾生痛哭原蛇足。梨园烟散舞马尽,独剩羊车人似玉。子如猕猴传神通,画课鸡窗伴幽独。板桥狗肉何可羡,当羡东坡花猪肉。

其诗亦十分巧妙。王梦白画花卉师法新罗山人,山水小幅亦极高古。所居曰"破斋",生活潦倒,去世很早,小于白石老人近二十岁,其去世比白石老人约早二三十年。有人挽诗云"须髯终不预天年"。其年龄辜负了这把大胡子了。

梅兰芳学画,请的老师就是王梦白。

胡子谈趣

前些时我写过一篇小文,谈画家与胡子,说的好听一些,应该称作"美髯翁画家",其中说到王梦白先生时,说错了一点,说他是某种工匠出身,似乎同"芝木匠"出身的齐白石一样,这是不对的。他不是工匠出身,而是"布贩子"出身,这一点又有点像曾任大总统的曹锟了,他是以"布贩子"出身当上大总统的。布贩子荣任瑞蚨祥大掌柜似乎是名正言顺,当大总统与画家似乎都不是正途出身了。

当然画家与布贩子并无不可逾越的鸿沟,只不过说明情况而已。同样,胡子与画家也并不是完全不可分割的,留起来就是胡子,剃掉了就光嘴巴子,王梦白先生已作古多年了,但其入室弟子王雪涛先生还健在,当年也曾留着墨墨黑的、很神气的仁丹胡子,后来却也剃掉了。如今,也很少人知道王雪涛先生留过胡子了。

现在外国人留胡子很普通,二三十岁便于思于思,而在几十年前,好像中国人留胡子也是一股风气,不只是画家,其他各种文化界人士、学者、教授、画家,不少都留着胡子,只有梨园界的人,不论老少都不能留胡子,留上真胡子就不能戴假胡子,不能勾彩打大花脸,更不能搽胭脂抹粉装二八娇娃。梨园界一留胡子便表示谢绝铅华,不再登台,所以沦陷时期,梅博士蓄胡便是明志,至今传为美谈。

留胡子,有几种原因:一是爱神气,二还是装老,摆老资格。俗话说:嘴上无毛,办事不牢。又说:吹胡子瞪眼。如果没有胡子,这些便都办不到。有时候年纪轻轻做什么长之类的事,更是毛头小伙子不足以压众,便留上大胡子以冒充一下,近代有名的例子就是在梁格庄给光绪守陵的梁鼎芬。清代末年,梁以翰林院编修的身份,上书弹劾李鸿章,被免去职务,革掉翰林,遣送回广东番禺县老家,一下子出了名。粤大书院要请他做"山长",他因为年纪只有二十七岁,不免有些犹豫,于是决定留胡子,广东好事者为他蓄须,都来祝贺,名曰"贺胡会"。香山黄蓉石为他留胡子特地写了一首七言古诗,诗的结尾说:"安得从游赤松后,不作虬髯带革囊。"简直把他比作张子房、虬髯客般的英雄人物了。谁知道他后来是顽固不化的遗老呢？我还见过一张他在北京家中和人合拍的照片，是夏天光景，在院子里月亮门木屏风前，身穿绸大衫，脚着双梁鞋，坐在椅子上，大胡子飘在胸前。

在著名学者、大学教授中，以美髯著称的，首先使人想到是陈垣（援庵）先生，他在担任辅仁大学校长的时期中，一直飘洒着胸前的长髯，给人留下很深的印象。几十年前，我考大学时，也曾投考过辅仁，当时沈兼士先生还没有去重庆，由沈主持暑假招生考试，笔试完了，口试正问到我时，陈援庵先生身穿蓝纺绸大褂，飘洒着长髯进来了，一边看考试情况，一边问了场上几位教师一些话，便出去了，匆匆之间，得瞻风仪，给我留下极为潇洒的印象。辅仁的几位先生中，现只有周祖谟先生健在，算来也已很老了，而当时正是身穿熟罗长衫的风度翩翩的青年教授。现在有世界名望的加拿大的女词人叶嘉莹教授当时正读大一。美国著名的原子加速器专家邓昌黎教授这年刚考进辅仁。我因为穷，后来没有在辅仁读书。

在北京大学早期的教授中，海盐朱迪先（希祖），是有名的大胡子，背地人叫他"朱胡子"，当面人称他为"而翁"，其实其年龄也不过四十来岁。他收购旧书的本领特精，好多书商都弄不过他。琉璃厂各旧书店，没有不知道"朱胡子"的，和外号"破伦"的伦明（广东东莞人，字哲如）同样出名。他买到的史部的秘籍最多，尤其是晚明万历以后的奏议、稿本，极有价值。后来他离开北大，到广州教书过了五六年，翩然回到北京时，熟人都不认识了，原来胡子刮得精光，变成美少年了。

丰子恺先生从年青时也留着一大把好胡子，又是文，又是画，又是翻译、佛学，无一不精，加以瘦小的身躯，一绺美髯，似乎有点仙风道骨,不食人间烟火的味道。我与丰先生原本不认识,有一次在上海霞飞路一家邮局中寄信,我看他用的大型白棉纸红栏的中式信封,一半写中文,一半写英文,寄给新加坡某法师。灰竹布长衫、长髯,一望而知是丰子恺,我便开玩笑道:"丰先生,好久不见了。"子恺先生一边望着我,一边似曾相识地招呼我道:"哦,你大概一年多没有到我家来了吧?"这样居然真认识了他,也真是"缘缘堂"的一缘了。

名教授唐兰先生也是一把大胡子,三四十岁时,一直如此,不知道的人也以为他已六七十岁了呢。后来也一下子剃光了,曾有人问他:"先生,为什么把胡子刮了?"他笑而不答,看来那时胡子已不合时宜了。

雪涛先生

新加坡老友寄给我一本年历,印刷十分精美,第一页就是王雪涛先生的画,我对之不禁有些黯然了。因为我知道先生去年已归道山。耆旧凋零,故国情深,游子怎能不系之以遥思呢?

我同王雪涛先生不是泛泛之交,而是有师生之谊的,他是我近五十年前的图画教师。在三十年代前期,中学功课按规定要学四年图画,由初中一年级到高中一年级都有图画课。他是我初一到初二的图画教师,每星期只有一课时,初中一年级用的是北新书局出版,马徐维邦编的"铅笔画教材"学铅笔画,等于画素描;初二用的是开明书店出版的"水彩画教材",学画水彩。一年级学的内容和上课情况我印象最深,迄今仍历历如在目前。当时雪涛先生三十多岁,戴一副颜色不太深的黑色近视镜,穿宝蓝纺绸大褂或夹袍,修长身形,脸色较白而留一小撮墨黑的仁丹胡子,十分神气。先生是河北衡水人,人们常说:北人南相,南人北相,是十分聪明的。先生以冀南人而清秀之气有似江浙人,其画运墨着色,格调清逸,似乎这种说法有点道理。

雪涛先生先毕业于保定师范,和长期执教于四存中学的名画家陈小溪先生同班同学。后来又到北京考入京华美术专门学校,和李苦禅、潘渊若二先生同班。渊若老去岁尚有书札往还,今三老均下世矣。

京华美术专门学校的教师有名画家陈师曾、王梦白等。雪涛先生是王梦白(白龙山人)的入室弟子,其花卉、翎毛、草虫深得白龙山人笔意。花卉色彩亦有创新,如画牡丹花心,于黄蕊上略点洋蓝,给人以阳光闪灼之感。画翎毛、草虫,极能表现动态。曾见其当场画雪梅喜鹊,两个喜鹊在空中打架,一向下,一向上,爪儿斗在一起,翅膀飞动,如闻其声,如见枝上积雪被扇动下来,神态极佳。在先生作品中,也是少见的精品,只不知此画现在天涯何处了。

先生教我们图画时,家还住在报子街,靠近东口,路南的门。那时北京一般人家,门上都钉有铜牌,刻上"王寓"、"周寓"等,而小有名气的文化人,则喜欢钉块木牌,刻上自己写的名字,填上洋绿,十分好看。我在西城一带,常见的就是打油诗作者张醉丐和先生。我跟着家里大人经过报子街时,总要指给大人看,告诉他我们图画先生就住在这里。看着年历上先生的画,我该多么思念这些往事呢?那些渺茫而又真确的往事。

有一年重梅丈寄来题雪涛先生画牡丹诗,我读后,不觉技痒,也给先生寄了一首长诗云:

> 窗前喜读萧翁诗,如见先生松鹤姿。犹抱倾葵向日意,精神矍铄写胭脂。萧翁题诗花更好,东风雨露春来早。妆

点明时成二难，风流京国夸双老。我今倾倒读诗时，浮动眼花心已催。落月屋梁思国色，如何再得见花枝。先生忆昔树桃李，我亦门墙称弟子。堪称庸庸朽木材，只今碌碌风尘里。钝根不能事丹青，更学为诗羞煞人。稍识诗情与画理，犹思教诲记谆谆。再陈一事应难说，四十年前记一诺。欲寄鹅溪托去鸿，敢请文采施颜色。

结尾几句是说先生在教我图画时，曾答应我中学毕业时给我画张画，可是后来始终没有得到这张画。

末代状元

过去北京著名的书画家都在琉璃厂各大南纸店挂有"笔单"，说的文雅一些叫作"润格"。你要买某人的书画，就到南纸店照单预定，到期取件便可。记得有一年家中有三个旧扇面，面上是两画一书，画是林琴南、姚茫父，字是樊增祥，想再配一个"字"的，裱四个镜框芯子，便到西琉璃厂清秘阁花八块钱订了一个末科状元刘春霖老先生的。当时刘老先生在北京做寓公，闲中鬻书，厂肆各大南纸店都有"笔单"，而且是鼎鼎大名的清秘阁订的，自然不疑有它。届期取来一看，白纸黑字，纸墨精妍，图书鲜红，的确是"欧底赵面"馆阁体的"状元字"。自是"皆大喜欢"。（所谓"欧底赵面"，就是练字时先写欧阳询，瘦劲有力，练好骨架。再写赵孟頫，让笔势丰满圆润。清代举子到北京会试，会试取中之后，全体再到宫中举行殿试，最讲究书法。就是这种规规矩矩的字体。）不想问题又出在我手中。当时刘老先生的长孙，正好是我同班同学，我拿了这个扇面让他带回去给他爷爷看看。结果十分遗憾，老先生莞尔一笑，原来那件是假的。后来问到店里，才知是他们柜上的一位伙计摹仿的，便只收了点辛苦钱作罢了。这是当年与末科状元翁结下的一点翰墨缘，已是近六十年前的旧事了。

刘老先生是光绪甲辰科状元，正式名称应为"一甲一名进士及第"。这年是清末光绪三十年，即公元一九〇四年，这是中国历史上最后一次会试。自此之后，在中国历史上持续了上千年的科举制度便彻底结束。"三鼎甲"：状元、榜眼、探花郎，也都成为历史上的名词了。因而刘春霖老先生不但是清代的末科状元，而且也是中国历史上最后一名状元。状元是会试发榜后，再经殿试，经皇帝亲自点中的，所以叫"天子门生"。特别重视书法的好坏，所以"三鼎甲"以及翰林一般都是书法家。刘老先生的字极为圆润，十分规矩，因他官做得不大，辛亥之后也未膺重要职务，所以字如其人，也十分拘谨，只能小，不能大，较之晚清其他状元如翁同龢、陆润庠等人是稍逊一格的。刘是河北安肃县人，他前一科癸卯状元王彭寿是山东人，清代近三百年中，状元以江南人多，尤其是苏州，占了一大半还多，而最后即以一个山东人，一个河北人殿其后，结束科举制度，这也是一个特点。据说这是西太后那拉氏的主意。因为科举制度即将结束了。庚子北方遭了兵祸，最后取个状元以安人心。

辛亥后，官最大最出名的状元，是张謇，他是甲午年西太后那拉氏六十生日开恩科中的，以办实业出名，做过多少任总长。这位末科刘状元比之于恩科张状元，则有些望尘莫及了。唯一出风头的事，则是为上海犹太籍闻人哈同"点主"。所谓"点主"，就是在人死后，预先写好"神主"木头牌位上，用朱笔把"主"字上面的一个点点上。意思这样死人的灵魂就附在木头牌上了。哈同死后，特到北京礼聘状元到爱俪园点上这一"点"，管接管送，外送双双敬仪大洋四千银元。以翰苑之尊，为洋财主"点主"，说来这位"末科状元"也是十分凄凉的了。

按明、清两朝，最高级殿试之后，阅卷大臣评阅卷子，按名次排列，将最好的十本送给皇上亲自评阅，由十本再选五本，五本再评订一二三名。清末光绪无权，一切由那拉氏决定，因而这最后几科"天子门生"实际也是太后门生。最后两科：癸卯、甲辰的状元，一个山东人，一个河北人，自然都是那拉氏决定的。那拉氏垂帘期间，同治六科、光绪十三科，共十九科，同治、光绪两朝共四十七年，每三年一科，应只十六科，何况光绪三十年就停了科举。实际因其间增加了好几次恩科，如六十万寿等等喜庆，加开一科。所以十九科了。这十九科的三鼎甲，应该说实质上都是"那拉氏门生"。

名人中赛金花丈夫洪钧是同治戊辰科状元，张之洞是同治癸亥探花，张謇是光绪戊戌状元，最后甲辰一科状元刘春霖、直隶，榜眼朱汝珍、广东，探花商衍鎏、汉军旗，第五名是二十年代末做过南京行政院长的谭延闿，论官比刘大多了，论字也比刘好多了。

"中旅保姆"

见人写文章回忆北京沦陷时期话剧的演出情况，不禁想起了有"中旅保姆"之称的陈绵博士（陈伯早先生）。我在少年、青年时期，有一度和伯早先生过从很密。近些年来，一直想写篇回忆他的文章，但一直拖着，现在看到有人提到他，许多旧事忽然一一浮现在眼前了。

陈伯早先生,名绵,籍贯福建闽侯,从小在北京长大。他是清末邮传部尚书陈璧(字玉苍)的第六个儿子,按照清代官场称呼,老尚书人称"老太爷",他这一代称"老爷",下一代称"爷"或按照江南习惯称"少爷"。所以大家按排行称他"六老爷"。我从"七七事变"之前,就租陈家大房的房子住。直到解放后房子卖掉,我家搬迁,在这漫长的风雨如磐的岁月里,伯早先生一直是我的房东、邻居和老师。

　　伯早先生早年以世家子弟、尚书公子的身份就读于北京大学。毕业后留学法国,入巴黎大学艺术学院,攻读戏剧导演,其艺术博士学位就是以导演《茶花女》一剧和写研究此剧的论文而获得的。

　　伯早先生回国后,在中法大学做教授,翻译过《茶花女》、《天罗地网》等法国名剧。三十年代中前期,唐槐秋先生以学航空工程的身份,改行从事戏剧工作,创办中国旅行剧团,由陈绵博士担任导演,演戏要做布景、道具、服装,要先垫一部分钱,据说伯早先生为此卖了两所房子,作为中国旅行剧团的投资,为此博得"中旅保姆"的称号。他卖掉的房子好像我小时还进去过,在后花园北面,由东斜街开门,是半西式的砖木结构平房,并不好,是他父亲尚书公陈玉苍盖完自住宅子后,在周围盖了不少这种半西式的小院,我家租赁的也是这种半西式平房。至于前面尚书公住的正院,那是十分宽敞考究的。不过也是西式的,大门里有二门,然后才是正院前厅,有林荫大道,有花园,这就是有名的西皇城根二十二号——陈家大院。要介绍这所尚书第宅,必须另写专文,这里只简单提一下,因它与话剧有密切关系,中旅剧团宽大的排练场就是尚书公的大客厅。

　　在"七七事变"前,北京的旧家大宅门,虽然都已相继式微,大多已不显赫了。但究竟还未过吃混合面窝窝头，以及关金、法币、金元券的日子，都还摆着旧谱儿。皇城根二十二号陈玉苍尚书的大客厅，还像一九二八年以前尚书公在世时一样，南北都有窗，有宽大的走廊，四大间连在一起，中间一个大的西式落地罩、拉门隔扇，把二十多米长的大厅隔成两个正方形客厅，每间约五十平方米。里间是西式陈设，当中地毯上五大件皮沙发，四周配合陈设，还有架钢琴。外间中式陈设，全部紫檀螺钿太师椅、大坐床、炕桌等，还在螺钿床两边八字摆着两面八尺多高紫檀螺钿底座穿衣镜，这种代表清末洋务派大官的客厅气派之款式，现在人是很难想象的。迄今我印象最深的是南面墙上挂着一副林则徐的大对子，北面则是成亲王的。

这个大客厅，就是排练场。里面搬开沙发做戏台，外面正好作小剧场。一九三七年五月间，我在这里看《天罗地网》的排练。因戏的尾声有一句词："有了鱼翅还要吃燕窝，干吗？"所以当时改名《干吗？》这是北京方言，并不普通。后来拍成电影，仍叫《天罗地网》。原是法国戏，翻译本把它中国化了，男主人名马金川，女主人马金川太太由张瑞芳扮演，外遇女人名格兰太太，其他演员记不起来了。这不知是不是张瑞芳扮演的第一个角色，只记得她最早来排戏时，天气还不热，树木未长叶子，刮着北京特有的大黄风，我们一群孩子，看她穿着蓝布大褂，围一小红围巾，短发布鞋，同另外几个人从二门进来。当时她在京畿道北平艺专上学，什么系我就不知道了，而那位女配角陈雅冰则穿着有皮领的大衣，烫发，十分时髦。

初排在四月初，彩排就在春夏之间，天已热了。伯早先生请新闻记者、外面的人和同院的人一起看彩排，还备茶点招待。我放学后，赶到大客厅去看，看见陈大导演忙前忙后，招待客人，记

386

者支着三角架随时拍照片,用的还是镁粉闪光,拿小瓶倒点白粉在铁匣子中,左手举着那个有柄的铁匣子,右手按着快门的线,两手同时动作,啪打一声,闪一下耀眼的光,冒一缕白烟,一张照片就算拍好了。我坐在后面犄角一张椅子上,茶房居然给我送来一碟洋点心——即现在称为"奶油标花蛋糕"的玩意。这是我第一次吃,真是味道好极啦,至今口有余香。

伯早先生导演《干吗?》不久,过了两个月,"七七事变"发生,炮声便把古城的《霓裳羽衣曲》惊破了。皇城根尚书宅第中的房东和房客,都乱成一团,不知如何是好了。这位大导演,穿着白杭纺大褂,黑边眼镜,在这座大院的各院落中走来走去,自然也不知如何是好。但小学生、中学生都是把"六老爷"当作圣人,围着他问长问短,七月二十二号吧,传出二十九军在丰台打胜仗的假消息,孩子们很兴奋,围着他听他讲说,他坐在前院走廊瓷绣墩上,指手画脚地谈着,其神采,事隔多年,仍然历历如昨……但是假消息代替不了真事实,听了一天一夜震撼人心的炮声、炸弹声之后,宋明轩将军从武衣库住宅连夜跑到保定,北平沦陷了,文化古城进入了敌伪时期。

沾了陈伯早先生的"光",皇城根二十二号陈家大院挂了法国旗,怕日本兵随便闯进来。为什么挂法国旗呢?这还要从"六老爷"、"六太太"说起。伯早先生原娶中国太太,生了一个女儿,后来去世了。留学法国时,又娶了一位法国太太。尚书宅第是一所有几十亩地,二百几十间房子的大宅子。伯早先生自己住的是花园南面另成院落的三个院子,二门进来右手转弯,沿一行杉木林走到一个小门前便是,门前还有一个大网球场。这个小门中,三个院子的北房都是后面有门窗通花园,环境十分幽雅。这一部分院落,似乎是这个大院的"租界"。因为住着四家

387

有外国人的家庭，三家法国人，一家日本人。陈博士的法国太太之外，还有在北京教了几十年法文的胡木兰女士，她是法国人，丈夫是中国人，我和他做邻居时，她丈夫已离她远去了。与鲁迅、胡适等一度来往较多的张凤举的法国太太也住在这里，"七七"后回法国了。平大农学院汪教授的日本太太，她后来倒辗转随丈夫去了昆明。由于这些法国人是芳邻，所以挂了法兰西旗，以资保护。这原是老北京人庚子时的办法，经过了三十七整年，又用上了。（庚子时八国联军进北京，也在夏天。）

北平沦陷之后，中国旅行剧团在上海租界内演出。其保姆陈博士则未南去，仍在北京。太平洋战争之后，一九四三年元旦，中旅又北上，由天津到北京，在长安戏院演出《铁窗红泪》，演到第九天，被日本宪兵把全团人抓去。伯早先生正带大学生孙道临等人在后台抄写剧本，也一同被捕。受折磨四十多天后被放了出来。在太平洋战争前几年，中法大学照常上课，伯早先生仍有薪水可领，又有房租收入，生活还过得去。沦陷后的古城，过了二年，有青年人组成剧团，仍请他来导演，有些享盛名的演员，都是他最初训练培养的。鼎鼎大名的石挥最早演戏，都是他导演的。一九四〇年他介绍石挥南下上海，几年之间，大红大紫，有"话剧皇帝"美称，不幸错划右派，以四十二岁壮年坠海死去。还有被一些人称作"妖星"的白光，也是陈博士导出来的，现侨寓吉隆坡。这都是他沦陷时期导戏时的演员，后来出了大名的。至于一般二三流的演员，那就更多了。（请原谅这"二三流"字眼儿，十分抱歉。）

在沦陷时期，陈伯早先生被日本宪兵队抓进去过两次，有一次是前面说的那次，另一次在此以前，关了二十多天。平日闲谈时，说过不少被抓进宪兵队的事。但对他自己的事却很少说，我只记得他第二次被抓,这时日本宪兵队已不在沙滩北大红楼,而是搬到东交民巷西口路南美国使馆,此时已在太平洋战争之后。他说被抓同监有一青年,是日本留学生,由日回国,一到天津塘沽码头就被抓了。后来被打死在宪兵队,而且毁尸之后,从抽水马桶抽走了。我当时听他说这些,感到非常恐惧和气愤。

我从高中二年级时,就和他常常谈话了。因为当时我已写东西投稿,常常向他请教,他平易近人地讲给我听。在其后几年过从中,有不少事值得回忆。

我和他常常谈话时,他已经有了"嗜好",就是说已经吸鸦片烟。常常晚间我去看他,他躺在一个小床上一边烧烟,一边给我讲旧事,大多是留学时巴黎的情况,什么建在树顶上的咖啡馆,塞纳河边上的旧书摊、街头画家、西班牙斗牛……我从他那里听了不少夹七夹八的洋玩意。可惜无语言天才,未学会法语,也不会演戏。

同学们想看话剧,都找我,我找他要张片子,写几个字:"兹有友人某某等几人,前来观剧,请接待。"这样同学们便可不花钱看戏了,碰巧,还让坐到包厢里去看。他的片子值得一提,一律是用梅红旧纸印的。因为清代翰林院翰林的大片子都是用梅红纸印的。不是旧家子弟、尚书公子是不懂印这种典雅的片子的。而且片子上只印"陈绵"两个大字,"伯早"两个小字,其他什么也没有。近年有人给我卡片,我看上面印了一大串不值钱的头衔,我每次拿到这种卡片都想笑出来。据说可以唬唬外国人。

太平洋战争后的第二年,我上大学,先上的是和平门外师范大学,校长是黎世蘅,字子鹤,是皇城根陈家大院的常客。这时中法大学早已被日本人查封,不少教授都转到伪北大文学院,伯早先生也算北大教授,因为他有嗜好,又懒,不大按时上课,所以说"也算"。但这时已是吃混和面的时候,伪币贬值,教授难以为生。黎世蘅请他来伪师大开一讲座课"艺术欣赏",他要晚间来讲课,我替他拉了不少选修的同学。第一次来上课,拿了三四百张法国各种画派的画片,发给听讲的人看,什么古典派、印象派、唯美派、未来派……都十分精美,是他从法国带回来的。通过我手发下去,看完再收回。可是听讲的人中,良莠不齐,边看边偷,发下去的,收回来不够三分之一。碰见人头次的人没有办法,迄今我还感到抱歉。

日伪办过一个电影学校,借和平门师范大学地址招生,主考就是陈绵、张鸣琦、王元龙三位。当时社会上羡慕电影明星的人不少,只招三十来个,报名者却有两千人,一时奇装异服的红男绿女拥满了"穷"师大。考中者学习了不到两年吧,就胜利了,大多都入了中电三厂,解放后都入了北影,但没有出大名的。

他在沦陷后期写过一个剧本名叫《候光》,剧名可能是暗示等待光明,但内容平平。他原来准备写一个袁世凯的戏,收集了不少资料,堆在他住的那间房中,有一次他出去了,法籍六太太到他房中一看乱七八糟,便叫来打小鼓的,把这些破书、破报、烂照片全称斤卖了。他回来一看,费了不少力气收集的资料全没有了,便问六太太,三五句之后,便大吵起来。我正好去找他,走在房边,随着窗户听里边吵的真凶,我既不敢进去,又一点也听不懂,感到很好玩,也着实佩服博士的法语真好,能脱口而出,随意吵架,这要口语极为熟练才行。伯早先生在家中与太太、女儿,大多用法语交谈。大女儿是中国太太生的,名陈徵莱,女师大法语系毕业,解放后在文艺大楼做法文翻译,《可尊敬的妓女》就是她翻的,可是遭遇不幸,"整"来"改"去,也早死了。小女儿是法国太太生的,读艺文中学,少女时期生肺炎死了。法国太太则早在一九五〇年就被法国政府接回法国去了。

胜利后，大概是一九四六年吧，他还办过天坛电影公司，在皇城根二十二号大客厅中大请客，这是老尚书大客厅最后的一次"风光"。门口也挂了牌子。筹备拍片，名《黄山夜雨》，由白光主演。但是，没等开拍，有限的资金就因通货膨胀和"宝贝秘书"的拐骗弄光了。片子没拍公司就关张大吉。这是伯早先生导演生涯的一次大失败。试想贵公子出身，有学者风度的大导演，想的都是艺术，哪里懂得经营呢？自然如此结果了。

解放后，他在外国语学院做法文教授，以"齐放"笔名写点小文章，做大导演的风光早已成为过去。实际他在后来导演上也没有什么新鲜东西了。不过作为教授，法国文学的修养还是很深的，但也未曾好好让他教书。各种运动都没有少了他，"文化大革命"一关，未过去，整死了。巴黎大学艺术博士，中国旅行剧团的"保姆"等等，沉沦后结束，还有谁再想起呢？拉杂记之，聊存燕都文化史料吧。

"尚书客厅"

尚书客厅做话剧排演场，这是尚书当年没有想到的事。这位尚书，是本世纪初的名人，但现在知者已不多了。尚书公姓陈名璧字玉苍，号苏园。一九〇〇年庚子时，他是北京巡城御史，周旋于八国联军众洋人之间。夏衍的剧本《赛金花》中曾写到他，是一个不大不小的角色。庚子后，那拉氏回銮，他任顺天府尹，升东陵监工大臣等等，修正阳门楼等工程，发了不少财，后来因为种种关系走通门路，出任邮传部尚书，梁士诒、叶恭绰都是他的门下士，他的奏稿序言、七十寿文都是叶恭绰写的，收在《遐庵汇稿》续编中。交通银行是他一手创办的,北洋政府时期的交通系,掌握着路、航、邮、电财政大权。连军阀们都害怕他们、拉拢他们,而这些"大财神"不少都是他邮传部的旧属,他自己在辛亥后再未做事,一直住在北京大房子中做老太爷、当寓公。直到一九二八年去世。不过他比曹禺《北京人》中写的曾老太爷强多了。他为人精明,又真有钱,不是空架子。

他家的客厅真多,有外客厅、内客厅、小客厅、大客厅好几个,尚书门第的大客厅,是什么样子,现在一般人很难想象,这里不妨作一简单介绍:

四大间掏空(即不架隔断)的中西式房屋,三面共有二十扇大玻璃窗门,南北两面都有宽大走廊,总面积在一百平方米以上,中间一个舞台台口般的大落地罩,把一个长方形的大客厅分为正方形的两部。南北两面都有门,门在中间,进门就在落地罩边。外面中式布置,靠东墙大紫檀螺钿官榻,三面雕花栏杆、炕桌、脚踏、秋香色万寿贡缎坐褥全份。官榻左右两面各放一座八尺高的大紫檀螺钿穿衣镜,在四十年代为其不肖重孙某因争家产故意砸了。这三样已把约三丈宽的东墙放满了。当地大紫檀镂花圆桌,四周六个绣墩。两旁各三对紫檀螺钿太师椅并茶几。一面墙上林则徐的大对子,一面是成亲王的。单这两副大对子,就显出尚书家风范。

正对紫檀官榻的是那面的西式布置,大幅五彩地毯中间放着一大六小七张大皮沙发,沙发前茶几,后面一架多宝格,一架殿版"二十四史",都用檀木箱子装着。四面窗前都是红木琴案,上放盆花。当地左、右两面各放一座大铜镂花熏炉,两面墙上挂八扇嵌古瓷博古镜屏。三十年代中叶及四十年代初,大导演陈绵博士就在这里为"中旅"、"沙龙"等剧团排戏。

尚书公房子很大，他去世后，子孙们同居于一个宅子中，但均分炊另爨。惟有大客厅是共同的，不归哪一房专用。陈绵做导演，便利用这个好地方，作为话剧排演场。先后为中国旅行剧团、沙龙剧团、北京剧社在这里排戏，到过这里的名演员有唐槐秋、唐若青、张瑞芳、白杨、蔡方、石挥、陈雅冰、白光、李明、吴漾、姜明等人，后来不少都成为名闻中外的大演员，也就是人们迷恋的"明星"。

排戏是阶段性进行的，冬天这里生了大洋炉子，暖日当窗，富丽堂皇，十分舒适。陈大导演让人把里面大沙发搬到一旁，在大地毯上就可以排戏了。排戏时不用布景，只是按照剧中实景要求，画几个界线，上场、下场，道具也不实摆，只随便摆两个坐位而已。有戏的演员在地毯中间装腔作势表演，无戏的坐在一旁沙发上观看，导演一会儿坐下、一会儿立起，指手画脚给讲说。我们放了学，溜到前院大客厅，轻轻推门进去，坐在这里太师椅上观看。

那时那些演员，真可以说是红男绿女，奇装异服。但又都很穷，那些男演员的服装是怪而寒酸的。最显眼的是一身白大丝布西装，却穿一件黑色衬衫，结一个大红领带，如果走在马路上，人家一看就猜得到是演文明戏的。旧社会老北京总是把话剧叫作文明戏。但在我们孩子们的眼目中，这些人却都是了不起的英雄——大明星，老是用羡慕而神秘的眼光望着他们。

彩排的时候，就更为热闹了，不但有戏看，而且还有点心吃。因为那天要招待记者和来宾，客人吃不完，孩子们可以包余儿。

记忆最清的是《天罗地网》(当时改名《干吗?》)的彩排，这在《中旅保姆》一文中已作详细介绍，在此不再赘述了。

唐若青

　　前几年报载唐若青女士在香港去世了，不由地使我想起许多旧事。唐若青女士一生没有正式结婚。当时去世时，大约是七十六岁。回忆在北京西皇城根陈家大院中看她排戏，那已是近五十年前的旧事了。在一个尚书门第的大客厅里，不知留下过多少闻名海内外的名演员的余音和足迹，如健在的白杨、张瑞芳，已去世的石挥、唐槐秋、唐若青父女等等。

　　唐槐秋先生、唐若青女士，父女二人一生献身话剧事业，创立中国旅行剧团，简称"中旅"，唐槐秋自任团长，并参加演出。唐若青是中旅的台柱子，一九三三年十一月，中旅创建于上海，一九三四年八月到了当时的文化古城北平，得到熊佛西、焦菊隐等戏剧界人士支持，先在东单三条协和礼堂演出，这是当时文化层次最高的演出场所。其后在清华、燕大、辅仁等学校礼堂演出《梅梦香》、《女店主》、《未完成的杰作》等戏，得到学界的热烈拥护，这样"中旅"便在文化古城站住脚，后又到天津演出。风靡一时，可说是话剧史前期的鼎盛时代。一九三五年陈绵担任"中旅"的义务编导，陆续翻译了《天罗地网》、《牛大王》、《复活》、《情书》、《马来刀》、《祖国》等戏，并担任了导演。还演出了曹禺三部曲：《雷雨》、《日出》、《原野》等，没有一个戏不是演出了惊人的水平。

　　唐若青的戏路子非常宽，可以适应各类角色，在《雷雨》中演繁漪，是活繁漪；在《日出》中演陈白露，又是活陈白露了。这两个角色，在她身上，人物性格，都能得到充分的发挥。后来很少有人能超过她的演技。

这里的主要原因有两点：一是她看惯了当时社会上这类真实的人；二是导演好，也极善于导演这类角色。

唐若青演繁漪时，当时社会上以及她所接触的社交场中，就有不少繁漪这样的人。一些大公馆中二姨太、三姨太这样的人很多，在大家庭中于伦理上有暧昧关系的人也常遇到，甚至她在台上演繁漪，台下就坐着不少类似繁漪的女人在看戏，因而她要揣摸繁漪这类人的心理状态、感情变化，以及一举一动，找两个模特儿是非常方便的。另外她在《雷雨》中还演过鲁妈，演的也非常成功。

她演陈白露，不亢不卑，不温不躁，恰到好处，这更容易理解，这等于她自己实际生活的一部分。三十年代的演员生活，大多是浪漫的，唐若青一直像陈白露一样，是单身女人。而且她曾经有过不良嗜好，也曾经沉溺在回力球赌场里。她因为生活放浪，整夜不睡觉，喉咙变得又沙又哑。但这不但没有影响她的舞台生涯，反而更加出了名。她的这种又沙又哑的舞台腔，曾风靡一时，好多人都学她，直到后来，话剧舞台上，还有不少女演员用她的这种腔调演戏。

医院名医

　　在这一部分中,编了几篇医院和医生的文章,自然是很不全面的。在三十年代前期,文化古城的名医,自然远远不止这些。如果分类,西医有医院、个人行医两种,中医当年没有医院,只有个人行医。而医院中又分为外国医院、中国自己办的公立医院,细分又可分国立和市立,再有就是众多的私人立的小医院。

　　当时一般物价很便宜,知识分子、公教人员如果有职业,收入是可以维持相当水平的生活,但是有一点很重要的,就是没有任何医疗保证,大病小病,都得自己花钱去看,没有地方可以报销医疗费用。协和医院是最大的医院,看病先要挂号:特别号十元、普通号一元、施舍号两角。对于劳动人民来说,二角是一天的伙食,因为两角钱可以买二斤猪肉,或二十三个芝麻酱大烧饼,喷香,上面粘满芝麻,足够两个中等饭量的人吃一天,以这样的代价,挂个施舍号看病,而且还要花钱买药,一般人有个头痛脑热,谁舍得看病呢? 因此当时的人,不要说劳动人民,即使收入较多的公教人员家庭,日常感冒等小病,都是买点中药丸药吃吃就好了。我小时常感冒、咳嗽,很少看医生,一般吃点牛黄清心丸、银翘解毒丸,或是家中有一段羚角,用小瓷碟弄点水,像磨墨一样,磨几下吃下去就好了。有个时期,咳嗽很厉害,花钱去医院看,配了点红药水(即菲那根),吃下去仍旧不起作用,后来向吸鸦片烟的亲戚讨了点头茬烟灰,每晚睡觉前吃高粱米大一粒,就安安静静睡一夜,过了些日子就好了。当时北京中成药丸散膏丹,不管同仁堂的、鹤年堂的,做的都十分精致,用的是地道的材料,治疗效果是很好的。

由于人们不大到医院看病,不少大病就耽误了,或者是在家未经很好治疗就白白死去了,或者病已耽误,到医院治疗时已来不及了。再有当时医院虽然有名,治疗水平毕竟是有限的,梁任公因肾脏手术,在协和逝世,当时社会上普遍责难。三家外国大医院,协和之外,还有德国医院、法国医院。刘半农先生在一九二九年十二月的《北旧》一文中说:

> 我们一旦有病,第一个困难问题,就是请西医好,还是请中医好。这在以骂中医为职业的某君,自然不成问题。但胡适之、马隅卿等都害过重病,西医医不好,却给中医医好了,这又使我们对于中医,不得不有相当的信仰。但适之说:"中国的医,是有医术,没有医学。"有术无学,是带一些危险性的。所以有时候,我们仍旧要舍中医而就西医。
>
> 说到西医,就是要问:究竟私家小医生好,还是大医生好?我的意思,总以为小医生比大医院要好一点,虽然设备不能很完全,却因就诊的人少,医生可以比较静心些,又时时须顾到医院的前途,不能像大医院那样"出门不换货",似乎危险的成分,不至于很多。现在若子女士即死于山本之手,竟使我连小医生也不敢信任了。
>
> 说到北平的大医院,那简直是混帐、该死、该杀、该剐!北平的大医院有三个,都是帝国主义者所开,我今称之曰:甲、乙、丙。

这甲、乙、丙的代号是协和、德国、法国三医院。后面分举丙、乙、甲的例子。丙的院长兼妇产科医生原是兽医，难产开刀，因急于赴总统府宴会，把铁钳子缝在产妇肚中。乙把他侄女、周岁不到的婴儿阿燕交了四十元住院费后，几个钟头就折腾死了。甲先把他侄儿阿明左试验、右试验，左一刀、右一刀……病人死了，还要补医院十多元钱。瑞典学者斯文赫定受了些风寒，脊骨作痛，这家医院却要给他把脊骨割开，后来决定上美国去开刀，而在路上，到了日本，好了一半；到了美国，没有治就全好了。从半农先生文章中，很可见当时这些医院的水平了。

当时中医四大名医出诊很贵，门诊也要一元礼金。一般小毛病，只找熟医生看，礼金少的多。给我家常看病的叶大夫，是旗人，满洲旗叶赫那拉氏，大概和西太后同族。另外常看的还有曾经在太医院当过差的韩一斋老先生。一个时期，也请息园老人看病。

记"协和"

有一次收到俞平伯夫子的明信片，信中写到：

> 我以皮肤病感染，右腿肿，至新名"协和"者就诊。在东单，费时半日，居然找到。近见好转，可释念。

我读了后，非常欢喜。第一，平伯师以八十七岁高龄，身体十分健康，明信片还写得清清楚楚的小字，读其手书，感到本身就是一种艺术享受。第二，偶然得了一点小病，真所谓癣疥之疾，很快就治好了。而且由阜城门外三里河到东单，用半日功夫去看病，其本身也要有足够的精力。八十七岁的人了，多么不容易呢？第三，又看到"协和"的名字，这不是当年的协和医院吗？有几十年没有人提"协和"这个名称了。

"协和"这个名称，解放前就在北京存在了三十来年。翻阅民国八年商务印书馆编印的《实用北京指南》，载有"协和医学校"，地址在东单牌楼后牌坊南。"协和道学院"，地址在鼓楼西大街。"协和女子大学校"，地址在灯市口佟府夹道。"华北协和女医学校"，地址在崇文门孝顺胡同。有四处以"协和"命名的学校，但是在医院栏内，没有载"协和医院"的名字，可见六十六年前，这家在三十年代名闻中外的，当时有远东第一大医院之誉的"协和医院"尚未诞生。

"协和"学校也好，医院也好，都是美国基督教会办的，同后来的燕京大学有密切的联系。教会也有很多派系，如圣公会、美以美会、长老会、公理会等。"协和"、"燕京"都是公理会办的。其庞大的经济来源，来自教会和美国各大财团，如煤油大王、钢铁大王、摩根财团、洛克菲勒财团等，对"协和"和"燕京"都有大量的捐款。这四个"协和"学校的名字，现在莫说一般北京人不知道，即一般的介绍北京学校历史的书上，也很少查找到了。但当时却都是很有名的。她的学生现在还有不少健在的知名人士呢！《胡适的日记》一九二一年五月二十五日记云：

> 三点半，到协和女子大学讲演，题为《什么是文学》，略如我答玄同信里的话。是日见着协和的学生谢婉莹女士，她是很能做文章的，曾有好几篇小说在报上发表，署名"冰心"。她是福建人。

现在冰心已是文坛上老前辈的老前辈了，而这段日记所记，还是刚入协和女子大学,初登文坛的小姑娘呢。赴美留美,给孙伏园办的《晨报》副刊写《寄小读者》,又在此后好几年了。当时男女大学生不同校,其后不久,协和女子大学即并入燕京大学了。

协和医院全称应该叫"协和医学院附属医院"才对。因为她是协和医学院的教学医院。前面所说四个以"协和"命名的学校,除协和道学院是纯宗教性的,与外界关系不大而外,其他协和女大并入燕京,另外两所有关医的,即很快发展为协和医学院,并成立了规模庞大的教学医院。之后就在清豫亲王府建筑了有名的协和大楼、协和礼堂等美轮美奂的建筑物。

"协和"是豫亲王府拆除后新建的。第一代豫亲王是多铎,是与多尔衮同时进关的,是皇太极第十五子,功劳极大,封亲王世袭罔替。最后一代豫亲王名懋林,是光绪二十四年所封,已是上世纪最后两年的事了。本世纪初清朝亡了,民国建立了。亲王的架子自然倒了。王府纷纷出卖,豫王府就卖给"协和"。协和把旧王府全部拆除,在原址上盖了宫殿式大楼,迄今不过六十年岁月。

据说,协和盖新楼挖地基时,掘出了大量的窖藏,整缸整缸的银元宝、金元宝,以及其他金银财宝,数额颇巨。甚至有人说:掘出来的窖藏,不但超过了购买此府的房价,而且抵得上协和大楼的造价了。这样的王府,窖藏上二三十万两白银、万把两黄金,是很平常的事。想想当年老豫亲王多大的声势,是摄政王多尔衮最爱怜宠信的亲王,其府邸窖藏之富,自在想象中。而后代子孙年代久远,不知埋在何处,自然卖房时也无法发掘了。这所王府当时卖价十万银元左右,不过只合三万多美金,不足两千两黄金耳。这点房价,拆几根金丝楠房桁就可抵不少,更不用说窖藏了。

协和大楼是十几座五层、四层、三层连在一起的楼宇建筑群。全部绿色琉璃瓦大屋檐宫殿式建筑。楼面都是青砖水磨对缝。内部装修当时是最考究西式设备,包括水汀管、门锁、抽水马桶等等,都是一色从美国运来的。在这楼群的四周是一条围墙,也是磨砖的,围墙除东南角毗邻其他建筑而外,其他三面都是走得通的胡同。

这座在王府废址上新建的协和大楼,真是气度非凡,东西南北四个门。南面正门在东单三条,是医学院门。西面大门,医院门,对帅府园。东面后门,出入医生、护士,通东单北大街,有护士楼、教授宿舍。北面边门,是通机器房、厨房、进煤出灰的门。

协和最热闹的是西门,每日车水马龙,看病的人都由这个门进出。这个门正对帅府园,出来就是王府井大街。而且门前出路成"丁字形",南北都通,南面通东单三条,北面通小马神庙、煤渣胡同、金鱼胡同。西门进铁栅栏门,高台阶上到汉白玉丹墀月台上,如宫殿般,三面都有楼,正面进去便是挂号门诊,往南往北进去是各种病房,不过里面也都连在一起。各处都可走通。而进铁栅栏门不上台阶,左右包过去,是平的环形路,通底层正门,汽车或救护车,可直接由左首开进去,停在底层门前,病人进去,可乘电梯到各楼诊病及进入病房。车再由右首开出来,布局十分合理,只是窄一些,转弯时,方向盘稍一偏,就要卡在夹缝中。

现代医疗技术,离不开电。协和有自己的发电设备,电机房在东北角,有锅炉供发电和冬天水汀取暖用。高大的烟囱在楼群东北角,是当时东单一带最高的烟囱。

协和是在美国纽约州立案的。她的毕业生发纽约州长签字的羊皮文凭。协和医学院有医学系、护育系,但都不直接招生,学生要先在燕大读三年生物系(即医预)。考入协和医学院之后,先读四年书,再做四年临床实习医生,然后完成论文,再取得学士或硕士证书。考进协和医学院固然不易,读完这漫长的八年也是很艰巨的。前两年刚刚去世的著名妇科专家林巧稚大夫,就是这样艰苦地完成学业,又毕生献身于医疗事业的。

协和当年的医生和护士,除去一部分美国人而外,大多都是协和毕业生。这些毕业生,有的去美国留学,有的留在协和,还有少数在香港及南洋一带行医。医学系毕业生很少,从开办到旧协和医学院结束,只毕业了六十几个人。那时协和一进门,等于到了美国。由挂号一直到看病、住院,全部文件用英文。医生、护士谈话全部英语。挂号费特别贵,大洋十元;普通号,大洋一元;施诊号,二角。费用是相当可观的。我的表兄在清华上学,因为他英文说得好,认识了一个协和美国医生,免费给他电疗患有风湿痛的腿病,迄今还常常说起,而他已七十岁了。

当年协和有远东唯一的一台"铁肺",煤油大王儿子一九三七年春去北平游览,突然发病,用上了这台"铁肺",保住了生命。协和派一名医生、两名特别护士护送他在东车站挂专车去天津塘沽,再坐他爸爸派来的邮轮接他回美国。当时成为中外各报头条新闻。这是"七七事变"前夕的事。有谁还记得协和此事呢?

外科名医

他患脑中生瘤,去年来此地,关颂涛医士为他用手术,剖开脑壳,取出大脑,将瘤烧干,分作三百六十多块,一一钳出。全部手术共费了十点钟……他现在已痊愈了,只是记忆力未完全恢复,西文字已可认识了,但中文字还多不认识。

这是《胡适的日记》中的一段文字。读者看了上面这段文字,也许感到吃惊:什么? 把大脑"分作三百六十多块"! 虽然现在医学发达,这样的脑外科已不稀奇。但一般读者,看了这样的数据,总有点感到上海人说的"吓佬佬"呢? 小时候爱看《三国演义》,看到神医华佗要用斧头劈开曹操脑壳给曹操治病,结果被曹操杀了,很为之惋惜。这位关颂涛没有遇到曹操,却做大脑手术成功了,把病人治好了,他也大大地出了名,成了三四十年代中北京极有名望的脑外科专家。

关颂涛大夫,是出身于纽约州发文凭的、极为洋化的著名协和医学院的医生,当年"协和",一进大门,全用英文,似乎到了外国,其实许多医生却是地地道道的土生土长的中国人。关颂涛大夫而且是老北京,好像是冠汉姓的旗人。旗人冠汉姓不是乱加,是根据满洲姓的本义,译为汉字。满姓中,有一大姓,原意为"关",所以辛亥后,就改姓"关"了。关大夫治病做手术,一口流畅的英语,一句中国话也不说。而在生活中,不但说一口老北京方言,而且饮食爱好、礼貌风格,都是老北京旗家门里的派头。穿着洋服见了老家的打个千,一垂手、一屈腿,那么自然,那么服贴,叫人看着那么舒服。这就是老北京的味儿。

关颂涛大夫在北京成了名医,虽然是协和的大夫,但也应聘到其他医院做手术。手术费是相当高的。但开始总还是以若干元计算。但沦陷时期,票子发毛,太平洋战争开始后,协和医院被日本人接管,停业了,关颂涛大夫没有离开北京,私人开业,专到名医院做大手术。敌伪新贵,遗老阔少,为了活命,找关大夫做手术,手术费用便以金条计算了。

一位同学母亲,家里开着大粮店,老字号,住西四马市大街中央医院,做甲状腺手术,请了关颂涛,不算大手术,价钱便宜,三两黄金。我因友谊关系,陪侍病人数日,认识了这位鼎鼎大名的外科专家。他的专业是脑外科,但其他手术也做,病人不能专开脑袋呀!

据传他后来去了马尼拉,算年龄,也该八九十岁了吧。

息园老人

在《燕都》上读到萧承熹兄的文章,不禁使我想起不少京华旧事。

我与承熹兄昆仲的交往,远在近五十年之前,那时还是刚刚进入初中的学生。萧家祖籍四川三台县,自上世纪末、本世纪初开始,一直就宦游北京,可以说寄籍京华了。如按照清代京官习惯,甚至可以寄籍大兴或宛平。不过辛亥后不太讲究这些,仍然习惯说"四川人",实际上早已是"北京人"了。承熹兄是著名中医,北京四大名医之一的萧龙友先生的侄孙,是龙友先生弟弟紫超先生的嫡孙。一九三二年出版的国风社所编《采风录》作者名单中记云:

> 萧方骏,字龙友,一字久园,四川三台。
> 萧方骐,字紫超,四川三台。

龙友先生晚年又号息园老人,紫超先生又号紫髯翁。

息园老人是在庚子时就在北京工作了,而且也是较为知名的人了。辛亥后,息园老人曾在黎黄陂政府中担任职务,而在从宦之余,又精研医学,据说曾因治愈黎黄陂的太夫人而医名日隆,成了一代名医。不过这些事情,我难以一一说清,只能从略了。我知道先生的大名已是在沧桑之后，先生老年的时候了。只是那时和承熹昆仲还不认识。手头有本一九三六年的《北平旅行指南》，书内《中西名医》篇记云：

> 萧龙友：为北平名医，惟年届古稀，精力就衰，摒去外缘，不再诊病。但亲友中有疑难大症请求者，间或出诊。

我知道先生，见到先生，也正是这个时候。我当时是个十来岁的孩子，住在皇城根陈玉苍尚书的房子里，住的是尚书公长房长孙的房子。一座有大花园、树木成林的大房子，尚书公的后人分作几房共同住在里面。各房多余的房子又租给房客居住，有中国人，也有法国人和日本人。陈家各房因与息园老人是世交的关系，常常请老先生来看病，我们这些在大院中玩耍的孩子，常看见老先生的那辆浅咖啡色的汽车从二门沙沙地顺着甬路开过来。现在这种把两个备胎插在水箱两面的汽车自然是老古董的样式了，而当时却是很新式的呢。当时老先生行医，只出诊，不门诊。出诊记得是西城八元，东、南、北城路远加倍。车前面坐两个人，一是司机，一是管事。看完病把礼金交给管事。如果请来看完一个病人，顺便再给家中其他人诊脉，开个方子，便再加二元。老先生的方子以草药为主，药剂很大，价钱不贵，不大开贵重药，也不指定药店去买。

先生的医术之精，我听过几件带有传奇性的佚事。一是我的房东陈同孙先生说的。同孙先生夫人有一次产后虚弱，病情十分危险，好多医生已感到束手无策了，便请来息园老人为之诊脉。经仔细望、闻、问、切之后，尚未开药方。这时同孙先生二房一位堂妹子正骑自行车下学归来，听说息园老人来看病，便也由

405

母亲陪着，请顺便诊诊脉，说是月事一两个月未来了。这样息园老人又给这位小姐看了一番。全部看完之后，同孙先生把医生让到客厅中休息喝茶，开药方。这时息园老人看客厅中没有别人，便轻声而很肯定地对同孙先生说：

"尊夫人的病，别看十分沉重，包在我身上；二房令妹的病，不大好治，恐怕过不了八月节……不过先不要同二太太说。"

同孙先生听了很吃惊，忙问为什么，回答说：

"治疗晚了，现在淤血，药力已经打不开了。"

送出医生，同孙先生半信半疑。一个在床上已奄奄一息，倒不要紧，一个尚骑着脚踏车上学，倒十分危险。这如何令人相信？但这是四大名医中德高望重的老先生说的，又如何可以不信？

精确的诊断等于科学的事实，当时说这话时是端午节前后，不久就炎夏来临，学校放暑假。缠绵床蓐的夫人在息园老人多次诊治处方服药之后，渐渐好了起来。而那位小姐却在暑假中日渐面黄肌瘦，秋季开学已卧床不起，果然在阴历八月上旬末去世了。

二是许宝骙仁丈近年告诉我有关息园老人的两件事。一见老辈之风仪，二见医术之精湛。

一是宝骙丈太夫人产后虚弱，当时家住天津，请天津名医张介眉、苏州籍名医徐绍裘（名寿彭）治疗，均未见效；后来又从北京请了息园老人治疗。过去名医看病，如果已经其他医生看过，便要把过去的处方看一看，以便参考。息园老人诊过脉，看了张介眉的方子，便在方子上批道：

"介眉，吾师也。"

表示对另一位医生的尊重。

另一件事是宝骙丈内弟钱老先生，十二三岁时，得了一种怪病，气喘吼个不停。许多医生都看不好。请当时德国名医狄伯尔大夫、日本名医小金大夫都治疗过，都不见效。家人在天津回北京的火车中，遇到息园老人，谈起此事，息园老人便答应回京看看。诊脉之后，开了方子，其中主药是"细辛"，告诉药要一点一点喂下去。结果吃药时，先是一点一点喂，不料药一下肚，病人就出汗，不安定。病人母亲做主，把药全部给他吃下，一会儿，病人就大吐起来，吐出的全如绿萝卜滓状物。自此病就好了。病人现已是皤然老叟，仍甚健康。

以上是我听到的息园老人的行医轶事。如果及时去收集，我相信还可得到不少。再有老人的处方，散失在社会上的也不少。家母当年生病，也请老人看过几次，开过不少方子，二十年前，尚放在父亲书桌的抽屉中，几次搬家，仍然保存着。十年浩劫之后，则早消失殆尽矣。亡师谢刚主先生，也是萧家的亲戚，生前也常常说息园老人的轶事。当年刚主先生在天津梁任公家中任西席夫子，有一次任公夫人生病，托刚主先生去北京请息园老人来津看病，管接、管送，招待食住之后，临行刚主先生向任公请示赠送多少礼金。任公提笔一挥，嘱向账房领钱："礼金大洋贰佰元正。"

刚主先生多次说起此事，总带笑找补一句道："真是总长的派头！"

息园老人寓西四南兵马司，承熹兄祖父紫翚翁寓其宅旁玉带胡同，老兄弟二人诗酒盘桓，子侄辈互相来往，近在咫尺，几如"一墙分作两家春"，可媲美眉山苏氏昆仲，均多才多艺，诗书名家。记得有一年冬天，父亲从前门外买东西回来，说在吴德泰茶叶庄看到紫翚公的一幅字，写黄山谷，极为精神。按年份推算，知紫髯公与我祖父同年中举，虽然乡试一个四川、一个山西，离的很远，但老辈重视科名，总要拉"同年"的关系，尊为"年丈"。父亲自拟了一副对子："燕赵多慷慨悲歌之士，杜陵以风流儒雅为师。"写了恭恭敬敬叩求墨宝的信，并对联原稿，让我带到学校中交给承龄兄请他带回家，请老先生去写。过了几天写好拿了回来。紫髯翁重视年谊，不但联语写的十分妩媚，而且加了四行长跋。可惜这副联语，也早已散失，其形象也只存在于我记忆中，情之所系，不堪回首矣。

息园老人和紫髯翁昆仲二人，不但书写苏、黄，为一代名家，其诗亦摇曳醇真，不失老辈风范。本世纪二三十年代，国风社聚集一批诗人，均是近代旧学的代表人物，如樊樊山、陈宝琛、章孤桐、叶遐庵等位，均所谓"同光后劲"，萧氏昆仲，名列其间，用一句现在话说：也是不简单的。民国十八年，其《己巳元旦》诗并注云：

> 龙降蛇生又改年，春人无复永嘉前[1]。
> 岁朝图就翻新样[2]，家宴风成敞素筵[3]。
> 默祝五城清盗窟，尽收世界入禅天[4]。
> 晨兴酣饮屠苏酒，小坐花间意湛然。

注：[1] 旧政府同侪，十不见一，可慨之至。

[2] 有人画岁朝图，仅松枝柏叶，题曰《青天白日图》，真堪解嘲，此亦有心人游戏笔也。

[3] 舍间祖传元旦全家素食一日，行之百年矣。

[4] 近年朋辈中皈依佛法者甚多。

这是文化古城初期，政府南迁后市面萧条、失业人甚多时的情况。录之以见老人的诗风吧。《采风录》的作者名单中，前两年，还有一位硕果仅存者，就是黄君坦先生，名孝平，福建闽县人。于今，则这个名单，均已成为"录鬼簿"中人矣。

一九三九年秋，息园老人在报子街聚贤堂饭庄祝嘏，唱堂会，盛况一时，不少名伶如言菊朋等位，都参加演出。印有《七十自寿诗》，我家过去有一份，可惜也早已失散，想引用几句也无处寻觅了，只能慨叹而已。

老人以九十四五岁高龄，直到五十年代中叶才去世，也是寿近期颐的人瑞了。

伤寒专家

四大名医中，名气最大的还有施今墨，另外汪逢春、孔伯华二位。而我最熟的除息园老人外，就是孔伯华老先生了。我一场伤寒，已到了死亡的边沿，是他老人家把我从"鬼门关"上拉回来的。岁月不居，天涯寄迹，但总常常怀念着老先生高明的脉理和亲切的音容，老先生作古已近三十年，未知其岐黄妙术，世间尚有传人否？

我是十八岁时得伤寒的。年初二病倒，开始以为是重感冒，吃吃羚翘解毒丸、鲜芦根汤之类的成药，不解决问题，热度越来越高，病越来越重，家中因同乡、年谊等关系有私交的医生不少，西医都是协和的著名大夫，中医也都是后来做中医院院长的名医。请了几位来看，吃了不少副药，都没有用。到过灯节时，人已昏迷不醒、水米不沾牙数日，快要准备后事了。这时有亲戚介绍，让快去请孔伯华先生。

孔老先生出诊，要吃过晚饭，休息过后，八九点钟才出门，几家一转，已是半夜。那天来时，已经夜间十一点左右了，先问了一些病人的情况，然后又把已吃过药的方子逐一看了一遍，便给病人看脉，又撬开嘴看舌苔（当时我已昏迷多日，人事不知，这些都是事后父母弟妹讲给我听的），然后坐下，处方。父亲问老先生：前几天吃的药对吗？老先生说：错是没错，但是无用，他们哪里能治这种病呢？说着让随来的两个学生写方子，老先生一边念，学生一边写，各写一张，一张给病家去抓药，一张先生带走。处好方，立即吩咐：马上到前门大街南庆仁堂敲门抓药，药中有牛黄、羚羊角，价钱很贵，连夜煎，连夜喂。天明看舌苔，如果变黄或变黑（记不清了），你们马上拿方子到我家来，我再改方子，连续抓药、喂药，否则就不要来了。意思就是舌苔变不好，人也就无望了。

结果是病情向好的方面转化，拿方子到先生家敲开门，送进去，先生于枕边又增减了几味药，回来买了继续吃。每两天先生来一次，第三次来看脉，开完方子后，便关照：明天下午准备他大便。果然，第二天下午三点多钟，我忽然如大梦初醒般便想大便，便后，真是觉得浑身轻松，我真正懂了"爽然若失"这四个字的含义。但是妹妹递给我一个小镜子一照，几天瘦的像骷髅一样，头发、胡须却乱长，自己已不认识自己了。

先后请了老先生四次。第四次时，老先生即说：病人已好，不必再请先生，注意调养吧。孔老先生收入很多，但开支特大，自己连所房子也没有，当时住在西斜街红庙，很大的宅子，是租的，愈后到先生府上看过几次门诊。后来搬到大佛寺街去了。先生的药方早已遗失，实在太可惜了。

先生能挽救我生命的医道，我真正佩服到极点了。

太医院世医

几十年前在北京时,住在甘石桥皇城根。日子久了,周围的街坊邻里,都熟悉起来。其中之一,就是韩一斋老先生。我常常想起这位老人,当然,现在来说,他早已是古人了。

韩老先生家住在石板房头条,几乎可以说是门对门了,但因当年有皇城,一墙之隔,要兜进西华门走惜薪司,绕个大圈子才能来往。皇城拆后,也要走灵境胡同东面路北胡同进去才能绕到,虽然没有几步,但也要走一段,所以说是街坊也是远街坊了。

韩老先生在清代是太医院世医,在太医院供过职,因之辛亥后便以行医为业。上午门诊,下午出诊。当年他虽然没有四大名医"萧、施、孔、汪"出名,但因为是太医院出身,挂牌可称"御医",所以请的人也不少,在西城多少有些名气。家中当年也养着马车,这在清末民初是十分炫耀的。我认识老先生,也是因看病结的缘分。有一年春天我得伤寒,最后是经孔伯华老先生看好的。第二年冬天,我又患湿热,家中很害怕,还以为是伤寒呢,因为老先生离的近,请起来也方便,便请老先生来看一看,当时老先生看脉之后,便断定是湿热外感,绝对不是伤寒,只要再看二三次,吃几副药就会好的。老人看病之后,坐在桌前闲谈,翻我桌上写的东西,发现我用白折子临的《灵飞经》和用毛六纸临的《书谱》,忽然感了兴趣,便给我讲起写字、用笔等等,讲的十分起劲,声称愿指导我。当年这些位老名医,也都是十分高超的书法家,息园老人、萧龙友老先生皆承二王正宗,又加苏、黄笔意;孔伯华老先生写的极为敦厚;这位韩老先生写的《书谱》也极纯熟、萧洒。因为离的近,病好之后,我也拿了写的字,去韩老先生家中讨教过几次。老先生谈起话来,不紧不慢,完全是北京人的老"谱儿",虽然次数不多,却十分融洽,老人似乎也是在诊务之余,找个小友,借题闲谈,调剂生活,以解寂寞吧。老先生于指导书法之外,还喜谈晚清掌故。那时邻家高门大宅,是清代一位尚书的房子。韩一斋老先生常常谈起它,真可说是如数家珍。可惜我那时年轻没有常性,去了不多次就不再去了,字也未能写好,却辜负这样一位好老师,真是无限可惜了。

后来老先生把诊务都转给儿子,自己不再看病了。按,清代太医院于掌院大臣、院使、左右院判之下,分御医、吏目、医士等级,御医六品,吏目七品、八品,医士九品,老先生医术很好,但恐怕还不是御医,只是"吏目"吧? 人世茫茫,于今则惟有思念,无处去问了。

校景情思

　　这是一些回忆校园、校景的短文，编在一起，题作《校景情思》，可能引起一些白头老人、天涯游子的怀念。思旧之情，人人难免。读老先生们的书，每遇写到这方面内容的文章，我总是引起许多遐想，如读钱宾四先生《师友杂忆》之九，其中写燕大、清华校园道：

　　　天津南开大学哲学教授冯柳漪，一日来访。告余："燕大建筑仿中国宫殿式，楼角四面翘起，屋脊亦高耸，望之巍然，在世界建筑中，洵不失为一特色。然中国宫殿，其殿基必高峙地上，始为相称，今燕大诸建筑，殿基皆平铺地面，如人峨冠高冕，而两足只穿薄底鞋，不穿厚底靴，望之有失体统。"余叹为行家之名言。

　　　屋舍宏伟堪与燕大相伯仲者，首推其毗邻之清华。高楼矗立，皆西式洋楼。然游燕大校园中者，路上一砖一石，道旁一花一树，皆派人每日整修清理，一尘不染，秩然有序，显似一外国公园。即路旁电灯，月光上即灭，无月光即亮，又显然寓有一种经济企业之节约精神。若游清华，一水一木，均见自然胜于人工，有幽茜深邃之致，依稀乃一中国园林。即就此两校园言，中国人虽尽力模仿西方，而终不掩其中国之情调。西方人虽亦刻意模仿中国，而仍亦涵有西方之色彩。余每漫步两校之校园，终自叹其文不灭质，双方各有其向往之而不能至之限止，此又无可如何之事也。

难得老先生在半个多世纪后，以八十八岁高龄，能亲切回忆燕京、清华两校校园景物情致，且能做出东、西方文化上之比较，读来使人更受启发。我后面小文所写，自然没有这样亲切、深刻，况且北大校舍分散，校舍规模风景远不能与燕京、清华可比，我偶去燕京、清华，都也是暂时的，只是一时印象，自然很浅了。因录宾四先生这两段回忆，稍加解说，作为这组短文的前言。

老北大

一八九八年成立京师大学堂，是为北京大学前身，校址在景山东马神庙路北，这就是后来北京大学的理学院，又叫"二院"。此地原来是一座公主府，是乾隆的和嘉公主，乾隆第四个女儿。乾隆初年嫁给大学士一等忠勇公傅恒的儿子福隆安，府邸就赐在这里，府邸五间三开大红门，在文化古城时期，和其他宫门、衙门一样，那块带花边框子的"大学堂"竖额一直挂着。地方虽不算小，但作为大学，那还是远远不够的。红楼建成后叫"一院"，南河沿译学馆旧址叫"三院"，较长一个时期，北京大学就是这三处校舍，同时还包括理学院西面的"西斋"，红楼西面的"东斋"两处学生宿舍，于今海内外的各界人士中，当年在这两处斋舍中居住过的想来还大有人在吧。

理学院和红楼之间，距离并不远，跑来跑去都是几条短街，但地名却颇为复杂。红楼正前面，东西不过一百多米的一条正路，地名"汉花园"，汉花园是清代皇家内务府所掌管的皇家产业,是八百多平方丈①的一块空地,光绪末年拨给大学堂,作为增建校舍用地。后来红楼、东斋、图书馆、办公处、灰楼新宿舍都建在这里。往西南斜过去,到北池子北口,短短一段,地名"沙滩",由西墙外往北去,一直往北走,有一座喇嘛庙叫"嵩祝寺",因而文学院新楼外面的地名叫"嵩祝寺夹道",理学院前的东西街叫"马神庙",马神庙东口正对二院西门,进去就是图书馆和总办公处。而就在这短短的几条小街上,本世纪前半期中,真不知有多少世界闻名的学人在此留下过足迹。

在二十年代末三十年代初蒋梦麟氏任校长时,北大在沙滩一院又盖了不少房子。一进西门路北的那座图书馆就是三十年代初建筑的。质量较高,进大门正面楼上下都是书库,借书台,后面连着藏书楼。东西两面楼上下分文科中文、文科外文、理科中文、理科外文四个大阅览室,阅览室中座位、桌子、台灯都是固定的,设备很好,像《大英百科全书》、《韦氏大字典》、《二十四史》、《丛书集成》等都是在两旁橱中自由取阅的。三十年代中还在红楼后大操场北头盖了很考究的高年级和研究生的宿舍,都是每人一间,有壁橱,分六平方米、九平方米两种。是一所马蹄形的楼,共八个门,分"天"、"地"、"玄"、"黄"、"宇"、"宙"、"洪"、"荒"八个楼号。前四号男同学住,后四号女同学住。再有理学院的地质馆,也是在这个时期盖的。沦陷时期,文学院在嵩祝寺夹道又盖一所新楼,这座楼全部是为上课用的,设计较合理,有大小教室近三十间,还有阶梯教室,可做学术报告,各系开年会之用。老北大当年就是这点校舍,而且一直没有大礼堂,这是无法与清华相比的了。

① 按,1平方丈=11.09平方米。

在景致方面，北大校园内并无小桥流水、回廊曲榭可言。约略分之，马神庙理学院是府邸大门，完全是旧式的，但里面并非旧式的，都是清末建筑的半西式建筑，如方形的带廊子数学楼、长形的理化实验室等，楼只二层，不高，校内给人的感觉是庭院式布局。前面有个大水池，也都起不了什么点景作用，只是楼四周有花木，春日丁香、海棠，着花十分烂漫耳。沙滩红楼及西面办公处，更无风景可言。布局是广场式建筑，红楼前没有什么花木风景，虽有长条院子，实际等于临街高楼。后面大操场。一百多米远处，才有新盖的宿舍楼，整个操场，真是形同"沙滩"，只有靠东墙边有几株歪脖子树，实无风景可言了。往西并无门，只是墙豁子过去，办公处大门外，有几株槐树，夏日稍有绿意。图书馆前，略有绿化，面积也很小，点缀而已。三院过去门临北河沿，虽然校内也无风景可言，但门口据说过去很不错。刘半农《北大河》中说："你若到北京城里，找到一点带有民间色彩，带有江南风趣的水，就只有三院前面的那条河……只隆冬河水结冰时，有点乌烟瘴气，其余春、夏、秋三季，河水永远满满的，亮晶晶的，反映着岸上的人物、草木、房屋……"可惜后来没有了。

红　楼

说起老北大，人们自然想起沙滩红楼，说起红楼，人们又自然想起沙滩北大。在北京，红楼几乎成了北大的代名词。其实老北大原本并不在红楼，而且也不只限于红楼，红楼是一九一八年才建成的，到现在也不过只有七十二岁。红楼是民国五年六月借比利时仪器公司款二十万元建造，原计划做预科宿舍。在红楼之前，人家都知道马神庙（即后来的景山东街）大学堂，那就是一八九八年成立的京师大学堂的原址，后来的北大理学院，也是红楼建成之前的北京大学的本部，其他还有南河沿的清代译学馆旧址，习惯称作"三院"，长时期是北大法学院所在地。

红楼是一所砖木结构的五层楼建筑，所谓五层，是连地下室都算上。不过它的地下室特别高，而且只有一半在地下。再加上面四层，便是五层楼了。如看平面图，它是凹字形的。六十来年前，北京内城基本上没有什么西式楼房，因此红楼一建成，便成为庞然大物，有雄视一方之势了，这种局面，一直持续了三十来年，由于这三十多年的"雄视一方"，而且又在东西城的要道上，所以红楼便成为北京大学的代名词了。

红楼是蔡鹤卿老先生做校长时盖的，原来盖这所房子的目的，是做学生宿舍，所以一走进楼道仍可以看出当年的意图，即房门特别多，每间有一扇门，后来二楼、三楼改做教室，三间打通做一间教室，中间一扇门关起，前面一扇门进来就是讲台、黑板，后面一扇门出入学生，坐三四十个学生听课，宽宽大大正好。容庚、顾羡季、赵斐云等先生都在此讲过课，不过这已是红楼岁月的后期了。早期底层一直是图书馆，李守常先生做文科学长兼图书馆馆长时，就在这里。三十年代初西门里盖起图书馆新大楼才搬了过去。

红楼有一段很悲惨的伤心史，就是"七七"之后，做过六年日本宪兵队部，地下室全部成为牢房，是很残酷的。直到一九四三年才交还当时的伪北大。当时地下室楼道两头很粗大的木栅栏还未拆除，阴森森的，仿佛还能听到铁镣声。

伪北大时，楼下东面是院长及各系办公室，楼梯两边是教务、总务等办公室。胜利复员后红楼改作教职员宿舍，一些单身名教授，如冀贡泉、向达、游国恩几位先生，有个时期，都住在这里。

红楼前临马路,后对操场,楼前既少扶疏花木,楼后也无山石林泉。站在五楼上眺望,还可以看周围栉比鳞次的屋瓦,或远处紫禁城景山的凤阙龙楼,其他则再无风景可言了。而我最思念的是它冬日的温暖,这幢大楼锅炉房在中间地下室,冬天每天烧四吨煤,因而全楼暖气无一处不暖,上课时朝南教室更是暖烘烘的,坐在那里,筋骨舒软,昏昏欲睡,如教师讲的无聊,那眍着眼也可能酣然入梦了。下课钟一打,蓦地醒来,跑到楼下外面,冷风一吹,头脑清醒了,但红楼又高又长,坐北向南,正好挡住西北风,饱晒大太阳,因而负暄最宜,靠在地下室窗户边晒太阳,迷迷糊糊,又昏然了,上课钟又响了。

清华花事

读陈寅恪先生的诗集《寒柳堂集》,其中七律《戊子(一九四八)三月二十五日清华寓园海棠下作》云:

> 北归默默向谁陈,一角园林独怆神。
> 寻梦难忘前度事,种花留与后来人。
> 江城地瘴连孤艳,海国妆新效浅颦。
> 剩取题诗记今日,繁枝虽好近残春。

这是抗战后他回到清华园旧寓时写的。一九四五年春在后方时,尚有《乙酉春病目不能出户,室中案头有瓶供海棠折枝,忽忆旧居燕郊清华园寓庐手植海棠感赋》诗。此诗诗情十分凄惋,尤其是"寻梦"一联,更使人低回不置。寅恪先生抗战前在清华研究院教书,在教授宿舍自己住的小院中,亲手种了一株海棠,十分可人。"七七"变起，"渔阳鼙鼓动地来"，惊破了海棠春梦，先生随学校搬迁到昆明，在西南联大任教，常常回忆起清华园，更忆念自己手植的这株海棠。一九四五年春，他住在成都养病，成都自古是海棠之乡，所谓"蜀府海棠"即是，客中养病，怜惜春光，曾从外面折了一枝海棠，插在瓶中，作为案头清供，对着客中的异地海棠，不禁更思念起清华园故居中手植的海棠了。当时亦曾有诗，就是前记长题。其颈联云："世上欲枯流泪眼，天涯宁有惜花人。"其结句云："万里旧京何处所，青阳如海隔兵尘。"可见先生当年念花之心，但隔着万里"兵尘"，不能归去。后来抗战胜利，他又回到手植的海棠花下，所以前引诗句中，有"北归默默向谁陈"之句了。又道"种花留与后来人"，真的，这花现在是在谁的门前开放呢？不只是这株海棠，清华园中还有不少的花呢？现在也都开的十分烂漫了吧？

我对清华园的花事也时时系以遥思的，首先，我想到的就是"工字厅"畔的丁香林。在其他城市中，好像没有那么些丁香树，而在北京，丁香与迎春花似乎是春花中最普通的，"工字厅"因为是各办公室所在，又在正门内不远，是出入的必经之地，所以最容易给人留下印象，它的外面和院内都种了不少丁香树，有白，有紫，着花时像一片片云朵一样，极为馥郁，但当时一般人则是匆匆而过，对它不大在意，几十年后，回想起来，倒反而觉得亲切了。女同学宿舍"静斋"外面花木也很多。南院教授宿舍，家家都有小院，也都种了不少花木，丁香、榆叶梅、海棠、梨花，只是不少人后来离开了清华，花虽然留与了后来人，而对花的思念却是无穷的啊！

人们在自己院子里种一棵海棠、两株丁香，每到春来，花间观赏，除单纯对花的观赏之外，还有另外一种感情。可能也是自我欣赏的亲切心态吧。因而清华园南门里面原来教授住的小院中，家家都有自己栽种的花木，花开花落，年去年来，花也老了，人也老了。如不远走天涯，尚可朝夕相守。但一搬到高层洋楼中去，那也就无处种海棠了。

清华园还有荷花，朱自清先生的名文《荷塘月色》，在中学课本中都有，在此不多说了。

清华校庆记趣

看到报上有关清华校庆的一些报导，不禁勾起我的清华园之梦。记得在三十年代之初，有一年暑假，清华大学入学考试，作文题是《梦游清华园记》，于是这一年清华园的考生，不管考取与否，都"梦游"了一番清华园。这已是近六十年前的事了，当年大做"清华园之梦"的人，现在都是近八十岁的人了，天涯海角，应有不少人又在做清华园之旧梦吧？我之年较此稍晚，没有赶上做"梦游清华园记"，但与清华园却仍是有一点缘分，有一点感情的。

记得有一年四月间，清华一个老同学进城有事，住在景山东街北京大学"西斋"我的宿舍中，住了两三天，事情完了要回清华园，又拉我一起去玩两天。说走就走，两个又一起去到清华园。当时还没有公共汽车，而只有清华校车，早上进城，先在西单"亚北"号饼点铺门口停一停，西城有事的人都在此下。然后到东城米市大街青年会门口，去东城、东安市场、沙滩等处的人都在此下车。但是学生们则大都有辆破自行车，便用不着乘校车了。我们两个人便骑着破车，悠悠忽忽地出了西直门，一路上，一边骑一边说笑，不大一会儿，已过了海淀、过了燕京，往东一拐，就望到清华西门了。这一次去,下榻"明斋",做了一周的清华园之客,正赶上了这一年清华的校庆。校庆那天,除去一些照例节目,如各试验室开放,让来宾参观;如"静斋"(女同学宿舍,平时男同学止步,不得入内)开放,女同学招待男同学做客而外,筹备校庆的人,又想了一些新鲜节目。体育方面,在一场足球赛之后,马约翰老教授又别开生面地安排了一场"驴球"比赛。预先从香山脚下雇了三四十匹逛香山的小毛驴,预备让足球队员,分成两队,骑在驴上,每人手里拿一根四尺多长的木头棍子,以小足球为"球",按照打马球的规矩,在足球场上,互相对垒,原来设想是很好的,结果事与愿违。驴子本来就是胆小的动物,况且这些驴平日只是受雇于游人,骑了登山玩玩。哪里见过这种场面,那天体育馆前操场上围了不少人,小驴被牵上场,骑上人之后,哨子一响,裁判的小红旗一挥,那些可怜的小驴随便怎么打都不肯动一步,围着看的人,有的哄笑,有的乱喊,小驴更为惶恐,只能在原位置上转圈子,这样坚持了个把钟头,一场别出心裁的"驴球比赛"便以闹剧而终场了。

第二是篝火晚会,是当天晚上在图书馆前空地上举行的,参加的人非常多,中间烧了一大堆篝火,火光熊熊,照的周围人们脸上通红。当晚节目很多,举两件别致的以见一斑吧。一是英语《王宝钏》,薛平贵和王三姐都用英语道白,用英语唱,演了《武家坡》一折。二是两位男同学脸上涂了油彩,用纸条做成草裙,围着篝火大跳其火奴鲁鲁的"呼拉",出足了洋相……这些当年二十来岁的少年,如今都是近六十岁、甚至六十开外的老人了。有哪位还记得这天晚上的热闹气氛吗?

燕园秋色

　　如果在北京，又是黄叶纷飞的时候了。我又想起三十来年前，在燕园南面女生宿舍外面宽阔的大路上，披斜阳、踏黄叶、与故人话别时的情景。

　　我不是未名湖畔的学子，但因为那里有几位老同学的原故，便也常常到燕园去，这位在女生宿舍外面、踏着黄叶散步话别的故人，实际是一位男士，当时他正在燕园读大四。那时燕园的男生宿舍，是在进大门之后，由图书馆北侧过去，靠北面的几座绿琉璃瓦宫殿式楼房里，楼房有个大屋顶。楼下面的男生宿舍，多是单独一间间的，住的人少，因寄宿费较贵，最上层那个大屋顶下面，是间大屋子，也作宿舍，好像轮船的统舱一样，宿费就便宜的多，那个朋友就在这统舱中，我常常到这去找他。最后一次找他，从宿舍出来散步话别，那时已是深秋，先顺着未名湖边上的小路转来转去，慢慢转到图书馆的南侧，再往南走，便到女生宿舍院落外面的大路上了。燕园建筑的布局和设计都非常好，一排排的朝南的宫殿式楼房，不太高，在楼房右山墙下半截连着小院的院墙，还有小小的院门，是很有些宫苑的意味。院门外，是一条很干净的南北向的水泥路，两旁有很多树木。当时是下午四点来钟，西面的金色阳光洒在院墙上，天气很好，但却有风，吹得水泥路上的黄叶沙沙作响，我们一边散步，一边闲谈，一边眺望着飘渺的燕云，心里却充满着即将离别远行的怅惘情绪。当时燕园人本来不多，在这里散步时，更没有什么人，安静极了，这些都使我留下十分深刻的印象。几十年了，偶一忆及，便在眼前浮动，连那黄叶的飘落声似乎也还能听到。

在当年北京的一些大学中,燕大说来还是最年轻的,它的校园也是最美丽的。燕京大学在一九二〇年才建立起来,是把原来的几所规模不大的教会学校:汇文书院改的汇文大学、通州潞河的通州协和大学、城里的协和女子学院合并起来的。最初的校舍就在哈德门里船板胡同进去汇文中学东面盔甲厂,原是很偏僻的地方。后来才买了海淀成府勺园旧址,兴建起美轮美奂的宫殿式新校址,也才有了燕园和未名湖。不过那校园确是十分漂亮,"下西风黄叶纷飞,染寒烟衰草凄迷",黄叶时节怀燕园,是迷人的黄叶梦啊!

说到燕园的秋风黄叶,鸳瓦楼台,不禁想起一件有关建筑的事,就是采用中国传统古典形式盖现代化的建筑,换言之,即用钢筋混凝土盖琉璃瓦宫殿式楼房,这在燕园是获得了成功的。

燕京大学原本是汇文等几所教会学校合并而成,初成立时,校址在哈德门东盔甲厂,是一条僻处北京城东南角的小胡同,同僻处西南角太平湖用怡亲王府办的私立民国大学遥遥相对,都是靠近城墙,交通很不方便。燕京大学有的是钱,不甘心僻处东南城角,自然要新建学舍,而且要向当年北京最好的大学校舍——清华看齐,甚至盖的要比水木清华还漂亮,这就开始营建邻近清华的燕园。

西郊海淀一带,在明、清二代是名园集中的地方,除了圆明园被焚毁之外,其他著名的澄怀园、蔚秀园、承泽园、朗润园、勺园、近春园、熙春园、一亩园、自得园等等,清末以后,统统荒废了。先是在近春园、熙春园的遗址上,盖起了清华学堂,二十多年以后,又在清华园的西南,朗润园和勺园的旧址盖起了燕园,即燕京大学。那里全部是琉璃瓦宫殿式的建筑,有湖、有桥、有塔,波光塔影,流水浮萍,的确是后来居上,较之水木清华,更为整齐典丽了。

中国宫殿式建筑之美,日益为各国所注意,其时,建筑权威人士梁思成、刘敦桢教授等又声誉鹊起,在这样形势之下,在西郊名园旧址上营建燕大校舍,自然要盖宫殿式的了。

燕园的建筑是事先进行了整体设计的,不像清华园是陆续增添的。所以燕园的布局整齐,各处建筑物都安排得方便合理。燕园原是照美国的大学标准,按八百人的规模设计的,后来当然大大地超过这个标准了。

燕园的房屋,外面看上去全是中国式的宫殿建筑,画栋重檐,游廊广厦,但里面却是当时最新式的西式设备,电灯、电话、电扇、水汀等自然是应有尽有。连体育馆的柚木打蜡地板,各个厕所的抽水马桶都是最新式的舶来品。当时曾有人说:如果谁嫌城里北京饭店的卫生设备不好,那就请到燕园来用,包您满意。当然这是笑话,但也足见燕园设备之好了。

燕园建筑设计最具匠心的就是那座玲珑宝塔型的水塔,静静地站立在未名湖边,望着涟漪的湖水,引起过多少游子之思啊!

燕东园

如果说燕园的亭台楼阁,是画栋雕梁的王府般格局;那燕东园中,花木扶疏门窗幽静的灰砖小洋楼,就可以说是美国城郊庭院房舍的模式了。

当年北京几所著名大学,校方为教授们提供宿舍的不多,城里北京大学、师范大学的名教授自己都有住宅,或租了独院,并不住宿舍。只有少数人住在宿舍中。抗战胜利后,西南联大复员,北大恢复,才有不少教授住学校宿舍,那宿舍是很一般的,有家眷的住在马神庙中老胡同;单身的就住在沙滩红楼上。如当时刚由美国回国的冀贡泉老先生,刚由湖北乡下回到北京的冯文炳(废名)先生,一个时期都住在红楼。但北大红楼比起燕东园的教授宿舍来,那真是判若云泥了。

燕东园在燕园东门外面,离校园不足一里之遥,又称"东大地"。再往东北走,就是清华园,往南去,就是成府街上。边上还有大蒋家胡同,燕园位于明、清以来朗润园、勺园的旧址,燕东园可能也是这些旧时名园的边沿吧。大树是不少的。在这些老树荫下,盖了近三十幢灰砖两层楼小洋房,又用围墙围了起来,这便是燕东园。当年燕大的中外知名教授大多都是住在这里的。那在当年真可以说是首屈一指,连清华南院的教授宿舍也是比不上的。这些小楼中都是打蜡地板、壁炉、地毯、水汀、高级卫生间、冷热水,有阳台、庭院,家家小楼前又都种着玫瑰、丁香、藤萝、玉簪……在庭院中就可赏花,出门没有多少步就到了燕园东门了。

由燕东园到燕园东门的一条小路,也是风景极优美,永远使人怀念的一条小路。在这条幽静美丽的小路上,有几家泥墙小院的农舍点缀其间,小小的院门,矮矮的墙头,从墙头上可以望见北屋的房檐下,挂着的老玉米、蒜辫子。而在这几户农舍的旁边,还有一条浅浅的流水,潺潺流过,本来这样的小河在北方其他地方是珍贵的,而在燕园、清华园一带却不稀奇,因为北京的西北郊,处玉泉山脚下,原是一个小小的水网地区。这一带完全是江南水乡风光,夏天由燕东园到燕园的小路两旁,还可以看到荷塘,其中有田田的荷叶,有大三角叶的茨菇、菱角。远望呢,是永远看不厌的西山山色,浓的,淡的,看山夏秋之际,秋冬之间最好,当然春天大黄风天气稍微扫兴些。但钱宾四先生在成都时说的好："一出西直门，迎着西北风，真痛快呀——"，说明也有人喜欢燕山的风，怀念燕山的风。而在冬天，大雪之后，那这条路就更浑然一体了。这条小路上曾走过埃德加·斯诺、吴雷川、许地山、邓之诚、郭绍虞、陆侃如、冯沅君、顾颉刚等多少位名人啊？

未名湖冰

北京冬天溜冰，当年基本都是在旧时的皇家禁苑中，不论是北海还是南海，实际都是当年的"西海子"，说的文一点，就是太液池。三四十年前，什刹海是比较僻远的，而且水面多是稻田、荷塘，只宜于夏天开荷花市场，并不宜于冬天溜冰。万寿山昆明湖冬天一平如镜，自然可以溜冰，但路太远，当时西郊人很少，城里没有人大老远地跑到那里去溜冰。说到城外的溜冰，那自然要数未名湖上了，这是有诗为证的：

> 寒光刀影未名湖，北海稷园总不如。
> 哈得西山冰雪气，龙头一浴热呼呼。

一首打油诗念罢，再说正文，这"寒光刀影"不是什么剑侠小说中的场面，这寒光，不是什么青霜剑的剑光，而是雪光、冰光；这刀影，也不是什么青龙偃月的刀影，而是溜冰的青年们的花样刀、跑刀的冰刀之影也。"寒光刀影未名湖"，就是燕园冬日未名湖上之溜冰风光也。燕园有湖，妩媚玲珑，朔风一吹，零下十度，湖面结冰如镜，闪闪蓝光，淡淡日影，男女同学，换上冰鞋，各显身手。初学乍练者不知要摔多少个"大马趴"，但是越摔越勇。弯腰背手往前闯，快如疾风者是冰上骄子。手拉手翩翩滑翔，那是冰上爱侣,亦如冰上鸳鸯,形影不离。溜的人固然有趣,看的人却也眼馋,亦有"冬烘夫子"不少人,围在湖边,操手在袖筒中,顶着寒风呆看,清鼻涕从鼻孔中流出浑然不觉。当年,年年寒冬被这一团欢乐揉在一起的莘莘学子,而今都在何处呢?几人两鬓苍然,几人儿孙绕膝,几人飘泊异乡,几人飞黄腾达,多少人已是"渐行渐远渐无书,水宽鱼沉何处问"了,安能不黯然乎?

冬天一到,北京溜冰场上,也都热闹起来了。在当年,如果嫌城里北海漪澜堂冰场、公园筒子河冰场冰不平,或者嫌人太多、太乱,那就请到清华园荷塘边上,或者到燕园未名湖。尤其是燕园未名湖的冰场,那是当年北京最高级的、最美丽的冰场。且不说那西山的雪影多么妩媚,万寿山佛香阁的朦胧多么痴情,燕园水塔的重檐多么典丽;也且不说那滑冰的人多么欢欣,多么彬彬有礼,风度翩翩,单止那冰,就是北京任何冰场都比不了的。为什么呢?玻璃板一样光滑的冰场,被许多人滑上半天,被冰刀滑起的冰碴,聚在冰上,晚上要扫干净。不扫,明天结在冰面上,冰便坎坷不平了。然后,再拿橡皮水管一冲,明天冰又像镜子般平滑了。其他的冰场虽然也这样做,但无此细致考究。

溜冰的运动量是很大的,溜完就是一身汗,脱掉冰鞋,赶紧回宿舍或体育馆浴室中,热水龙头一冲,真是比佛家所说的醍醐灌顶还舒服,城里的冰场,哪里有这种设备呢?

未名湖畔的刀光冰影,想来在今天一定更为热闹了。可惜光阴易逝,学生时代早已去我而远,渺乎不可追矣。那冰影,那人声,那笑语,那冬日西山的雪色,只能系以遥思了。

假期生活

对学生来说,假期生活,主要是寒假和暑假,三十年代各学校,除寒暑假而外,还有春假,但比较短,一般只有三天,都是学校组织旅行,一晃就过去了。寒假一般两星期,中间夹个旧历年,也多是和家人在一起,忙着过年行礼、游乐等等。只有暑假,时间最长,当时一般中学、大学,都放足足两个多月。一般七月一号就放了,清楚记得"七七事变"那天,已是放了暑假好几天了。所以我这组短文,主要是记暑假生活。

暑假生活,对于每个做过学生的人来说,都有说不完的美好的记忆。我的记忆自然是十分平凡,狭隘的,但希望读者读了,能引起你的美好的回忆,如联合十个、二十个三十年代在文化古城做过小学生、中学生、大学生的人,各写一篇详细而有情趣的暑假生活回忆,不是也可以编成一本十分有趣味,而且很有历史意义的书吗?

看小说

暑假看小说,对于穷学生来说,是世界上最大的幸福和享受了。古代有野人献芹献曝的寓言。在我做学生时,幸而故宫里没有专制的皇上了;但想奉献这一意外收获,也无处接受了。拖延了半个世纪,今天写此小文,读者虽非圣主陛下,而我却似乎也有一点野人献芹之意了。

小时候，在山乡，风俗闭塞，如在太古，人们还把小说叫做闲书。在野台上看惯关公戏、张飞戏，使我小小的头脑中，知道了"三国"这一热闹的名词。又听人们常说"老不看《三国》，少不看《水浒》"。这样在一次三月三的庙会上，我在书摊上看到一部石印的《绣像全图三国演义》，虽然书名的字我还认不全，但"三国"两个字是认得的，而且第一本又是刘、关、张等英雄的像，盔缨、锁子甲都画得很细，十分英武，以后每回前面又表现故事的图，如《怒鞭督邮》，一棵柳树，树荫下拴着一匹督邮骑的战马，督邮被反绑了吊在树上，张飞正抡起鞭子抽他。前面的像叫"绣像"，后面每回的图叫"全图"。现在这种叫法也很少人知道了。当时虽然在大都市中，北新、新月的毛边平装书、米色道林纸的文学珍本丛书等已风靡一时，而在这偏僻的山乡中，一般平装书也看不到，没有人买，更不要说是精装的。在庙会书摊上能看的，厚一点整套的，大都是锦章书局、会文堂的石印书，再不然就是北京打磨厂二酉堂印的唱本了。我用积攒的压岁钱买下了这部书，当时年龄相当于小学三四年级，这是我有生以来第一次买书，价钱是很可观的。五十年前山乡物价无法与今时都市相比，以鸡蛋约略计算之，大约等于二百到三百枚鸡蛋的价钱。

　　不过虽然买了来，我还看不懂，只能看看图。我捧了书，抽空闲的时间，找隔壁杂货铺的老掌柜去讲说，我随便翻一个图，让他说。他指手画脚，半读半说，在他自己觉得似乎很有劲，而我听了似懂非懂，真是无聊透了。这样我失去了请人讲说的兴趣，也注定了我其后几十年中不爱听人讲故事、讲演的怪癖。当年小说——即闲书，是不能拿到学校及书房中去的，我便把书放在我枕头边上。大概就是这年冬天吧，我居然学会看《三国》了。我怎么会看的，现在想来，还是迷迷糊糊的；但仔细想一下，似乎是我读完背熟两本上下《论语》取得的效果。

北国山乡冬夜，朔风呼呼，我躺在被窝里，映着炕桌上的三号煤油灯，读上一段"古城会"或"长坂坡"，然后迷蒙地进入遥远的梦乡。朋友，你有过这样甜蜜的读书梦吗？

山乡买不到新式书，家中书不少，但都是大本大部的正经正史之类的书，对于儿童说来，自然是毫无兴趣的。我在看懂了《三国》之后，一时未看其他书，只是翻来覆去看《三国》而已。后来偶然得到几本新式的书，我忽然看到了山乡外面的世界。

在北京清华园读书的表兄，忽然给我寄来两本儿童读物（当时还不懂这一名词，只懂是书，而且也不懂平装这一名词）。一本是中国人写中国孩子的事，书名和作者都不记得了，好像是什么《三儿苦学记》之类的作品，后来离开山乡，到了北京之后，以及漂流各地，也再未见到过这本书，而它却是我第一次读中国现代作家的作品，书的内容仍然模糊地记到现在，但不清楚，颇有点童年的朦胧味。第二本是翻译的，老五号大字排印，当时我自然不懂字号，只是觉得大铅字，看着也不太习惯。因为平日读《论语》、《孟子》、《古文释义》之类的书，都是石印的，是手写的，同平时用毛笔写小楷形体一样。而这种字为什么横划细、竖划粗，有棱有角呢？问老师，说这是铅字，这是宋字，不得要领，童年的心理中，为此存在着多种疑问。现在回味，这些似怪非怪的问题，也是很有味的。这是一本写瑞士农村的书，还有插图，尖尖的屋顶，穿着小皮靴的牧羊儿，大裙子的外国山乡村妇……仿佛是我这中国北方山乡的孩子望到了欧洲大陆山乡的景色。遗憾的是书名也忘记了，后来也再未与它重逢。

一本特殊的书，书名叫《我的储蓄计划》，是新华储蓄银行编的，也成为我童年心爱的读物，而且还记住了它的书名，似是不可思议的。这原是一间私家银行宣传储蓄、吸收存款的征文集，形同广告，而征集的文章，却很有两篇不错的，直到今天我印象还很深刻。一篇是一位浙江南田小学生写的，写他如何又读书、又帮他父亲打渔以及上山砍柴，每个星期天利用半天上山砍柴，可砍多少、卖多少钱；早晚在海滩拾鱼，可拾多少、卖多少钱，一天、一月、一年多少，存起来三年多少，十年多少，如意算盘，算得非常细，文字十分感人。另一篇是河南某地一家教会医院的护士写的，写她工资多少，每月可储蓄多少；努力工作，每年可加工资多少，加在一起，又可积攒多少，还幻想嫁给院长的三弟——三先生，也是十分美妙的如意算盘，文章结尾写她晚间洗完澡，一个人在宿舍中望着窗帘上的朦胧月影，想象美好的未来，情调美极了。这二位的如意算盘如何呢？我想八成破灭了。我自然也未因看此书而攒下万贯家产，只是他们的文章很美，我还思念着。

五十年前，北京的著名一点的私立中学，也都有一所在孩子们看来很气派的图书馆，暑假到了，和小同学们商量，一起去借一本什么看呢？课本里讲过景阳冈，就去借本《水浒》看看吧。

所在中学，在西城一个小胡同中，门对门南北两面都有房舍，上课在南面，图书馆在北面，穿过两层院落，从一个角门进去，有一个不大的花园式的院子，有不少棵高大的老树，其时正是盛夏下午四五点钟，那幽静的院内，一派蝉声，斑驳日影，斜照在山石上，北面一座五开间两层楼，老式的绿油漆洋式窗户，这便是图书馆了。我们是一年级的小同学，平时胆怯，放学就急着回家，还没有到这里来过。而且传闻这是北京旧时四大凶宅之一呢。这是第一次来，自然是小心翼翼，推开玻璃撞门，一间不大的房间，一个弧形的柜台，便是借书处。柜台外一个卡片柜，很安静，没有别人，只有一位二十来岁的女教师在值班。她见我们两个穿着童子军制服的小同学，便很和蔼地问我们借什么书，我们说想借一本《水浒》，要知道，这时我们还不会查目录卡呢。她耐心地告诉我们如何填写借书单、如何查书号，我们按照她指点的一一办好，把借书单交给她，便坐在弧形柜台外的长椅上等着，几分钟后，她从敞着门的里屋书库拿出一本书来，翻开书的底页，盖好日期图章，便隔着柜台笑嘻嘻地递给我们——啊！《水浒》借到手了——这是我有生以来，第一次从图书馆中借书。喜悦的记忆，直保留到今天。朋友，你有同样的记忆吗？

这是黄色封面平装本，上下两厚册，是立达书局还是开明书店出版的，记不清了。是有标点的新本子，但是不是汪原放先生标点的，也记不得了。这是我最早看的《水浒》。当时因为所用教科书的关系，我已经知道什么商务印书馆、中华书局、开明书店等名字。我和小同学走出图书馆，坐在大树荫下山石上，迫不及待地看起来，小孩子是很好玩的，他不借书我借书，他热心地陪我来借，又抢着要看，两个小脑袋并在一起，在老树下贪婪地看着，不知不觉已经很晚了。图书馆也关门了，看大门的老头在角门上喊我们出来，叫我们回家，说是要关大门了。我们回头望着一抹斜阳照在二楼一角百叶窗上，依依不舍地离去了。二十多年后，看日本影片《姊妹》，有此类似镜头，不禁有所感会，慨叹光阴默默地流水般地去了。更可惜的是，这个小小的图书馆，我只去借过一次书，暑假中，"七七"变起，学校收缩局面，北院改为女生部。图书馆取消了。

看武侠小说，曾经一度上了瘾，看得非常快，一天差不多可以看两三本，要花钱去买，哪里这么多的钱呢？而且看武侠小说，在家长面前，在老师面前，都是瞒着的，这是荒诞不经的坏书,是标准的黄色读物的一种。因而不要说家中无钱的学生,即使家庭富有的学生,也不敢公然向家长要钱去买《三侠剑》。而且图书馆也无处去借,大小图书馆都没有入藏《三侠剑》的。(从保存民间读物这一个角度去看,实际这也是一种损失。)那么书的来源怎么办呢? 有办法:去租。

看《三侠剑》以及《青城十九侠》等等,当时一般同学都是租来看的。那时西单商场有很大的一个区域是书铺、书摊区,而且摊多于铺,本来是我每天放学后必到之处。但我所徘徊的,都是旧书摊。租书的摊子和铺子,有三四家,起先从未照顾过他们的生意。自从看武侠小说入迷之后,我才和租书摊发生了关系。有两家名字忘了,有一家叫"韩大成",现在还记得。

租书摊出租的书,大体全是小市民爱看,但又不高兴或不便购买的书。有武侠、剑侠小说,也有大量张恨水、刘云若等人的社会言情(自然,以上二人高低大不相同),还有什么怪名字的,如无名氏的《野兽、野兽、野兽》、周楞伽的《亭子间嫂嫂》等书。总之,只要能供人扯淡消闲的,租书摊上可以说是应有尽有。不过一般也都是市面上可以随便买到的,真正古本《金瓶梅》之类的书,这里也没有。

租书要交一笔押金,钱也不太多,大约相当于三四本新书的价钱。看一本书,付一笔租金,约等于书价的十分之一左右。韩大成租书摊由早上八九点钟,一直营业到晚上十一二时,随时换书,非常方便。而且他特别欢迎我这样的主顾,看书快,换得勤,他的书流通迅速,他自然可以多得租金。他最怕看书慢的主顾,新书出来,他也买不了几本,一本书如果压在某人手中时间过长,同样付租金,便影响他的营业了。因而好像他也有规定的期限,但我因看书快,从未过期,所以不大注意了。

什么武侠、剑侠，我的确看了不少，但发现都是老套子，越来越不爱看，不要说兴趣，几乎慢慢觉得十分讨厌了。平心而论，除《七侠五义》《江湖奇侠传》尚有保留价值而外，其他似乎也都同垃圾差不多了，五十多年过去了，这种"垃圾"也还是一批接一批出现，扔掉，今天仍是如此，大有秋蝇嗡嗡之势，其故安在呢？

考试前后

台湾校园歌曲之《童年》，是首好歌，我外孙女爱哼它，我也爱哼它，但都不能说是唱，因为都不合调、不合谱，虽然有声音，却不能算唱也。那么爱什么呢？从声音上说，只是觉得好听；从情调上说，它使我迷迷糊糊地记起了童年——我的童年。

"池塘边的榕树下，知了声声地叫着夏天……"

我思念的是我失去了的——也永远再无法寻找的童年，那童年的树，那童年的知了声，那童年的夏天，老师的相貌，衣衫，言谈，写黑板的姿势，期待着下课的焦急心情……

快要放暑假的日子到了，但遗憾的是大考的日子也来了，这是多么大的矛盾呢？一边是期待着、盼望着假期的早日到来，一边是发愁着大考这一关。天气越来越热，蝉叫得越来越欢，几乎要压过老师讲课的声音，沙、沙……一派声浪冲击着耳鼓。最难过的是每天下午第一节课，似乎任何声音都驱赶不走我的睡意，上眼皮、下眼皮似乎用修理汽车的千斤顶也撑不起来，不知怎么糊里糊涂地就合上了。而坐得还很直，老师一般也不会发现，偶然同座位的同学，向我腰上捅了一下，我猛地惊醒了，下意识地以为是老师提问到我，突然站了起来，老师一时莫名其妙，旁边坐的同学在做着鬼脸,其他同学则哄堂大笑——哦,原来是同座位的在捉弄我。不过,就这样,一场美梦被他惊醒了,我才迷迷糊糊地明白过来。

那时老师穿西装的特少,只记得英文老师——曾经得过一九三四年师大英文讲演第一名——穿的是一年不变的咖啡色西服,其他老师都是穿大褂的。有一位年纪不大的史地老师,夏天穿件葡萄灰杭纺大褂上课,飘飘然很有点潇洒的学者风度,他有一个特殊习惯,喜欢走下讲台,在学生课桌中间,靠着课桌讲书,要写黑板时,走上去龙飞凤舞地写几个字,又从容地走下来,随便靠在某位同学的课桌上又讲起来。一次,一位同学听得无聊,随意翻弄教科书玩,翻到最后,书的底页上有一个贴上去的贴儿:"改正定价:一·二五元。"天热,胶水脱落,一撕就下来了。这时穿灰纺绸大褂的老师正靠在他桌子上,他便把贴儿的胶水一面,涂点唾沫,贴在老师纺绸大褂背上。老师讲得高兴,也未注意,就变成"改正定价:一·二五元"了。带着这个标签在教室中照样走来走去。同座位的又把我捅醒了,我正要发怒,他好心地指老师背后,我领会了。全教室鸦雀无声,等待事态发展,直到下课,还不敢大笑,好事者,跟出去,直到老师走进教员休息室——后来,那同学因人告密,挨了一顿臭骂。

夏天下课上课,多少要有点笑料,才能提起学生的精神,不然,真应了一句成语,如坐针毡,或者浑身有刺了。一有笑料,引起哄堂大笑,自然精神来了,但也不会听讲了,完全沉溺在笑料的欢乐中。但是笑料不是每天都可以得到的,老是往教师背上贴改正定价的标签,那风险该有多么大呢?逗得全班同学哈哈大笑,但没有人感谢他,挨老师臭骂,却只是他一人承担,这又多么不公平。

通常的自是各人找各人消遣的办法。我是最懒的,不是胡思乱想,便是瞪着眼睡觉,与人无争,自得其乐。有时在一两分钟之间,便会做一个甜蜜的梦,长出翅膀,飞入到伊甸园中。

有的同学精神很足,不会睡觉,却能细心地做其他事。同座位一位,爱好削铅笔,他一边听,一边细心地削着铅笔,老师对于削铅笔不大管,他用当时每个同学铅笔盒中都有的那种北京"王麻子"或"双十字"打造的锋利长柄斜刃小刀(这原是修脚刀,但四五十年前北京的中小学生都用它修铅笔),把铅笔先按长短刻一圈印子,再顺印子一缕缕地把木丝削下去,把铅芯露出一段长的,然后再把铅芯一点点地削尖,那尖头像针一样,那样尖,那样圆,从削去的部分到铅芯尖端,都一样长、一样圆、一样尖,整整齐齐地十几支,像子弹一样,横卧在铅笔盒中。那时用的都是德国货"施德楼"牌的,美国的"维纳斯"价钱贵,用不起。当时国货铅笔用力一削,有时全裂了,很少买。深土黄杆的"施德楼"最实惠,商标是对小公鸡,他铅笔盒中一排小公鸡,一样长短,十分好看。可惜当时没有削铅笔比赛,如果有,我相信他一定能夺得冠军。他削铅笔以下课钟为号,下课钟当当一响,他马上迅速停止工作,收拾书包回家去了。

坐在我前面一位同学,他则另有消遣办法。他一般是把小纸片团成一个圆球,放在手心里摇,手心平托着纸球放在课桌下面,老师看不见,他略一低头,便可自得其乐地欣赏,全神贯注地看着那个小纸球在手心中滚来滚去,像吉普赛女郎看水晶球一样,注视着这个小纸球幻现的未来和希望……突然,下课钟敲响了,他猛地一摔手,丢掉他的"希望"和"未来",扶着课桌准备站起来,给老师行礼,下课了……

最普通的是弄本小说书,如《三侠剑》之类,垫在课本下偷着看,但这太平凡,不值得细说了……这样一天又一天、一年又一年、童年、少年……都去了,远了,渺茫了,剩下的是甜蜜的回忆了。

炎夏来临,在教室中困倦地听着知了叫的时候,大考到来了,即使像我这样下午照例要昼寝几分钟的朽木之材,也不得不紧张起来。温课、背书、开夜车等等,是人之常情,不必细表。老师、家长都在督促,不是说"临阵磨枪,不快也光"吗?

但是不管功课多么好的同学,准备多么充分,真到考试时准难免心里打鼓。"秀才好作岁考难",这是从古就流传下来的一句老话。

考场上的光景是十分光怪陆离的,于今回忆起来无限甜蜜,而当时却极为紧张,直到今天,半世纪了,我还经常梦见身在考场中,为自己和为同学发急。

考场的规矩,历来都是不得携带片纸只字,不能交头接耳,不能左顾右盼,严防挟带,严禁作弊等等。自然了,抡才大典,理应如此;但是另一方面想到那些苦恼的学生,这些甚于防川的试场戒条,就值得考虑了。

从小学到大学毕业,大概在大大小小的考试中,一点弊也没有作过的老实学生是极为稀少的。不管他后来成为什么人物,哪怕是第二个爱因斯坦。因为纵然他自己功课百分之一百地好,那他还要帮助别人呢?帮助自然要打个引号。有一学年,我身旁是个篮球运动员,比我大好几岁,我又瘦又小,常常被调皮鬼欺侮,他总是善意地保护我。考试时是我报恩的时候,我想尽办法帮他,折着的试卷,我把它摊开,他在我右手,我做题目,故意从后面做起,把字写得很大,我字迹习惯端正,又大,他眼珠微微一斜,就看清楚了。

考试时,一般发卷之前,十分焦急,好像老师手里拿着自己一卷生命,眼巴巴地望着他。卷子拿到手中,一块石头落了地。微笑者有之,皱眉者有之,叹气者有之,各有所会,无反应的是没有的。

考试两课时,头四十分钟,基本上最安静,只听沙沙地写字声。功课好的固然不要说,功课差的多少总也能答出一些,一点也不会、准备吃鸭蛋的,那是极少极少的。我的小学、中学都还是较好的学校、程度高的班级,迄今成为世界大学者的有之;而高衙内、薛蟠之流是没有的。考试到第二节时,就渐渐小骚动了。先完者故意细看卷子,却俟机帮好友解脱;扶头沉思者,却伸着三个手指头,暗号是第三题有待救急;后腰有人用铅笔乱捅,不得不把卷子扶起来,而眼睛还要望着老师,以防随时被发现;交卷前,把难题抄在纸上,团成团,手拿卷子,顺座位走过去交卷,在好友桌前,身子一隐,纸团一丢,便帮了好友的忙……这些琐琐碎碎,不历历还在目前吗?

四五十年前,小学、中学的考试是频繁的,每周有小测验,每月有月考,还有期中考等等,大考是算总账,紧张自是实情,但真正过不去关的人,还是极少的。尤其是在按学生成绩分班的学校,成绩好的那班学生,是为学校创牌子的名牌产品,成绩都过得去。总平均差的,只是降到另一个班级中,要等着再差一等的,才留级呢。每年大考,最后一门课考过后,便安排着过暑假了,而暑假生活的第一件事,便是期待着绿衣使者寄分数单来。

中学时我所在的那个学校的分数单是很复杂的,先不要说一式三份,寄学生家长一份,教务科、校长室各一份。就说那些小格子,就够你看的了。好多都是双份的,国文课文一个分数、作文一个分数,英文也如是,沦陷时奴化教育,还要上日文,也是两个分数。数学更复杂，不但算术、代数、几何、三角、大代数、解析几何要分开，考试、演题也要分开，就是分数单上既有平时的成绩，也有考试的成绩。同学们把平常的成绩都一一记在心头，算着总平均应该得几分。分数不是黄灿灿的金法郎，但多一分少一分是牵动着学生心弦的。等到觉得分数也无所谓的时候，那也就糊里糊涂地过完童年、少年了。

学生最怕把分数当成纯数字看待，记得初中时一位年岁不大又装出世故的小同学，月考物理考了七八十分吧，他却主动要求老师只给他六十分，老师感到很奇怪。他解释说，其余分数存在老师处，下次他如果考不及格，把这蓄存的分数补上，分数单上不要挂"红灯"。结果被老师狠狠地呲儿了一顿。他父亲是开纸店的，算盘很精，他学父亲，把"红灯"与"赤字"等同视之了。

大张分数单，前面一排小格子，密密麻麻由上到下是课程名称，后面三大栏、每栏又五小栏，三大栏是平时、大考、总评，五小栏是九十、八十、七十、六十以上、不及格。最好的同学，三大栏中，都是第一小栏有字，那自然都是九十分以上喽！妙在唱歌老师、体育老师也偏向他们，我总有点怀疑和嫉妒。我自然望尘莫及了，一般不及格那一小栏红字不会有，而其他各栏都有，第一二栏八九十分以上的有这么四五样；而唱歌和体育总是在第四栏，像钉子钉住一样，每年不变。我始终不知老师是照顾我还是压抑我。还有妙的呢，品德评语六年中学十二次，没有变过样，四个字："自由散漫。"虽是写的，也好像印的一样，为此，我悲哀到现在。但是又一想，这有什么不好呢！聊以解嘲吧，潦倒半世，前尘如梦，永远做一个吃不着葡萄的老鼠吧！但我迄今仍然感到自由是可贵的。

大考过后，分数单没有寄来的时候，一天要到大门口跑几趟,我家在人家很大宅子的后院租屋而居,离门口很远,门口还有号房,房客每月要给门房钱,他代管收发信,我等学校的分数单,跑来常常受到老门房善意的嘲弄,有时故意不给我,让我叫他一声"大爷!"但他在人前,有时也客气地叫我一声"少爷",他完全还是尚书第门公二爷的老谱,一年四季穿长衣服,引客人进来时,走在客人前面左侧,把名片举过头,上身要弯成四十五度,所谓"鞠躬如仪",到大客厅门前,高声传报:某某大人到……有机会再介绍,这里先就打住。

我拿到寄分数单的信,总是先忐忑不安地拆开看了,看看与心中计算的是否符合,有几个能装门面的分数。待到晚上父亲下班回来,再小心翼翼地捧给他看,自然不敢希望他夸奖,只要不挨骂就够了。自然少不了几句求全责备的话,而且总爱提某个同学如何,某个同学如何,人家能做到,为什么你做不到呢?我一般采取三不主义:即不认可、不顶撞、不分辩,总之过得去就算了。但是他老人家也另有一个绝招,就是让我在暑假里再去报考转学生。

当时各个学校,一般都招各年级的转学生,部分同学,流动性是很大的。转学的原因,一是功课不好,要留级;转到另一个更次的学校,就可以升级了。甚至寒假也可以转学,有一个同学小妹妹,六年中学,上了八九个学校,几乎像名歌手巡回演唱或外交家的穿梭外交一样,最后也混了张文凭。二是好学生,为跳级而转学,高一时同班一个大年龄同学,转学后门河北十七中高三,不但提早毕业,而且上了有名的好学校。第三是因贪路近,或有人照顾,或为小伙伴所拉等等原因转学的。而像我这种参加转学考试的,则是比较特殊的。因为考上了也不去上,目的就是考。其伟大处,正像为艺术而艺术的长头发艺术家。

在一些著名的中学中,我曾经两次考上附中,一次考上四中,两次考上育英,一次考上崇德,一次考上四存。我上初一的那个中学,在西城,是私立的。而教师都是师大附中的,他们都两面兼课。第一次报考附中,是想上的,但考上后,北京已沦陷,和平门有敌军站岗,出入要检查、行礼等等,所以没有去,仍旧上原来学校。后来父亲觉得转学考试很能起到督促我暑假复习、不致荒废学业的作用,又能检查我的真实成绩,所花报名费有限,而所得益处却很大,便年年暑假采用这一秘方了。

三折肱可以为良医,转学考试参加多了,增长了不少经验,创造了一套办法,而且自己也由勉强产生了乐趣,养成了嗜痂之癖。世界上还有比参加考试骗教师分数更欢乐的事吗? 我创造了一整套应付转学考试的方法:

一是狗尾续貂法。一道题目,四点内容,只知两点,便以此两点为桥头堡,写得整整齐齐、圆圆满满,后面再等量地续两段废话,不着边际,模棱两可,故作高深,文字漂亮,书写工整,阅卷者一看前两点,答得这样好,后面又有整整齐齐一大段,十有九他不会再看,一个红折勾就画上,你全对了。二是"王顾左右而言他法"。多用于抽象性的题目,远兜远转,作它一大片妙文,阅卷人看文字清楚,抄写整洁,答案很长,不用问,开头虽未说到中心,相信后面定有详尽的阐述,看上三五行,分数就打下去了,不用问,肯定是好分。第三是拨草惊蛇法,第四是以一充十法,第五是扬沙迷眼法……总之各有妙用,变化无穷,神而明之,存乎其人,鸳鸯绣罢凭君看,莫把金针度与人,今天我把技术奥秘公开,就是把金针度与人了,一笑。

这些奥秘的基础建筑在什么上呢? 一是主观的,二是客观的。主观方面,功课要有七八成把握,字要端正清楚,甚至漂亮,文字上要学会说废话而能引起人兴趣的本事,有此数点,就可充分运用这些奥秘了。客观是阅卷教师方面:大热的天,又在暑假休息期间,虽然说阅卷那天,因为有报名费的收入,监场的、阅卷的,都能吃到一桌八元、十元的鸭翅席,开几个西瓜,但他们谁高兴由第一个字看到最后一个字呢? 卷子写的乱七八糟,看也懒得看,红笔一杠,随手仍进字纸篓去了;一看卷面整洁可喜,不由地就想给个好分,出入十分八分,无所谓,你这点苦心就有收获了。

三十年代中叶北京的中学名教员,收入一般在一百五十到二百元之谱,大都有辆包车,夏天晚饭或饭局后,最普通的是公园、北海茶座上坐到半夜十一二点钟回家睡觉。要有筑城之好的呢? 小四合院树下支开桌子,吊上电灯,八圈、十二圈八元十元底,轮流做东,更是家常便饭。牌桌上一夜下来,擦把脸、吃点东西来校上课、改卷子,是常事,学问好,教得好,人又好,不以分数克人,照样教出名流学生,又何伤大雅呢? 他们看卷子,自然凭印象给分了。

我的奥秘,自然也有失败的时候,遇上那种四方脑袋的阿木林,鸡蛋里挑骨头,专做于己无益、于人有损的事,不通人情,死扣字眼,我便要一败涂地了。

潇洒的暑假

暑假生活回忆,最好是游泳,大热的天,水里一泡,那个乐劲就不用提了。但是在五六十年前,北京学生到游泳池游泳,那是十分奢侈的享受,那时北京游泳池太少了。公开卖票的,只有中南海中海西岸的一所,绒线胡同崇德中学,是教会学校,所属是圣公会或是公理会记不清了,总之教规很严,但是新建的西式校舍,一进校门对着是一个小小的礼拜堂,是传福音的地方。礼拜堂东侧,有一个小游泳池,似乎并不公开卖票。再有高级的,城外清华园体育馆有全部美国进口设备的室内温水游泳池,一年四季开放,但一般人是去不了的。沦陷时期,这里改为敌军伤兵医院,一般人就更不能进去了。东交民巷台基厂国际俱乐部也有游泳池,那是外国领事去的地方,自然更难随便进去,而且也很少人知道。清华体育馆室内游泳池最好,但在城外,虽说是学校游泳池,但不是一般学生去的地方。那时唯一学生随便可去游泳的地方,就是中海游泳池,去的人并不多。天然游泳的地方,只有颐和园昆明湖,在城外也不方便。至于后海、什刹海、北海等,水很浅,大多是稻地、芋头菱角坑、莲花塘,风景是好的,但却不能游泳。

同学们去的少,我更去的少。好同学中,只有一个每年暑假去游泳,游的还不差。有一次硬拉了我去,我也见猎心喜,想尝尝这味道,但是他爱开玩笑,进了池子,就往深水里拖我,我脚一滑,水便没脖子,咕嘟嘟,喝了好几口水,他又把我拖出来,还幸灾乐祸地笑,还说风凉话,什么不喝两口水永远学不会游泳……从此,我再也不想做浪里白条张顺了。

说老实话,当年在北京念书,是有其得天独厚的地方。我住家离开全国最大、最华丽考究的北海图书馆,只一两华里的距离,由惜薪司斜穿过去,即使慢慢散步,二十来分钟也到了。夏天到那里消暑,那可真是一个好地方呀!楼下饮水池边,大块的按自然形体磨光油漆过的天然石,一排当作休息座位,又古雅,又稳妥,谁也不会乱搬,暑天坐在上面可真阴凉。楼上大阅览室,华丽的云鹤天花板,吊着一排排大电扇,风飕飕地吹着,一排排的大桌子、大椅子,静悄悄地,四百多个座位,顶多稀稀拉拉,坐上十个二十个人。咖啡色的橡皮地板,即使奔跑跳"地斯卡"也不会出声音,真可以说是鸦雀无声,吃过中饭,到这里来,借上本小说,找东北旮旯没人的桌子一坐,先靠大椅子两脚一跷,睡一觉,午梦初回,揉揉睡眼,看看大厅西窗,已有一抹斜阳照过来了。拿起书来,随意看上几页,有会心处,放下来,或站起伸个懒腰,或闭目沉思片刻……这是我暑假梦痕中最好的回忆了。

潇洒的暑假,也像流水般地分分秒秒地流着,一年的过去了,又一年的过去了……

好同学假期中都有频繁的来往,你到我家,我到你家,随着年龄的增长,玩的方式也不一样,但不管怎么玩,都可以说是只解欢乐不解愁的。虽然沦陷时期,日子极为艰难,但童年、少年的友谊,还是不沾一点势利,无限天真的,当然,成人长大之后,也许相隔云泥,有的再也高攀不上了,但在那个时候、那个年龄,那种友谊还是未被利欲熏黑,可贵也就可贵在这种地方。

一过八月中旬之后,同学们互访的话题,已经不再是安排暑假如何玩,而是询问你的暑假作业完成了多少,我的完成了多少,离开学还有几天,预先约好,一齐去缴费,一齐去领新书,消息灵通人士,还传递着消息,某某同学转学到哪里去了;某某同学下学期不来了,他父亲让他学买卖去了;开学后谁教英文,谁教国文,哪个老师做级任……

在我记忆中,这些消息,有一凶一喜,直到今天,还历历如在眼前。一是有一年暑假,开学前不久,一位同学忽然慌慌忙忙地来说:学校某某老师、某某老师等都被敌人宪兵队抓去了,记得有六七位之多,这一像霹雷般的恐怖而罪恶的消息,给我少年的脑海中敲下深深的烙印。另一喜的则是高中一年级时,暑假中一位同学结婚了,其新人就是女校的同年级的同学,名叫淑贤,两个人都只有十六七岁吧。这在农村中,不算早;而在五十多年前的北京,也是很特殊的了。还送了同学们每人一张印成"甜心"形的照片。他是冀东人,说话有怯音,全班同学都学着他的乡音打趣他,用怯音叫着他新人的名字开玩笑,而他总是笑嘻嘻的,从不发脾气。人很聪明,有模拟天才,用粉笔在黑板上仿吴佩孚的草书签名,惟妙惟肖。后来做了很有名的港口的工程师,现在也是六十多岁的人了,寄以遥远的问讯吧。

开学缴费的日子到了,岁月艰难,多少家长们都费尽心机,为儿女们筹措了学费;当然,也有一些汉奸富商们,是不在乎此区区之数的。我那个中学,是私立的,费用不算太高,也不算低。初中学杂费二十七元,高中三十四元。在"七七事变"前,平均等于每人缴三钱多黄金,或七八袋洋白面,老师自然收入不错,可以穿纺绸大褂,坐包车,吃饭局了。可是后来东西飞涨,学费未涨,学校维持也困难万分了,老师也得吃饭呀,学校收了学费,立即买粮食,但也十分艰辛了。

当和同学一起把父亲的血汗钱缴到那个小窗口后,新的学年又开始了,迷迷糊糊地岁月过去了……

买 药

三十年代中叶,我已经在北京当时的北平读中学了。母亲身体不好,常常请大夫吃汤药,这样拿药方子买药的事,便经常成为我放学后和暑期中的常事了。

我从小在山乡中已经熟习了北京不少药铺的名称,我又在北京上了一年多学,街面上的事更熟了,所以到药铺抓药的事我是能干得好的。那时家住在甘石桥,到二龙路去上学,出入要走口袋胡同,胡同口外,就是西单商场,附近有三家药铺,商场稍微往南,对着电话局的是西鹤年堂西城分号,总号在菜市口,西单商场北面,在槐里胡同口上,三间门脸是达仁堂乐家老铺。同仁堂乐家的各房分出来开的达仁堂、乐仁堂、宏仁堂等等,也都挂一块乐家老铺的招牌。再往北一点,路西有一家老药铺,店名玉和堂,当时北京卖药,一多半都是乐家老铺和鹤年堂各处分号的势力,其他药铺的生意是做不过他们去的。但各有特殊的地方,如有的以老字号老主顾号召,有的以祖传秘方某些种药号召,有的和某些名医有约定,专门买它家的药。如东珠市口往南路东南庆仁堂,是五大间画栋雕梁的大药铺,名医孔伯华先生就和他家有约定,可能他家有孔先生干股子,或三节两寿送大红包,总之孔先生的方子一律关照到南庆仁堂去抓,不管天多晚、路多远,气候多么恶劣,都一样。孔先生是伤寒专门,真有手到病除、起死回生之妙。但处方中多牛黄、犀角、羚角之类,价钱都是很贵的。药铺自然能赚不少钱,不过他的药方用不了多少帖就好了,所以人家为了治病,想尽一切办法也要把药抓上。

我前说的玉和堂,它既不以秘方号召,也似乎和名医无特殊协定,它是因老字号、老主顾而存在的。它完全是老式红油立柱门面,油漆自然已剥落了。大门上冬天挂木夹板蓝大布、黑绒边、黑绒云头、纳寿字回文的棉帘子,夏天挂木夹板铜什件细竹帘。正中白地黑字匾"玉和堂"三个大字,两边分别两块匾:杏林春暖、岐黄妙技。马头墙垛上分别砖刻好多字,什么精选云贵川广地道药材,发卖丸散膏丹祖传秘方。店堂里老式高大的柜台,柜台外两面山墙上,画着山西式的桐油墙画,一边是"佳人登桂府,君子爱莲花",一边是"名士调冰水,佳人雪藕丝"。画上的人物、楼台,现在还似乎在我面前浮现着,亲切极了。这都是庚子前的老店,隔壁就是有冲天大招牌的异馥轩香铺,这是《雨天的书》中名文《北京的茶食》内特别写到的,是会引起人世间丰腴生活幻想的古老铺子。

父亲经常告诉我:买成药各种丸散膏丹,是乐家老铺的好,家中经常备有同仁堂药目;而抓药一定要到西鹤年堂去,就是去西单商场南面那家分号。鹤年堂另一家分号在东安市场丹桂商场进门路南,都是极为重要的地方。而母亲自己买药或带我出去,总爱到玉和堂买点小药,如紫金锭、薄荷锭之类,我心中不大看得起玉和堂,而母亲对它特别有感情,常常说起庚子前小时候来它家买药的事,并讲说甘石桥一带的街面变化,这里原来是什么,那里是什么等等。我像听太古的故事般地听着。而现在想来,那时听说这些,也不过相差三十六七年的事,而似乎就非常遥远,历史是多么长而悠久,人生又是多么短而迅速呢?

母亲生病期间,我放学回家,顺便给母亲到西鹤年堂抓药。一般是下午三点半钟由口袋胡同走出,过马路往南不远就是。西鹤年堂分号,三大间门面,虽无楼房,却是西式门面,玻璃撞门。店堂内红木柜台,柜台外两头山墙上挂的是硬木边框大镜子、硬木框对联,红木大理石桌椅,一年四季摆着鲜花,夏天茉莉、栀子,冬天碧桃、梅桩。比玉和堂阔气多了。经常买药,伙计都认识我了,我从书包中把方子拿出来,递上去,伙计朝我笑笑,接过去,把方子展开,放在柜台上,拿一根四楞红木镇纸一压,顺手拿出一副骨头枰杆小戥子,向方子看一眼,马上到药柜上拉开抽屉,抓一撮,戥子两头平,称好,走到柜台前,一手掐着戥子杆,一手从柜台下掏出一印着字号的小白纸,再衬一张防潮小黄纸,再放一张二寸见方,印着红色折技花和说明的小白棉纸签,才把戥中的药倒进去。十味八味这样,二十味三十味也是这样。全部配齐,再照方子对一遍,拿过算盘,哗哗啪啪一打,方子上一批价钱,接过你的钱去,交给坐在钱柜边账房先生入帐找零。然后把小包一一包好,再用大纸包成一金字塔般见楞见角的大包,买一副二副都是这样包。

我拿回家中,再把包一一打开,一边看药,一边看印刷精美的小纸签。又有图画,又有文字,我把它攒起来,什么甘草、厚朴、肉桂,随时看着玩,增加了我不少中药知识。这种小纸签我攒了一大盒子,可惜今天一张也没有了。贵重药品,还给装一个小匣子,记得有次方子中有"环石斛",就是放在一只半寸大小的黄绫扁盒中的。每一副药,还给一个纱布小笊篱。这些细小之处,现在想来,无一不感亲切,那种京朝派的细腻,那气氛、那感情,该向何处去寻觅呢?

我常常思念小时候在山乡生点小病、吃成药的乐事,感到无限地温暖安宁。昔人诗云"因病得闲殊不恶",我常想,如果改为"因病娇嗔殊不恶",也该是一句好诗。小孩子家,正是八九十来岁上学的年龄,偶然有个头痛脑热,便赖在家里不想上学,有不少著名的大学者,小时候也曾赖过学、逃过学的,这像每个人都穿过开裆裤一样,并没有什么难为情而需要掩盖的。头痛脑热,赖着不上学,母亲便着急了,摸摸头,摸摸手,翻箱倒柜,找出成药来,哄着吃点小药。问问想吃什么?这时便可撒娇,我要吃这个,我要吃那个,山乡中,没有什么大药铺,也没有什么大的吃食店。因而吃的药,是母亲从箱子里小小的药箱中找出的。要吃的东西也是母亲亲手做的,什么冰糖蒸一个梨呀,什么一碗猫耳朵呀……吃药要哄,吃东西也要哄,一边哄一边又撒娇,两方面织成温暖的网,网住了母爱,网住了童年。

母亲从小是生在北京的,她经历过庚子的大动荡。庚子前北京的街面、商号,她记得一清二楚,住在山乡时,什么吃的用的,她每拿起一样东西时,总要说上半天北京的故事。她一只小药箱,打开来,放着各种稀奇的陈药,她像说故事般地讲给我听:这是八卦丹,这是避瘟散,这是同仁堂的万应锭,这是鹤年堂的七珍丹,这是达仁堂的保赤一粒金,这是王府御制舒肝丸,这是庄家秘方独家莲膏……乡下孩子没有见过什么世面,这药箱中的小盒、小包不知引起过我多少回神秘的兴趣。我看着那白润微黄,上面有金色小印的羚翘解毒丸,把蜡壳轻轻捏开,两半蜡壳像两只白玉小碗,又像小船可以放在水碗中漂着,那乌黑的药丸,有点甜味,又有点香味,母亲告诉我,这是蜜做的,永远不会干。那小包万应锭,打开来,都像小枣核一样,沾满了金光,十分坚硬,整吞下去,一点也不难吃,如果弄碎了,那是很苦的。我只觉着好玩,并不懂良药苦口利于病的道理。母亲哄我多吃两粒,我却尽量争着少吃两粒,为了这个,常常争半天,现在回想,这样的争执,也是无限甜蜜的。

我当时只感到这药箱好玩,有着神秘的吸引力,其他就不知道了。后看清人写的《由京至云南路程单》道:"在京收拾行装……万应锭、痧药、梅花丹、午时茶、神曲、京半夏等,均可在京略买,到外送人,外省极为贵礼。"啊,我才明白,原来母亲的药箱联系着京华的悠久历史,只可惜母亲也看不到了,那个药箱也看不到了。

渔阳鼙鼓

"渔阳鼙鼓动地来，惊破《霓裳羽衣曲》。"日本侵略者的炮火摧毁了文化古城近十年中所形成的文化环境、成就、气氛，只几天的时间，甚至只是几个钟头的时间，就把文化古城的梦境彻底摧毁了，破灭了……这几天的变化，在我当时童稚心中，留下了终生的伤痕，永远不会磨灭。我文中所记，也还只是十分简单的点滴，而其感受之深与痛，是用文字无法记载的，历代的历史就是这么无情，生活在这种时代的善良的人，就是这么不幸，这似乎是中国古代哲学家所说的"数"。

别人当然也有不同的记忆，我也希望当时三十岁、二十岁的人也写一点这个时刻的切身感受和遭遇，当时四十岁的人，回忆自然更复杂，但那都是九十五六岁的老人，记忆不清了。当然，在四十年代、五六十年代也有不少人写文章回忆"七七"，但有些是有目的的回忆，其中或有回避之处、夸大之处、故意不写之处……在真实程度上，有时是需要后人很好分析的。况且老百姓的愿望和感觉，和有权有势者的感觉与愿望，总是两样的。"二十四史"中，究竟有多少信史呢？何况未来的历史呢？也只是各说各的吧。

"七七"临近

写回忆的文章，有各种各样的回忆：有欢乐的回忆，有闲适的回忆,有惆怅的回忆,自然也有痛苦的回忆,愤恨的回忆,厌恶的回忆。所谓"千秋万岁名,不如少年乐",所谓"而今识尽愁滋味,欲说还休,欲说还休",这些都说明,在正常情况之下,回忆少年时的岁月,常常是爱回忆欢乐的事,闲适的事,所以杜少陵在安史乱后,流寓成都,辗转巴楚,还常常写诗回忆他少年的事:"忆昔十五心尚孩,一日上树千百回……"多么亲切而生动呢?但是一有感触,吟唱便大不相同,自然会唱出"野哭几家闻战伐,夷歌数处起渔樵",也会唱出"击柝可怜子,无衣何处村,时危关百虑,盗贼尔犹存"等等的愤怒之诗了。我写回忆京华的短文,近时亦颇有此感。由于最近两个多月来,日本文部省的乖谬执著,使我正如杜少陵诗中所忆及的"洛阳昔陷没,胡马犯潼关",陡然记起了北京沦陷时期的侵略者的种种罪行,那战争的叫嚣,烧杀的残暴,兽蹄的蹂躏,豺狼的凶狠……这一幕一幕的往事,虽然四十多年过去了,陡然记起,便历历展现在眼前,岂只是记忆犹新,简直可以说是浑如昨日了。

日本文部省的官员们,难道他们真是得了健忘症了吗? 不是的,他们也记得清清楚楚,但是他们为什么这样呢? 这也可以说是东条英机阴魂不散;也可以说是他们树幡为东条英机招魂。总之,他们是要用东条英机阴魂来欺骗今天的日本老百姓。他们以为今天的人们已经忘却或不知道当年的种种惨状、种种罪行了。自然,对于四十来岁以下的青、壮年说来,是没有经历过那个时代的历史,是有可能被欺骗的。但对稍微上一点年纪的人说来,他们哪一样事情不是一清二楚? 除去像岸信介之流别有用心者外,谁又肯相信或同意那些鬼话呢?

对于年纪轻一些的朋友,不论是中国人、日本人或其他国家的人,年长者有责任把当年的情况,详详细细地告诉他们,为了未来,必须先真实具体地了解过去。王芸生老先生的《六十年来中国与日本》是部好书,可惜增补编写到第七卷,先生就归道山了,第八卷乃《大公报》老记者张篷舟先生秉承芸老临终嘱托编纂的。篷舟先生近日来信,说是已着手准备编著《五十年来中国与日本》了。由一九三二年编起,直到现在。这真是一个大喜讯。在张篷舟先生巨著未成之前,我先写些沦陷时京华琐事,当作噩梦的呓语吧。

一个主权国家,如果别国的军队,在这个国家的土地上、城市中,随便地进出,随便地布防,随便地走来走去,这在今天和平环境中的人们想来,也是很难理解的,这是什么行动呢?人类的语言中都有共同的概念,是不必再创造新词汇的。看看《六十年来中国与日本》第八卷中的《大事记》吧,随便举几则:

> 长春日军又大操,由关东军司令官田英亲任指挥,踏坏民田一千五百余亩。(一九二九)
> 溯航长江之日本第一水雷舰队司令后藤章少将,电约在青岛之日本第一舰队军舰十八艘,于十六日开至我领海之舟山群岛会操。(一九三〇)
> 天津日军至南开大学及各村庄搜查滋扰。(一九三一)

管中窥豹,可见一斑,具体日月,我都是未写,这还是"九一八"前后的情况,等到"七七事变"前一两年,那时山海关里,平、津两地,什么廊坊、通县、唐山等等小县城,也到处都驻有日本兵了。

我原来住在北京西面几百里路的山里,那里侵略者踪迹还暂时未到,十来岁时到了北京,正是"七七事变"前二年,家住在西城，离开东交民巷、东单等日本人聚集的地方较远，平时也很少出去，不大看到日本人。偶尔跟家中大人到北海或公园去逛，看到不少穿和服、木屐的日本人，男的、女的、大人、小孩都有，也不知他们是干什么的，总是躲的远远的，似乎在他们身后有一股气，一股侵略者的气焰笼罩着他们。可能他们是普通的人，但我当时幼稚的心灵中有这种感觉。

我第一次看到日本兵是在一九三六年夏日，那天我跟大人去逛北海，正在漪澜堂茶座上吃东西，坐在漪澜堂东面台阶下靠石栏杆的茶座上，这种茶座都是围着桌子四张大藤椅，我坐在面向水面可以望到五龙亭的一张上，人矮，只坐个藤椅边边，半站半坐着，贪婪地望着水面上的游船，正在此时，忽然被身后一种强烈的、急促的"夸喇、夸喇"的声音所惊醒，回头一看，唉呀，不得了，虽然没有人告诉我，但我已经认识到这就是日本兵。密集的"夸喇、夸喇"的声音，是那钉满铁钉的皮靴践踏在漪澜堂走廊方砖和石阶上的声音。大约有二三百人由东面门洞鱼贯进来，就由我那座位后面纷纷跨过走廊栏杆跳下石阶，向前面扬长而去了。茶座上的人们顿时鸦雀无声，沉默了，严肃了，纷纷算账离去，这气氛直到今天还压迫着我。

在"七七事变"前一两年中，北京街头巷尾，老头、老太太说道起来，有三样很可怕的东西，那便是：便衣队、浪人、"白面房子"。

这三样东西，现在年轻一些的人，都不知道是什么玩意了，而在当时，这的确像虎列拉细菌一样，是使人讨厌而又恐惧的东西，街头巷尾谈起来，往往有谈虎色变的感觉。

日本军阀侵略野心和行为，处心积虑，狡诈万端，除了利用其军舰、大炮、三八枪等军事手段而外，其他花样那真是说也说不完，其凶残、卑陋是常人所难想象的。便衣队、浪人、"白面房子",就是日本军阀所用的军队之外的,三样小小的,但又十分见不得人的侵略工具,在四五十年前,是作过充分表演的。

"便衣队"是日本雇用的汉奸流氓,穿着便衣,带着武器,在日本军队、特务机关的操纵下,从事各种杀人放火、武装捣乱,早期日本于天津利用这群亡命徒,天津日租界连着中国地,日本利用这群亡命徒武装冲击中国地,逼中国当局不许再管租界外面七八百米地方,这样天津日租界外出现了有名的"三不管",成为各种罪恶勾当的渊薮。侵略者在天津利用这些亡命徒得着便宜,后来便在各地到处利用。第一比日本军人直接出来活动方便;第二容易推卸责任耍无赖。所以在"七七事变"的前二三年,以通县冀东伪政权为巢穴的日本便衣队,在北京近郊及城里活动极为猖狂,什么残酷的事情都能做得出。

"浪人"是日本语,实际就是亡命徒、流氓的意思。《六十年来中国与日本》一书中,记有日本浪人携带大批假钞票到沈阳扰乱金融的事。还记有青岛公安局发觉日侨松尾权一收藏人头八个,会同日领署破获的事。这只是随便举一两个"浪人"的例子,当时这种类似的事差不多经常发生,怎能不叫人谈虎色变呢?

"白面房子"是卖毒品的,是"浪人"为后台开的。吸毒者偷了人家的东西,到那里换了"白面儿"过瘾,开"白面房子"的公开通知被偷者拿钱去赎,要多少就得给多少。有时"白面客"骗了人家小孩押到"白面房子"中,要人家去赎,像绑票一样,不赎就要"撕票",报告中国巡警,没有人敢管,试想这样局面,谁不恐惧呢?那时我常去太仆寺街背阴胡同一位老师家补习功课,人们说离他家不远那个小黑门就是一家"白面房子",我怀着十分恐惧的心情从那门前经过几次,后来我便经常绕道走,再不愿经过那个破黑门了。

在"七七事变"的前二三年,日本货的走私和日本的宣传造谣,也到了现在人难以想象的地步。过去中国人民抵制日货,是一个十分有效的反抗日本侵略的手段。早在一九二八年,因济南惨案即日本出兵侵入济南残杀中国人民的原因,天津、上海等地反日会动员商民抵制日货,这年六至十二月,半年中日本对华出口即减少二千四百万日元,天津日租界陷于封锁状态,日货商号二百余家停业,这对日本的侵略是一个很有力的反击。但后来"九一八"以及《何梅协定》、华北特殊化之后,那天津、青岛等地港口,对日本船来说,几乎等于自由港,海关税率本来不高,但就这个不高的税率,日本货也不完税,大量走私涌入中国市场,天津有日租界,重要商业区旭街就在日租界,自然全部都是日本货的市面。北京离天津近在咫尺,一切货物都由天津运来,不说别的,单是食糖一项,东北甜菜糖"四五车白"、台湾甘蔗糖"二贡",全部是作为日本货走私进来,价钱便宜到极点,一年不知倾销多少,本来是中国土地上出产的东西,在日本的侵略之下,作为日本货又走私到中国,日本得以从中巧取豪夺掠取一笔暴利,这笔复杂的账,如不是亲身经历过那样的岁月,谁又能想象得出呢?

日本走私货吃的、用的、穿的、戴的,可以说无一不有。什么太阳啤酒、中将汤、仁丹、樱花胶卷、花王石碱……那是数也数不清的。这还不包括日本在中国开的各种工厂的产品,也不包括犯禁的毒品,如什么松竹梅海洛因之类的玩意。

走私之外,就是制造各种谣言,蛊惑人心,宣传各种媚日、亲日谬论。最早是北京的《顺天时报》,有名的日人主笔辻听花是老北京通,穿中国衣服长袍马褂,说中国话您好我好,听京戏,唱二簧,在北洋政府统治下的北京专门造谣言,替日本人的种种侵略行为作宣传。"七七事变"前二三传，臭名昭著的《顺天时报》早已毕命了，日本人收买了另一重要宣传工具。当年全国的新闻中心在天津，几家有国际影响的报纸《大公报》、《商报》、《益世报》、《民国日报》、《庸报》，都很有实力。"九一八"之后，日本人收买了《庸报》。这家报纸原在蒋光堂、张琴南的主持下，拥有由上海《申报》调来的轮转印刷机，业务发展，几乎要与《大公报》并驾齐驱。但被日本人收买后，完全变成汉奸报纸了。"七七事变"开始，替日本侵略者大事宣传，侵略者用飞机扔在北京的传单，都是《庸报》号外。

"摆不下书桌"

"华北之大，已经摆不下一张书桌了。"

这是一九三七年"七七事变"前，北京人们常说的一句话，现在年纪不太大的朋友们，已经很难理解它，甚至感到有些奇怪了。那么大的地方，为什么放不下一张书桌呢？因此，要概括地说一下当时的形势。

北京自政府南迁改称北平之后，曾经有过"文化古城"的称号，几所极为重要的国立大学如北大、清华等都在那里。做学生的起码要一张稳定的读书桌，要有一盏安静的读书灯，在自己的国土上，这一点点要求并不过分。而在"七七事变"前夕，日本侵略者鲸吞东北后，又蚕食华北，步步紧逼，朝不保夕，危险的气氛已经笼罩着整个的古城以及华北，学生们的那一张小书桌已经摆不稳了，那盏读书灯，时时都有被侵略者的妖气吹灭的可能。

"九一八"之后，日本人在山海关里到处驻兵，由北宁路到胶济路沿线各地，到处都是打着膏药旗的士兵横冲直撞。而且，到处还有被日本人收买了的土匪武装,在日本特务机关和军队的支持下,天天制造着数不清的杀人放火、攻城略地的事件。

百灵庙事件,年纪稍微大些的可能还记得,那就是在张家口北面,内蒙古草原上百灵庙一带,一股被日本特务机关豢养的盘踞在百灵庙的土匪武装,一再进犯,挑衅、侵扰。傅宜生将军鉴于全国的义愤,指挥部属,予以迎头痛击,打了个大胜仗,全国欢呼,纷纷箪食壶浆,以劳王师,那登在《世界日报》画刊上的照片,直到今天我还清清楚楚记得。

现在人很难想象:在一九三六年前后,住在北平的人,一出朝阳门或东直门,不到东大桥或东坝,那就几乎是到了"外国"了。日本人操纵的大汉奸殷汝耕组织了冀东自治伪政权,而那个伪政权就设在京东二十公里的通县。奇怪的是殷汝耕的家却住在西城京畿道胡同,他天天坐一辆淡黄色汽车去通县执行汉奸职权,今天的人能够理解吗?

在这样气氛之下,不要说青年书生感到放不下一张读书桌,就连沉湎于学术中的老学者,也感到大祸临头了。陈寅恪先生"九一八"之后,有一首《游北海天王堂》诗云:"辽海鹤归浑似梦,玉溪龙去总伤神。空文自古无长策,大患吾今有此身……"年轻朋友,应该多读读这样的诗。

> 无定西来咽咽流,鞭声雁影古卢沟。
> 城荒废堞狂虏梦,碑老长桥国士羞。
> 一夜烽烟连万里,五更残月入新秋。
> 欲将史笔传诗笔,人世何从觅董狐。

这是四十年前初学作诗时,游卢沟桥归来写的一首诗。当时深深感到这样一个小小的地方,居然一夜之间,便掀起了万里烽烟,造成了千万家庭的破灭,千万生命的死亡,比昔人诗中所写"可怜无定河边骨,犹是春闺梦里人",那不知要惨痛多少倍了。侵略者多少年中的烧杀掳掠,惨死的(包括春闺中人)还数得清吗?

"七七事变"发生在卢沟桥边上宛平县。日本兵在卢沟桥边上举行军事演习,又说是枪声,又说是丢了一个兵,总之找了一个借口,便去攻打宛平县城,宛平县长王冷斋急忙应付这个突然事件,侵略者本是别有用心,正应了北京的一句歇后语:"带着眼镜铜碗,找碴儿。"原本就是借端挑衅,哪肯轻易放手,自然无法应付。就这样,万里烽火就从这个小小的弹丸之地蔓延开了。

卢沟桥是有名的风景胜地,"卢沟晓月"是燕台十景之一。最早建于金代大定二十九年,康熙三十七年又重修。卢沟即桑干水的故道,古称"无定河",康熙重修时赐名"永定河",在广安门外西南方,离城二十五里,明、清两代走旱路出京,不论是云、贵、湖、广,还是江南闽、浙,车马均从此经过。当时出京行旅,一般都是五更天不亮就起身,走到这里,正好是晓风残月的时候,回首京华,首先见到的是下弦残月,情景是凄凉的。所以"卢沟晓月"成为一景。明人顾起元诗云:"西山笼雾晓苍苍,一线桑干万里长。最是征夫望乡处,卢沟桥上月如霜。"说的正是这个情景。

本来清代北京郊区的建制,北面、东面属大兴县,西南、南面属宛平县。大兴县没有城,大兴县衙门在北京城内交道口大兴县胡同。宛平后在卢沟桥畔修了个小县城,只有南北两门,一眼可以望到头,小得真是可怜。而就这样一个小小的城池,却联系到亿万人的生命,愿世人不要忘记它,旅游者到北京时务必抽空看看它吧!

一张号外

我常常想起一张《世界日报》的号外，这张号外是小十六开纸印的，买时只要两大枚，即四个小铜元，不足一分钱，而其代价却是几百亿元，无法计算的。

一九三七年七月八日上午九点多钟，我在当时号称北平的西城背阴胡同，平大医学院附属医院门口买到的这张号外。那时学校暑假放得早，七月一日就放假了，这时正是假期中。家住西城皇城根，家中大人那天早起让我到西单商场买支牙膏。西单商场是东北军阀万福麟等人投资建造开办的，万的住宅就在商场旁边一个贝子府中，那条很短的胡同原名"馓子胡同"。"馓子"音同"散资"，不好；便改为谐"获利"音的"槐里胡同"。但也不保险，一九三六年年底一场大火全烧了，"七七事变"还未重建，只在北面"救世军"小福音堂旁边的空地上，临时搭了棚子商贩摆摊售物，叫作"临时商场"。我来这里买了一枝三星牙膏、一块力士香皂回家去，顺着槐里胡同走过去，往北转弯，初夏光景，天气不太热，胡同中很安静，只是附属医院门口停着几辆等主顾的洋车……我正走着，还孩子气地看手中买来的东西的花纹，忽然后面踏来一辆卖报的破自行车，一边骑，一边喊："号外，号外，看日本人打卢沟桥的消息噢，看宛平县开火的消息噢……"就是这样一个声音，一下子惊破了北平古城的宁静气氛，一下子粉碎了这条安静的胡同中的美感，一下子使我那闲适的、出神的状态幻灭了，我便买了一张，上用头号铅字印着大标题，具体字句虽然不能字字不误地背出来，但那触目惊心的"卢沟桥昨夜炮声，日军攻打宛平县"几个冒着火药味的字，直到今天仍然在我眼前跳动着。

我捧着这张其重无比的号外,回到家中,这时院子中也有别人买了同样的号外,自然都议论开了。陈寅恪先生寒柳堂诗云"读史早疑今日事",当时国难当头,日本的侵略平、津,发动侵略战争,原本是人们意料中的事。但是如何来? 如何出现? 是局部还是全面? 人们事先是无法预卜的。而知道早晚有一天要发生,但毕竟不少人都不愿意它发生的事,突如其来发生了,人们不禁感到愕然。

　　大城市的居民又敏感,又迟钝,昨夜睡觉时,夜半梦回时,清晨起床时,都没有什么感觉;现在一张小小的号外,放在面前,看了又看,疑真疑幻,啊,侵略者来了,抗战开始了。

　　卢沟桥一夜炮火,"七七"战患开始了。但开始头几天,人们并不完全感到事态的严重性,院子中的邻居们自然是议论纷纷,人们总爱往乐观的方面想,有的幻想着这是局部问题,很快通过谈判就能解决;有的则认为宋哲元二十九军的大刀队一定可以打胜仗。忧虑时局者,多是老年人;青年人则是较为激昂,而想的却比较简单。但现实强烈地教育着人们,使人们都投身到强大的行列中去了。

　　"七七"开始时,坐镇北平的领导人宋哲元将军,并不在北京,他的住宅在西城锦什坊街武衣库,那时柏油马路并不多,而柏油路由丰盛胡同直修到武衣库,那是因为他住在那里的关系。而正好在"七七"发生的时候,他回到山东老家修坟地去了。事变的头几天,直接对付侵略者的,在卢沟桥、宛平县,那是县长王冷斋。他家也住在城里,在南长街路东,有一座很漂亮的新住宅,东窗一开,就看见紫禁城城墙、角楼、中山公园后河、柏树林等,后来这所房子卖给楚晴波将军了,而当时他正住在这里。他坚守宛平县出了名,后来撤退到后方,胜利后曾出席东京国际法庭作证,不过这是后话,在此不必多提。另外当时北平市的市长是秦德纯,二十九军的高级将领是冯治安、张自忠等人。"七七"刚发生的前几天,一方面在宛平、卢沟桥等前线上敌我两方面的军队对峙着,一方面和日本人紧张地谈判着,一方面又赶紧打电报催宋哲元快一点回来。

市面上最初几天,还比较正常,城门也未关,去天津、去保定、去张家口的火车还照常通行。正在暑假期间,大中小学都放假了,当时外地学生不少,大部分都已回乡了。粮食、蔬菜、煤炭等物价,一时也未波动。不过比较敏感的,或早有准备的家庭,有些已开始离京南下了。

半张报纸

大约在十五日左右吧,气氛突然紧张了,说是谈判不成功,要正式打仗了,城门也都关了,马路上如西四、西单等处,都挖了战壕,这时据说宋哲元将军已经回到北京,一两天后,又说谈判还有希望,挖的巷战战壕,有的又填没了。二十一二号之后,情况急转直下,城外的枪声、炮声,加急了。一天,院子中住的一位大学教授说:听说二十九军在廊坊打了大胜仗。人们纷纷问他:可以把小日本打跑了吧。他皱皱眉说:哪里有准呢,打仗的事儿,还不是一个打过去,一个打过来。大家听了黯然了。

由七月七日到二十一二号这些日子里,人们在极度不安中过日子,我住的那个院子很大,有好些房子,又有大花园,住着好几个大学教授和外国人,在北京教法文出名的法国教授胡木兰女士,就住在花园边上的一所小跨院中,有中国旅行剧团"保姆"之称的法国巴黎大学艺术博士陈绵导演和他法籍夫人住在另一跨院中,和名诗人艾青同船回国的《巨人传》译者鲍文蔚教授,东京帝大的农学博士现在台湾大学的汪教授……名人一大帮,一些青年学生常常出来进去的途中向他们问长问短,现在外面打仗,他们也不出去,常常在院子里大树下站着,围着听他们讲说,我还是个中学一年级的孩子,总是焦急地听他们议论,说到胜利的希望时自然兴奋;说到战争的危险时不免要发愁。

不少人都准备离开了,江南有家,上海有地方可以投奔的,在天津铁路还没有中断的情况下,坐火车到了天津租界上,又买船票南下了,房东一家就是这样先走的。我家本来也想走,但是在南方没有地方可以投奔,向西面乡下去,一大家人又如何走呢?箱笼都捆扎好了,大人们却对这些箱笼发愁,不知如何是好?孩子们奔来奔去,各家串着,某某家到哪里去,某某家已经走了,互相传递着消息。

去天津的火车只中断过一两天吧,具体时间记不清了,但这条铁路却有一说的必要。由北京通天津经塘沽、山海关至沈阳的铁路,叫"北宁铁路"。"九一八"之后,东北版图易色,这条铁路已经如同在两国的版图上行走。"七七"前夕,汉奸殷汝耕成立冀东伪政权之后,唐山、滦县一带,都是汉奸政权的势力范围。为了这样原因,当时还有人提议过:反对北宁路火车直通沈阳,反对同侵略者的满洲铁路株式会社等机构联运。但是日本侵略者却一直要联运,火车由东北沈阳可以直开天津、北京。因为这样给日本人的侵略提供了极为方便的条件。

北宁铁路局局长陈觉生,是个大汉奸。"七七"初起,日本人在东交民巷、丰台等处住的兵还不够多,所以在中旬没大举进攻。陈觉生调拨车皮,从东北旬日不到,运来二十列车日本兵,这样侵略的战火,一下子升级了。陈觉生这个"七七事变"早期的汉奸，不久就遇刺，一枪毙命了。日本人为了酬劳他，让他女人在西城二龙坑办了一所女子中学，校名"觉生女中"，一直到胜利之后，这个学校才关张。

日本人从北宁路上，运来了大批增援部队，大举向二十九军驻扎的南苑、西苑、丰台、廊坊等京郊战略据点进攻，很快北平沦陷了。

在沦陷前的一两天中，城外打的十分剧烈，枪声炮声不停地传到城里来。读陈寅恪先生《寒柳堂集》，有一首题为《乙酉八月十一日晨起闻日本乞降喜赋》的律诗，在"国仇已雪南迁耻，家祭难忘北定时"句下注云："丁丑八月先君卧病北平，弥留时犹问外传马厂之捷确否？"当时散原老人正在北京，病况垂危，还非常关心着中国军队打胜仗的消息。这种关心，是多么感人呢？直到今天，我还清楚地记得，每听到一阵枪声，一阵炮轰时，似乎声声都牵动着心脏，心想一定是把侵略者打退了。在二十九军撤退的前一天，上午听到了廊坊打胜仗的传说，人们自然信以为真，院子里面的青少年学生情绪激昂得不得了。那天下午，有日本飞机来扔传单，是天津《庸报》印的，说是侵略者占了这里，占了那里等等，大家谁来相信呢？纷纷说这是汉奸报造谣……

这天黄昏后，炮火的声音越来越剧烈，还有炸弹的声音，震的窗户乱动乱响，好像离的十分近。那天晚上，连孩子们也没有睡好觉，大家都把心提到喉咙口了。接近天亮的时候，枪炮声稀落了，沉静下来，但是这种沉静，似乎比枪炮声更使人感到恐慌，究竟怎么样了呢？人们焦急地等待着。

早上八点多钟，不少人都走出自己的小院子，来到大院子中，互相询问着，互相议论着，你这样猜想，他那样猜想，大家都没有一个准主意。不过都在共同等待着一个东西，那就是报纸，因为自从"七七"那天开始，报纸还正常发行着，院子中大部分人家订阅的都是《世界日报》，人们目光望着二门口，期待着那个熟识的送报人，骑车很快地送来新消息——那个人终于来了，送到大家手中的，不是一份报纸（当时《世界日报》平时三大张），而是半张报纸，大标题印的是：二十九军撤退保定，张自忠代冀察政务委员会主任……

大家心碎了，明白是怎么一回事了。同院住的一位东北籍的小学女教师，立刻号啕大哭起来，一边哭一边喊道："这可让我再逃到哪里去呀？ 这可让我再逃到哪里去呀？"她原来在哈尔滨教书，"九一八"之后，来到北京，做小学教师，没有男人，只有一个小孩，名叫"小宁"，是我的小朋友，四十五年过去了，我还似乎听到她的哭声。

沧桑而后

沧桑而后,本是简单介绍一下沦陷后的文化古城,但另有一篇写战前经济的长文,编排在一起,这就更显出沧桑变化之大了。情况具见后文,这里就不必多说了。

战前经济生活

旧中国的恶性通货膨胀,物价飞涨,是自抗日战争之后开始的,而在"七七事变"以前,那还是比较稳定的。那时的北平,经济生活如何呢?自然也很穷,但相对稳定,用句老百姓的话说,叫作"钱值钱",赚钱虽不易,却无恐慌感,尤其老北京人,习惯于过安定的苦日子,却不惯于紧张的交易所般的经济生活。这样"七七事变"之后,近十三四年中,不少人都成为枪炮炸弹瘟疫之外的牺牲品了。连卖烤白薯的白胡子老头儿,也会说:"唉,那年月一块钱……唉,眼下甭提啦——"

文化古城时期,北京人的经济生活从何说起,先要从通货说起,就是广义的"钱"吧。三十年代初期,南京政府采用宋子文的"白银政策",不准用银元,改用纸币。当时北方乡间,还到处使用银元,而在北平,则完全使用纸币了。流通纸币,中央、中国、交通、农民四大国家银行为"法币"。金城、大陆、盐业、农工等商业银行较大,为"北四行";另有中南、中孚、大中、新华等商业银行;还有河北省银行、河北省官钱局等地方金融机构;再有外国

465

银行,美国花旗、日本正金、英国汇丰、法国汇理等,这些银行,都发行纸币,与银元等值,票面分一元、五元、十元等,百元、五百元以上票面大钞,只有少数银行发行,市面上极少见。

辅币是角票和铜元。同时通行,铜元及铜元票用的更多。铜元票是河北省官钱局发行的。银元与铜元比例,三十年代较之二十年代、十年代来讲,是银贵铜贱,民国初年,一块银元只换一百三四十文,到三十年代初中期,则已涨至每元换五百多文。一九三四年后,直至"七七事变",北平市面规定每元兑换四百六十文。按,铜元是清末实行新政时,仿照日本的办法铸造的。一种一枚可折合清代制钱十文,叫"当十铜元",俗呼"小铜子",或叫"小铜元",但不叫"小枚"。一种折合制钱二十六的,有"当二十"字样,叫大铜子,北京俗呼"大枚"。一元钞票兑换四百六十枚铜元,指小铜元。实际只是二百三十个大铜元,即二百三十大枚。这样一角钱换二十三大枚。习惯叫"四吊六"。就是从清代北京人"说大话,使小钱"的风气沿习下来的。即十枚鹅眼小钱抵一枚大制钱,十枚制钱抵一枚铜元,二十三大枚等于四十六个小铜元,折合四百六十个制钱(大钱),又顶四千六百小钱,所以二十三大枚俗称"四吊六"了。五十多年前在北平用过"大枚"的人现在还很多,散居世界各国的都有。当年习惯于"几吊几"的说法,也不以为奇,现在解释起来,却要用不少文字,不然,青年朋友不明白,以为我说"昏话",其实,想说句明白话,又是多么不容易呢?

古话说"一文钱逼倒英雄汉"。一文五铢、半两的秦汉之际已无人知晓了,花一文小制钱的日子也成为历史了。五十多年前,北平人花"大枚"的时代,"一大枚"已是最小的货币单位,能够买什么呢? 在我清晰的记忆中,一大枚一个果子(即油炸鬼)

或焦圈,两大枚一个芝麻酱烧饼或马蹄烧饼。家里厨子每天一大早拿一毛钱去甘石桥邮局门口烧饼铺可买八个烧饼、八个果子,拿回来家中每人"两套"(一个烧饼夹一个果子叫"一套"),便香软可口,足以果腹矣。主顾不只每天可以便宜一大枚,多买一个"果子",而且月底烧饼铺还要给他二十枚"底子钱"。不然他多跑两步到马路对面西斜街口上去买了。

经济生活的水平虽然说首先看入与出的比例,但价钱便宜总是好的。不过东西再便宜,如果没有收入,一文不名,那也没有办法。新加坡贵都大酒店一份大饼、油条、豆浆自助早餐卖六新元,按牌价折合约十一元人民币,按黑市价折合二十几元人民币,这和三大枚一套烧饼果子的价格比较,自然不成比例,但对每月四五千新元工资的新加坡中学教员说来,也不算贵。但对一个月薪五六百元的作业员来说,就太贵了。而三大枚一套烧饼果子,对当时乞丐说,也还吃得起,讨得一次,便是一大枚,讨三个还较容易。当然这只是当年真正的穷苦无告者。不是指"职业乞丐",那有的是较富有的。自然,这还不包括现在广州的乞丐万元户。这种乞丐,五十多年前北平也有。

失业的人没有收入,好歹有个事由,便多少可赚两个,谈经济生活必须从"入"与"出"两面谈,即赚多少,花多少。不妨先举个赚钱最少的例子——年老无能的老妈子。

现在叫保姆,叫阿姨,那时候叫"老妈子"。当时我的房东大奶奶就常说:"怕什么——没辙了,我给人去当老妈子去。"因为她老人家用了多半辈子"老妈子","七七事变"之后,穷了,便发这样的牢骚。为什么我要举"年老无能的老妈子"呢?因为"老妈子"也分三六九等。从年龄说,有二三十岁的,有四五十岁的,甚至有六十来岁的。从本事说,有会烧菜做饭的,有会做针线的,有善于收拾房间的,有能说会道、工于接待客人的……《红楼梦》中丫头、婆子,不是都有粗使细使的吗?所以老妈子的层次等级很多,介绍老妈子,有专门行业,俗名"老妈店",在三十年代初,袁良当市长时,责成社会局管理此事,全城"老妈店"都向社会局登记注册,正式改名为"佣工绍介所",门口挂一块不到一尺见方的"门楼"式木牌,下垂一红布条。写上"某某佣工绍介所",并注明"社会局立案"。谁要雇人,就到这里联系,问明要求,便可按要求负责介绍。主要介绍女佣人,也介绍男佣人,如听差、厨子、车夫等,但较少。因为男佣人不少都是由各个新旧主人之间互相推荐的。《鲁迅日记》中就记有推荐包车夫的事。

五十多年前,我家住在皇城根陈家大院,院里家家人家,都有男女佣人,谁家用老妈子,都到灵境胡同口上的冯安氏佣工绍介所去找人。那是一个高台阶三间正房,一东一西的小院,主人冯安氏当时四十来岁,能说会道,也十分负责。她家介绍的人一般都很可靠,只是偶然耍点小手段,如洗衣服时,故意藏起一只丝袜子,却拿了一只去问大奶奶:"您的袜子怎么只剩一只啦?"大奶奶换好衣服正要出去打牌,哪里管这个,"好、好……你拿去吧。"她便落一双丝袜子,嘴里还埋怨:"唉,您真不在意,挺贵的东西……"但这是"七七事变"前的人心,沦陷之后,那便大变样了,正经用人的人家都穷了,用人越来越少。而汉奸新贵和日本邻居的佣人多了,也是冯安氏佣工绍介所介绍的,却大不一样,桃色案件也发生了。

当时老妈子每月工钱,最高六元,最低三元,比较多的,是五元、四元五、四元。这里还分有没有零钱,即工资之外,是否还有其他收入。大宅门,客人多,送礼的多,买东西多,佣人都可得零钱,客人叫赏钱,买东西叫底子钱,正常零钱收入,大宅门可增一倍,即四元工钱,还可分到四元零钱,如每天有一两桌牌,那就还要多。一般八块钱的底,三个四圈下来,就抽十二三块钱的头,四分之三归主人开销酒席钱,四分之一给赏钱,就是三块多,如客人车夫、本家佣人大小份分,以七人计,最少也可得四五毛,三天一桌牌,每月又可得四五块。当然客人少,又不打牌的小户人家,用个佣人,那零钱就极少了,只能每月主人买米、买煤、买菜得点底子钱,每买一两元的东西,可得二三十枚,最多一角的底子钱。这样如果三四元工资,每月底子钱,偶然来个女客的一两毛钱的赏钱、三节的节钱,平均除工资外,还可得两元零钱。这样最不济的老年老妈子,只要有事由,每月可赚到五元钱。佣工绍介所在老妈子们失业时,可以免费住在她所中,供水、火、炊具以便开伙。介绍到人家试工三天如中意,便可留下长做,其头半月工钱,归绍介所。年轻力壮、精明能干的选择人家,先问零钱,再谈工钱。零钱多,工钱便可少。一般不打牌的中等人家,四元五到五元,便可用一位三四十岁,干净利落的女佣人。如果本人有些欠缺,那要求主人便不同了。只要活轻些,钱少些也可以。一个同学家,他父亲在天津,北京家只有他母亲带两三个上中学的儿女过日子,用一个老太太做饭,洗衣服、收拾屋子、买菜都不管。每月只三元工钱,老人等于在他家养老。当时人情厚道,有惜老怜贫的美德,也有经济力量和睡觉的地方。这位做饭老太太也有一间小东房做下房,冬天也烧个小煤球炉子。但这位老太太十分年迈了,有一次我在这位同学家吃饭,一盘炒绿豆芽中,黑糊糊一团,我用筷子拨一拨,问这是什么? 同学说:肉丝。结果另一同学用筷子夹起一看,才发现是块揩布。大家大笑了,做主人的同学觉得不好意思,便要发脾气,却被他母亲申斥了几句,说"老年人眼花了,那有什么关系,夹出来不就完了吗……"

当时的人心，就是这样厚道……

这位把搌布炒在绿豆芽中的老太太，便是我在前面特地提出的“年老无能的老妈子”。她每月三元工钱。零钱自然极少。不必提零钱，就以工钱说吧：三元可以买什么呢？折合铜元，每元四百六十枚小铜元，二百三十大枚，三元共六百九十大枚。两大枚一个香喷喷的芝麻酱烧饼，可买三百四十五个大烧饼。三十大枚左右一斤五花猪肉，可买二十四五斤好猪肉。以工业品计算，当时有国货售品所九九货大展销，即每一份九角九分，一包蓝士林布，两丈长，九角九分，三元买六丈，还剩三分钱。黄金每两一百零五六元，一钱十元五六角，一斤五百克，老秤一两，约合三十二克强，三元工钱，也合一克黄金价值。

老佣人在主人家有吃有住，一年再有点节赏、零钱都攒起来，有几件旧衣服，可以整年不花钱。做老妈子有几百元、上千元存款的不稀奇。主人当家奶奶向佣人借钱的，也是常见的事。清代官场中，这种佣人更多，男主人欠师爷钱、跟班听差钱；女主人欠女佣人钱。这种佣人叫作“带肚子”，是辞不退的，要还清欠款他才走。

赚钱最少的三元一月的老妈子是佣人。赚钱多的还有不少，也是佣人。当时男佣人工资比较多。手艺一般的厨子每月工钱在八到十二元之间，每天买菜有好处。用厨子的家庭，都是中上层的，每天菜钱，都是包给厨子，如一天八角、一天一元。他如每天克扣两角菜金，便是六元外快。如主人太精明，不让克扣，那这厨子也用不长。他赚不到应有的钱，会另外找主人去的。不然你就给他长工钱。至于顺手牵羊，偷鱼偷肉、偷海货，那更是不稀奇。旧时叫“厨子不偷，五谷不收”，偷点吃的东西是正常的。一般当时一位家庭厨子，实际收入总的在十五到二十元之间。当然阔宅门名厨，或饭馆中顶生意的师傅，那收入就远不止此了。这一行工资差距较大，由一般家庭做饭到厨师，工资可差十倍二十倍。当年不少名人厨师后来都当了大饭馆的老板。

男佣人工资，拉包月车的差距不大。当时我住那个大院，有六七辆包车，好几位都和我很熟。工资低的十六元，吃主人。高的二十出头，吃自己。这看离家远近，吃自己是离家近，回家吃饭。主人应酬多，有饭局，包月车一律两毛钱车饭钱，平均每月二十次饭局，有四元车饭钱，送主人亲戚朋友回家，一般不论路远近，总也要给一份车饭钱的数——两毛。（往往比自己雇车贵，但这是面子。如遇到啬主儿，只给一毛，那是要挨骂的。）当时不要说"红人"应酬多，就是一般大学教书的，也几乎天天有饭局。忙人可能更多，有时晚上两三处饭局，那就可以得两三份车饭钱了。这样当时一般拉包车的，每月大约总有三十元收入，就可折合三十克黄金的价值。这中间，车是主人自己买的，叫"自用车"。车是拉车人的，叫"包月车"，后一种自然还要多付钱，要把车份钱算进去，视车新旧而论。一般八九成新车，每天贴三毛车份。大约花三十元，连车带人都可包月了。饭局多一些，拉车人每月可收入四十元。这差不多是拉包月的最高收入了。

如果车破人老的拉散座的，那收入就差远了。"七七事变"前头两年，皇城根二十二号大门口经常有四五辆洋车等座，院里没有自用包车的人家，一出大门就可坐上，如果来回，就更方便。我同他们都很熟，大体知道他们的收入，拉趟西单买东西，来回大方点给三十枚即十五大枚，必然打千说声"谢谢您"；如果给十大枚，便是最低价了，他总要说您再多赏两个。我每天到小口袋胡同上学,家里给一毛钱车钱,一位留平头的年青人,我们叫他"平头哥",他的车很新,铮亮的电石灯,左右摇摆,像人家自用车一样。我人小,虚荣心却很大,每天总爱坐他的车,讲好一送一接,十六大枚,我则给他十八大枚,他很高兴。他们的钱,铜元都放车簸箕脚垫子下面,毛票及三五元钞票放在裤腰带的皮包里。门口的散座车中,他的车最新,其他则都是车破人老的了。一般拉散座的车,平均一天能拉六七毛钱,就算生意不错。五毛钱可以勉强维持生活。如一天收入不足一百大枚,那是十分悲惨的。当然数九寒天,大风大雪,年老车破,那就更是悲惨万分的了。

年轻人卖力气,如无特殊不幸遭遇,像"骆驼祥子"那样,或无不良嗜好,总可以正常生活。一有不幸遭遇,或不良嗜好,那就很难有好下场了。"七七事变"后,门口拉散座的车再无生意,都散了。我也坐不起车,走着上学了。常在大木厂一家门口遇到那位"平头哥",给人拉上白铜活、黑大绒垫子的自用车,黑士林布大棉袄披在身上,雪白的羊肚子毛巾包头,好不神气。但是过了半年多,看他那脸全绿了。大高个子,又瘦又绿的大脸,见了我露着白牙嘻嘻笑——比哭还可怕,一看就知道已经吸毒了。他那个新主人是烟土贩子暴发户,他的吸毒想来也是必然的了——后来再未看见他,想来很难自拔,说不定也许后来吸毒日深,无力拉车,沉沦倒毙街头了罢?

说到洋车的价钱收入,我都是凭记忆讲,虽然在我说来,记忆十分清晰,几乎是千真万确的事,但读者未必就相信,因此不妨引点文献。民国二十五年马芷庠编、张恨水审定的《北平旅行指南》正在手边。其中记人力车价格云:

拟以正阳门车点为起点至各处车价:

崇文、宣武、永定三门一角。

东四、西四、地安门三处附近一角五六分。

北新桥、新街口附近二角。

安定门、鼓楼、德胜门附近二角三四。

东直门西直门附近二角五。

朝阳门、阜城门附近二角。

广渠门、广安门附近一角七八。

右安门、左安门附近二角四五。

　　这一价格同我记忆中的价是接近的,但略高些。因为是拉火车上刚下来的旅客,一般价要高些,而且是较新的车作标准的。如由崇文门或宣武门雇到车站,在当时一般三十枚(十五大枚)就拉,只合六七分钱。当年住皇城根时,家父每周去协和看三次病,门口熟车,来回总是两毛或两毛五,下雨天加一毛。皇城根去协和医院,直线距离,略远于前门到宣武门,但中间隔着三海和紫禁城,由北走绕金鳌玉蝀桥,由南走绕天安门,路虽不太远,但也不近。洋车来回两毛,他还在医院门等你半个多小时。但他很乐意拉这趟长买卖。因为二角钱在当时的人力车看来,已是"大买卖"了。一天能有三个两角收入,再顺道拉些其他零散座儿,那这一天就不错了。

　　电车在北京是二十年代初期的产物,开办之初,票价定得很低,几乎要抢去洋车的生意,为此发生过风潮。记得在老舍先生小说《大小李》或《二马》中反映过。手头无书,未及查对。在三十年代前期,北京电车票价,一般是洋车的一半,如一路红牌,天桥至西直门,共分四段票价:至前门,十枚;至西单,十八枚;至西四,二十六枚;至西直门,三十二枚。按,此加一倍,或一倍半,均可坐洋车,可以直接拉在大门口。因北京胡同较长,坐电车下来走大半天,十分不便。而且要绕道,坐洋车穿胡同走,甚近便,有时几乎和电车一样价钱,所以当时虽然经济不景气,而洋车一般还能维持苦生活。老舍先生《骆驼祥子》是文学作品描绘的特殊不幸遭遇者。当时北平最多时,近十万靠洋车谋生者,自然都是劳苦大众,但并未都吸上"白面儿",倒毙街头。我认识两三个,后来攒了两个钱,改做小买卖,也还可以维持生活。

三十年代北京坐汽车的人很少,我的房东三老爷陈伯庚先生有自用汽车。同学当中,萧承龄兄伯祖父名医息园老人(萧龙友)有自用汽车。另外中上层家庭,有时全家出动,也叫汽车,那是"出租汽车"。那时有不少家"汽车行",一般也只是三四辆小车,供人租用,据民国二十五年《北平旅行指南》记载:

> 凡在城内用车一点钟一元二角。五点钟以上以一天计,包天包月电商面议。……二、万牲园一送二元五,往返四小时四元五。三、颐和园一送五元,往返六小时七元……十一、清华园四元五,往返五小时六元。

但这里要说明一点,当时是经济不景气时代,钱值钱,一般生意,大多是以低于定价的数字成交的。记得当时所住大院房东、房客凡是全家出动的时候,常叫甘石桥路西快利车行的车,照例是一元一个钟头,酒钱加一。如按实际价值计算今天比例,那也是十分昂贵的。因为可值七斤猪肉钱。但那时赚的究竟多呀,一个普通小学教员,也得赚三四十元呢。

说到小汽车,又说到小学教员,这里联系起来,就是汽车司机的工钱。在当时一般大宅门的司机每月工钱约为四十五元左右。同一般小学教员比，略高一些。但用司机的都是阔人，应酬多，司机车饭钱是一元，平均每天主人一个饭局，便可多收入三十元车饭钱。小学教员便不会有这样的额外收入。但小学教员是长衫阶层，和司机主人可以平起平坐。司机赚钱多，却是佣人，不能随便陪主人坐，一般还只能站着回事。

由每月三块钱工钱的老妈子，到每月有七八十元甚至更多的大宅门的汽车司机，这些都是靠工钱生活的佣人。或者说都是靠出卖劳力、技术，不是靠出卖知识。小学教员则是知识阶层了。小学教员赚个三四十元，做到级任老师，可赚六七十元。校长也可到百元。如只赚三四十元，而家里人口多，要养老人、养太太、再养几个孩子，那就很紧张了。不过一般还不错。同学哥哥在红庙北师附小做级任老师，月薪七八十元，家里太太做饭，带小孩，还养读初一的弟弟，一家四口，住在东斜街穿堂门四间西式红砖北屋、一间东房的小独院中，安安静静，幽幽雅雅过日子，卢沟桥的敌人炮火，击碎了他们的宁静生活。在以后只是梦里的相思了。

如果大学毕业，文凭分的档次很多。"北大老，师大穷，清华、燕京可通融"，这是女学生选择乘龙佳婿的标准。选中了，便可奠定终身幸福，台湾俞国华"院长"不就是当年清华高材生吗？类似这样飞黄腾达的很多。自然也有飞黄腾达之后，又有不幸遭遇的。那是特殊情况，在此不必多说。只说初毕业时，那时清华、北大毕业生初毕业按照当时政府规定，是一个价码，八十元起薪。"穷师大"呢？几乎包办了全国的中学，毕业生教中学，纵使学校不包分配，同学也会招呼个饭碗，一般最少也有六十元或更高。燕京大多都是富贵家庭子弟，纵然找不到事，也赋得起闲。何况一般都学有所长，美国关系、教会关系多，总能找到事。

如捧着一张私立大学,什么中国大学、民国大学、华北大学等等的文凭,找个饭碗,高低就大不相同了。有后台自然可以高官得做,没有硬门子,东托人,西送礼,能弄个三四十元钱的办事员当当,就算不错。

三十年代前期,北平公教人员不太多,最大机关,一是宋明轩将军的政务委员会,一是北平市政府,市府下面有财政局、社会局、教育局、警察局,司法方面有地方法院,税务方面有归南京财政部直接管的统税局。较之民国初年北洋政府、参众两议院时代,行政机构少得十分可怜,而且也穷得十分可怜。鲁迅先生自一九二六年离开后,一九二九年回来探亲,写给上海家中的信说:抽空看望了几个旧日教育部的老同事,大家都穷透了(见《两地书》)。这种情况,到三十年代前期,并未多大改变。不过这个"穷",与后来的"穷"是两样的。当时知识阶层,失业的人多,一九二八年政治中心由北京迁到南京之后,北洋政府的工作人员,有不少未能南去,留在北京。大官自然不要说了,宦囊充裕,有房地产、股票、存款,自可在北京做寓公,东西便宜、文化气氛浓郁,高级的讲讲书画、玩玩古董、坐坐茶座、发发牢骚,堵门教子,生活悠哉优哉!中级的听听戏、吃吃馆子、逛逛市场、打打台球;低级的烧烧烟、打打茶围、打打牌,适可而止,也花不了多少钱。这是当时下野官僚的三种赋闲生活方式。当然也可放下屠刀、立地成佛,到居士林念念经,弄弄"扶乩",或到中山公园行健会打打太极拳以消永日。至于小官、一般职员,便不同了。手里有点积蓄的,赋闲在家,有出无进,仗着东西便宜,省吃俭用,还可维持几年。而平时没有积蓄的,赋闲时间一长,自然就更穷了。因而鲁迅先生信中说的"穷",是有特定时代涵义的了。吴子玉将军下野后,以"三不主义"住在什锦花园做寓公,他的部分僚属,也在北平赋闲,每月吴宅账房,还要给这些人发工资。每人象征性一元。一位保定军官学校的毕业生,自己未做大军官,因同学在河南做大军官,沾光做了两任县税务局长,包税赚了几万元,在北平赋闲过日子,教育子女,钱存在银行吃利钱,靠利钱生活,十分安定,比起做小局长时,自然"穷"了。当然也有小书记(即录事,专门抄写公文,不是现在的书记)被裁员下来,那就真"穷"了,如《日出》中的黄省三,一月工钱只十元二毛五,却要不停地写、写、写……。这真是小知识分子的穷途末路,不如一个拉洋车的了。

文化古城时代前期,北平市面,靠一些大学、中学维持繁荣。首先几个国立大学、院校,按月有一笔款子到京,清华是"庚款",北大、师大、平大等是教育部拨款,每月三十多万元。折合三千多两黄金。以今天的金价计算,也是一笔很可观的数字。那时行政、官吏人员分特、简、荐、委四等。科员是委任职,一等科员是荐任职,月薪一百元。而一般公私立中学教员的薪水,除拿钟点费的代课教员外,大多均在一百几十元。高初中都教,英、国、算教员,薪水都在二百元以上。如做过我的老师的申介人、萧佩荪、陈斐然诸先生,他们又是师大附中教师,又是志成中学教师,自己都有包车,和平门、小口袋胡同两头赶着上课,月入都在二百几十。那可是个不小的数字呀,可买二两五钱黄金。

文化古城时代大学的教学和研究人员是当时的天之骄子。那时清华、北大等国立大学的"部聘教授"(由教育部下聘书),高的月薪五百元,一般都在四百来元。鲁迅在厦门大学月薪四百,后住上海,南京大学院每月送干薪三百。其时北平各大学教授的工资均与此相当。由学校发聘书的教授,月薪也均在三百元以上。自然私立大学,经费不足,那就另当别论。再有当时南京教育部规定教员只能接一个大学的教授聘书，如在此校为教授，又到彼校讲课，则只能算讲师。如著名的钱玄同先生，是和平门师大教授、中文系主任。在北大讲课，似乎始终是拿"讲师聘书"，另外还在孔德学校有办公室，老先生一直是忙于三校之间的。

当时在各大学教书的人，收入多，钱值钱，因而生活十分优裕，不少人负担也很重，家里养着不少闲人。已故谢国桢夫子就和我常常感慨地说：当年我在小水车胡同家里，天天开饭摆圆桌。著名法文教授，《罗曼罗兰传》、法国古典名著《巨人传》的译者鲍文蔚丈，现在八十六岁高龄，还健在。五十多年前，他住在我家后院。先生在中法大学和孔德学校两处任教，家中夫人、刚刚降生的公子、先生的弟弟四口人，住五间北房、两东两西，另外还有两间小北房作厨房、下房（佣人住），还有浴室厕所。安静的小院，在大院中成为独立单元。一部崭新的包车，二位女佣人，照顾婴儿、洗衣服，另外还有一位厨子。他家的厨子是当时皇城根大院最干净、漂亮的厨子，出门穿纺绸大褂，骑一辆雪亮新自行车出门买菜（当时名牌自行车"三枪"、"飞利普"、德国"兰牌"卖八九十元。日本"富士"卖五六十元。国产杂凑的卖四十元上下一部。他那部新车是杂牌的。但也十分出风头，别的厨子都羡慕他）。这位干净、漂亮厨子，和我的房东家的糊涂油厨子正好成鲜明对比，后一位成天一身油，一天他正往洗碗池中小便，被我走进去看见，哄我千万不要声张，说给我做好的。但论手艺，这个脏厨子也很好。前年文蔚丈来上海，我去看望时，还说起他家当年的生活情况，说到他家当年的大个子拉车的和那位厨子开销多大呢。

卢沟桥炮响，教授的优裕生活急剧下降，鲍先生那位干净厨子,后来到协和医院工作去了。

我由三块钱月工资的老年女佣人,说到三百元月工资的大学教授。这中间虽然相差百倍,但还都是"指身度日"的劳动者。我不举有剥削收入的,如靠房租收入的、买卖收入的,以及拥有大资本的下野官僚,拥有房地产、银行工厂的下台军阀,以及清代的王公贵族、遗老遗少等。那些人是不能和广大的工薪阶层比较的。

人们的经济生活,表现在收入和支出的比例上。收入多些,支出少些,有所节余,便可蓄储,这是最好的。其次是收入和支出正好平衡。这在当时人的感觉中,就觉得危险,所谓赚多少、花多少,不留余粮、不留后事,是不行的。三是入不敷出,收入比支出少,这就要拉亏空。但这中间又有一个基本生活需要和是否奢侈浪费的问题。还有一个是否会打算、是否遇到不幸遭遇的问题。因之经济生活是一个主客观统一、个人与社会密切相关的问题。老舍笔下的骆驼祥子正是生活在这个时代的拉洋车的。他攒钱买的车,动乱时如果不拉清华园买卖,车不被人抢,也许他能够靠卖力气成家立业。如果娶了虎妞,虎妞不死,虎妞五百来元的积蓄,做个小买卖,会动脑筋,也许发了财,将本求利,省吃俭用,也可越攒越多。比现在某些蒙、坑、拐、骗、偷、敲、抢的个体户强的多。但祥子一被抢车、二遇虎妞死的不幸,以后逐渐堕落沉沦,被社会吞噬了。因而个人经济生活首先客观上要两个保证,一是安定的社会环境,二是稳定的通货价值。

至于主观上那就因人而异了。北洋政府时代有个做过好几任财政部长的张弧,每做一任就成千万、几百万贪污;一下台就因几百万元豪赌,负债累累,叫起穷来,又千方百计钻营上台。所以穷奢极欲,钱再多也还是穷。反之那位赚三元工资的女佣人,住在主人家,吃在主人家,一边帮人,一边养老,无欲无求,赚了工钱也不花,一年倒攒几十元,手边老是富裕的。因而经济生活中收支比例是很重要的。不过话又说回来了。生活上有个最低生活费用的标准。每月三元工钱的老太太,在当时你让她吃自己,或者让她再养别人,那就无论如何也不够了。

那么三十年代前期,北平生活最低标准是多少呢?国以民为本,民以食为天。首先从一客伙食说起。我有一位做部长的表哥,三十年代前期,他在清华读书,前两年闲话旧事时,他感慨地说:我们那会儿在清华每月只七元钱的伙食。我笑着对他说:你这位大部长不会算账,那会儿七块钱,差不多六七十斤猪肉的价钱,现在你按六七十斤五花好猪肉交伙食费,不照样可以吃较好的伙食吗?他也笑了。清华大学的伙食标准,是比较高的,要像北大、师大及一般中学,那就更便宜了。

我在志成中学上初一的那年,教室隔壁就是教员餐厅。说是餐厅,我用的现在的说法,当时叫厨房、饭厅。总之是连在一起的。每天上午第三节课下课,我肚子饿了,又是孩子气,也不懂什么不好意思。总爱站在饭厅门口张望,里面台子已摆好,两个圆桌,白台布,五六大盘菜肴,什么坛子肉、红烧鸡块、雪菜肉丝、佛手肉丝、烧茄子等等,热腾腾香喷喷地招人馋,印象最深的是每桌两大盘冒着热气的雪白的荷叶卷,每每招得我——这里引一句知堂老人的诗——"衔指倚门看"了。早饭、晚饭吃些什么,我不知道。想来也不会差。这样的伙食标准多少钱一个月呢?同班两位同学,因其叔父是校董教师,一同在此搭伙,据他们告诉我,是五块五角一月。

西城二龙坑一带,是学校集中的地方,各胡同中,不少专供外地学生寄宿的公寓。最便宜的是"八块钱房饭",即每月八元,包括房钱和饭钱。即一间"四白到底"的小房间,一般八九平方米。简单家具,一副铺板、一个小书架、一个两屉或三屉桌、两个方凳。伙食是早饭粥、馒头、咸菜,中、晚均一菜一汤,米饭、馒头,而且送到房中吃。菜和汤自然不会太好。一般肉丝炒绿豆芽、肉丝炒菠菜、肉丝炒雪里蕻等,汤是豆腐汤、蛋花汤。肉丝不多,但总要有两根,好歹是荤菜呀。一位山东籍大年龄同班同学,就住在这种公寓中,我常到他那里玩,也常吃他那里的客饭。就是再加一份这种饭,二角钱。自然比起来,这份客饭就贵多了。

当时不少客居北平的人,不少都是两顿都在小饭馆中吃。一般小饭馆炒菜不过几吊钱或一两毛钱。民国二十五年《北平旅行指南》刊载西长安街小食堂(经理周文治)菜价云:"新生活冷荤、炒菜、汤菜,菜价五分起码,二角为度。"刊载八面槽华利食堂(经理杜江)西餐价格云:"一菜一汤,每份四角。"从以上资料可见,当时顿顿在饭馆吃,所费亦十分有限。至于饭摊上、肩挑贸易的平民化食品,那就更便宜了。当时《实报》刊有平民食品风俗漫画及张醉丐写的打油诗,其《卖馄饨》写道:

> 一碗铜元五大枚,薄皮大馅亦豪哉。
> 街头风雨凄凉夜,小贩肩挑缓缓来。

这是风味隽永的普通食品,每碗只卖五大枚。再加三大枚,便可在馄饨里加一枚荷包蛋。一毛二十三大枚。差不多可以买三碗馄饨、三枚荷包蛋。一般饭量吃不了。这馄饨味道如何呢?梁实秋《雅舍谈吃》是这样写的:

儿时，里巷中到午后常听见有担贩大声吆喝："馄饨——开锅！"这种馄饨挑子上的馄饨别有风味，物美价廉。那一锅汤是骨头煮的，煮得久，所以是浑浑的、浓浓的。馄饨的皮子薄，馅极少，勉强可以吃出其中一点点肉。但是佐料不少，葱花、芫荽、虾皮、冬菜、酱油、醋、麻油，最后洒上竹节筒里装的黑胡椒粉，这样的馄饨在别处是吃不到的。谁有功夫去熬那么一大锅骨头汤？

　　这就是五大枚一碗的馄饨，值得白头远人如此思念。而这样的馄饨今天是再也吃不到了。北京的一些个体户现在只懂赚钱，不懂手艺，也有卖"馄饨"的，那只是要加引号，是要多难吃，有多难吃，只是欺骗顾客而已。那也不单纯是价格高低的问题了。

　　如以一碗馄饨、三枚芝麻酱烧饼当一顿饭，那只合十一大枚，也不过五分钱。如此，最低伙食标准可以降到三块钱。平均每人每月三元伙食费，在自己家中起伙，那还用不到吃粗粮，如遇贤中馈，省吃俭用能干的小媳妇，能吃得可能还不坏，油汪汪的炸酱面、香喷喷的葱花饼、热腾腾的菜包子……这笔细账如何算呢？以四口之家计，一月吃上一袋半面、四十斤米，或一袋面、五六十斤米，总之七八元的粮食就够了。菜钱每天平均不过五六分钱。当时猪、羊肉不过五六十枚一斤，买十大枚肉，给你片老大一块，用荷叶一托，鲜红的肉，雪白的膘，碧绿的荷叶，在你掌心中，简直是一幅重彩的画。其色彩之诱人，不亚于怡红院中宝钗代袭人绣的五彩鸳鸯、红绫面、白绫里的兜肚。两大枚黄酱，可盛半碗，一大枚黄瓜、一大枚绿豆芽做菜码儿，全部不过十四大枚。两元一千斤煤球，每月烧上三百斤，不过六角。一角来钱一斤花生油、一角五一斤小磨香油，一月吃上五斤油不过五六角钱。因此四口之家，每月十二元伙食，足可维持小康水平。自然不能吃大鱼大肉，（那时一般中下水平人家，平时买肉很少整斤地买。一般都是八大枚、十大枚地买。猪肉杠片肉也都是一刀准，买五大枚的都肯卖，片一刀，挂在勾子秤上一称，正好两头平，真绝！）但也用不着啃窝窝头。

　　住三间厢房，五六元房钱，便可租不算太坏的。这样四口之家，吃、住两项，十八元便可解决。如每月有二十五元到三十元的固定收入，省吃俭用，便可维持住这样的小日子。如月收入在二十元之内，维持四口之家，就更苦了，难免要吃粗粮、啃窝头、捡煤核儿了。

　　以上我是给最低生活标准的家庭算个细账。不过当时是私有制社会，在北京固然有不少纯靠月薪收入生活的知识分子，也有不少房无一间，地无一垄，指天度日，靠卖力气养家的劳动人民，有的有手艺，有的没有手艺，这有无手艺也大有差别。但另外也还有不少小有产者，或者有点积蓄，比如有个千把块钱，存在银行银号或可靠的字号里，金融稳定，不会贬值，月一分利，不算大利钱，每月便可收入十元，补贴日常生活，自己再有个事由，每月再赚个三二十元，这样日子就过的不错。或者祖传有所房子，小四合院，自己住北房、东房，把西厢房、南屋租出者，每月也可得十二三元房钱，也可以大大补贴生活了。如果有两所四合院，家中有四五口人，自己住上五间北屋、三间西屋，宽宽敞敞，剩下的全可租给房客，这样就叫"吃瓦片"，靠房租就可维持生活了。总之当时金融稳定，钱值钱，由辛亥民国元年，直到"七七事变"，金价除第一次世界大战时，降到最低点：一两到过十八换外（即一两黄金折合十八两白银），其他则在五十到七十换之间

（均指"关银"，即海关以白银两数结算）。三十年代前期银价高、铜价低，民国元年每银元换铜元一百三十五文，民国二十五年每元换铜元四百六十文。其间是逐年增长的。金价每两一百零几元，进出不超过五元贴水。所以民国元年如有一百银元存款，每年一分起息，存到民国二十五年，不但分文未贬值，以铜元计，不算利息，只本钱就增加了四五倍。金融稳定，人们生活就安定，没有恐慌感。当时最大的恐慌，就是日本帝国主义的侵略。"华北之大，摆不下一张书桌"，侵略者的魔爪，步步逼来，"七七事变"无情炮火，终于响了，烧杀抢掠，多少善良的人死于敌人的炮火下，日本侵略者的罪行，是说不胜说的。即使侥幸未死，苟且偷生于乱世的芸芸众生，也从此坠入通货膨胀的深渊，长期挣扎在饥饿线上了。不要说月入三百多元，正月里厂甸买旧书，夏天天天来今雨轩坐茶座的教授生活，不可想象；就是每天家里给一毛钱饭钱，中午吃三个小子儿一个的满嘴流油的烫面饺的中小学生生活，也是羲皇以上的"神话"了。三十年代前期在北京读过小学的也都六十开外了。不过现在老寿星多，三十年代前期在北京当过教授的知名人士，海内外健在者也还不少。如北京俞平伯先生、冯友兰先生、台北的成舍我先生、钱宾四先生……以及众多的那时在北京上过中学、大学，如今八十、七十来岁的知名之士，在他们白发苍苍的脑海中，有多少关于那时经济生活的回忆呢？

　　在文章的结尾，为了帮助读者唤起具体的回忆，就手头现有的资料，抄一些当年实际价格：一以证明我前面拉杂所述，不是胡说乱道，的确是历史的事实；二以供对思古有兴趣的年青朋友的参考。看看——啊！五十多年前原来这样！

会贤公寓,地址西河沿路南,电话南局八六四,经理赵子玉,房饭每月十三元起码。

清华园浴室,地址八面槽,电话东局一四九、一二一一,经理王壁臣,洗澡池盆两便,一角至六角。

宝泉澡堂,地址米市大街,电话东局一三二二,经理王智森,洗澡平民化每位五分,理发一角。

中山公园游览券价目:一、普通券,一人用,每券铜元二十枚。一、定期券,一人用四个月,每券洋六元……(其他省略。只这普通券,就等于五个芝麻酱大烧饼。折合现在多少钱,读者可以自己思考。)

颐和园,游览入门券每张一元,排云殿游览券每张五角、玉泉山入门券五角。(当时一元可买一百个鸡蛋。按此比例,现在颐和园门票最少应卖二十元一张。)

玉泉酿酒公司,东总布胡同十七号。汽水每打(十二瓶)八角,啤酒每打四元。

井陉煤矿驻平办事处,宣外东城根,烟煤每吨八元。

得利面包房,崇内大街路东,创办于光绪二十八年,经理刘孝廉、刘金鼎,专制英俄美法式面包、糖甜小面包。起码七分一磅。(现在上海经常卖的小面包,六枚一袋,二元。只有十两秤七两,不足一磅,较得利面包房的价格上涨三十倍。)

裕华成记,崇外上头条,经理李翰臣。香油每百斤十七元。

以上资料均引自马芷庠编辑、张恨水审定的《北平旅行指南》,这是历史的事实,不是瞎编骗人的。差不多五十三四个春秋过去了，我又引用在本文的后面，供读者参考。

沦陷期间略述

"七七事变"之后，七月二十八日，日本侵略者大举进攻，二十九日北平沦陷，直至一九四五年八月十五日日本宣布无条件投降，前后历时足足八年零十七天之久，是为北京沦陷时期。因其直接衔接文化古城时期，故将这一时期被摧残奴役后的文化教育情况，做一简单介绍。为了说明方便，先将整个沦陷时期约略分为三个阶段。

即沦陷初期至王克敏的临时政府为第一阶段；南京汪精卫伪政府成立、北京伪临时政府改为政务委员会至太平洋战争爆发为第二阶段；太平洋战争爆发到日本宣布投降为第三个阶段。

"七七事变"后北平沦陷，一夜之间，就变成亡国奴。其时正是暑假期间，各校外地学生，大多离京，在北平的学生，大部分大学生也多离平南下抗日，教授学者也多离开文化古城，辗转到了南方。不久，抗战全面开始，这些南下学生、教授、教员也都到了后方，成为抗日的一员。但是也还有不少拖家带口走不了的，也有年老多病走不了的，还有不少中小学生，家庭不走，自己年幼，也无法南下投奔抗日阵营，这样沦陷了的文化古城，还留下了不少人在日寇和伪政权的奴役下过生活。加以后来东北、河北、山西邻近省份各县以及京郊四乡因战乱逃到北京城里的人日多，到一九四二年时，北京户口达三十多万户，人口为一百六十五万六千多人。市民多，学生来源还是不少的。因此整个沦陷时期，各种类型的学校还是很多。

沦陷之初，日本侵略军进城，北大、清华、平大、师大等校舍均被日军占据。各中、小学因在假期，各校也无学生，只留校工、职员暑假看门值班的人。而在各个家中度假期的学生们，自然也都惶惶不可终日，不知如何是好。我所住的是一个高级大杂院，房东有好几房，只有大房因先生在福建涵江工作，带孩子们离京南下了，其他有法国夫人、日本夫人的都留着暂时未走。院子里的学生，有刚进大学的，有高中的，也有初中小学的，我们这些初一、小学五六年级的学生，还都是些孩子，每天围在大学、高中的学生身边，听他们讲说时事，各种消息听了半信半疑。当时大学生们，都在自装矿石收音机，套上耳机，收听中国电台广播，听到某地中国军队打了胜仗，自然感到无比高兴。同时也盼望战争快点结束，或者谈判成功，日本早点撤退，或者中国军队很快打回……自然，不切实际的想法是很多的，还一时未想到开学、上学的事。

　　转眼八月过去，九月来临，天气秋凉了，而日本侵略军越打越远，中国军队很快打回来的希望越来越渺茫了。同院的几个大学生也都经过天津，坐船南下了。不能走的，孩子们的家长也还得送孩子上学，在凉风肃杀的深秋我也背着书包上学了。原来我上学每天有一毛钱车钱，一毛钱饭钱，第一步一毛钱车钱取消了。每天一早走路由皇城根到小口袋胡同去上学，大约有三华里路。学校情况也大变样了，原来初一年级五个班，现在只剩下一个班了。原来学校门口一放学，接学生的包月车脚铃叮叮当当敲个不停，现在都没有了，学生们背着书包默默而来，默默而去，连最爱打闹的同学，也老实了。原来学校门口好几家小饭馆，一放学，到处都挤满了吃中饭的同学，穿童子军制服的初中同学，穿草绿色军训制服的高中生，如今小饭馆只剩下一家了，吃中饭的人很少了，也没有穿制服的同学了。各穿着不同的旧衣服，有的穿着旧蓝布大褂，有的穿着绒衣……一派凄凉冷落的景象,又是秋末冬初、履霜而坚冰至的季节,童稚心理中随时想着都德的《最后一课》的内容,在记忆中,即使直到今天,也是生平最黑暗、最模糊的一个冬天,好像记忆中这一冬天都是阴沉沉的。

同院别的孩子们,上洁民小学的、北师附小的、四存中学的、第四中学的、第三中学的,也都在同样的气氛和心情中默默地背着书包去上学。

大学中,外国人办及与外国有关的教会学校,燕京、辅仁、中法还照常开学,自然开学日期也拖得很晚,学生也各剩下很少了。亲戚中一位女一中毕业考上燕大化学系的女士,没有报到就离开古城去内地,后来去了延安,成了革命干部,现在已七十来岁了。一位南开毕业、考上燕大政治系,隔了一年,又跟梅贻宝浮海去香港,转赴重庆投奔抗战的,也曾风光一时,但后来却潦倒半世,现在也已七十来岁了,在年龄上则是一样的。同院一位中法大学的,过去每天下午一回来,总从我家住房前廊子上大声唱着法文歌走过去,现在也安静地走过去,再听不到他唱法文歌,过了一年,也去马赛了,后来再也没有回来过……

国立大学,最没有受到影响的是北平大学医学院,因为这是汤尔和一手创办的,虽然他已不是院长,但学校还是听他的。他后来参加王克敏的临时政府,出长伪教育部;南京汪精卫的伪政权成立之后,王克敏的临时政府改称政务委员会,各部改称“总署”,伪教育部改称“教育总署”,部长改称“督办”,次长改叫“署长”。汤尔和的临时政府教育部长改称“教育总署督办”,两个次长,原中国大学教务长方宗鳌和原西南李宗仁部属张心沛做署长,后来一些伪政权下的“国立”大学的恢复设立,都是在他们的主持下办理的。继医学院之后,祖家街工学院也开学了。随后新华街师范大学也招新生开学了,李阁老胡同原平大办公处旧址,女子文理学院的旧人开办了女师大,似乎衔接的都是北洋政府的旧传统。亲戚中有人"七七事变"前夕,由太原到北平来考大学,好的没考上,这时便考上了师范大学数学系。本来毕业之后,还可以做个中学数学教员,教教数学,过一辈子,但后来染上吸毒嗜好,毕业没几年,抗战尚未胜利,他就先因病因瘾穷困而死,留下了一个寡妻和男儿,虽然是协和主治大夫名医的妹子,但也无以为生,凄凉地回乡了。另一位同院邻居法文教授的女儿,继母也是法国人,考上女师大法文系,法国口语、文学都很好,毕业后辗转到了重庆,与一位空军飞行员结婚,胜利后,在她回北平的同一天,她的丈夫便死于内战的炮火了,她后来靠当翻译吃饭,但也注定总是挨整挨斗的对象,做了"牛""鬼"之后,也糊里糊涂地结束了生命。……在我记忆中,"七七事变"前,亲戚中有在清华上学的,有在北大、南开上学的,每到家中来,都神采奕奕,令人羡慕,在我们孩子们的心目中,觉得他们真是了不起的大学生;连隔壁一位在府右街交大铁道管理学院上学的,每周末来他在平绥路局做事的哥哥家,穿着蓝哗叽小翻领西服式制服,都是很神气的……而沦陷初期,上了这些伪师大等校的亲戚,到家中来,也都是垂头丧气、满脸愁容,不知如何是好,一点大学生的神气劲也没有了。

沦陷后二三年中,马神庙原北大理学院、嵩祝寺夹道盖了一座新灰楼,原沙滩红楼日本宪兵还占据着,在这新盖的灰楼中,对付着成立了北大文学院,后来又在朝阳大学旧址上成立了农学院,在中法大学旧址上成立了法学院,在伪教育总署的主持下,原平大的农、工、医三学院和北大文、理、法合并了,成立了伪北京大学,校长钱稻孙。女师大合并入男师大,成为一校,校长黎世蘅。伪北大文学院、伪师大文学院,都设立了日文系。另外各学院中都聘了不少日本教授,这些日籍教授中,有一部分是监视中国人，教书为名，特务是实。但也有一些为谋生而到北京的，也有不少著名学者，如藤村作教授，日本投降之后，还一直住在北京，过了好多年才回国。工学院、医学院也有不少日本教授。我高中时生皮肤病，经同院医学院内科教授魏大夫亲自带我到皮肤科，交给皮肤科主任柏林大学医学博士林子扬教授和另一位日本教授给我看，两位教授轮流值班看门诊。我这个特殊病人，不但免费治疗，而且每天下午我放学后，才到背阴胡同附属医院去看病，他们其中一人总等着给我看完病才下班，而交给日本护士松崎和中国护士杨小姐给我换药，初冬时节，换完药天已很黑了，她们才下班。看病之认真，换药之耐心，态度之和蔼，是我记忆中最好的医生和护士。

日本人也办了几所专门为他们侵略服务的学校。在顺城街原参、众议院即平大法学院旧址，办起了新民学院，普通班招高中毕业生、特别班招大学毕业生，这是汉奸官吏养成所。在北河沿原北大三院旧址中，办起了伪警官学校，齐燮元办了伪清河军校，后来在颐和园外面办了伪土木工程学校，在交道口东大街办了伪外国语学校，在中南海万善殿办了伪新闻学院。院长管翼贤，教务长日人佐佐木。在东裱褙胡同承接旧国立艺专，办了艺术专科学校，一度黄公渚任校长，张鸣琦任教务长，蒋兆和就在这里教书，解放初期以《考考妈妈》一画出名，后来同郑西谛先生一同出访苏联，因飞机空难而死的姜燕女画家，就是这个学校毕业的。在先农坛有一所医士学校。在新街口办过一所电影学校，人数很少，时间也很短。

沦陷初期，因燕京大学是有名的教会大学，美国人司徒雷登做教务长，实际是主要负责人，还同重庆教育部联系，一时优秀高中毕业生，都考了燕京，在一九三八到一九四一年之间，学生并未减少多少。另外辅仁大学在城里，天主教的学校，学生也未减少。这两所大学的院系都齐全，名教授很多，"七七事变"之后，少数离开古城，到了内地，而大多数都还留在学校教课，另外还有著名的协和医学院、医院，教授名医都在北京，照常上课、看病。

除去教会大学，私立大学中，中法大学是特殊的，是庚款办的，与法国合办。似公似私，似教会非教会，维持了一年多，在一九三八年秋宣布停办。朝阳大学、民国大学都停办了。中国大学因换何其巩做校长，其教务长方宗鳌又担任了伪教育部（后改总署）署长，夫人方政英又是日本人，中国大学日文教授，何其巩是旧西北军的人，做过北平市长，双十二西安事变蒋介石被囚时，他曾联合韩复榘发表过"马电"，反过蒋。同日本人也有联系，所以中国大学在沦陷后能够存在的住。

总之沦陷初期，除北大、清华、平大、师大、交大铁道管理、私立朝阳、民国等大学不存在外，其他各教会大学、中国大学等还照常开学上课，加以伪北大、伪师大、伪艺专等校陆续开办，一时大学还是不少的。至于各中学、小学，短时期内学生比较少，经过一年多，学生又多了起来。各中学除去本市学生外，外地学生也还占相当比例。自然南方学生没有了，而河北各县、冀东、冀中、东北、山东烟台、青岛、山西晋北大同、张家口、宣化一带，家中有力培养子弟读书的，在战火过去之后，又都来北京上学，各校学生人数，一般也只减少三至五成，各著名学校，国立、市立、公立师大附小、男女附中、河北十七中、市立一、二、三、四中，教会育英、汇文、崇德、崇慈、辅仁附中，私立志成、四存、北方、弘达、春明等中学，一所也不少。

在经济上，"七七事变"之后，在沦陷后的古城中苟且偷生的一般人家，只是收入减少或没有了收入，有出项无进项，只好压缩开支,开始两三年中,物价上涨了一些,但幅度不大。以面粉为例,"七七事变"前四元不到一包的洋面(每包二十二公斤),到一九三九年,涨到了五元出头,涨幅为百分之二十至三十。其他日用百货,副食品等,涨幅也只是百分之二三十。记得一九三九年冬,我买过一部天津制造的新自行车,六十五元;而战前买一部这种杂牌车,也不过三十来元。当时觉得用战前能买名牌车的价钱,只买一辆杂凑的车,已经是非常贵了,人们未经过大战争、大动乱的通货膨胀,还想象不到后来的紧张岁月。

伪临时政府于一九三八年二月成立联合准备银行,发行伪联银券纸币,分一、五、十、百票面,花纹有孔子像、关羽像,与日元钞票(俗名"老头票")同质。宣布一年后废止使用原南京政府规定之"法币"。但这时天津有租界,在租界内及海关收购出口商品,仍要使用法币;农村中不少地方还使用银元。早在一九三四年因白银大量出口,银价暴涨,南京政府采用英国李滋罗斯建议,废止使用银元,实行法币政策。将法币在国际市场上价格和英镑联系,比例是每元法币等于英镑的"一先令二便士又四分之一"的价值。当时天津有租界地,中国银行、交通银行在租界中,日本侵略势力管不到,伪临时政府更无可奈何。两行还听命于中国政府,以天津关税收入在外汇市场,买英镑维持法币价值,因而北京虽然成立了伪联合准备银行,发行了伪联银券,并不能影响天津租界内外汇市场中国法币的流通。这样在北京全是流通伪联银券,天津则法币和伪币同时流通,战时物资缺乏,尚未到最严重的阶段,因而只按百分比上涨。各学校靠收学生学费勉强维持。私立学校,都是开学之初,收足学费,就买了实物、主要是粮食,已不完全是大米、白面,而是小米、玉米。北京人在"七七事变"前,很少吃玉米面、杂合面、小米一类的粗粮,除非极穷苦的人,吃"窝窝头"。一般都吃白米、白面。而在沦陷之后第二年、第三年,大多人家就已吃杂粮,小米、小米面是主要的了。

一九四一年十二月八日,又是一个大转折,日本大本营东条英机于午夜零时宣读宣战宣言,同时发动珍珠港事件,偷袭美军基地,一夜之间,就把美国太平洋舰队打了个落花流水。也就在同时,南北各地凡是日本侵略军占领的地方,都对英、美势力所经营的工厂、商店、学校、医院、教堂……全面占领,所有侨民包括神父、牧师等全部关入集中营。这年我已读高三,记忆很深刻,早上七时多骑车上学,出了灵境胡同,转弯往南,不远路东一个救世军小教堂,这时门口已停了一部日本宪兵摩托车,门已经贴上封条了。一会儿,我到了学校,各条路上来的同学们已纷纷讲述各人见到的一切。下午到北沟沿同学家去,顺沟沿走,遇到不少燕京学生,雇大车拉着行李、箱子等,男女同学一伙一伙的跟在后面走着,一派兵荒马乱年月逃荒的景象……这时人们都知道日本同英美宣战了。

教会学校中,纯粹由英美人主持校政的全部停办了,如燕京大学,这时是美国人司徒雷登做了校长;又如协和医学院、医院,其负责人是美国人胡恒德;以及中学中的崇德中学等,这些完全美国势力的学校,全部封门停办了。司徒雷登等人都送进了日军集中营。燕大封门之后,一时学生、教授、工作人员等无处可去,失学失业,交通阻隔,又不能一下子全撤退到后方,即使有能力走,也不能一下子走,要秘密离开北京,辗转过封锁线,还要有人带路,才能到达后方,而且当时南北到后方去,或走河南,或走安徽,或走浙江西面,或走水路温州……都要找到关系才能走,因而后来燕大的人虽有一部分到了成都又办起燕大,但另一部分还留在北京,一些学生分别进了其他伪大学,或辅仁,或中大,教授中有些到了南方,有的去了后方,有的去解放区,有的到中国大学教书,如政治系张东荪、新闻系刘豁轩等人,都到了中大;也有到伪北大任教的,如容庚先生。在这期间,好多教授还被日本侵略军逮捕关过监狱。据侯仁之教授《燕京大学被封前后的片断回忆》一文记载:除前述张、刘二位教授外,尚有洪煨莲、邓之诚、陆志韦、罗其田、赵紫宸、赵承信、林嘉通、蔡一谔等教授,还有侯仁之教授本人。

人们的主观想象常是天真的,太平洋战争之后,人们想日本对英、美宣战,这恐怕是"鸡蛋碰石头",不久就要失败,但却未尽如人愿,日本侵略军在南洋所到之处,英、美军队节节败退,不久,香港、新加坡、关岛、爪哇等地方,都被日本侵略军占领了,人们主观的愿望又遇到打击,真不知前途如何了。

燕京大学被封门了,同样是教会学校、美国天主教本笃会办的辅仁大学却能够存在下去。这大概一因天主教和基督教不同。罗马教皇梵蒂冈在意大利,意大利是轴心国,是日本的同盟国;二因辅仁这时已由罗马教皇派美、德两国的圣言会接管;三因辅仁校长中国人陈垣先生,而教务长却是德国人雷冕。当时一个希特勒主政的法西斯德国籍的教务长,对付日本侵略者,那还是比较便利的。这时因燕大被封,辅仁聚集了不少名教授,据孙金铭《坚持对日斗争的陈垣校长》一文记载:当时张子高、萨本栋、萨本铁、诸圣麟、袁翰青、曾昭抡、沈兼士、高步瀛、余嘉锡、罗常培等多人都曾一度在辅仁任教,后来才辗转到了后方,如曾昭抡、罗常培等位,后来到了昆明西南联大;沈兼士一九四二年底去了重庆,胜利后又担任教育部特派员回到北京来接收。

这样在太平洋战争后,北京的大学,教会办的,就剩下辅仁,私立的剩下中国大学。伪组织办的是伪北大,文、理、法、农、工、医六个学院都齐全。伪师范大学文、理、教育三个学院:国文、英文、日文、历史、数学、物理、化学、生物、地理、教育、体育、音乐、工艺十三个学系齐备，另外还有前面说到的一些土木专科、艺专等学校。当时大家都知道：上学最好不要上日伪办的学校，即抛开热爱祖国、仇视日本侵略者及日伪汉奸政权的思想感情不谈，即为自身未来计，也考虑到日伪学校的资格，将来是否能得到承认。因而不少学生，第一想辗转到后方去考大学，上西南联大、重庆中央大学等国立大学；第二在北京读辅仁大学……但是，还有一个更现实的问题，就是吃饭问题和交学费问题。当时除去北京城里，除去有商号、房地产资产的殷实人家以及在伪政权中任职的大官外，一般客居在北京及教师、职员等指薪水养家的人家，都因收入减少、物价上涨、坐吃山空，到了无法维持全家生计的境地。在这种情况之下，家中有孩子上大学，首先考虑的，还不是遥远的未来的资格能否得到承认，而是眼前的吃饭和学费问题了。因而当时我虽然和后来闻名国际的美籍物理学家邓昌黎博士"一榜及第"同时考上辅仁，但因家中经济极为困难，考虑再三，也无法上，只交了十元钱的保留学籍费，后来上了不交任何费用且管饭的诨名"吃饭"大学的师大，过了两年，又转学到了伪北京大学。交给辅仁那十元钱，也就算白交了，只是口试时，与沈兼士等位先生对答了几句话，这十元钱只成了瞻仰名教授的见面礼了。

日本人每月给伪师范大学一千二百袋面粉，但不给大米，所以师大伙食天天吃馒头，早起不能吃稀饭，只能吃圪垯汤，一千一百多名穷学生，加一些职员、工友，靠日本侵略者掠夺中国农民的粮食之后施舍的这一些残余过日子。这是日伪政权为了维持它的统治不得不采取的措施，正像日伪机关对一些小职员每月配给半袋面粉一样，这些人勉强维持活命。

由一九四二年下半年起，日本侵略者因战场扩大，物资缺乏,伪联银券开始猛烈贬值,物价大涨,粮食极为困难,至年底玉米面已涨到每斤一元五角,较"七七事变"前已上涨二三十倍,较沦陷第三年一九三九年已上涨十一倍。至一九四三年二三月间,我生伤寒重病,稍痊愈后,在家养病,特别爱饿,但只能吃一点稀饭、菠菜泥等,当时正配给混合面,是各粮仓仓底什么麸皮、花生皮、豆饼等磨成的,蒸出窝头是咖啡色的,吃到嘴里如嚼花生皮等物,不能下咽,但蒸出锅时,仍有一种粮食香味,家中曾试蒸一次,我在病中,印象特别清楚。

其后物价不停成倍上涨,据有关资料记载,一九四三年春夏之交,农村青黄不接,粮食最紧张的时候,北京粮市官价:小米每石二百八十五元,玉米每石一百九十五元,高粱每石二百三十四元,黑豆每石一百八十三元。但均有行无市,有市无货。各粮店前柜放的都是空笸箩。粮食都秘密藏起,通过熟人卖高价,囤积居奇的粮商都大发其财。

一九四四年夏玉米面涨至每斤五元,不久又涨至五元八角,小米涨至每斤六元,大米每斤二十二元,油每斤四五十元……其他物价,自然也均视此同步飞涨了。

读《张元济傅增湘论书尺牍》,一九四二年五月十五日傅给张的信中说:

> 弟私藏弘治本《宛陵集》,欲得番银千番,不过易米六七石耳,兄能为我玉成之否?

每石米百五十斤,六七石米即千斤米,每斤一元联银券。至一九四三年三月信中说:"笔耕亦我辈本色,但倚以为生,亦未易言……惟物价大昂,字价亦应增加耳。"信中"大昂"二字,其猛涨可知矣。至一九四四年一月信中说:"今年北方物价增至十倍,人人皆告穷困。家用从前月费六百金,今乃至五千余金。而一切食用皆刻苦万状,往往当食而叹……送舍妹全家回川,行七十日而抵渝。用至一万四五千金。了一心事,不然粮贵至此,亦养不活矣。"这是著名藏书家藏园老人的经济情况,至于一般小职员等,则无不挣扎在饥饿线上矣。

一九四四年至一九四五年,日伪经济日渐崩溃,发行孔子像与天坛图案的五百元大钞,民间流行顺口溜道:

"孔子逛天坛,五百当一元;千元一出现,小鬼就玩儿完。"

据资料记载:一九四五年日本投降前夕,玉米面每斤价一千至一千四百元。联银券千元面额大钞,已印好尚未出笼,日本已投降了。日本投降,北京市民无限欢欣,但这欢欣也只是暂时的,过了没有多久,重庆接收大员陆续到了北京,老百姓手中的伪联银券要兑换重庆政府的法币、关金券。其时北京物价低于重庆好几倍,记得在一九四五年九十月间,重庆金价四五万法币一两,而北京只二万联银券不到一两。重庆的飞机飞到北京,用法币买了黄金,以一比一折合联银券,第二天飞回重庆卖出去,一下子两三倍的纯利。而在此平均物价指数比值一比五的比值下,重庆国民党政府却以一比一兑换沦陷区老百姓的伪联银券,像掠夺殖民地财富一样,一场劫收,也捞了一票,这是抗战胜利后,重庆国民党政府送给沦陷区北京人民的第一个"礼物"。历史都有纪录,编历史的人到图书馆查一下旧报,就知道当时的情况了。其后则是内战开始,更剧烈的通货膨胀,更困苦的生活等待着北京人民,"等中央,盼中央,中央来了更遭殃",人们的幻想彻底破灭了——文化古城时期的生活真是一去不复返了,一去不复返了!

后　记

　　《文化古城旧事》即将发排了，还欠着一篇后记，这里不免还要啰嗦几句，关于我为什么要写这本书，有哪些幼稚的想法，这些在第一篇《文化古城简说》中大体都已经说到了，在此不必多赘。我的目的，是想用文字留下一些文化古城气氛的影子，现在在此书即将发排之时，回过头来再看看原稿目录，想想是否能达到这一目的，感到太可怜了。其所以可怜，是感到遗漏的东西太多了。去年春夏之际，远在堪培拉的柳存仁教授，给我寄来了用洋纸新印的"几礼居戏目笺"，这是现在客居美国西雅图的周志辅老先生送他的。送他两盒，他又转寄我一盒。什么叫"戏目笺"呢？原是三十年代中周志辅先生用收藏的清末民初各大戏园谭鑫培、杨小楼、梅兰芳等演出时的戏单作底稿，在琉璃厂南纸店木刻水印的宣纸信笺，这次在美用米色洋纸重印"纪念供奉杨小楼"，一函十枚，分赠友好，以寄托远客异域对文化古城的思旧之情。"几礼居"是其斋名。收到后忽然想到我自己书橱中，还有一本民国二十二年印的《清升平署存档事例漫抄》，是《几礼居戏曲丛书》第四种，其他几种还有《都门纪略中之戏曲史料》、《五十年来北平戏剧史料》、《道咸以来梨园系年小录》等，这些书籍的印行，尚在张次溪先生编《清代燕都梨园史料》之前，这样重要的文化古城史实，在我的小书中，都没有写进去，多么遗憾呢！只此一例，足可见我这本小书的寒酸之态。其实不只京戏方面，其他重要文化教育、学术研究、宗教、出版、收藏、工艺等方面史实、专家不知有多少,都未说到,真是挂一漏万,说是可怜,自非谦语,而是实情了。

去年六月间,在新加坡国立大学开"汉学研究回顾与前瞻"国际会议,北京吴晓铃先生、堪培拉澳洲国立大学柳存仁先生都来了。他们都是北京大学前辈学长,都是在文化古城的历史气氛中熏陶过的,还遇到久居狮城的辅仁大学老学长,都是七十四五岁或近八旬的老人了。相与说起文化古城旧事,都历历如数家珍,色为之动,神为之往。他们都比我年长七八岁以上,在那个时期在古都城读完高中、大学,是经历了文化古城这一特定历史时期全过程的人,自然知道的、经历的比我多得多,这本书如果由他们这样的前辈学长来写,内容当然会更丰富。可是他们各有胜业,未暇于此。或者正因为他们这样的经历,虽然感受很深,却觉得理所当然,而我只是沾着一点边,羡慕得不得了,因而想像起来也就更神往,情之所系,便不自量力,把这本内容单薄可怜的书写完了。

历史去我们越来越远了,老成凋谢,文化古城时期的师长们,都一一成为古人了。当时的小学生,现在也都是年过花甲的老人了。回顾这一特定历史时期文化古城的史实,如果只注意到日本帝国主义强兵压境的野蛮侵略,及青年学生的爱国政治运动等等,而忽略了当时古城那种融汇中西学术于一体的浓郁的文化气氛;博大精深、严肃认真从事各种学术研究、教育文化工作的前辈学人;家在古城以及不远数千里从全国各地负笈而来的莘莘学子;热情礼让的人际关系;便宜、方便、精美实惠的种种物质条件;宁静祥和的各方面生活环境;书画、戏剧、宴饮、公园、茶座……种种潇洒高雅的文娱活动……总之,忽略了以上这些,那都是片面的、不真实的,也是不公允的。经历过这一历史时期全过程的学人，现在尚遍及全世界，他们虽已白发盈头，但往事尚堪回首，思旧之情仍旧真挚，愿我这本书所说的，能更好地呼唤他们温馨的记忆。知往事而思来者，也愿年轻朋友及未来新世纪的人们对这一特定历史时期的文化古城有较亲切全面的理解，这是我一点小小的心愿和奉献。献芹献曝之苦心痴态，或为智者所笑，但也不去多管他了。

谭季龙（其骧）先生也是经历过文化古城时代全过程的著名学术老辈，他为我的《增补燕京乡土记》写过一篇长序，其中多述及先生于一九三二年燕京大学研究院毕业后，在北平图书馆当馆员及在北大、燕大、辅仁等校执教时的生活情况，虽然关系燕京乡土，却更多道及文化古城旧事。因该书出版事现尚未落实，我便移花接木，将这篇谭公的长序，移作此书的序，感到更为恰当些。

正如前面所说，此书挂一漏万，遗漏的东西太多了，错误的地方也在所难免，我衷心希望得到海内外师友们的指教，以便将来有机会改正和补充。我向所有支持此书出版的师友们致以诚恳的谢意！

　　壬申小满节于浦西水流云在轩新屋灯下，云乡志。

校后检讨

　　《文化古城旧事》出版已一年多了,去年三月二十七日收到样书,迄今也已一整年。可是因为终日忙乱,始终未能从头到尾再仔细校阅一遍,只是平时随时翻阅,偶然看到哪里有个错字,便用红笔记下来,因而十分零散。但是我自己虽然没有仔细校阅一遍,朋友们却看得十分细致,相识与不相识者,不断来信,或直接寄到我家中,或寄到中华书局又转到我这里,由内容到错字、标点……真可以说是洋洋大观。不久前接到中华书局的来信,说此书第一版已卖完,要出版修订本,希望我自己校阅一遍,这样我才至今年三月间,于校阅另一本书《水流云在书话》清样的同时,分开时间,同时仔细校阅了这本《文化古城旧事》。校阅终了,有不少过程、情况及感想想写出来告诉关心这本书的认识和不认识的朋友,因而写了这篇"校阅后记",也可以叫作"校后检讨"。过去是习惯于写检讨的,多少年没有写了,这次写则是有内容、且自觉自愿的。也感谢我们祖先给我们留下这个典雅的翰苑令名,蓝眼睛的洋鬼子是永远不理解它的妙用的。我不知这个名词译成英文应该译什么……不过闲话少说,言归正传,还是为我这本可爱的书写这篇校阅后的检讨吧。

　　首先说一说这本书产生前的情况。七十年代末,我写完《鲁迅与北京风土》一书书稿后,曾送到中国新闻社专稿部审阅,谋求出版机会。他们当时不出专书,但对书稿内容非常感兴趣,来信说要摘发我的书稿。我回信说:请不要摘发我的书稿,你们要什么稿件，尽管来信，我可以给写短文。这样我便开始写有关北京风土、岁时、人物掌故的短稿。稿子寄中新社专稿部，再用复写纸重抄，一份还我，一份寄香港，开一专栏名《京华感旧录》，用"周简段"笔名，刊登在《华侨日报》上，版面固定，每日连题目一千字，我写时便以三百字稿纸三张为度。因天天要发，每月要三十来篇，负担颇重，我便与当时专稿部领导及责编杨煦兄约好，只负担三分之二，即每月供应二十篇，约两万字，其余三分之一另外找人去写。这样从一九八〇年开始，在一九八一、一九八二年之间，每月上半月、下半月各用五个上午，写十篇短稿，寄到北京，他们收到后，先寄来抄件，刊出后再寄来剪报复印件及稿费清单，年终寄《京华感旧录》发稿总目录，有作者真实姓名。开头最多自然是我，直到一九八四年后，我因拍《红楼梦》电视剧，短文写得就十分少了。中新社方面因这一专栏开的时间已很少，写稿人也组织得越来越多，我供稿虽少，专栏也不受影响了。

　　这种短稿，每次寄发，一般有两篇写风景岁时的，有两三篇写人物掌故的，再有写名胜、饮食的……总之，围绕一个"京华感旧"的大中心，五花八门，可写的内容太广泛了。自然，也有因为宣传需要，责编特地来信要求写某一方面的内容。如八十年代初，有一次因日本文部省在教科书中删改侵华的史实，杨煦兄来信要写揭露日本侵华罪行的短文，信中还用了一句形象的话：集中火力打东洋……我印象还非常鲜明，便很快写了十篇回忆"七七事变"的短文，后来为时不久，事件平息，稿未刊出，寄了回来。编《文化古城旧事》时，我将这组短稿，补充改为四篇，冠以《渔阳鼙鼓》的总题目，编入此书中。前后数年中，已发未发的短稿，有千余篇之多，我按内容，分为三类。一是岁时风物、名胜古迹、市廛饮食等等，八十年代中已出版了《燕京乡土记》一本，后又补充几十万字,编写为《增补燕京乡土记》,即将在中华书局出版。二是掌故部分,曾汇总编为《宣南秉烛谭》一书,并由俞平伯师题签,但迄今仍封存橱中,尚未找到出版单位。三是这本《文化古城旧事》,大多是写"七七事变"前北京教育文化界情况的短稿,我将其汇编在一起,目的是想出版后,给文化古城在教育文化方面留下一个历史的印痕。我相信这对现在和未来都是有一定意义的。

但是短文编书,也相当困难。当初写这些短文时,每篇都有丰富甜蜜的回忆,他乡叙旧的激情,适逢其会的资料,每篇都能写成三五千字的长文,畅叙得淋漓尽致。而专栏篇幅限制只九百字左右,只能说一点点,内容又寒酸、又单薄,有时实在无法压缩,不忍割爱,顶多写个上下篇,到编书时,只能篇篇补充。有的补充也说不圆满,只好全部重写,如本书的第二部分《学府述略》,原来发表的只十一二篇千字文,如何能记叙"七七事变"前文化古城大中小学的情况于万一呢? 便抛开原稿,全部重写,一下子写了二十二篇,近十四万字。假如全部重写,当然很好,而有些时过境迁,兴致索然,有些当时思路已完全忘记。这些就都未重写,只是把编入的旧文,适当补充些当时写此文时容纳不了的材料、叙述过于简单的故事等等。也有些把几篇同样内容的短文,适当串连在一起。自然也有后来早已重写过,在内地刊物上发表过的;也有一写就是一篇长文的。如第十部分《沧桑而后》的前一篇《战前经济生活》,这是一九八八年冬末有感于当时猛烈的通货膨胀冲击,写的一篇一万几千字的长文,原题是《六十年前北京人经济生活杂述》,在《燕都》杂志上分两期刊完。最后一篇《沦陷期间述略》,则全部是为此书而新写的,使之有头有尾,比较完整,只看目录,也算是浑然一体了。

检讨全书，首先是内容上、资料上、记忆上不够周全，编排上不够细致。至于错别字、繁简字混用、漏字、标点错误等等，老实说，倒是问题的小焉者了。年年来函赐教的朋友很多，首先是还在澳大利亚堪培拉的柳存仁教授，他首先寄来详细的勘误表，除逐页逐行注出明显的错别字外，还指出内容上的错误，如北大一院、二院，这是二三十年代的叫法，一院指汉花园红楼，二院指景山东街理学院。我在北大上学时，早已是沧桑而后，沦陷时期末及抗战胜利之后了。当时理学院为一分班，文学院为二分班，便自以为景山东街理学院是一院、红楼文学院是二院，实际错了。再如地名乱写，由北池子北口往东斜着过来，短短一段，是沙滩，前面分叉，往东直走叫汉花园（就是红楼前面那一段），往北直走，先是松公府夹道，再往北转一小弯，是嵩祝寺夹道。当时松公府早已没有了，而嵩祝寺尚在。柳公勘误表注中说："旧时曾见胡同招牌作松公府……"他老先生正是"七七事变"时在北大读书的，胡同招牌都记得那么清楚，而我只是松公府、嵩祝寺，混在一起乱叫。这次全部改成"松公府夹道"。柳公注中还提出是不是指松筠，此人谥文清，蒙古正蓝旗人。查手边诸书，未注明，一时不能确认。只是嵩祝寺十分有名，还是明代的喇嘛庙，《羌史》、《天启宫词》中均有记载，至此不多说了。

王世襄先生自北京来信，指出朱桂老号"桂辛"，"不加草字头。徐辈长位尊，故恭敬则有之，而义父之说乃传闻之误……"十分可感。这次校阅，都一一作了订正。

杨新孝先生是前北大理学院教授杨钟健先生哲嗣，他的来信对此书内容错误的更正有很大帮助。一是我错记杨钟健先生为理学院院长，他来信说只是几次在北大地质系任教，却从未担任过院长职务。我查《胡适的日记》手稿本第十册所记："北大新聘的理学院长刘树杞博士……"便改为刘博士，但这是一九三一年所记，在此之前是谁，不知道;临近"七七"时，是否仍是刘博士，也未能再找资料核对。再有我误记米粮库在景山东街后面，实际在地安门内大街路西。更重要的是他指出书中未记中央地质调查所及诸多地质学者如丁文江、翁文灏、杨钟健、赵亚曾、裴文中等位，还有法国学者德日进和研究"北京人"的学者步达生。德日进与杨钟健教授进行野外调查十年之久，滞留古城，受日人虐待，胜利后始回国。步达生教授则死在协和医院办公室中。可惜这些珍贵的文化史料，这次修订也无法补充进去了。

上海有位吴思南先生，来信中有一则提到《旧王孙》篇中所述康熙第二十一皇子允禧号紫琼道人，而书中误作紫霞道人。此本见《清史稿》列传七诸王六"圣祖诸子"中，不知何以误写，多谢吴先生指出。另书中潘光旦先生文，见《文史资料选辑》第三十一辑，原题为《清华初期的学生生活》。余摘引处段落甚长，未便全抄，只以几个"……"号过渡，标点可能因原稿不清，致出现混乱，现已将引文另起段落，便可眉目清楚矣。

写短文前后数年，有时同一内容，并不写于一时，凭记忆所写，有时记得清楚，有时忘记了。因而编入书中，前后或不一致。如写皇城根陈家大客厅两副大对子，一副是林则徐的，从未忘记过。一副成亲王的，一处写清楚了，另一处却忘记了。这次修订全部写清楚了。而有的几篇短文，拼接一起，成为一篇长文，内容前后或有重复处，但难再调整，订正困难，至此亦不一一记出了。再有文中有些字，看似不误，实际错了，而且影响内容，如三七八页第十二行"如夫人的"四字，我原文本是"二房的"，上文我本来已说过尚书公几个儿子，分作几房，这本是大家族分房的通俗称呼，而此文原在《燕都》上刊出时，却被编辑不看上文，自作主张地改为"如夫人"三字,编入此书时,我也太马虎,未仔细更改,现趁此书修订之机,才改正过来。深感愧对已故的同孙老伯了。再有四一二页倒数第三行"出入要检查行李"一句,这个"行李"应是"行礼"。当时日寇进入北京,初期宣武、和平等城门都有侵略士兵站岗,进出城门,都要向其行鞠躬礼,检查自是必然的,是中国伪警察检查,日寇侵略军在边上看着,"行礼"一误为"行李",便把日寇的侵略罪行大大地降低了。改正之后,用顿号将检查、行礼二词断开,以清眉目。

十五六年前写短文的时候,主要凭记忆及感情,资料自然也少不了,但是零散的,少量的,有一点点,补充在文字中,用以证实记忆无误就好了。据短文编书,或将短文全部改写,或衔接几篇为一篇长文,或将单薄的短文补充为长文,空口说白话不行,杜撰不行,必须有详实的材料,而我闭门造车,一人单干,不同于大的学校研究机构,且精力时间有限,又不能经常跑图书馆。自己所藏,几经秦火之后,乡下老家不要说了,即便北京家中,上海家中,早已焚掠殆尽,零星觅到的,有些三十年代出版的,如《旧都文物略》、《实用北京指南》、《北平旅行指南》、《北平风俗类征》、《中央公园二十五周年纪念册》等,以及一些旧书目、旧展品目录、旧杂志等。再有就是六十代初《文史资料选辑》以及近年出版的前辈学人日记、回忆录、书信等。引用的都是原始的东西,后人新编的东西一律不引用。但是毕竟有限得很,不但北京家中旧存的各学校纪念册、招生简章、《故宫周刊》、《湖社月刊》、《世界画报》、《实报半月刊》、《艺林月刊》等无处寻觅,即使海外港台新刊的有关三十年代学术史料性的东西,也囿于见闻,很少能征引证实我的回忆,因而感到资料上实在是太贫乏了。比如近数月读《胡适的日记》手稿本第十册民国二十年四月九日所记:

506

今日孟真等提议减低教授月俸,我最反对,最后只降低了最高额为六百元,而最低额四百元仍不动。

二十年八月五日又记云:

今天北大中基会合作研究特款顾问委员会开第一次正式会。到者:蒋梦麟、任叔永、翁咏霓、陶孟和、傅孟真、孙洪芬、胡适之,通过聘请下列十五人为研究教授:

汪敬熙(心)、王守竞(物)、曾昭抡(化)、刘树杞(化)、冯祖荀(数)、许骧(生)、丁文江(地)、李四光(地)、刘志敭(法)、赵迺抟(经)、周作人(文)、刘复(文)、陈受颐(史)、徐志摩(文)、汤用彤(哲)。

孟和力主加张慰慈,但慰慈自己愿本年不受,故梦麟未提出,志摩之与选,也颇勉强。但平心论之,文学一门中,志摩当然可与此选。

这就是本书谭季龙先生《序言》中说的"庚款教授",也就是我书中说的"部聘教授",中基会是管"庚款"(庚子赔款中美国部分称中美庚款,英国部分称中英庚款)的权力机构,任叔永、胡适之都是这个机构的主要负责人。可惜写书时,未读到这些资料,现在引这篇校订后的检讨短文中,用以印证前文,作为补充吧。至于"中基会",也是文化古城时期极为重要的文化机构,但十分复杂,非三言两语所能说清,虽与当时教育文化关系极为密切,也无法在此细说了。

资料中有的也有因为全引太长,适当省略的,如前面所说引用潘光旦先生的文章,中间就省略了好几处。再有《雪涛先生》

段,引用我自己的诗,也只引了前半篇,省略了后半篇。潘先生的文章,读者可找原书查对,我自己的旧稿,读者就无处寻找了,现引在下面,供读者参阅:

> ……都门花事四时中,万紫千红动画工。我爱牵牛风韵好,披离犹记齐家翁(白石老人有"种得牵牛如碗大,三年无梦到梅家"句)。如何写得秋盈架,更著秋虫鸣叶下。不情之请望莫嗔,书陈二老供闲话。春明沪渎路三千,见日看云思渺然。报子街头经过处,清词记谱鹧鸪天(先生旧寓报子街。"七七事变"后上课时,曾于黑板上书寄感之《鹧鸪天》词)。噫嘻吁!往事悠悠已四纪,岁月不居抛人去。唯祝二翁寿而康,霜毫濡染歌大治!

诗题是《读萧老重梅丈题雪涛先生画牡丹诗,感赋长句,索赐法绘牵牛》,这是七十年代末的旧作,半首残诗,抄在这里,也让它见见天日吧。写到这里,适报纸送到,见重梅丈亦以百岁老人于三月份仙逝,于今二老均已成为古人。人无百年寿,常怀千载忧。或能稍传史实于未来,其在文字乎?顺便在此向雪涛先生、重梅仁丈致以思旧的悼念!

至于说到本书的错别字,也的确不少,究其原因,有不少自然因我原稿所致,或本身写错,或习惯写繁体等等,给编辑先生增添不少麻烦,自然也有不少是电脑排版跳错的。如"代序"中"陟山门"的"陟",误作"陈";"润明楼"的"润",误作"洞"等。这次我通读全书,都一一改正了。不过我不善于校阅,且繁简体混淆,漏掉的可能还很多,只好请编辑再严加把关,读者再严加指正了。

末了，还必须作一个小小的声明，就是原在香港《华侨日报》八十年代就开始刊载的《京华感旧录》短稿，八十年代后期在香港用"周简段"这一公用笔名出版过《京华感旧录》五本，每册中均有不少篇是我写的，但在序言中未说明。开始时曾寄给我一二册，后来再也没有寄给我。结集出版的稿费自然更没有给我了。这书后来内地也曾翻印出版过。中新社前领导陆慧年大姐，专稿部杨煦、辛予、王瑾希等位先生都是我的好朋友，所以我从未问起过此事。而最近接到一位广东东莞读者函：他很仔细地对照《文化古城旧事》中谢国桢、容庚诸夫子等许多篇，与《京华感旧录》大多相同，而该书出版于一九八七年，我的书却写于一九九〇年，就等于说后者抄前者了。岂不知我这些文章大都是八十年代初写的哩，那个"周简段"当时一多半就是我邓云乡。这点小秘密，至此有郑重声明的必要了。

一九九六年四月二日校毕检讨于浦西水流云在延吉新屋窗下。春雨半月，今日乍晴矣。云乡志。

附录

原版代序[①]

谭其骧

　　邓云乡君看到了发表在年初《文汇报》"学林"四百期上的拙作《积极开展历史人文地理研究》一文,贻书以为他的大著《增补燕京乡土记》"赐一佳序"相属,理由是"大文与拙著似或稍可拉上瓜葛,且夫子眷恋春明旧事"云云。按,云乡此著,诚如一九八六年初版扉页《内容提要》所提到的那样,是一部不可多得的乡土民俗读物,写燕京旧时岁时风物、胜迹风景、市廛风俗、饮食风尚,文笔隽永,富有情致,做了结合文献资料和作者个人生活经历的很有趣味的叙述。其价值应不亚于《东京梦华录》、《梦粱录》、《武林旧事》等作,所以它不仅与历史人文地理有关系而已,无疑还为这方面的研究工作者提供了一种极好的素材。因读此书勾起了我当年在燕京生活经历的回忆,引起一些感慨,写成读后感,以谢云乡的盛意。

　　燕京是北京的别称,因春秋战国时的燕国都于此而得名。唐都长安,长安城东面三门的中间一门叫春明门,后人即以长安和春明作为当时的都城的别称、雅称。明清人所谓长安、春明,

---

　　① 此文原为谭其骧应作者之约,为其另一文集《增补燕京乡土记》所作的序,作者移用到本书,详见本书"后记"中作者说明——编者注。

511

即指当时的都城北京。燕京可以通指任何时代的北京,不管它当时是否是都城。长安、春明则只能指作为都城时代的北京,如明万历时人蒋一葵的《长安客话》,自明入清的孙承泽的《春明梦余录》,民国初年张恨水的小说《春明外史》皆是。若以移指北伐以后解放以前的北平,那就不合适了。云乡将此书题名为《燕京乡土记》,可能是经过深思熟虑的,因为书中所记主要是五六十年前北平的风土习俗,在"乡土记"三字上既不能题作北京,也不能以长安、春明命名;而尽管作者所亲身经历的是北平时代,这些风土习俗却又不仅限于北平时代,多数是沿自前代的,有些又是至今犹然的,所以也不宜采用北平二字,只有用燕京题名,最为恰当。至于在私人来往书柬中,那就不必那么认真严格,虽然我所生活过的燕京是北平时代而不是作为都城的北京时代,却也不妨把我对北平的眷恋说成为"眷恋春明旧事"。

我从一九三〇年初秋起至一九四〇年孟春止,在北平时代的燕京生活过将近十年。云乡在此书回忆中的燕京也主要是北平时代的情况,因此我读此书,倍感亲切,不免要弥增怀旧之感了。三十年代我有几年或单身或携眷住在北平城里,有几年虽住在城外燕京清华,也经常进城,时或留宿。但我的记忆力太坏,现在能够记得起来的景物旧事少得可怜。云乡记忆力之强令人吃惊,旧时一事一物,历历如数家珍,其文笔又那么优美、生动、幽默畅达,读其书真能令人浑然如温旧梦。

怀旧不等于眷恋。旧时经历一般都值得怀念,却不一定值得眷恋。不过我对三十年代的北平生活确是不仅怀念,并且眷恋。当时国难日甚一日,凡我国人,心境当然都是沉重而愤慨的,谈不上轻松愉悦。但这是大局,与北平这个城市无关。论在这个城市里的日常生活,却相当舒服;这是当时的北平之值得眷恋之处。

当时建立在南京的国民党的国民政府已成为全国的中央政府,南京已成为首都。北洋时代在北京的中央政府机构都已不复存在,改称北平,只是一个华北的政治文化中心,作为首都时代的富贵荣华,已烟消云散。因而全市成为一个彻底的买方市场,不论是衣食住行,吃喝玩乐,都供过于求,商店店员服务性行业从业人员态度之好,无以复加。作为一个中等偏高收入的市民生活在这个社会里,确实令人处处满意。

那时我除开头一年半还在当研究生没有收入靠家里供养外,从一九三二年年初起,在北平图书馆当了三年馆员,每月薪水六十元;同时又在辅仁、北大、燕京等大学当兼任讲师。兼任讲师俗称教零钟点,戏称拉散车,盖比之于拉洋车的不拉宅门里的包月车,停放在街头拉零星散座。教零钟点每课时五元,一门课若每周二小时,每月得四十元,三小时的话就是六十元。一年只能拿十个月的钱,暑假一般从六月中放到九月初,七、八两月不给钱。我教过每周二小时至六小时。北平城内城外大学很多,颇有些人教零钟点教到每周十几二十几小时的。曾经有一位太贪多务得,每周教到四十多小时,结果累死在洋车上。我在北平图书馆呆了三年,嫌当馆员要按时上下班不自由,就辞职不干,专教零钟点。我可从不教许多,钟点费不够用,靠不定期的稿费收入补充。稿费每千字五元,与上一堂课等价。

房租单身时每月五元左右,结婚后每月十几元。大教授住的房子大,每月花六七十元不稀奇。可他们的收入当时比我大得多,每月三百六十元,庚款教授四百五十元。陈援庵先生兼了许多职,每月收入上千。

单身时吃包饭每月十元出头，却不肯吃，买饭票按顿数算，经常外出吃小馆。小馆吃一顿花上几毛，有时上一块的便可以算大嚼。有些小馆不讲几块几毛讲几吊，那就更便宜（一吊即五大枚，等于一百文制钱，一个蹦子）。

单身时家具全是上天桥买的，杨木书桌杨木床，都不过十来块钱。藤椅子到处有得买，二元一只，有时候又跌到一块八。

出门都坐洋车，随便你住在哪里，大门口外或胡同口，准有几辆洋车停在那里，坐上再说到哪里去，拉起就跑，到目的地按时价路程给钱，很少有要求添几文的，绝不会发生争吵。那时一角大洋换四十六枚铜元，就是二十三个当二十文的大铜元，俗称大枚。我住在景山西门陟山门大街北平图书馆宿舍时，在宿舍门口上车，到东安市场门口下车，给七大枚就行了。下大雨刮风下雪时酌加。全城不论哪里，西直门外远至香山，只要不是跑不动的老头儿，没有拒载的。

和我差不多地位这等读书人的享受一般都是吃馆子，逛旧书铺书摊，听戏。夏天还要上公园。

先谈吃馆子。除常吃小馆外，有时还要吃大馆子。多数是别人请吃，吃别人吃多了，自己也要做东请一次客。平均每年一次到两次。长安八大春，前门外煤市街山西馆，西四同和居、沙锅居，东安市场森隆、润明楼、东来顺等，都是我们这等人常光顾的地方。通常鱼翅席十二元一桌，若酒喝得较多加小费，吃下来将近二十元，鱼唇席十元一桌，海参席八元一桌，那就显得寒碜了，最高级的是东兴楼、丰泽园，我们这等人不敢问津。更高级的是吃广东人谭篆青家姨太太掌勺的谭家菜，一桌要四十元。没听说过请客有请谭家菜的，那得凑十个人每人摊一份。到时一桌十一人，谭篆青上坐，他是惟一不掏钱的，是客。主菜是一人一碗厚味的鱼翅。我想吃，凑不齐十个人，始终没吃成。新中国成立后五十年代吃过一次谭家菜，那是一个单位请的。已经是一家公开营业的馆子，由曾在谭家厨房里当过下手的人当大师傅。大约一百元一桌，当然无复当年在谭篆青家里吃那种味道了。

吃一桌席除了上足原定菜单上的几冷盘、几大件、几饭菜、几道甜菜点心外，另有一味菜单上没有的菜端上来，伙计报了菜名，随口说一声这是敬菜。敬菜不计价，实际你得在给小费时心中有数。吃完出门时，门口总有几个伙计排列站着高声道谢送别。

再说听戏，即看戏。那时经常演出的须生有马连良、言菊朋、奚啸伯、谭富英等，常听；高庆奎在珠市口演，太远，只去过次把。余叔岩已不唱营业戏，只唱堂会，我看不到。旦角程砚秋、荀慧生、尚小云、筱翠花都常演，是什么时候看到梅兰芳的，记不得了。富连成和中华戏曲学校的戏也常看，那时是李盛藻、刘盛莲、叶盛章、叶盛兰、袁世海和王和霖、宋德珠、李世芳、毛世来、王金璐这些人经常演出的时候。最使我倾倒的是武生泰斗杨小楼，一出台那份气度，那份神情，一举手，一投足，念白唱腔都很有韵致，无不令人叫绝。杨小楼演出票价一块二，其他名角都是一块。当然还听昆曲班，最佳角色是韩世昌、侯益隆。侯益隆至少不比皮黄班的侯喜瑞差，而我又喜欢侯喜瑞有过于郝寿臣。任何名角能卖满座的日子很少，言菊朋和昆曲班一般不过五六成，很惨。所以戏票可以不用预先买，往往吃晚饭时看当天报上登的各戏园戏报，饭后赶去，尽管戏已开场，还是买得到票，看得到中轴以下几出好戏。我单身住在北平图书馆宿舍时，燕京同学进城看戏，常借宿在我屋里。结婚后住在城外时，有时夫妻一同进城听戏，在朋友家过夜。

再说逛书铺书摊。阴历新年里要逛几次厂甸,不用说了。平常日子隔一阵子要逛一次琉璃厂书铺,宣武门内西单商场书摊也逛,最经常逛的是东安市场内的书铺书摊。逛不一定买,为财力所限,买的不多。所以"二十四史"不买百衲本,只买了竹简斋本;《四部丛刊》不买毛边纸线装影印本,只买了白报纸的缩印本。尽管常常逛而不买,但逛本身就是乐趣。虽不常买,几年下来也就不很少了。

教文史的大教授通常都藏书几万册,自己不一定去逛书铺,自有各书铺跑外的经常送书到门,由你选择,要的就留下。三节算账,端午、中秋不一定会给钱,到年底再清账,到时还可以退还些不一定要留的。我尽管始终没有当上教授、副教授,始终是个拉散车的,三十八年后住在燕京东门外北河沿时,居然也有一两家书铺送书上我门的。

不光是旧书铺会送书上门,别的商品只要能指明品种,一个电话打过去,当天或第二天就会送上门来。燕京离东安市场那么远,要吃市场北门里稻香村的熟食,还是肯派人骑着自行车给送来。可见生活在买方市场里是何等的方便。

公园门票五分,平时少逛,夏天常逛。中山公园简称公园,北海公园简称北海,常去,其他都不常去。逛公园主要是坐茶座,偶然也走动,不多。上北海常坐五龙亭,上公园常坐长美轩。来今雨轩是洋派人物光顾的地方,我不爱去。春明馆是老先生聚会的地方,我自觉身份不称,不愿去。曾在春明馆座上遇到林公铎(损),座无他人,被拉坐下。他口语都用文言,之乎者也,讲几句就夹上一句"谭君以为然否?"蒙文通、钱宾四(穆)、汤锡予(用彤)三人常坐一桌,我跟蒙熟,钱认识而不熟,汤我认识他,他不见得认识我,也就不上去打招呼了。夏天坐公园可以从太阳刚下山时坐起,晚饭就在茶座上叫点心吃当一顿饭,继续坐到半夜甚至后半夜一二点才起身,决不会有人来干涉你。所以一夏天茶座的收入肯定很可观。冬天北海漪澜堂前、公园后门茶座前筒子河里都辟有溜冰场,另有一批溜冰客光顾;我不会溜冰,与我无缘。

新中国成立后五十年代中期有两年单身一人在北京工作。有一个夏天的下午和两个朋友重来长美轩,四点多到,坐了不到一小时,服务员就在旁边扫起地来了,说是该五点下班的,现在五点已过,您该回府了。只得遵命赶紧走。回忆三十年代旧事,不禁感慨系之。那时五点钟不是茶座最热闹的时候吗?现在可就下逐客令了。那时就要客人多坐多消费,现在就要你赶快走我好早下班,生意做多做少我管不着,还是少做点好,反正一样拿工资。

七十年代中期"四人帮"未垮台时,又因事在北京住了七个月,住在和平里一个招待所里,那个日子委实难过。伙食不好,又没法上馆子。主要不是嫌贵,主要是任何馆子都是那么挤,谁有那么多工夫排队等座儿?但是招待所每逢星期日只开上午十点下午四点两顿饭,太难受了,只得硬着头皮上街进馆子。站着等座儿好容易等着座儿坐下了,可坐下半个多小时硬是没人来理你,不耐烦叫一声同志,问:"怎么老不理会我?"回答是:"吓!您这么急,那就上别家去!"只得耐着性子再等下去,真上别处去,很可能已"下午休息",不让进门了。

以上说的是在我回忆中的三十年代北平生活和五七十年代重游北京时的点滴感受。我这样说,是不是就是认为五七十年代的北京比不上三十年代的北平呢?当然不是。我还不至于昏赜到这个地步。

前面已经提到过，三十年代的北平是一个衰退中的城市。从明朝永乐年间开始做了五百多年首都，一下子丧失了这一地位，过剩的建筑、设施、用品、行业、人员劳动力，不知有多少。所以不但一九四九年后作为新中国首都的北京不可能再有这种现象，就是生活在三十年代的南京、上海，也享受不到这种过剩之"福"。何况旧北平纯系一消费性城市，而新中国成立后的北京不仅是全国的政治中心，又很快建设成了一个具有多种轻重工业的生产性城市；城市人口已比旧北平的一百五十万翻了几番。一个正在蓬勃发展中的城市，出现一些求过于供，服务性行业不能满足市民需要的情况，应该是在所难免的。

再者，三十年代的我虽不是官僚、资本家，却也是一个生活水平比较优裕的大学教师。不用说一般体力劳动者，就是有一定文化水平的人，也未必都能挣到我这点收入。记得在北平图书馆当馆员时，馆里曾配备了一名青年雇员为我抄写稿件，他的月薪只有二十元。一九三七年上半年我家住清华园，学校给了我一间在图书馆楼上的工作室，我自己也以每月二十元的报酬找了一个家住清华附近的中年旗人替我抄写文稿和资料。他对这点微薄的酬金已十分满意，书翰中以"沐恩某某"自称。三十年代北平留给这等人的回忆，大概决不会像我前面所说的那样轻松。至于那时的社会最低层，我虽未曾亲身接触过，可是冬天经常在报上看到"昨有路毙冻尸若干，具由善堂收殓"这类消息，也就大致可想而知。这种情况，当然可以说明旧北平大多数市民的生活，过得并不像我那样舒适。

可是话又得说回来。发展中的产业兴旺发达的城市，未必就可以不顾到各阶层市民的生活。消灭了饿莩和极度贫困户，也不等于完成了建设社会主义城市的职能了。对一般市民的住房、交通、饮食以及精神生活都予以适当的满足，似乎也还是合情合理的。普遍提高商店店员和服务行业的服务质量，可能更显得必要。公园茶座似乎不必下午四五点钟就下逐客令；无须增加多少设备，加一班服务员就足够应付了。这不能说是提倡有闲阶级的消闲生活，劳动人民也需要在环境优美的公园里休息。延长公园的开放时间，至少可以使一部分市民不至于在路灯下打纸牌，挤在狭窄的居室里筑方城。饭馆、理发室、浴室等也应分区按需配置，使市民不至于花过多的排队时间，免遭营业员的呵斥。

这几年北京新建了许多高层建筑，许多高级宾馆，许多高消费场所，作为八九十年代的新中国首都，需要经常接待大量外宾外商与港台同胞，这当然是必要的。但这些设备与一般市民无涉。我在三十年代的北平就从没有跨进过北京饭店、六国饭店的门，相信今天北京一般市民也不会与这些场所打交道。一般市民所要求的，无非是日常的物质生活和精神生活相当价廉物美，相当方便相当舒适。云乡书中所记和我对三十年代北平生活的眷恋，都仅限于此。这种要求，我认为不论在旧时代还是新时代，都不能算过分。所以我迫切期望随着新中国首都的日益飞跃发展，一般市民的物质和精神生活也能够日益得到提高。

作为知识分子，对于故土旧地，免不了"一草一木总关情"，多少有一点"眷恋"，从而又发了这么一番议论，不知云乡以为然否？读者诸君以为然否？